中小企業組合の歴史的展開

山本 貢 著
Yamamoto Susumu

信 山 社

はしがき

　わが国も戦後60年を経過し，様々の分野において戦後発足した制度，機構，体制等の見直が行われている。

　中小企業組合制度についても数々の改変がなされてきているが，特に最近の法改正によって，事業協同組合等の会社への組織変更が認められたこと，企業組合の要件緩和や法人加入が認められたこと，更に，商工組合の事業から制限事業が削除されたことなどは，それぞれの組合の本質にも係わってくる重要な改正であった。

　それ程迄に時代は急回転しているということであろう。しかも，こうした変化の流れは，今後，更に強まり，勢いを増していくことが予想される。

　長い歴史をもつ中小企業組合が，こうした流れの中で，これからも時代に即した役割を果たしていくためには，新たな中小企業者の共同化ニーズを堀り起し，具現化し，或いは，先取りしていくことが必要であるが，また，これ迄に果たしてきた中小企業組合の活動を振り返り，そこに通底する協同理念の普遍性に思いを至してみることも肝要であろう。

　本書は，戦前，戦後にわたる100年有余のわが国中小企業組合の軌跡をたどり，わが国の近・現代史の中で果たしてきた中小企業組合の役割を通観しようとするものである。

　本書が，不透明な時代にあって日夜苦闘している多くの中小企業組合関係者の中小企業組合に対する認識を更に深めるとともに，組合運動に対する情熱を一層高めるためにいささかなりと貢献できれば幸甚である。

　　　平成17年（2005）12月

　　　　　　　　　　　　　　　　　　　　　　　　　　山　本　　貢

目次

I 中小企業組合制度の系譜 …………………………………… 1
はじめに ……………………………………………………………… 1
1 同業組合制度の系譜 ………………………………………… 2
 (1) 準則組合制度　4
 (2) 重要輸出品同業組合制度　5
 (3) 重要物産同業組合制度　6
 (4) 調整組合制度　7
 (5) （非出資）商工組合制度　7
 (6) 業種別同業組合制度　7
2 協同組合制度の系譜 ………………………………………… 12
 (1) 産業組合制度　12
 (2) 工業小組合・商業小組合・施設組合制度　16
 (3) 商工協同組合制度　17
 (4) 中小企業等協同組合制度　20
 (5) 商店街振興組合制度　22
3 工業組合・商業組合制度の系譜 ……………………………… 26
 (1) 重要輸出品工業組合制度　28
 (2) 工業組合制度　31
 (3) 商業組合制度　33
 (4) （出資）商工組合制度　36
4 企業組合・協業組合制度の系譜 ……………………………… 40
 (1) 企業組合制度　44
 (2) 協業組合制度　48
 (3) 融合化組合制度　50

II 戦後中小企業組合の展開 …… 59

1 戦後組合草創期（1945—1949） …… 59
- (1) 戦後組合草創期の経済環境　59
- (2) 終戦時の組合の状況　60
- (3) 統制組合から商工協同組合へ　62
- (4) 中小企業等協同組合法の制定　65

2 戦後組合基盤形成期（1950—1954） …… 67
- (1) 組合基盤形成期の経済環境　67
- (2) 事業協同組合の登場　68
- (3) 事業協同組合の活動状況　70
- (4) 下請問題と下請組合　73
- (5) 共済組合制度創設への胎動　80
- (6) 税金問題と企業組合　82
- (7) 信用組合の曲折　88
- (8) 過当競争と調整組合　93

3 戦後組合挑戦期（1955—1964） …… 99
- (1) 組合挑戦期の経済環境　99
- (2) 組合制度および組合形態の多様化　102
- (3) 昭和30年代の各種組合の推移　104
- (4) 事業協同組合と共同施設　112
- (5) 商工組合と調整事業　116
- (6) 団地組合の登場　121
- (7) 共同労務管理事業の進展　128
- (8) 商店街振興組合の誕生　136
- (9) 中小商業の組織化状況　138

4 戦後組合成長期（1965—1974） …… 146
- (1) 組合成長期の経済環境　147
- (2) 昭和40年代の各種組合の推移　150
- (3) 昭和40年代における事業協同組合の活動状況　153

(4) 昭和40年代における商工組合の活動状況　157
　　(5) 協業化組合から協業組合へ　165
　　(6) 公害問題と共同公害防止事業　173
　　(7) 組合による省資源・省エネルギーの推進　180
　　(8) 官公需適格組合制度の発足　185
　　(9) チケット組合とボランタリー・チェーン組合　188
　5　戦後組合革新期（1975—1984）………………………………202
　　(1) 組合革新期の経済環境　202
　　(2) 昭和50年代の各種組合の推移　206
　　(3) 中小企業組合革新のための基盤整備　211
　　(4) 組合のビジョンづくりと活路開拓事業　218
　　(5) 共同化から集団化へ——50年代高度化事業の推移　224
　　(6) 共同工場と共同店舗　231

III　中小企業組合の新時代への挑戦 …………………………………245
　1　平成新時代における中小企業組合の展開 ……………………245
　　(1) 中小企業を取り巻く新たな状況　245
　　(2) 中小企業政策の転換　247
　　(3) 平成期における各種組合の推移　249
　2　組合組織の多角的活用 ……………………………………………254
　　(1) 中小企業組合に求められる新たな役割　254
　　(2) 創業の牽引車としての企業組合　254
　　(3) 再編のための統合組織としての協業組合　257
　　(4) 新分野開拓の尖兵としての融合化組合　259
　　(5) 組合の組織変更による新展開　261
　3　組合による情報化への共同対応 ………………………………263
　　(1) 情報化対応における組合の役割　263
　　(2) 組合による情報化への多様な取組み　265
　4　構造改善から経営革新へ ………………………………………271
　　(1) 組合による業種別近代化への取組み　271

(2) 組合による経営革新事業・経営基盤強化事業への取組み　273
　5　外国人研修生共同受入事業の推進 ………………………… 279
　　(1) 環境変化と共同労務管理事業　279
　　(2) 外国人研修・技能実習制度の活用状況　280
　　(3) 組合による外国人研修生共同受入事業への取組み　282
　6　適格組合による官公需受注の拡大 ………………………… 288
　　(1) 官公需適格組合制度の活用　288
　　(2) 適格組合による官公需確保への取組み　291
　7　金融再編と信用組合 ………………………………………… 296
　　(1) 金融危機と金融再編　296
　　(2) 信用組合の再編状況　298

Ⅳ　中小企業組織化論への接近 ………………………………… 303
　1　組織化論の類型 ……………………………………………… 303
　2　中小企業の組織化に関する経済学的・経営学的アプローチ … 303
　　(1) 組織化不可避論　303
　　(2) 組織化合理化論　304
　　(3) 組織化規模利益論　304
　　(4) 組織化政策媒体論　305
　　(5) 組織化経営機能結合論　306
　3　中小企業の組織化に関する制度論的・法律学的アプローチ … 308
　　(1) 協同組合経済組織論　309
　　(2) 協同組合人間集団論　312
　　(3) 協同組合助成団体論　313
　　(4) 協同組合顧客的社員関係論　315
　　(5) 協同組合中間法人論　316
　　(6) 組織化不利補正論　317
　　(7) 組織化競争確保論　319
　4　中小企業の組織化に関する運動論的アプローチ ………… 322

(1) 組織化主体性論　322
　　　(2) 脱協同組合論　323
　　　(3) 組織化団結再強化論　324
　　　(4) 脱施策受皿組合論　325
　　　(5) 組合先導者論　326
　　　(6) 組合人間性回復論　326

V　中小企業組合法制の再編 ……………………………………… 329
　はじめに ………………………………………………………………… 329
　1　組合法制分化の経緯 ………………………………………………… 330
　2　中小企業組合法制統合のための視点 ……………………………… 331
　　　(1) 目的規定の簡素化　331
　　　(2) 組合原則の見直し　333
　　　(3) 協同組合をめぐる検討事項　335
　　　(4) 同業組合（商工組合）をめぐる検討事項　338

I 中小企業組合制度の系譜

はじめに

わが国における中小企業組合制度の流れをみると，大きく分けて4つの流れに大別できるように思う[1]。

1つは，同業組合制度の流れであり，中小企業組合制度としては最も古く，明治17年（1884）の「同業組合準則」にまで遡ることができる。

2つは，協同組合制度の流れであり，この流れは明治33年（1900）の「産業組合法」の制定まで遡ることができるが，同制度は中小企業者の組合組織としては十分な普及をみず，中小企業者による協同組合制度の本格的利用は，太平洋戦争後に制定をみた「商工協同組合法」（昭和21年）及び「中小企業等協同組合法」（昭和24年）を待たなければならなかった。

3つは，同業組合制度を母体としつつも相対的独自性を有する工業組合・商業組合制度の流れであり[2]，その出発点は，工業組合については，大正14年（1925）に制定された「重要輸出品工業組合法」に，商業組合については，昭和7年（1932）に制定された「商業組合法」に求めることができよう。

4つは，企業組合・協業組合の流れであり，その原型は，欧州に生れた生産組合や中国の合作社にあるといわれているが，わが国における組合制度としては，共に戦後誕生したものである。基本的には協同組合の範ちゅうに加えられるべきものであろうが，共同化の度合を更に深めたものともいえ，中小企業者の企業合同の側面に注目して，他の3つの流れとは区別してとらえた方が理解し易い[3]。

なお，事業協同組合として設立されたものであるが，従来の協同組合とは

かなり異なる事業の実施を目ざして設立された組合がある。集団化組合と呼ばれる工場団地組合や卸団地組合，施設利用組合とでも称すべき共同工場組合や共同店舗組合，商店街地域の環境の整備改善に取り組む商店街組合等である。これらの組合をその事業の特性（事業環境の整備・用地の取得造成・建物施設の管理）からみて協同組合の第2の流れとすることも可能と思われる。

異業種交流を踏まえた異分野中小企業者の異なる知識の融合による新分野の開拓を目ざす融合化組合制度[4]の発足等を考えると，新たな視点に立った中小企業組合像の再構築が必要となっているが，そのためには，わが国中小企業組合が，これ迄にどのような流れをたどってきたかをふりかえり，わが国中小企業組合のよって立つ基盤を明らかにしておくことが肝要であろう。

以下に中小企業組合制度の流れを概観するゆえんである。

1　同業組合制度の系譜

同業組合の特色は，非出資，非営利，強制加入を基本とし，業界秩序の安定を目ざした制限事業を行う点にある。わが国における中小企業組合制度の流れをたどると，最も古い歴史をもつのがこの同業組合制度の流れである（図1-1）。

農業者の組合が，産業組合制度を軸に，明治時代にすでに活発な協同組合活動を展開したのに対し，戦前の商工業者の組合活動は，同業組合を中心に行われたといっていいであろう[5]。

商工業者の組織化の必要性は，まず何よりも過度な競争からくる弊害の除去にあったが，このことは，わが国中小企業問題のありかを示して象徴的である。

遅れて出発したわが国資本主義経済が，官業優先，基幹産業優先，外貨確得産業優先政策を背景として，先進諸国に追いつき追い越せのキャッチアップ路線をばく進する中で，重厚長大型産業の基盤形成が行われたが，同時に，他方では零細な家内工業も各地で叢生した。

しかも，新たに誕生した家内工業的企業は，在来工業分野への新規参入となって現われたため，各所で混乱が生じ，ついには粗製乱造の弊害が目にあ

図1-1 同業組合制度の流れ

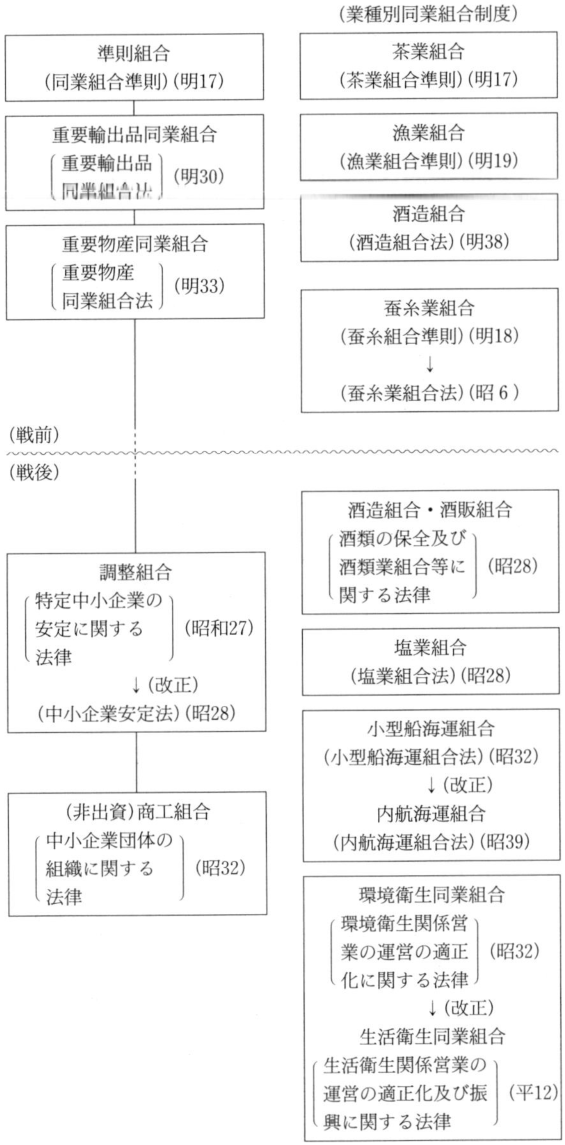

(業種別同業組合制度)

(戦前)

- 準則組合 (同業組合準則)(明17)
- 重要輸出品同業組合 (重要輸出品同業組合法)(明30)
- 重要物産同業組合 (重要物産同業組合法)(明33)

- 茶業組合 (茶業組合準則)(明17)
- 漁業組合 (漁業組合準則)(明19)
- 酒造組合 (酒造組合法)(明38)
- 蚕糸業組合 (蚕糸組合準則)(明18) ↓ (蚕糸業組合法)(昭6)

(戦後)

- 調整組合 (特定中小企業の安定に関する法律)(昭和27) ↓(改正) (中小企業安定法)(昭28)
- (非出資)商工組合 (中小企業団体の組織に関する法律)(昭32)

- 酒造組合・酒販組合 (酒類の保全及び酒類業組合等に関する法律)(昭28)
- 塩業組合 (塩業組合法)(昭28)
- 小型船海運組合 (小型船海運組合法)(昭32) ↓(改正) 内航海運組合 (内航海運組合法)(昭39)
- 環境衛生同業組合 (環境衛生関係営業の運営の適正化に関する法律)(昭32) ↓(改正) 生活衛生同業組合 (生活衛生関係営業の運営の適正化及び振興に関する法律)(平12)

まる状態となったのである(6)。そして、これを克服するためには、厳しい制裁を前提とした強力な制限事業の実施が最も効果的とされたのである。

同業組合は、こうした背景の下に誕生したが、他方、それだけではあきたらず、経済状勢の変遷とともに、より積極的な役割の期待できる共同経済事業の実施を目ざした組合制度の誕生を望む声も強くあった。

こうした傾向が、同業組合に出資制による共同経済事業の実施を認めた工業組合制度や商業組合制度を生み出すことになったのである(7)。

わが国の同業組合制度の流れは、図1-1に示したように、明治17年（1884）の「同業組合準則」による①準則組合に始まり、以後、②重要輸出品同業組合、③重要物産同業組合へとつながり、戦後は、④調整組合、⑤（非出資）商工組合へとたどることができる。

時代が変わり環境が変化しても同業者が組合員として全員参加し、全員で取り組まなければ解決の難しい問題は存在し、したがってそのための組織もまた常に必要とされてきたのである。

(1) 準則組合制度

中小企業組合の誕生は、即ち、中小企業問題の発生を意味する。中小企業者がわが国において組合を結成するに至ったのは、当時において組合を結成し、相互に団結連携しなければ解決することの難しい問題があったからである。

1868年、わが国は内戦（戊辰戦争）の苦痛をのり越えて明治維新によってわが国の政治体制を幕藩体制から天皇制絶対主義体制へと一大転換をしたが、同時に経済構造も大きな改変を迫られたのである。

貿易収支の不均衡を理由に、わが国経済も国内市場の解放を強く求められてきたが、当時の鎖国から開国に向けてのあつれきは、今日の比ではなかった筈である。

そのような中でわが国産業も資本主義経済への第一歩を踏み出し、諸外国との取引も年を追って拡大していったのであるが(8)、当時においては第二次産業は極めて少なく、労働集約的生産方法で生み出される物産にも限りがあり、輸出品においても、内需品においても、ただ売らんかなの粗悪品が多

量に生産され，多くの問題を引き起こしていた。

このような状況の下にあって粗製乱造の弊害を除去しようと同業者が相寄って組合を設立する気運が高まり，各地に同業者による各種団体が結成されるようになったのである。

これに対して明治14年（1881）頃に府県毎に「組合取締規則[9]」が設けられるようになり，同業組合はこれによって結成されるようになったが，各規則の内容は，必ずしも統一的なものではなかったため[10]，その統一をはかるべく明治17年（1884）2月29日に農商務省は「同業組合準則」を定め，各府県に通達したのであった。

ここにわが国で初めての同業組合（準則組合）制度が発足し，わが国中小企業組合制度の歴史が始まったわけであるが，本準則に基づいて当時いくつの組合が設立されたかは残念ながら不明である。

なお，「同業組合準則」の外に「茶業組合準則」（明治17年1月[11]），「蚕糸業組合準則（明治18年11月[12]），「漁業組合準則」（明治19年5月[13]）が前後して制定され，それぞれの準則に基づいた同業組合組織が発足した。

(2) 重要輸出品同業組合制度

同業組合制度が初めて法制化をみたのは，明治も中頃になった明治30年（1897）である。日清戦争（明治27年～28年）を経てわが国の輸出が飛躍的に伸長していく中で[14]，輸出品に品質の劣悪なものが混じっており，わが国輸出品の声価を失墜する恐れが出てきたため，政府は輸出品の品質向上のために特定の輸出品業者について法律に基づいた組合を結成させるために「重要輸出品同業組合法」を制定した。

しかし，重要輸出品同業組合制度はわずか3年（明治30～33年）の短命に終った。輸出品以外の国内向け商品についても品質維持のための検査取締りが必要とされるに至り，同業組合の組合員を輸出品業者以外の者にも拡大する必要が指摘され，新たな同業組合法の制定を望む声が強くなってきたからである。なお，重要輸出品同業組合が法施行後の3年間にいくつ設立されたかは不明である。

表1-1 同業組合（主管部局別業種別）設立数　　（昭和15年12月31日現在）

主管部局		業　種	組合数
農林省	蚕糸局	蚕種・養蚕・生糸・◎その他・外1種	127
	畜産局	牛馬・牛乳・その他	11
	水産局	海産物・鮭罐詰・製塩・養魚・魚商・外1種	19
	山林局	苗木同製品・竹林・木竹材・木炭薪炭・外1種	166
	経済更生部	荒物及び薬工品・外9種	34
	農務局	米雑穀・落花生・馬鈴薯・百合根・果実蔬菜・外6種	60
	(小　計)		(417)
商工省	貿易局	織物・果実蔬菜・薬品・その他・外4種	12
	振興部工業組合課	織物・染色・醤油味噌溜・薬品・傘（和洋共）・陶磁器・木竹材・紙及び同製品・金属製品及び同加工品・漆及び漆器・蘭草及び同製品・外69種	384
	振興部商業組合課	米雑穀・酒（和洋共）・罐詰・肥料・木竹材・荒物及び薬工品・木炭薪炭・石炭コークス・外44種	293
	(小　計)		(689)
	合　計		1,106

(備考) 1.「蚕種」には「蚕種販売，同冷凍」，「糸」には「玉糸製造，座繰製糸」を含む。
2.「◎その他」は，養蚕・栽桑・蚕種・生糸等の各営業者2以上をもって組織したものおよび繭売買・繭糸売買・蚕糸屑物取扱・乾繭・保管・輸出・問屋・天秤蚕関係の各業者をもって組織したものを掲げる。
3. 同業組合連合会は，除外されている。
4. 資料出所：商工省調べ（磯部喜一「新版・協同組合」138頁所収）

(3) 重要物産同業組合制度

　明治30年（1897）に制定された「重要輸出品同業組合法」は，明治33年（1900）の「重要物産同業組合法」の制定とともに廃止された。これによって多くの準則組合は，新法に基づく同業組合に衣替えしたが，法律上の同業組合はなお重要工業品を取扱う者にのみ限定されていたため，それ以外の者は依然として準則組合に止まらざるを得なかった。そのため同業組合は，「重要物産同業組合法」に基づいて設立されたものと，「同業組合準則」によって設立されたものとが併存することとなった。

　「重要物産同業組合法」に基づいて設立された同業組合の数は，法律の制定した翌明治34年末には148組合であったが，以後漸次増加し，昭和元年（1926）には1,541組合を数えるに至っている[15]。

　なお，重要輸出品同業組合制度は，昭和18年（1943）の商工組合法の制定

によって廃止され，43年の歴史を閉じたのである。

(4) 調整組合制度

わが国の同業組合制度は，大平洋戦争末期の統制経済下において「商工組合法」に基づく統制組合等に吸収されることにより消滅し[16]，戦後になって経済統制が解除された後もなおしばらくは復活することはなかった[17]。

しかし，昭和27年（1952）の朝鮮動乱終結後の景気後退は，中小企業に大きな打撃を与え，過当競争による弊害は黙視し得ない迄になった。このような状況を打開するためには，過当競争の防止と排除を目的とする新たな組合制度を創設することが必要であった。

こうして生れたのが，昭和27年（1952）8月1日制定の「特定中小企業の安定に関する臨時措置法」に基づく調整組合制度であった[18]。

調整組合は，法制定後1年間（昭和28年7月末日迄の間）で89組合が設立されたが，これによって，戦中，戦後の一時期途断えていた同業組合制度が再び復活したのである。

(5) （非出資）商工組合制度

昭和27年に新たに発足した調整組合制度は，根拠法である「特定中小企業の安定に関する臨時措置法」が，翌昭和28年（1953）8月1日に「中小企業安定法」と改称して恒久法化された後，昭和32年（1957）11月13日制定の「中小企業団体の組織に関する法律」に引き継がれ[19]，組合の名称も商工組合（工業組合，商業組合）となった。

新商工組合制度の誕生によって，戦前からの同業組合の流れをくむ組合制度と，工業組合・商業組合の流れを組む組合制度は，同一の根拠法により律せられることとなったが，同業組合の性格は，商工組合制度の中の非出資の商工組合制度[20]に引き継がれたといってよいであろう。

(6) 業種別同業組合制度

戦後の同業組合制度としては，同業組合についての一般法とでもいうべき「中小企業団体の組織に関する法律」に基づいて設立される（非出資）商工

組合制度の外に，昭和32年（1957）に制定された「環境衛生関係営業の運営の適正化に関する法律」[21]に基づく環境衛生同業組合制度があり，その設立はいわゆる「環衛業種」（飲食店，喫茶店，食肉販売，氷雪販売，理容，美容，興業，旅館，公衆浴場，クリーニングの10業種）（同法第2条）に限られているが，組合の目的は，料金の規制等当該業種の経営の安定を図ることにある。

なお，この外にも特定の業種についての同業組合制度として，「酒税の保全及び酒類業組合等に関する法律」（昭和28年）に基づく酒造組合及び酒販組合制度，内航海運組合法（旧小型船海運組合法）（昭和32年）に基づく内航海運組合制度がある。前者は，酒類の適切な需要調整等を行うことを目的として，後者は，内航海運業の安定を確保するための調整事業を行うためのものであった。

また，塩業組合法（昭和28年）に基づく塩業組合制度があったが，同法の廃止（昭和59年）に伴い同組合制度は消滅した。

このように一般法によらずに，特定業種のための特別法を設けて，個別に同業組合制度を認める方式は戦前からみられ，古くは茶業組合，酒造組合，蚕糸業組合等があった。

---

(1) 中小企業組織の目標は，大別して，①組合員の経営の改善合理化の促進，②当該業界の秩序維持と組織員の経営安定の実現，③業界全体の改善向上の3つにあるとし，①の目標を達成するために結成されたものが協同組合的組織であり，②及び③のための組織が同業組合的組織で，両者の目標と機能は峻別すべきであるとする見解があり，この見方に立てば，わが国中小企業組合もまたこの2つの流れに集約されることとなろう（稲川宮雄『中小企業の協同組織』（中央経済社）17～25頁参照）。

組合制度を，「組合を結成し，又はこれに加入しようとする関係者の意思の自発性の有無」を基準として，①強制組合，②任意組合，③半ば任意＝半ば強制の中間組合の3つの種類に類別する考え方がある（磯部喜一『新版協同組合』（春秋社）13頁）。

本稿では，「組合の事業が，参加組合員の事業活動にどのような役割を果たすべく期待されているか。」を基準に，わが国中小企業関係組合制度の類別を試みた。

(2) 同業組合はその事業を消極的事業（「営業上の弊害を矯正し，その利益を増進するため」ために「組合員の営業品を検査すること」を主要事業とする）に限定され

(重要物産同業組合法第1条，第10条)，営利事業が禁止されている（同法第6条）のに対し，工業組合は検査事業等の消極的事業の外に各種の経済事業（組合員の営業に関する共同施設及び製品の加工・販売，組合員の営業に必要な物品の供給）を行うことが認められており（重要輸出品工業組合法第3条，工業組合法3条），この点において両者の性格はかなり異なる。

　なお，戦前の制度についての見解（昭11）ではあるが，工業組合を産業組合と同業組合との2つの制度の本質を合わせ有するものとする考え方（吉野信次『日本工業政策』（昭10）153〜154頁）に対して，工業組合制度は同業組合制度と同一ではないが，これに近い制度であり，協同組合的性格を有するものではないとする強い異論がある（磯部喜一『工業組合論』（甲文堂書店）（昭11）32〜39頁）。

(3)　組合が組合員の経営機能を全部吸収して，一個の独立した経営体として独自に事業活動を行うものとして生産組合の流れがあるが，生産組合という用語は，非事業者（労働者）の協同企業体というイメージが強く，事業者としての中小企業者の協同組織としての企業組合や協業組合を総括するには適当でないと考える。なお，企業組合が協同組合か否かについて疑問を呈する者もいるが，企業組合は団体（組合）構成員が団体（組合）の事業に直接従事し，原則として非従事者には利益を分配しないという点において，会社等の営利団体とは基本的に異なる性格を有するものであり，協同組織＝協同組合の一種と考えるべきである（稲川・前掲書・129〜140頁参照）。

　しかし，企業組合及び協業組合が組合員企業にとって果たす実際の役割なり，機能に着目した場合，この2つの組合制度は，その事業があくまでも組合員企業の事業活動を補完支援するために直接役立つものとされている事業協同組合等の役割機能とはかなり異なっていることも否定できない。

　なお，企業組合と協業組合を，両者が制度上はかなりの相違点を有するにもかかわらず，あえて1つの流れにくくったのは，これらの組合制度が中小企業者に対してもつ機能（組合員の事業の統合）の類似性を重視したためである。

(4)　融合化組合は，新たに制定された「異分野中小企業者の知識の融合による新分野の開拓の促進に関する臨時措置法」（昭和63年）に基づいて設立が認められたもので，同法（第9条，第10条）によって事業協同組合並びに協業組合について現行法上は認められない事業（組合員事業と直接関連をもたない新たな製品もしくは役務についての研究開発・成果利用・需要開拓，成果の事業化）が特例として認められることになった。なお，同法は期限10年の時限立法とされていた。

(5)　同業組合は，昭和元年（1926）には1,611組合（うち連合会71）が設立されている（『商工組合中央金庫20年史』6頁）。産業組合は同年（1926）に14,517組合が設立されているが，商工業者によって設立された組合の数は不明である。ただし，産業組合の職業別組合員数の統計はあり，これによると産業組合の組合員中工業関係

者は4.8%，商業関係者は10.1％となっている（家の光協会『新版協同組合事典』1069頁）。
(6)　こうした混乱は，絹織物，綿織物，陶磁器，漆器，木竹製品等の，従来，幕府や藩によって手厚い保護を受け，株仲間の統制が強かった産地ほどひどかったということである。極端な例として，阿波の藍玉にドロの固まりを混入したり，飯粒で貼り合わせた漆器が輸出された例が指摘されている（「興業意見」）という（『商工中金50年史』3頁参照）。
(7)　「同業組合は営利事業を為すことを得ず」（重要輸出品同業組合法第5条，重要物産同業組合法第6条）とされたのに対し，工業組合は「組合員は出資一口以上を有すべし」（重要輸出品工業組合法第17条）とされ，組合の事業も制限事業の外，「組合員の営業に関する共同施設」事業を行うことが認められた（同法第3条）。
(8)　「明治元年（1868）と同20年（1887）とを比較すると，輸出額は1,500万円から5,200万円へ，輸入額は1,070万円から4,400万円へ増大した。この間輸出は3倍半，輸入は4倍余の激増であった。」（山口和雄『日本経済史』（筑摩書房）113頁）。
(9)　例えば，大阪府の「大阪堺市街商工業取締規則」（中小企業庁編著『中小企業団体組織法逐条解説』21頁）。
(10)　黒田正隆「尾西の綿フス織物史」（尾西紡織工業協同組合）3〜4頁参照。
(11)　茶業組合準則は，前田正名らの幹旋尽力のもとに，全国茶業組織結成のためにつくられたもので，強制加入，強制設立を原則とし，府県の指示により本準則に基づき強制的に茶業組合が設立された（家の光協会・前掲書・306〜307頁参照）。
(12)　明治11年（1878）の碓氷精糸社の結成後，蚕糸業関係の組合が各地で結成された結果，蚕糸業組合準則が，明治18年（1885）にようやく制定された（磯部喜一・前掲書・3頁参照）。
(13)　明治18年（1885）に農商務省に水産局が設置されたのを機に，翌明治19年（1886）に漁業組合準則が制定され，漁業組合をして漁場の秩序維持及び魚族の保護に当らせることとなった（水産庁漁政部協同組合課編『改訂・水産業協同組合法の解説』（水産社）4頁参照）。
(14)　明治25年（1892）から大正8年（1919）にいたる27年間に，輸出は23倍，輸入は30倍に増大した（山口・前掲書・188頁以下参照）。
(15)　準則組合といい，同業組合といい，これらは専ら自治的産業警察的取締りを行うもので，その後同業組合の機能は，検査事業の面において強化されていった。すなわち，政府は第一次大戦勃発後顕著となった輸出品の粗製乱造を取締るため，大正5年3月，法律を改正して組合による検査制度を確立するとともに，各種の輸出品取締規則を制定して，国または府県あるいは同業組合の検査に合格しない限り，営利を目的として重要輸出品を輸出し得ないこととした。
　　しかし，同業組合は，同一商品について原料から生産，加工，販売（卸・小売

1　同業組合制度の系譜

に至る全過程の関連業者を網羅した組合でたったため，内部に段階別の利害の対立（工業者と商業者の対立等）を生じ易いという欠点があった（『商工組合中央金庫20年史』5〜6頁）。
(16)　昭和18年（1943）に商工組合が制定され，それとともに従来の工業組合法，商業組合法，重要物産同業組合法はいずれも廃止され，これらの法律に基づいて設立されてていた工業組合（8,400），商業組合（11,100），同業組合（1,000）は，それぞれ解散または商工組合法による統制組合に組織変更（商工組合法第91条）されることになった（稲川・前掲書・45頁参照）。
(17)　戦後同業組合制度が認められていなかった時代，戦前からの同業者組織の多くは協同組合として同業組合的活動を行ったものと思われる。そのため現在においても組合員はほぼ同一でありながら，事業協同組合と商工組合の2つの法人格をもつ業種別組織が散見される。
(18)　昭和27年（1952）に入り産業界の不況が激化すると，協同組合による操短の実施が強く望まれるようになった。しかし，協同組合制度の趣旨と行政方針から，中協法の改正による統制事業の実施は困難であるため，別途方法措置を講ずることとし，議員立法として「特定中小企業の安定に関する臨時措置法」が制定された。同法は，深刻な不況に陥っていた中小企業の苦境を打開するため，独占禁止法の例外立法として制定されたもので，中小企業の占める比重が高く，かつ，当該業種の製品の需給が著しく均衡を失し，当該産業及び関連産業の存立に重大な影響を及ぼす恐れのある業種について，一定の要件の下に，その業種に属する中小企業者に調整組合の設立を認め，自主的な生産数量，生産設備の制限等の調整事業を行わせることにしたものである（中小企業庁編『中小企業庁25年史』26〜27頁参照）。
(19)　中小企業安定法による調整組合は，特別の手続を経ずに，中団法施行（昭和33年4月1日）と同時に商工組合に移行することが認められた（中団法附則第3条）。
(20)　平成11年改正前の商工組合は，指導調査事業（中団法第17条第1項第1，2，3号），調整事業（同法17条第1項第4，5号）共同経済事業（同法第17条第2項）等を行うことができることとなっていたが，当初は指導調査事業は認められておらず，調整事業が，商工組合の基本的な事業であり，必須事業であった。これに対し共同経済事業は当初から認められてはいたが，これを組合の事業とするか否かは，組合の意思で決定できる選択的任意事業とされた。なお，共同経済事業を行う組合は，必ず出資制をとらなければならないが（同法第17条第2項），共同経済事業を行わない商工組合が組合員に出資をさせ得るか否かは，昭和37年（1962）の改正以前は明確であったが（旧中団法第34条第1項の反対解釈），（中小企業庁編著『中小企業団体組織法逐条解説』（中小企業出版局）279頁）現行法上は必ずしも明確でない。しかし，経済事業を行わない商工組合にあっては，非出資組合でなければ設立認可しないこととされていた（昭和37年7月31日37企庁第918号通達「商工組合制

度の運用について」一の(4)参照)。
(21) 同法は平成12年に「生活衛生関係営業の運営の適正化及び振興に関する法律」と改称、同法による環境衛生同業組合は生活衛生同業組合と改称された。

2 協同組合制度の系譜

協同組合の特徴を一口でいうと、「出資、配当制限、加入脱退の自由、議決権の平等を原則とする相互扶助による共同事業組織」ということができる[22]。

わが国における協同組合制度の流れをたどると、図1-2にみられるように、明治33年（1900）に制定された「産業組合法」に基づく産業組合制度にまで遡ることができる[23]。

「産業組合法」は、昭和23年（1948）の「消費生活協同組合法」の制定によって廃止[24]されるまでの48年間、わが国協同組合制度の中心的根拠法としての役割を果たしてきたといえよう。

しかし、実際には、産業組合制度はその名称が示すような全産業分野にわたる事業者の協同組合としては十分な普及をみず、信用組合制度を除いては、専ら農業者の協同組合組織として活用されるに止まった[25]。

したがって、中小企業者のための協同組合制度の誕生は、純粋な意味では太平洋戦争終結後（昭和24年）に制定された「中小企業等協同組合法」を持たなければならなかった。

しかし、商工業者のための協同組合制度の萌芽は、戦前の工業小組合制度[26]や商業小組合制度[27]の共同経済事業の中に認めることができる[28]。

(1) 産業組合制度

わが国協同組合制度は、明治33年（1900）に制定[29]をみた「産業組合法」に基づく産業組合制度をもって嚆矢とする。

産業組合には、その実施しようとする事業の種類によって、①信用組合、②販売組合、③購買組合、④生産組合（後に利用組合と改称）の4種のものがあった。

図1-2 協同組合制度の系譜

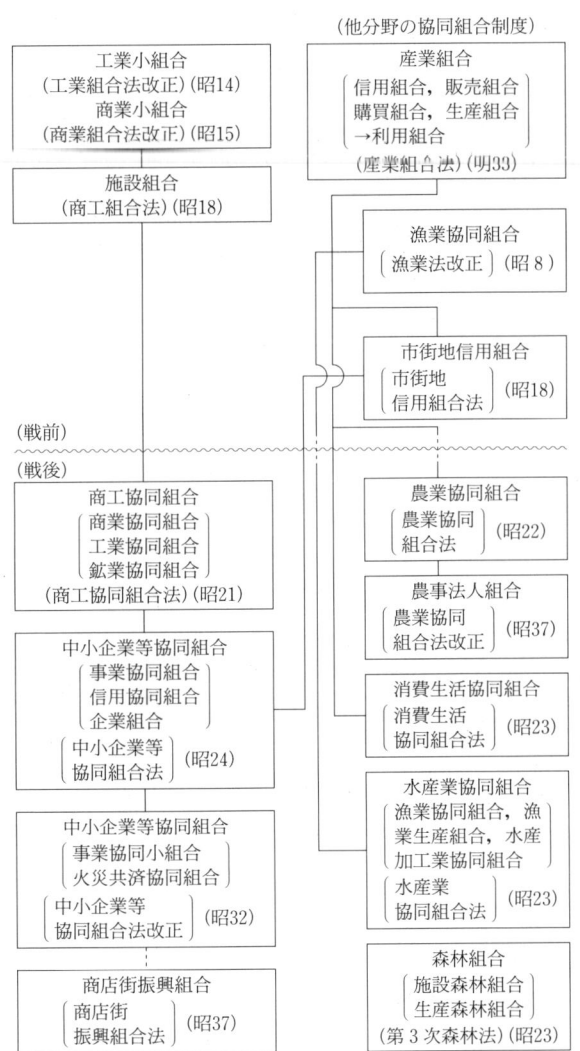

このうち信用組合の行う事業については，当初他の組合の事業との兼業を禁じられていたが[30]，その他の3つの組合の事業については相互の兼業が認められていた。

産業組合制度の利用は，金融事業を行う信用組合を中心に行われたが，その後，他の組合においても金融事業の兼業が認められるようになってからは[31]，金融事業と他事業との兼業組合が普及するようになった。

産業組合制度の利用の中心は農業者であったが，信用組合については都市の中小商工業者によるものも多く設立され，後にこれが市街地信用組合[32]となって独自の制度となり，戦後の信用協同組合へとつながっていった。

中小商工業者による産業組合制度の利用は，信用組合以外にはあまりみるべきものはなく，わずかに製茶，製糸，蚕種，織物，花むしろ，陶器，漆器，製紙等の産地家内工業の分野で，販売組合の設立がみられた程度であった[33]。

また，工業者の一部に原材料や製品の共同購買を目的とする購買組合も組織されていたようであるが，その活動は生産組合（利用組合）同様あまり振るわなかった[34]。

なお，購買組合は都市部の勤労者によっても生活物資の供給組織として活用されるようになり，その流れは，戦後になって誕生した消費生活協同組合制度に引き継がれることとなった。

ちなみに，明治33年（1900）に制定された「産業組合法」は，戦時中に農業者による産業組合がすべて農業会に吸収された後は，勤労者の購買組合としてのみ命脈を保ち，昭和23年（1948）の「消費生活協同組合法」の制定によって廃止される迄の約半世紀間法制度としては存続したことになる。

産業組合の設立状況は表1-2の通りであり，昭和15年（1940）には15,101組合を数えたが，その組合員の職業別構成からみると表1-3に示すように，商工業者は極めて少ない（中小商工業者のみによって設立された産業組合の数は不明である）。

このように，明治，大正，昭和前期（戦前）においては，中小企業者の間における協同組合（産業組合）制度の普及は十分でなく，中小企業者の組合組織としては，同業組合，工業組合，商業組合等の協同組合制度以外の組合

2 協同組合制度の系譜

表1-2 産業組合の種類別組合設立数

	信用組合	販売組合	購買組合	利用組合	信用販売組合	信用購買組合	信用利用組合	販売購買組合	販売利用組合	購買利用組合	信用販売購買組合	信用販売利用組合	信用購買利用組合	販売購買利用組合	信用販売購買利用組合	計
明治33年	13	1	2	—	—	—	—	3	—	1	—	—	—	1	—	21
38	986	92	273	38	—	—	—	142	63	30	—	—	—	47	—	1,671
43	2,226	217	772	78	381	1,239	14	503	136	49	1,062	14	26	222	369	7,308
大正4	3,015	234	535	133	400	2,583	39	461	141	37	2,608	90	57	230	946	11,509
9	2,650	235	454	107	250	3,045	61	385	167	20	3,975	151	73	173	1,696	13,442
14	2,573	289	370	195	166	2,649	125	305	154	71	3,807	91	308	253	3,161	14,517
昭和5	2,449	328	323	295	223	2,024	149	284	287	102	3,075	59	374	359	3,761	14,083
10	1,313	301	314	298	157	760	82	258	256	152	1,952	33	204	518	8,430	15,028
15	667	221	258	229	32	96	53	165	146	168	536	11	67	484	11,968	15,101

(注) ①農林省「産業組合要覧」。②利用組合欄の大正4年以前は生産組合。利用事業兼営組合についても同じ。③年度末現在。

表1-3 産業組合の職業別組合員構成比の推移　　　　　　　　　　　　（単位：％）

	調査組合数	農業	林業	工業	商業	水産業	その他	法人	計
明治37年	634	80.4	—	4.7	9.5	2.4	3.0	—	100.0
38	836	82.6	—	4.7	8.6	1.2	2.9	—	100.0
43	4,922	81.9	—	4.1	6.4	1.7	5.9	—	100.0
大正4	10,374	82.8	0.1	3.7	6.6	1.8	5.0	—	100.0
9	12,189	80.2	0.2	4.1	7.2	1.7	6.6	—	100.0
14	13,379	73.9	0.1	4.8	10.1	1.8	9.3	—	100.0
昭和5	13,161	72.2	0.2	4.9	11.2	1.8	9.7	—	100.0
10	13,864	70.0	0.2	4.8	11.4	2.0	11.3	0.3	100.0
15	14,031	67.4	0.3	4.9	11.1	1.8	13.4	1.1	100.0

(注) ①農林省「産業組合要覧」。②各年度は7月1日～翌年6月30日まで（たとえば昭和15年度は昭和15年7月1日～16年6月30日）をいい、調査組合数は翌年12月1日現在のものを採用している。
（資料出所）　表1-2，表1-3とも「新版協同組合事典」（家の光）1069頁

制度が主として利用されていたのである。

　中小企業者の間で産業組合制度が十分に利用されなかった理由としては，①当時の商工業者の置かれていた状況では，事業を共同化しようとするニーズよりも，粗製濫造や乱売を排除するための組織づくりの必要性が優先していた[35]，②商工業者の間には農業者の間における程協同組合に対する意識が浸透していなかった[36]，③第一次大戦後の反動恐慌による，米価，繭価の暴落による農村経済の疲弊を引き金とする小作争議の発生拡大にみられる

ような組織化への強烈なインパクトが，商工業者にはなかった(37)，④わが国における資本主義の発展が，まだ初期の段階にあり，大資本の圧力がそれ程迄に中小商工業者に及んでおらず，共同化の必要性がまだ稀薄であった(38)，⑤「工業組合法」や「商業組合法」の制定によって，産業組合によらなくとも共同経済事業を実施できる組合制度が認められ，商工業者の組織化への欲求は，これらの組合制度で充足された(39)，⑥わが国の産業組合制度が，ドイツの「産業及び経済法」に範をとり，主として農村組織として発達したライファイゼン式組合の形態をとったため，都市商工業者の実情に必ずしも適していなかった(40)，等の種々の理由が指摘されている。

(2) 工業小組合・商業小組合・施設組合制度

中小企業の協同組合の系譜をたどっていく場合，日中戦争（昭和12年）から太平洋戦争（昭和16年〜20年）に至る戦時経済下の特殊な状況の下に生れたものではあったが，工業小組合・商業小組合・施設組合の3つの制度を見過ごすことはできない。

先にも述べたように，戦前は中小企業者による協同組合組織は，戦後のような純粋な形では存在せず，同業組合的色彩の濃厚な工業組合や商業組合の共同経済事業という形で存在したに過ぎなかった。

しかし，昭和12年（1937）の日中戦争の勃発とともに，わが国経済が戦時統制色を強めていく中で，従来の工業組合や商業組合とは別個の共同経済事業体としての組合制度が生れることになった。

昭和14年（1939）の「工業組合法」の改正による工業小組合制度(41)の創設並びに昭和15年（1940）の「商業組合法」の改正による商業小組合制度の創設がそれである。

両組合制度とも組合員の利益の増進を図るために，①共同施設利用事業，②共同購買（供給）事業，③共同受注事業，④共同販売・仕入・保管・運送事業等のいわゆる共同経済事業を行うことを目的とするもので，専ら小零細商工業者を対象とするものであった。しかし，これら小組合は，当時の戦時統制経済体制の下にあって，実際には小零細業者の企業合同体として統制組合の下部組織的機能を果すだけに止まり，本来の協同組合的活動の面では

期待されたような成果は挙げ得なかった[42]。

また，昭和18年（1943）に制定された「商工組合法」によって創設された施設組合制度も同様であった。

「商工組合法」の本旨は，それ迄存在していたすべての商工関係組合を統制組合として一元化することにあり，上部機関である統制会の下で専ら統制機関としての役割を果たすことが至上命題であった[43]。

表1-4 工業小組合・商業小組合・施設組合の設立状況

（工業小組合）	
昭和18年3月	約6,600組合
（商業小組合）	
昭和18年3月	約 600組合
（施設組合）	
昭和19年4月	215組合
〃 5月	436
〃 7月	3,685

（資料出所） 商工組合中央金庫20年史（250頁・260頁）

このような状況の中では，折角創設された任意加入制を建前とする施設組合も，本来の活動を十分に展開することは難しかった[44]。

このように戦時下において折角誕生した商工業者のための協同組合的組織制度も，所期の目的を十分に達成しないままに終ったが，しかし戦後新たに発足した商工協同組合制度の前身たるの意義を失うものではない。

なんとなればこれらの組合は，実際には協同組合としての実体を備えるには至らなかったものの，制度的には，施設組合から商工協同組合への移行[45]を通じて，わが国中小企業者による協同組合の戦前から戦後への橋渡し的役割を果たしたといえるからである。

(3) 商工協同組合制度

昭和20年（1945）8月15日の太平洋戦争の終結によって世の中は様変りしたとはいうものの，すべてが直ちに変ったわけではない。とくに人の衣食住を充足するための経済活動はそうである。政治体制に変革があっても経済体制は容易には改変されず，持続せざるを得ないことは歴史が証明する。すべてが一大転換を遂げた中で，戦前からの中小企業者の組合制度が終戦後もなお存在せざるを得なかったのはこのためである。

そういう意味では，戦前の中小企業組合の歴史は，昭和21年（1946）12月1日の「商工協同組合法」の施行をもって初めて終ったということができよう[46]。

終戦から「商工協同組合法」の制定に至る間の１年数か月の間は，戦前の商工組合制度（統制組合・施設組合）がなお中小企業者の組合制度としては存続し，依然として統制的機能を果たしていたのである。

　「商工組合法」が施行されたのは昭和18年（1943）７月20日であるから，法律の存続期間でみる限りは，商工組合制度は「戦前の制度」というよりは，「戦中戦後の組合制度」というべきかもしれない。

　ともあれ戦前の商工組合法による独裁的指導者原理に基づいて運営される統制組織的組合が，民主的で自由な取引を基本とする戦後の新たな経済秩序と相容れるべくもなく，新たな組合制度の創設は時間の問題であった[47]。

　このようにして戦後の解放された自由経済体制の下，民主的で自由な中小企業者の協同組合制度として誕生したのが商工協同組合制度である。

　商工鉱業者の「緊密な結合により」商工鉱業の「改良発達に資するため」，「組合員の事業の経営の合理化を図るに必要な」共同事業を行うことを目的（法第１条）として設立された商工協同組合は，「組合員の自由な意志に基づき民主的に組織され且つ運営されるよう」（法第９条），①任意設立（法第８条），②加入脱退の自由（法第９条，第30条），③議決権の平等（法第24条），④総会による役員の選任（法第31条），⑤総会による組合の運営（法第41条）等，自主的民主的組合組織としての諸原則が法律によって明らかにされたのである。

　また，組合の行う事業も共同経済事業が中心であり（法第12条，第13条，17条），当然のことながら統制事業は削除された。

　しかし，協同組合制度として大きな期待が寄せられていた商工協同組合制度も極めて短命（昭和21年12月１日から24年６月30日迄の２年７ヵ月）に終った。

　その原因は大きく分けて２つあった。１つは，商工協同組合制度が制度上は統制的機能を果たすことを排除されたにもかかわらず，組織としては表1-5に示すように戦時中の統制組合の衣替えに止まったものが多く，統制的色彩を完全に払拭するには至っておらず，協同組合としての実をあげ得なかったことと[48]，もう１つは，「商工協同組合法」の制定（昭和21年）直後（昭和22年）に戦後のわが国経済憲法ともいうべき「私的独占の禁止及び公正取

表1-5 商工協同組合の前身別設立数

組合総数	統制組合の改組したもの				施設組合より移行したもの				新たに設立されたもの			
	商業	工業	商工	計	商業	工業	商工	計	商業	工業	商工	計
2,088 (100.0)	664	288	137	1,089 (52.2)	64	368	66	498 (23.8)	145	252	104	501 (24.0)

(注) 1. 昭和22年7月1日現在。ただし，報告のあった府県だけの集計。
    2. 資料出所：商工組合中央会調べから作成。(磯部喜一『新版・協同組合』152頁所収)

表1-6 商工協同組合の地域別設立数

商工局管区	組合数				
	工	商	商工	その他	計（％）
札　幌（北海道）	192	350	51	―	593（ 4.2）
仙　台（6県）	575	659	238	7	1,479（10.6）
東　京（1都9県）	1,478	1,140	541	2	3,161（22.8）
名古屋（6県）	1,282	927	435	―	2,644（19.0）
大　阪（2府5県）	1,026	650	347	1	2,024（14.5）
広　島（5県）	585	461	173	20	1,239（ 8.8）
四　国（4県）	466	341	195	―	1,002（ 7.2）
福　岡（7県）	622	766	367	1	1,796（12.9）
合　計 （％）	6,266 (45.0)	5,294 (33.0)	2,347 (16.8)	30 (0.2)	13,938（100.0） (100.0)

(注) 1. 昭和23年6月30日現在。
    2. 資料出所：商工省調べから作成。(磯部喜一『新版・協同組合』152頁所収)

引の確保に関する法律」（以下「独占禁止法」という。）が制定され，独占禁止法体系の下での商工協同組合制度の再点検が必要となったことである。

特に「独占禁止法」の制定後に制定をみた「事業者団体法[49]」（昭和23年）の施行によって，商工協同組合を両法の適用除外団体とするためには，協同組合が小規模業者の組合組織であることを制度上明らかにする必要があり，また，信用協同組合や企業組合といった新たな制度も中小企業者の協同組合制度として新発足させたいとする声も強く，この機会に名実ともに中小企業者の協同組合基本法となり得るような新法の制定が検討されることとなったのである。

当時の商工協同組合の設立状況は，表1-6に示す通りである。

(4) 中小企業等協同組合制度

昭和24年（1949）の「中小企業等協同組合法」の制定によって，わが国中小企業組合制度はまったく新しい歴史を開いたといえる。

「中小企業等協同組合法」（以下「中協法」という）の制定により，「商工協同組合法」は廃止され[50]，「中協法」が中小企業組合制度の基本法として，以後わが国中小企業の組合運動の方向を大きく決定することとなったのである。その意味でいえば，「中協法」は，戦後中小企業組織化の原点といっていいであろう。

「中協法」は，中小企業者の協同組合基本法として，協同組合の有すべき諸原則を明定[51]するとともに，それ迄の組合関係法では不明確であった中小規模の事業者のための組合制度であることを初めて明らかにした[52]。

また，「中協法」は，資本主義体制下における近代的協同組合制度として，その企業性を強調し，組合の管理運営に必要な諸規定については，従来の民法の公益法人に関する規定の準用から，商法の会社に関する規定の準用へと改変を行った[53]。

中小企業等協同組合の組合員についても，過去の組合のように組合員資格を商工鉱業者等に限定することなく，「中小規模の商業，工業，鉱業，運送業，サービス業その他の事業を行う者」に範囲を拡大し，あらゆる分野の中小企業者が協同組合に参加し得ることとした。組合員資格の広さという点では，明治33年（1900）生まれの「産業組合法[54]」の衣鉢を継ぐものであった。

その意味では，当時すでに制定されていた「農業協同組合法」（昭和22年）や「水産業協同組合法」（昭和23年）に基づいて設立される各種組合の対象分野をも包摂し得る，わが国協同組合に関する基本法的性格を有するものといってもいいであろう。現に表1-7からもうかがわれるように農業，漁業を含むあらゆる分野の事業者が中小企業等協同組合を設立している。

「中協法」の制定によって，「商工協同組合法」（昭和21年）の外，林産組合に関する「林業会法」（昭和21年），市街地信用組合に関する「市街地信用組合法」（昭和18年）が廃止され，これらの法律に基づいて設立されていた組合の中小企業等協同組合への組織変更が認められるとともに，「蚕糸業法」

表1-7　中小企業等協同組合の種類別・業種別設立状況

(昭和61年3月末現在)

組合の種類 業　種	事業協同組合	事業協同小組合	協同組合連合会	企業組合	計
農　　　　　　業	143	—	5	24	172
林業・狩猟業	291	—	15	33	339
漁業・水産養殖業	35	—	—	6	41
鉱　　　　　　業	575	—	15	19	609
製　　造　　業	11,327	4	262	634	12,227
建　　設　　業	4,424	1	80	131	4,636
卸　　売　　業	4,002	—	145	27	4,174
小　　売　　業	8,430	2	115	1,156	9,703
商　　店　　街	1,574	—	15	—	1,589
金融・保険・不動産業	677	—	6	4	687
運輸・倉庫業	2,345	1	52	65	2,463
サ　ー　ビ　ス　業	2,844	8	39	207	3,098
そ　の　他	2,335	—	45	277	2,657
合　　　計	39,002	16	794	2,583	42,395

(注)　信用協同組合，火災共済協同組合は除く。
(資料出所)　中小企業庁調べから作成。

(昭和20年)に基づく蚕糸協同組合，「塩専売法」(明治38年)に基づく塩業協同組合等の中小企業等協同組合への組織変更が認められたのである。

「中協法」の組合基本法的な位置づけは，昭和32年の「中小企業団体の組織に関する法律」(以下「中団法」という)の制定によって修正され，形の上では同法に基本法としての席を譲ることとなったが，それはあくまでも体裁の上であって，実質的には「中協法」が依然として中小企業組合の基本法たるの性格を失ってはいない。

「中協法」は，昭和24年の制定当初は，事業協同組合，信用協同組合，協同組合連合会，企業組合の4種の協同組合の根拠法として出発したが[55]，8年後の昭和32年の改正によって新たに事業協同小組合，火災共済協同組合の2種が加えられ，6種の協同組合制度の主要根拠法として，今日迄わが国中小企業の組織化の上で中心的な役割を果たしてきたのである(表1-7)。

この間，わが国の経済社会を取り巻く環境条件は大きく変化してきたが，同時に，中小企業自体も大きく変わってきており「中協法」もこうした情勢の変化に対応すべく多くの改正をみた。

中協法の改正は、昭和20年代に7回、30年代に9回、40年代に6回、50年代に6回と、極めて多くの改正が行われてきているが、その中でも重要なのは、①昭和26年（1951）の第3次改正（行政庁による認証制の採用、理事会の制度化等）、②昭和27年（1952）の第6次改正（員外理事制の導入、役員の欠員補充の義務づけ等）、③昭和30年（1955）の第8次改正（認証制を認可制に変更、指名推せん制の採用、中央会の法制化等）、④昭和32年（1957）の第11次改正（事業協同小組合・火災共済協同組合の創設、事業協同組合への団体交渉権の付与等）、⑤昭和55年（1980）の第25次改正（役員の選任制の採用、休眠組合の整理等）、⑥昭和59年（1984）の第28次改正（員外利用の特例設置、保証事業の範囲拡大等）である。

また、この間に中小企業等協同組合の対象である中小企業者の範囲も4回（昭和27年、38年、48年、平成11年）にわたって改正され、当初の「常時従業員数100人（商業20人）以下」の規模から、現在の「常時従業員数300人以下・資本金額3億円以下（卸売業100人以下・1億円以下、サービス業100人以下・資本金額5,000万円以下・小売業50人以下・5,000万円以下）」の規模へと逐次拡大されてきた[56]。

なお、戦後のわが国中小企業に関する組合法体系は、「中小企業等協同組合法」に一元化され、簡素化の方向を歩むかにみえたが、その後「信用金庫法」（昭和26年）、「酒類の保全及び酒類業組合等に関する法律」（昭和28年）、「塩業組合法」（昭和28年）、「環境衛生関係営業の運営の適正化に関する法律」、（昭和32年）、「中小企業団体の組織に関する法律」（昭和32年）、「小型船海運組合法」（昭和32年）、「商店街振興組合法」（昭和37年）等が制定され、それぞれの関係組合が独自の根拠法をもつに至り、やや細分化の方向をたどってきたといえよう。

(5) 商店街振興組合制度

昭和37年5月7日に「商店街振興組合法」が成立、同年5月17日に公布、同年8月15日に施行された。同法の制定によって商店街組織化のための独自の組合制度が新たに誕生することとなったのである[57]。

商店街における組合づくりは、すでに中協法上の事業協同組合制度の活用

によってかなり進められてきていたが、組合員資格を小規模事業者に限定せざるを得ない事業協同組合制度では商店街の有する地域特性を十分に発揮し得る事業活動は困難であるとする声がかねて関係者の間に出ていた。

商店街には百貨店や銀行等大企業に属する店舗も多く存在し、また、地方の商店街の場合非事業者の家屋等が含まれているのが常であり、こうした場合事業協同組合では、商店街を形成している地域の関係者すべてを組合員とすることができないこと、また、事業面でも事業協同組合の行う共同事業は組合員の事業に直接役立つ種類のものでなければならず、全体としてみれば商店街の顧客吸引に効果のある事業であっても、それが個々の組合員の事業に直接結びついていないものについては、組合事業の範ちゅうに属するものであるか否かの判断が極めて困難であること、都市づくりの一環としての商店街づくりを積極的に推進しようとする場合、地域の環境整備改善の主体となり得る組織が必要なこと等商店街組織をめぐっては多くの問題点が指摘されていたのである。

このようなニーズを背景として商店街振興組合制度が生まれたのであるが、その特色を一口でいうと、組合に「地域性」を導入したことにあった。

すなわち、商店街振興組合は、①小売業者・サービス業者が30人以上近接して事業を営んでおり、その大部分に商店街が形成されていること、②地域内で組合員資格を有する者の3分の2以上が組合員となり、かつ、総組合員の2分の1以上が小売業者・サービス業者であること、③1地区1組合制とし、地区の重複は認められないことなどが要件とされたのである。

更に、組合の事業についても、事業協同組合に認められている共同経済事業の外、①一般公衆の利便を図るための施設、②地区内の土地の合理的利用に関する計画の設定・実施、③建築基準法に基づいて締結する建築協定のあっせん等、商店街を形成する地域の環境の整備改善に必要な事業を行うことが認められた（法第13条）。

このように商店街振興組合は、共同経済事業の実施によって組合員の事業の発展に資するという面に加えて、望ましい商業地域の造成を通じて広く地域社会の発展に資するという「地域性」を組合活動の中心に据えたのである。

しかし、商店街振興組合の基準となるべき要件及び事業運営上の原則とし

ては、「中協法」と同一の基準・原則を採用しており（法第4条），「独占禁止法」との関係についても，中協法上の組合と同様に，その適用を除外しており（法第80条），基本的には協同組合的性格を有するものとされている[58]。

なお，商店街を形成している地域は16,000地域程度あるとされているが，このうち商店街振興組合の結成されているのが2,148地域，事業協同組合の結成されているのが1,574地域（いずれも昭和61年3月末現在），任意団体に止っているものが10,000地域程度となっており，組合制度の未だ活用されていない地域がかなり残されている。

---

(22) 上柳克郎『協同組合法』（有斐閣）2頁参照。

(23) 「本法における協同組合が，法制的にも制度的にも整備したのは産業組合に始まるといってよいであろう。」（中小企業庁振興課編著『中小企業等協同組合法の解説』（昭24）18頁）。

(24) 昭和23年7月30日に公布，同年10月1日に施行された消費生活協同組合法の附則第103条によって，「産業組合法は，これを廃止する」と規定された。

(25) 稲川宮雄『中小企業の協同組織』。（中央経済社）38頁参照。

(26) 重要輸出品工業組合法第3条第1項第2号，第2項，工業組合法第3条第1項第2号，第2項。

(27) 商業組合法第3条第1項第1号，第2項。

(28) 稲川・前掲書・41～42頁参照。

(29) 産業組合法は，明治33年3月7日に法律第34号として公布，同年9月1日に施行された。

(30) 産業組合法第1条第2項。

(31) 明治39年に行われた産業組合法の第1次改正によって信用組合の他種事業の兼営が認められるようになった（磯部喜一『新版・協同組合』（春秋社）61頁参照）。

(32) 大正6年の産業組合法の第3次改正によって「産業組合法第1条第4項の信用組合」として市街地信用組合が認められたが，制度として独自のものとなったのは，昭和18年に「市街地信用組合法」が単行法として制定されてからである（稲川・前掲書・38～39頁参照）。

(33) 稲川・前掲書・38頁。

(34) 生産組合の利用は，蚕糸業と蚕種業に関するものに限られていた（稲川・前掲書・38頁）。

(35)(36) 稲川・前掲書・39頁参照。

(37) 菅沼正久『大正期の産業組合』（新版・協同組合事典）（家の光）316頁参照。

(38) 稲川・前掲書・39頁参照。
(39) 向井鹿松『産業組合経営論』(東洋出版社) (昭9) 52頁参照。
(40) 稲川・前掲書・39頁参照。
(41) 工業小組合制度は、工業組合制度が物資配給統制機構として利用される傾向が強くなり、純粋の意味の共同経済事業を行う機能との間に支障と矛盾の度を強めてきたので、小規模工業者を小範囲において緊密に結合せしめ共同経済事業を実施させることによって小規模工業者を相当程度の企業単位に引上げ、企業の合理化と更生発展を図らせようとしたものであった(『商工組合中央金庫20年史』169～170頁)。
　なお、工業小組合制度を企業組合の前身とする見方がある(磯部・前掲書・142頁)。
(42) 工業小組合は、生産力の拡充、輸出の振興に協力させ、又は集団的転業を促進しようとする目的に出たものであったが、産業再編成の過程において、それは企業合同の一形態として最も多く利用されることとなった(『商工組合中央金庫20年史』170頁)。
(43) 産業別に設立された全国組織の「統制会」に中小工業者はすべて地方組織の統制組合を通して参加する仕組みであった(『商工中金50年史』96頁)。
(44) 「施設組合は、統制組合への改組が不可能である工業組合を改組するために利用されたが、事業上活発であったということはできない。」(磯部・前掲書・143頁)。
(45) 「旧法により設立され、この法律施行の際現に存する施設組合は、これをこの法律により設立された商工協同組合とみなす。」(商工協同組合法第76条第1項)。
(46) 「商工組合法は、これを廃止する。」(商工協同組合法第74条)。
(47) 組合制度の改正点は、①組合員の自由意思に基づき組織され、かつ、民主的に運営されること、②加入・脱退が自由であること、③統制事業が排除されていること、④行政庁の監督権限が縮小されていることの4点であった(『商工中金50年史』178頁参照)。
(48) 「統制組合と商工協同組合の質的相違についての理解が薄く、看板の単なる塗り替えにとどまり、共同施設の経営を中心とすべき商工協同組合の精神の欠如を疑わしめるに十分であった。」(磯部・前掲書・153頁)。
　また、実際にも「臨時物資需給調整法」に基づく指定を受け、いわゆる指定団体として統制業務を行っている商工協同組合がかなりあったことが、当時(昭和23年3月22日)商工省より出された通達(商工協同組合の閉鎖機関指定等に関する件)からも推測される(前掲「中協法の解説」(昭24) 59～60頁参照)。
(49) 昭和23年7月29日に施行された「事業者団体法」は、すべての事業者団体にその結成の届出を義務づけ、事業者団体の活動の許容範囲を定めるとともに、価格統制行為をはじめ営業用施設の所有など18項目の行為形態を掲げてこれを禁止するという極めて厳しいものであった(公正取引委員会『独占禁止政策20年史』48～52

(50) 中小企業等協同組合法施行法第1条。
(51) 旧中協法第4条→現行中協法第5条。
(52) 戦前の組合制度においては，大企業と中小企業を特に区別することはなかった。これは戦前において組合を結成し協力を必要とするのは中小企業者のみであり，大企業者のカルテル活動はほとんど任意であったから，組合制度はおのずと中小企業者のための組織化促進の機能を果たしたのである（中小企業庁編著『中小企業団体組織法逐条解説』（昭34）41頁参照）。
(53) 例えば，商工協同組合法では組合の総会について民法を準用（同法第43条）していたが，中協法では商法を準用（旧中協法第54条）することとなった。
(54) 産業組合法は，組合員資格を明定せず，産業組合の目的を「組合員の産業又はその経済の発達を企図するため」とし，あらゆる産業分野の者がこの制度を活用できることになっていた（稲川・前掲書・38頁参照）。
(55) 中協法の政府原案には保険協同組合制度が盛り込まれていたが，国会に提出された後削除された。その原因は損害保険会社による反対運動の結果であるとされている（磯部・前掲書・159頁参照）。
(56) 昭和38年に中小企業基本法が制定された際に，中小企業者の基準に「従業員の数」の外に「資本の額」が新しく追加された（同法第2条）。
(57) 「商店街振興組合法」は議員立法であるが，その制定に際しては，日本社会党提出の商店街組合法案の撤回による自由民主党案（商店街における事業者等の組織に関する法律案）の自民・社会・民社3党による共同修正が行われ，現行法の名称となった。
　　なお，「商店街振興組合法」の制定に先立ち，商店街商工組合制度の創設のための「中団法」の改正が行われたが（昭和37年5月12日に法律第129号として公布），実際には同制度の活用はみられなかった。
(58) 稲川宮雄『中小企業組合制度史』（中小企業情報化促進協会）57頁参照。

3　工業組合・商業組合制度の系譜

　工業組合・商業組合制度の特色は，業界の秩序維持のための制限事業の外に組合員のための共同経済事業を実施し得る点にある[59]。
　制度的には工業組合制度は同業組合制度の短所[60]を修正する組合制度として大正14年（1925）に制定された「重要輸出品工業組合法」によって創設され，昭和6年（1931）の大改正[61]を経て，昭和18年（1943）の「商工組合

3 工業組合・商業組合制度の系譜

図1-3 工業組合・商業組合制度の系譜

〔工業組合制度〕

- 重要輸出品工業組合
  (重要輸出品工業組合法)(大14)

- 工業組合
  (工業組合法)(昭6)

- 統制工業組合（追加創設）
  (工業組合法第3次改正)(昭12)
  工業小組合（追加創設）
  (工業組合法第4次改正)(昭14)

〔商業組合制度〕

- 商業組合
  (商業組合法)(昭7)

- 統制商業組合（追加創設）
  (商業組合法第1次改正)(昭13)
  商業小組合（追加創設）
  (商業組合法第2次改正)(昭15)

- 統制組合・施設組合
  (商工組合法)(昭18)

(戦前)
～～～～～～～～～～～～～～～～～～
(戦後)

- 調整組合
  (特定中小企業の安定に関する臨時措置法)(昭27)
  ↓
  (中小企業安定法)(昭28)

- （出資）商工組合
  (中小企業団体の組織に関する法律)
  (昭32)

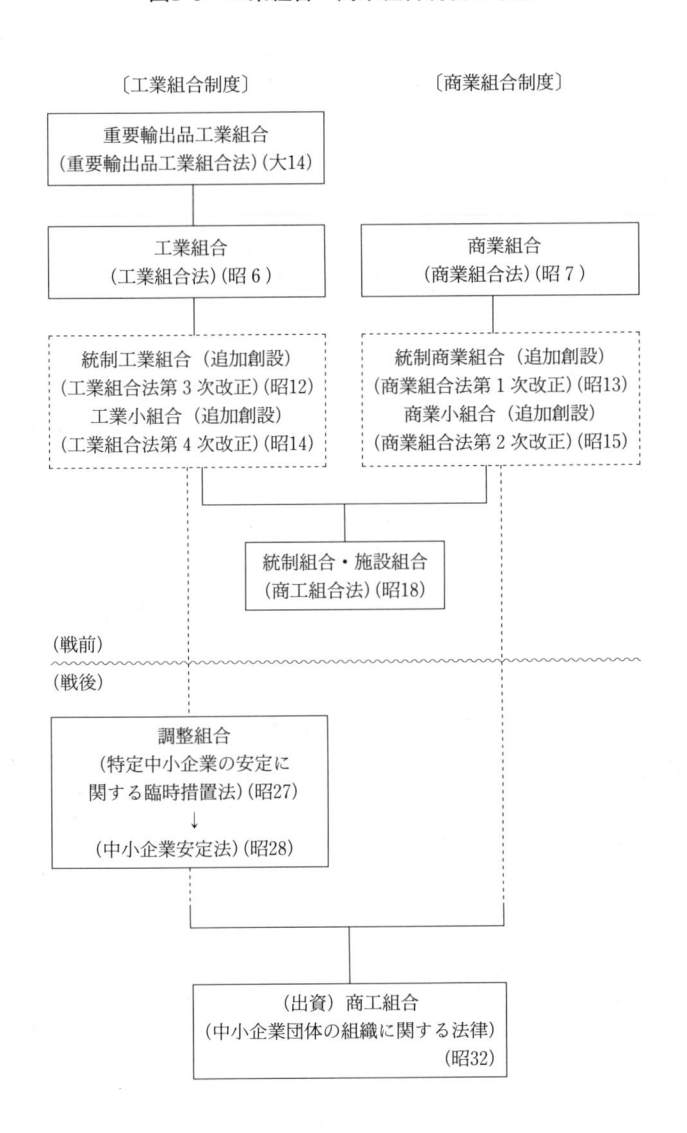

法」によって廃止される迄の18年間存続した。

　商業組合制度は，工業組合制度の創設に遅れること7年[62]，「重要輸出品工業組合法」が「工業組合法」に衣替えした翌年の昭和7年（1932年）に誕生し，工業組合制度と同様昭和18年（1943）の「商工組合法」の制定とともに姿を消した。存続期間11年であった。

　両組合制度は，自由競争を建前とする戦後の独占禁止法体制の下では容易に認められず，昭和32年（1957）の「中小企業団体の組織に関する法律」の制定による（出資）商工組合制度[63]の創設によってようやく復活をみた。その間14年間にわたる制度的空白期間があったわけである。

　なお，わが国における工業組合・商業組合制度の流れをたどると図1-3のようになる。

(1) 重要輸出品工業組合制度

　わが国初めての工業組合制度は，大正14年（1925）の「重要輸出品工業組合法」の制定によって誕生した。

　これより先明治30年（1897）には「重要輸出品同業組合法」による同業組合制度が発足し，また，明治33年（1900）には「産業組合法」に基づく産業組合制度が発足していた。

　しかし，これら2つの組合制度は当時の中小工業者のニーズを必ずしも十分に充たす組織とはなっていなかった。

　その背景としては，1つには中小工業そのものが十分に発達していなかったことがある。

　すなわち，明治から大正前期にかけてはわが国工業の生産形態は問屋制生産方式を中心に家内工業や賃加工的なものの比重が高く，独立の中小工業はなお未成熟の段階にもあり[64]，共同経済事業を主体とする組合制度を求める声は未だ国を動かす迄には至っていなかったのである。

　しかし，日露戦争（1904），第一次世界大戦（1914）を経て，わが国経済が工業化の歩みを力強く押し進めていく中で，中小工業もまた独自の地歩を築きつつあり，それとともに中小企業者の抱える問題もまた固有の対策を必要とするようになっていったのである[65]。

表1-8 重要輸出品工業組合の設立の推移

	組合増加数	年末組合数	同連合会数
大正14年	20	20	—
15年	2	22	1
昭和2年	29	51	6
3年	18	69	7
4年	13	82	8
5年	29	111	9

表1-9 重要輸出品工業組合の業種別組合数

(昭和6年6月末日現在)

綿織維	40	金属製品	7
絹織物	17	ブラシ	6
陶磁器	17	セルロイド製品	6
メリヤス・同製品	11	ゴム製品	4
麻真田	9		

(資料出所) 表1-8, 表1-9とも通産省「商工政策史」(『商工中金50年史』22頁所収)

特に第一次大戦の終了 (1918) 後に到来した景気の後退は, 米騒動 (1918) や関東大震災 (1923) による社会的動揺が続く中で深刻の度を加え, 中小工業を慢性的不況の状態に置いていた。

このような状況の下で輸出の激減により手ひどい痛手を被っていた輸出関連中小工業の振興策が急務とされ[66], ここに輸出品工業者を対象とする工業組合制度が創設されることとなったのである。

工業組合は, 同業組合が粗悪品の取締りを目的に検査事業しか行えなかったのに対し, 過当競争防止のための各種制限事業を行うことが認められた。特にこの制限事業は, 国の規制命令の発動を背景とする強力なものであった[67]。

更に, 工業組合には産業組合が行っているような共同経済事業の実施も認められることとなり, 工業組合制度は, それ迄の同業組合制度と産業組合制度とは性格を異にした, 中小工業者のための独自の組合組織[68]として, その活動が期待されることとなったのである。

しかし, 重要輸出品工業組合は, 同業組合や産業組合に比べて組合設立の要件が厳しかったこと等もあって予想した程には伸びなかった (表1-8, 表1-9)。

重要輸出品工業組合制度の特色は, 次の諸点である。

① 重要輸出品工業の改良発達を図るための共同事業組織であること (法第1条)。

② 組合員は, 主務大臣指定の重要輸出品を製造する工業者に限られるこ

表1-10 重要輸出品工業組合法及び工業組合法に基づいて
指定された「重要輸出品」

大正14年指定		昭和6年指定
1. 綿織物　　　12. セルロイド製品 2. 絹織物　　　13. 玩　　具 3. 毛織物　　　14. 蘭莚及び野草莚 4. 莫大小及び同製品　15. 鈕　釦 5. 真　田　　　16. 人造真珠 6. 金属製品　　17. 刷　子 7. 時　計　　　18. 漆　器 8. 陶磁器　　　19. 布帛製品 9. 硝子製品　　20. 帽　子 10. 琺瑯鉄器　　21. 燐　寸 11. 護謨製品　　22. 鉛　筆		大正14年指定の22品種に加え，次の8品種が指定された。 1. 人造絹織物 2. 電　球 3. 自転車 4. インキ 5. 紙及び同製品 6. 燐酸肥料 7. 傘 8. 水晶製品

(資料出所) 磯部喜一『工業組合論』423～424頁掲載

と（法第1条）。
③ 組合の設立には，地区内同業者の3分の2以上の同意と行政庁の認可を必要とすること（法第12条）。
④ 組合事業としては，検査・取締り・制限事業とともに共同施設事業，共同加工・販売・購買（供給）事業等の共同経済事業の実施が認められる外，指導・研究・調査事業を合わせ行うことができること（法第3条）。
⑤ 営業上の弊害を矯正するための取締り・制限事業に関し員外者規制命令制度を認めたこと（法第8条）。
⑥ 組合への加入脱退は自由であること（法第23条，第24条）。
⑦ 組合員の議決権は平等を原則とするが，議決権総数の10分の1以内で出資口数に応じて2個以上の議決権を付与し得ること（法第21条）。
⑧ 員外理事の選任，検査員の選任・解任等には行政庁の認可を要するものとし，行政庁によって検査員の選任・解任，収支予算・定款の変更等を命ずることができるなど行政庁の干与が強いこと（法第20条，第25条，第27条，第28条）。
⑨ 同業組合制度は強制加入制となっているが，工業組合の組合員となった者は同業組合への加入義務が免除されること（法第9条）。

などである。

　なお，本組合の対象となった重要輸出品は，表1-10に掲げたように法制定当初の大正14年（1925）には綿織物等の22品種が指定されていたが，昭和6年（1931）の法改正の際に新たに自転車や傘を加えて30品種が指定された[69]。

(2) 工業組合制度

　工業組合制度は，昭和6年（1931）の「重要輸出品工業組合法」の抜本的改正による「工業組合法」の制定によって，名実ともに中小工業者のための組合制度になったといえよう。

　この改正によって法律の名称から「重要輸出品」という限定的文字が削除されるとともに，その対象も重要輸出品から国内向けの一般重要工産品へと拡大された。

　しかし，昭和6年（1931）に行われた改正では，組合員の対象はなお「重要工産品」の製造業者に限定されており[70]，第1次指定の品種は33品種に止まっていた[71]。

　工業組合制度における品種指定制は，同業組合等の既存組合組織に対する配慮からという面があったが[72]，その後，年を追うに従って指定品種の追加が行われ，ついには重要工産品の数が100を突破するに至り[73]，品種指定制の意味は漸次稀薄なものとなっていったのである。

　こうした状況をふまえ，昭和12年（1937）には品種指定制が廃止され，すべての製造業者が工業組合を設立することができることになった。

　「工業組合法」に基づく工業組合制度は，昭和4年（1929）に発生した世界恐慌によって深刻化したわが国経済の不況下における中小企業の救済策として生まれたものであったが，数度に亘る法改正[74]によって当初の工業組合とはかなり異なるものになっていった。

　1つは，前述した対象組合員の範囲の拡大である（昭和12年改正）。

　2つは，組合の行う事業の範囲の拡大であり，重要輸出品工業組合では認められていなかった金融事業（資金の貸付・貯金の受入）が認められるようになった（昭和6年改正）。

　3つは，組合の統制機能の強化であり，当初営業上の弊害の「矯正」のた

表1-11　工業組合の設立数及び改正の経緯

年	組合数	改正点等
大正14（1925）	2	重要輸出品工業組合法制定（指定品種22）
大正15 昭和1（1926）	23	
昭和6（1931）	152	第1次改正（工業組合法と改称，対象を重要輸出品から国内向工産品に拡大）
昭和8（1933）	344	第2次改正（規制命令の対象拡大，罰則強化，工業組合中央会創設）
昭和12（1937）	1,173	第3次改正（業種指定廃止，「統制工業組合」制度創設）
昭和14（1939）	4,417	第4次改正（政府の干与強化，「工業小組合」制度創設）
昭和18（1943）	8,226	商工組合法の制定・公布（7月20日）により工業組合法廃止

（備考）1．連合会を含む。
　　　　2．12月31日現在。ただし，昭和18年は2月末日現在。
（資料出所）工業組合中央会及び商工組合中央会調べから作成。（磯部喜一『新版協同組合』142〜143頁所収）

めにのみ認められていた規制命令が，「予防」（昭和6年）のためにも認められるようになり，更に，「工業の健全なる発達を図るため」（昭和12年）にも発動することが認められるようになった。

また，規制命令の対象も組合員ばかりでなく員外者にも拡大され，過怠金のみではなお違反の恐れがあるということで組合員に対する罰則も強化された（昭和8年改正）。

4つは，組合への行政干与が強化されていったことである。昭和12年（1937）の改正では，規制命令の実効性を確保するため，行政庁は製造加工設備の使用を禁止・制限できることとし，昭和14年（1939）の改正では，規制命令発動中の新規開業・設備拡張には行政庁の許可を必要とするとともに，制限事業を行う工業組合の役員の選任・解任や定款・制限規程の変更を行政庁が職権で行うことを認めるまでになっている。

5つは，新たな組合制度の創設であり，昭和12年（1937）の改正によって非出資制の統制工業組合制度が設けられるとともに，昭和14年（1939）の改正では工業小組合制度が設けられた。このような新組合制度の創設は，日本経済が統制色を強めていくのと軌を一にするものであった[75]。

このように工業組合制度には，数次に亘る法改正によって種々の改変がみ

られたが，組合の数は年を追うに従って増大し（表1-11），戦時商工組合制度に吸収される昭和18年（1943）には，8,000組合を超すに至っている。

なお，ここで統制工業組合，工業小組合について付言すれば，これら両制度は戦時経済体制の下で生れた特殊なものであり，それぞれ独自の性格を有しており，工業組合制度の系譜に属するものではない。しかし，工業組合法上の組合制度として生れたものであるので参考迄に簡単に触れておきたい。

統制工業組合制度は，日中戦争勃発（昭和12年7月7日）直後の昭和12年（1937）8月に行われた「工業組合法」の第3次改正によって新設された[76]。

統制工業組合は，非出資であり，もっぱら検査・取締り・制限事業を行うためのものであり，行政庁の職権で設立され，組合が成立するとその地域の有資格者は自動的に組合員とされる（当然加入）ものであり，その後の統制組合制度につながっていく制度であった[77]。

また，工業小組合制度は，戦争が本格化していく中で，昭和14年（1939）4月に行われた「工業組合法」の第四次改正によって創設された制度であり，制度上は，零細工業者のための協同組織として生れたものであったが[78]，実際には，当時行われていた戦争遂行のための物資動員計画を達成するための企業単位の引上げの手段として設立が勧奨され，必ずしも本来の目的に沿った活用はなされずに終った[79]。

(3) 商業組合制度

昭和7年（1932）の「商業組合法」の制定によって，商業者のための組合制度が，わが国に初めて誕生した。

明治以降のわが国中小企業対策は輸出産業などを中心に，主として中小工業対策として推進されてきており，中小企業組合制度も同業組合制度の創設以来製造業関係の組織化推進の面が強かった[80]。

しかし，昭和に入ってからの打ち続く不況の中で中小商業の疲弊は著しく，また，百貨店の進出や産業組合（購買組合）の発達等による中小商業への圧迫感もあって中小商業者の組織化による近代化の推進は中小企業対策の重要課題となりつつあった[81]。

こうした状況の中で，「工業組合法」に範をとった「商業組合法」が制定

されたのである[82]。

商業組合制度の特色は，次の諸点である。
① 商業の改良発達を図るための共同事業組織であること（法第1条）。
② 組合員は商業者に限られるが，特別の事情があるときは，2種以上の商業者を組合員とすることも認められること（法第1条但書）。
③ 組合の設立には，地区内同業者の過半数の同意と行政庁の認可を必要とすること（法第12条）。
④ 組合事業としては，統制事業とともに共同仕入・保管・運搬等の経済的事業の外，事業資金の貸付・貯金の受入等の金融事業並びに指導・研究・調査事業も合わせ行うことができること（法第3条）。
⑤ 営業上の弊害を予防・矯正するための統制事業に関し員外者規制命令制度を認めたこと（法第9条）。
⑥ 営業上の弊害を予防・矯正するために，行政庁は，組合に対し必要な事業を行うよう命令し得ることとしたこと（法第8条）。
⑦ 組合への加入脱退は自由であること（法第24条，第25条）。
⑧ 組合員の議決権は平等を原則とするが，議決権総数の10分の3以内では出資口数に応じて2個以上の議決権を付与し得るものとしたこと（法第22条）。
⑨ 組合員は有限責任を原則とするが，保証責任制を採ることも認められたこと（法第19条）。

なお，商業組合制度は，昭和13年（1938）と昭和15年（1940）の2度にわたり改正が行われた。

まず，昭和13年（1938）の第1次改正では，①組合の事業範囲の拡大が行われ，新たに債務保証事業を行うことが認められるとともに，共通商品券・倉荷証券の発行事業が認められることとなった。更に，②員外者規制命令の発効要件の緩和，加入命令制度の創設，営業許可制の導入等組合の統制的機能が強化され，③非出資の統制商業組合制度が設けられた。また，④商業組合中央会制度が創設されたのも本改正による。

次に，昭和15年（1940）の第2次改正では，その前年（昭和14年）に「工業組合法」の改正によって創設された工業小組合制度に準じた商業小組合制

表1-12　商業組合の推移

	組合数	正味増加数
昭和 7	5	5
8	265	260
9	593	328
10	887	294
11	1,197	310
12	1,653	456
13	2,696	1,043
14	5,328	2,632
15	10,066	4,738
16	11,733	1,667
17	13,501	1,768

(備考)　1．連合会を含む。2．年末現在。ただし，16年は11月末，17年は6月末現在。
(資料出所)　商業組合中央会調べ。(磯部喜一『新版協同組合』149頁所収)

表1-13　商業組合の業種別設立数　　(昭和17年6月末現在)

			小売	卸売	卸・小売	計 (%)
単位商業組合	業種別包括的組	食料品	400	37	7	444 (3.4)
		繊維製品	439	15	7	461 (3.6)
		燃料	355	20	2	377 (2.9)
		家庭用雑貨	292	12	―	304 (2.4)
		(小計)	1,486	84	16	1,586 (12.3)
	地区商組		1,340	―	8	1,348 (10.4)
	生活必需品商組		416	73	15	504 (3.9)
	業種別商組	米雑穀類	924	108	54	1,086 (8.4)
		豆腐類	407	8	43	458 (3.5)
		織物呉服服装雑貨類	585	176	18	779 (6.0)
		薬品化粧品類	360	99	19	478 (3.7)
		石炭薪炭その他燃料類	305	68	16	389 (3.0)
		その他	4,172	1,581	546	6,299 (48.7)
		(小計)	6,753	2,040	696	9,489 (73.4)
	合計		9,995 (77.3)	2,197 (17.0)	735 (5.7)	12,927 (100.0) (100.0)
商業組合連合会			284	46	38	368
統制商業組合						206
商業小組合						235
総計						13,736

(資料出所)　商業組合中央会調べ。(磯部喜一『新版協同組合』149頁所収)

度が新たに設置された。

　商業組合制度は，昭和7年（1932）の「商業組合法」制定から昭和18年（1943）の「商工組合法」制定による同法の廃止に至る迄11年の間存続したが，わが国経済全体が戦時色を増していく中で，設立数は予想以上に伸びたにもかかわらず（表1-12），同組合が制度本来の機能を十分に果し得たか否かは疑問とされている(83)。

(4) （出資）商工組合制度

　中小企業の経営の安定を目ざす制限事業とともに共同経済事業を実施し得る工業組合制度及び商業組合制度が（出資）商工組合制度として戦後改めて誕生したのは，昭和32年（1957）の「中小企業団体の組織に関する法律」（以下「中団法」という）によってであった。

　自由競争と公正取引を基本とする独占禁止法体制の下で，経済的に弱い立場にあるとはいえ，制限事業を行う組合制度を認めることは仲々困難なことであり，更に制限事業と合わせて共同経済事業を認めることは戦時中の統制組織の復活を連想せしめることもあり，制度化に至る迄には多くの困難があった(84)。

　「中団法」は，昭和32年（1957）の11月25日に公布され，翌33年（1958）の4月1日から施行された。

　「中団法」に基づいて創設された商工組合制度は，昭和27年（1952）制定の「特定中小企業の安定に関する臨時措置法」（昭和28年に「中小企業安定法」と改称）に基づく調整組合制度を承継するものであったが，次の点で前制度とは大きく異なるものであった。

① 調整組合は工業のみを対象としたのに対し，商工組合は商業・サービス業を含め全業種を対象とした（法第11条）。

② 調整組合は制限事業だけしか行えなかったのに対し，商工組合は制限事業の外，共同経済事業を行うことが認められることとなった（法第17条第2項(85)）。

③ 組合の名称として，組合員の資格事業が工業，鉱業，建設業である場合には「工業組合」の文字を，その他の事業に属する場合には「商業組

合」の文字を，それぞれ使用することが認められることとなった（法第8条）。

このように名称上も工業組合，商業組合と呼ぶことのできる組合制度が創設されたが，この段階では組合の設立に不況要件を必要とし[86]，制限事業の実施主体としての性格を基本とする同業組合的色彩を色濃く残すものであった。

商工組合制度が，このような制約を脱して，名実ともに業種別組織として業界の振興発展のための総合的な機能を発揮し得るようになったのは，昭和37年（1962）に行われた「中団法」の改正によってである。

37年改正の主要な点は次の通りであるが，商工組合制度は，この改正によって，その性格を根本的に改変したといえよう。

① 設立に当って不況事態の存在を要しないことになったこと（旧法第9条削除）。
② 組織目的として「事業活動の調整」に変えて，「事業の改善発達」を明示したこと（法第1条）。
③ 組合の必須事業として制限事業の外に指導調査事業が追加され，制限事業を行わなくとも組合の設立が認められるようになったこと（法第1条第1項）。
④ 制限事業として取引の安定化のための制限事業（安定事業）に加え，新たに合理化を達成するための制限事業（合理化事業）が追加され，制限事業に積極的機能が付与されたこと（法第17条第1項第5号）。
⑤ 共同経済事業を行う場合には必ず出資制を採るべきこととされたこと（法第17条第2項[87]）。

このようにして商工組合制度は当初のカルテル団体的枠組みを脱して[88]，長期的ビジョンを踏まえた真の業界振興を図るための構造改善事業等を推進し得る新たな業種別組織として，戦前の工業組合制度や商業組合制度では十分に発揮し得なかった総合的機能の発揮を期待されることになったのである。

---

(59) 戦前の工業組合・商業組合制度は，「ともに明治33年に時を同じくして制定された重要物産同業組合の制度と産業組合の制度をとり入れ，両者の長所をあわせも

つ特殊な性格の組合制度である。」(稲川宮雄「戦前日本の中小企業組織化」(『組織問題と中小企業』(同文館)(昭52) 43頁)。
(60) 同業組合では共同経済事業を行うことは認められていなかった(重要物産同業組合法第6条第2項, 第10条)。
(61) 昭和6年の改正によって「重要輸出品工業組合法」は「工業組合法」と改称された。
(62) 「商業者の組織化は困難であると見られたこと, また当時においては工業ほど重視せられていなかったこともあって, 組合制度の確立が遅れた」(稲川・前掲書・41頁)。
(63) もっとも制定当初の「中団法」では, 共同経済事業を実施する場合でも出資制を採ることは必ずしも義務づけられてはいなかった(旧法第34条)。
(64) 「織物業にあっても機械工場が次第に発達したが, それにもかかわらず, 綿織物業では「工場」生産高が全生産の過半をしめるようになるのは, 明治40年代に入ってからであり, 絹織物では大正初年のことであった。」(山口和雄『日本経済史』(筑摩書房)(昭56) 183頁)。
(65) 「明治末期から第一次世界大戦期にかけ, わが国の資本主義が発達して, 生産, 流通, 金融などの面で大工業中心に運営されるに伴い, (中小工業は)大工業では見ることができない構造的経営難に見舞われるようになった。」(『商工中金50年史』6頁)。
(66) 政府は, 大正3年4月には内閣に設置された帝国経済会議に中小工業の改善策を諮問するに当り, 従来の同業組合・産業組合及び製品検査等の諸制度では効果不十分なため,「各種工業に応じ適当なる企業形体を得しむると共に, 金融の欠陥を補い工業設備を改善し, 以て品質の整備を図り, 粗製濫造の弊を廃棄する」必要があることを強調した(前掲『50年史』12頁)。
(67) このアウトサイダー規制命令制度を導入するについては, 明治維新以来堅持してきた営業の自由の原則に抵触するものではないかという強い反論があった(前掲『50年史』21頁)。
(68) 「工業組合は, 産業組合と同業組合とを母胎として生まれたとはいえ, 特種な産業組合でもなければ, 特種な同業組合でもない。」(磯部喜一『新版協同組合』(春秋社)(昭33) 30頁)。
(69) 磯部喜一『工業組合論』(甲文堂書店)(昭11) 423~424頁。
(70) 工業組合法第1条。
(71) 磯部・前掲『工業組合論』423頁以下参照。
(72) 磯部・前掲『新版協同組合』141頁参照。
(73) 磯部・前掲『新版協同組合』141頁参照。
(74) 工業組合制度は, 昭和6年, 8年, 12年, 14年の4回にわたり改正が加えられ

た（中小企業庁編著「中小企業団体組織法逐条解説」（昭34）31〜34頁参照）。
(75) 昭和12年10月には経済統制体制の中枢機関として企画院が創設され，昭和13年4月には「国家総動員法」が公布された（前掲『50年史』72・73頁）。
(76) 中小企業庁編著・前掲書・33頁参照。
(77) 「それは公法人とみるのほかはない組織であった。」（稲川・前掲書・46頁）。
(78) 「工業小組合・商業小組合は，その加入について組合員の4分の3以上の同意を必要とする点を除けば，それは協同組合の性格を有するものとみられる。」（稲川・前掲書・46頁）。
(79) 「政府は，この工業小組合の共同設備に補助金を交付し設立を助成したが，政策意図に反して組合設立は不振を極め，昭和16年3月末現在全国において700組合の設立を見たに過ぎなかった。」（前掲『50年史』81頁）。
(80) 「商業者の組織化は困難であり，その事業の成果もあがりにくいと見られたことが，商業組合制度の発足のおくれた理由の1つである」（稲川「中小企業組合制度の特質と変遷」（全国中央会「中小企業組合制度史」）22頁）。
(81) 「資本主義の発展と共に，新しい市場は既にある程度開拓し尽された上に，一方には百貨店・連鎖店等の近代的大規模経営が巨大な資本力と斬新な経営技術をもって配給部面に現われ，他方，産業組合がその組織の力に加うるに政府の手厚い保護と助成によって配給分野に著しく進出するに至り，商業者は，もはや個々の力をもってしては，これに対抗し得ないことになった。」（稲川『商業組合法論』（有斐閣）（昭14）2頁）。
(82) 政府は，昭和6年に国会に提出するため商業組合法要綱を策定公表したが，同業組合関係者の強硬な反対のため法案提出に至らず，翌7年に時局匡救議会と呼ばれた第63議会に法案を提出，9月1日の衆議院本会議で満場一致で可決された（稲川・前掲『商業組合法論』5頁参照）。
(83) 「世界的不況期に際会して制定された商業組合制度が，ようやく軌道に乗るようになったときには，すでに日華事変は拡大しつつあり，わが国民経済は平時経済でなく，戦時経済的色彩を濃くしていた。それだけに平時における商業協同組合の功罪は，判定することができなかった。」（磯部・前掲『新版協同組合』147頁）。
(84) 中小企業庁編著・前掲書・66・82頁参照。
(85) 「これによって従来のように同一の業者が調整組合と事業協同組合とを二重に設立せざるを得ないという不合理を除去し，1個の商工組合による調整事業と共同経済事業との両者の円滑な遂行を期せしめようとするものである。」（中小企業庁編著・前掲書・74頁）。
(86) 「商工組合は，一定の地域において一定の種類の事業を営む中小企業者の競争が正常の程度をこえて行われているため，その中小企業者の事業活動に関する取引の円滑な運行が阻害され，その相当部分の経営が著しく不安定となっており，又は

なるおそれがある場合に限り，設立することができるものとする。」(旧中団法第9条)。
- (87) 旧法では，共同経済事業を行う組合は，「定款の定めるところにより，組合員に出資をさせることが<u>できる</u>。」と規定されていたが(法第34条第1項)，法改正により共同経済事業を行うことができるのは，「組合員に出資をさせる商工組合に限る。」とされた。ただし，改正後においても，「事業の規模が著しく小さく，出資の負担に耐え得ない者，その他やむを得ない理由がある者」については，出資をしないで組合員となることが認められている(中団法第34条但書)。
- (88) 昭和37年改正前の旧商工組合では，不況カルテルのみが本来的事業であったが，新商工組合では，不況カルテルのみならず合理化カルテルや指導調査事業も本来的事業として加えられた(中団法第17条第1項に掲げる事業の追加改正)。これによって新商工組合は，当該中小企業の自主的な公益的中核組織としてその総合的改善発達を図る団体となったといえよう(中小企業庁編著『改正中小企業団体組織法逐条解説』(昭38) 64・130頁参照)。

4 企業組合・協業組合制度の系譜

わが国中小企業対策の最重要課題は，経営規模の過小性がもたらす大規模企業との間にある種々の格差の解消にあった。生産性，企業所得，労働賃金等の規模間格差の存在は，中小企業の経営の安定性を阻害するとともに，中小企業の従事者の生活水準の向上にとっても大きな制約となってきた[89]。

しかも企業規模の過小性は，取引における過当競争を招来し，過当競争は個別企業における折角の合理化努力を無に帰せしめる要因となる。経営規模の適正化は，中小企業の格差是正のための基本的方向であった。

さて，太平洋戦争後のわが国経済は，産業設備の全面的損壊[90]と，軍人の復員，外地からの引揚者の帰還等による労働力の過剰[91]のうちに始まった。

明治以来営々として築き上げてきた経済基盤は，旧領土における多くの企業資産とともに崩壊消滅し，天然資源の乏しいわが国は，頼るのはただ人的資源のみという状況に置かれたのである。

このようにして戦後経済は，戦前に増して激烈な競争条件を前提に再スタートすることを余儀なくされ，過当競争は以前にも増して中小企業の経営環

図1-4　企業組合・協業組合制度の系譜

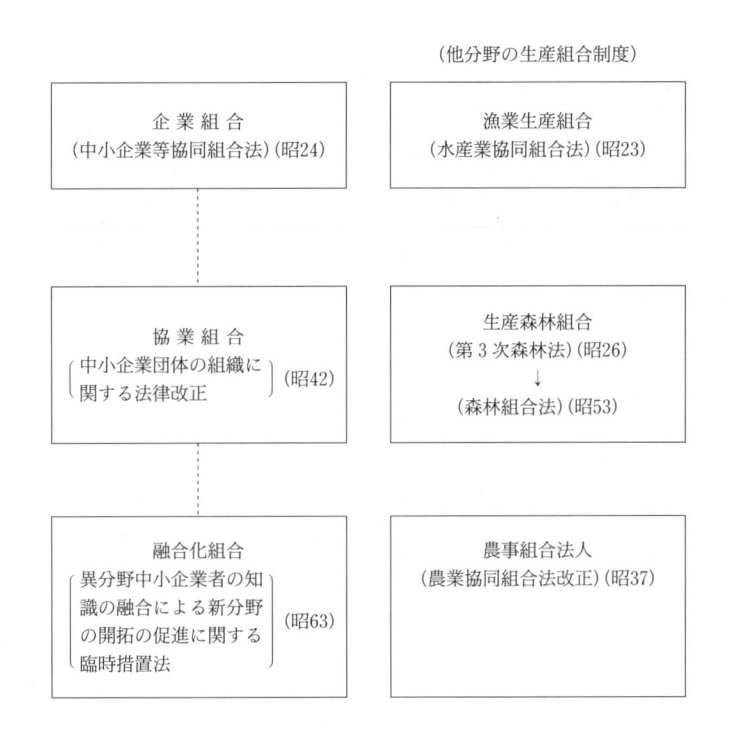

(他分野の生産組合制度)

```
┌─────────────────────┐      ┌─────────────────────┐
│    企 業 組 合      │      │    漁業生産組合     │
│(中小企業等協同組合法)│      │(水産業協同組合法)   │
│        (昭24)       │      │        (昭23)       │
└─────────────────────┘      └─────────────────────┘
          │
          │
┌─────────────────────┐      ┌─────────────────────┐
│    協 業 組 合      │      │    生産森林組合     │
│(中小企業団体の組織に │      │  (第3次森林法)(昭26)│
│ 関する法律改正)(昭42)│      │         ↓           │
│                     │      │  (森林組合法)(昭53) │
└─────────────────────┘      └─────────────────────┘
          │
          │
┌─────────────────────┐      ┌─────────────────────┐
│    融合化組合       │      │    農事組合法人     │
│(異分野中小企業者の知│      │(農業協同組合法改正) │
│ 識の融合による新分野│      │        (昭37)       │
│ の開拓の促進に関する│      │                     │
│ 臨時措置法)   (昭63)│      │                     │
└─────────────────────┘      └─────────────────────┘
```

境を悪化せしめたのである。

　企業組合制度は，このような戦争直後の厳しい状況を踏まえて，昭和24年(1949) に中小企業等協同組合法（以下「中協法」という）によって創設された[92]。

　企業組合制度は，かつて労働者や職人達が自らの労働の成果を自らの手に確保すべく組織した労働者生産協同組合[93]や当時新たな国づくりを目ざしつつあった中国において合同生産組織として広く普及していた合作社[94]等を先例としつつ，わが国において資本と経営と労働を一体化した組織づくりを実現しようとするものであった[95]。

　企業組合制度は，その名の示す通り「企業体としての協同組合組織」を目

ざしたものであり，組合自身が1個の事業体として独自の事業活動を展開することを期待されたものであった。

　この点において，個々の組合員がそれぞれ一個の独立した事業者として，各自の事業活動を行い，組合は外にあって，組合員の事業を補完支援する他の協同組合制度とは，同じ協同組合に属するとはいいながら，その性格に大きな違いがある[96]。

　この違いは，その後設置された協業組合制度にもみられるところであり，また，企業組合制度と協業組合制度を結ぶ重要な共通点でもある。

　協業組合制度は，昭和42年（1967）に行われた中小企業団体の組織に関する法律の第7次改正によって誕生した。

　当時は，わが国がかつて経験したことのない成長率を実現し得た高度成長期[97]にあり，企業規模の拡大による量産体制化の実現は時代の要請であり，中小企業においてはそれが「協業化」（事業の統合）の推進という形で取り組まれつつあったのである。

　協業組合制度は，このような中小企業における協業化の動きを組合制度面で整備しようとしたものであり[98]，その特色は，個々の中小企業の経営そのものを組合に統合し，組合を通じて規模の利益を実現しようとするものであった。

　協業組合制度の創設によって，企業組合制度創設当時には必ずしも明確でなかった「企業規模の適正化[99]」が中小企業組合制度の組織理念として明らかにされたのである[100]。

　参加メンバーの1人1人の意思を最大限に尊重しながら[101]，企業合同の実をあげようとするのが，企業組合制度並びに協業組合制度に与えられた使命であったが，企業組合では組合員資格が個人に限られていたのに対し，協業組合ではそのような制限が置かれなかった点に，また，企業組合の組合員が必ずしも事業者にのみ限定されていなかったのに対し，協業組合では組合員資格が事業を営む者[102]に限定されていた点において両者の違いがある。

　その結果，中小企業者が相互の事業経営を組合に集中統合して，その規模の拡大を図ろうとしても，中小企業者が法人（会社）形態をとっている場合[103]には企業組合を選択することができず，協業組合を選択する以外にはな

い。したがって，両者は共に中小企業における事業の統合のための組織ではあっても，構成員メンバーの規模階層において自ら異なる面をもつことになる。

また，その後新たに創設された融合化組合制度は，中小企業が有する経営・技術面における固有の知識なりノウハウを，組合を通じて組み合わせ，これを，一体的に活用しようとするものであり，中小企業のもつ既存の枠を超え，新しい事業活動の場を設定しようという点において，企業組合や協業組合と同一線上にあるが，他方，企業組合や協業組合が，同一業種の中小企業者がその経営を統合し，主として生産規模や販売力といった量的面でのレベルアップを図り，スケールメリットを実現しようとする組合組織であるのに対し，融合化組合は，異なる分野の事業者の連携を通じて，個々の中小企業の中に存する潜在的能力を引きだし，同一分野における事業者間の連携では果たし得ない新製品，新技術，新業態の開発及びこれによる新分野の開拓を行おうとする点において，両組合制度にはない新規性をもっていた。

以上の3者に共通するのは，組合員の有する経営力の統合による新しい事業活動の場の設定であり，そのため，これらの組合の事業は，組合の設立後においては，組合員の事業とは直接関連をもつことを要求されていない[104]。

更にいえば，企業組合制度は，戦後の混乱期にあって未だ十分でなかった働く場としての事業体の創出を直接の動機として，協業組合制度は，高度成長期の経済の量的拡大に見合った中小企業の経営規模の適正化を目ざして，融合化組合制度は，成熟化社会，脱工業化社会における新たな需要創出を目ざした研究開発能力の結合を目的に，中小企業の力を集中統合しようとするものであり，各制度の生まれた背景は異なるものの，その共通するところは従来の共同化を一歩進めて組合による組合員事業の拡充一体化を実現しようとする点にあったといえよう。

なお，制度上は必ずしも組合員の事業の統合を企図したものではなかったが，実際上は中小企業を統合する機能を果たしたものとして，太平洋戦争下に創設された工業小組合制度と商業小組合制度がある[105]。

また，非事業者をも組合員となし得る企業組合制度は，労働者生産協同組合的組織としての一面も有するが[106]，この流れに属するものとしては，企

業組合制度の外，農業協同組合法上の農事組合法人[107]，水産業協同組合法上の漁業生産組合[108]，森林組合法上の生産森林組合[109]の各制度があり，これらの生産組合制度は，わが国産業において第一次産業がそのウェイトを低下させていく中で，厳しい環境と闘いながら当該分野での近代化・合理化を推進するために貴重な役割を担ってきた[110]。

(1) 企業組合制度

企業組合制度は，昭和24年（1949）制定の中小企業等協同組合法によって誕生した。

企業組合制度は，戦後の復興期にあってわが国小零細企業を合同させ，経営規模を少しでも拡大し，その合理化を図ろうとする点に第1の目的があった[111]。

しかも，小零細企業においては経営者もまた1個の勤労者として事業に従事しているのが常であり，こうした小零細企業の合同に当っては，従業員と経営者の別なく，これら全てのものに組合員資格を付与して新しい職場づくりを促進することがより実情に合うことから，企業組合の組合員は，事業者に限定されなかった。

企業組合的組織は，それ迄にも存在し，組合自体が組合員の事業活動の中心的存在として実質的には企業合同的成果をあげつつあったことが指摘されているが[112]，わが国における組合制度としては，まったく初めてのものであった。しかし，その後の活用状況をみると，企業組合制度が当時十分にその意義を理解されていたか否かは甚だ疑問である。

もちろん企業組合が当初において小零細事業者の企業合同組織としてばかりでなく，海外からの引揚者等職場をもたない人々の職場づくりの方策としても活用されるよう期待されていたことは明らかであったが[113]，それが中小企業等協同組合制度の1つとして「中協法」に規定されたことからみても，その主眼は小零細事業者層の組織化にあったことは否定できないであろう。

企業組合制度のもつオープンな性格から，企業組合制度は極めて多様な利用が可能であったが，その後の推移をみるとやはり事業者の組織としての活用が主流を占め現在に至っている[114]。

企業組合も「中協法」に定められた協同組合原則を遵守し,「中協法」上の諸規準に則って運営される組合組織として協同組合の一種とされるが[115],次の諸点において他の協同組合と異なっていた。

① 企業組合は,完全な意味での独立した企業体であり,組合事業は組合員の利用を前提として行われるものではない(中協法第9条の10)。
② 企業組合の組合員は,個人(自然人)に限定されており,原則として法人(会社)は組合に加入できない(中協法第8条第6項反解)。
③ 企業組合の組合員は,「事業者」に限定されていないので,勤労者等の非事業者だけでも組合を設立することができる(中協法第8条第6項)。
④ 企業組合は,他の協同組合のように「地区」を設定する必要はない(中協法第8条第6項)。
⑤ 企業組合の組合員には,組合事業への従事義務と組合事業との競業禁止義務が課せられている(中協法第9条の11)。
⑥ 組合員の出資について,企業組合の場合は,1組合員当り出資口数の限度(25%)の他に出資総口数の過半数以上は組合の事業に従事する組合員が保有しなければならないというしばりがかけられている(中協法第10条第7項)。
⑦ 企業組合では員外理事は認められない(中協法第35条第5項[116])。
⑧ 企業組合は,他の協同組合に加入することはできるが,連合会に加入することはできない(中協法第5条第5項第1号)。
⑨ 企業組合は,その従業員の数のいかんにかかわらず独占禁止法の適用対象となる(中協法第7条第1項反解)。

企業組合の歴史をふり返ってみる場合,次の2つの点に注意する必要がある。

1つは,税金問題と企業組合との関係であり,もう1つは,企業組合の組織形態の二分化である。

まず,税金問題と企業組合との関係であるが,昭和22年に行われた税制の大改正によってそれ迄の賦課徴収制度が申告納税制度に切り換えられたが,戦後の経済混乱の中で納税環境は極度に悪化しており,申告制は円滑に機能せず,中小企業者は過大な更正決定の前に深刻な状況に陥っていた[117]。

このような状況の中で，自ら勤労に従事している零細な事業者が，事業所得者なるが故の税負担の加重を免れようとして企業組合を結成するに至ったのである[118]。

この傾向は，企業組合制度が誕生した翌年（昭和25年），翌々年（昭和26年）に最高潮に達し，この２年間で実に１万近くもの企業組合が設立されたのである（図1-5参照）。

これに対して税務当局は，企業組合の事業所となった組合員であっても，実態が組合事業の従事者となっていないのであれば，勤労所得を否認するという措置をとることになり[119]，その後こうした措置に対する不当性をめぐって数年にわたり税務当局と企業組合との間に紛争がくり広げられた。その結果，昭和28年（1953）には所得税法が改正され[120]，企業組合に対する税制上の取扱いも明らかとなり，企業組合をめぐる税金問題も一応の結着をみたのである。

税法の改正によって一時１万余を数えた企業組合も減少の一途をたどり，昭和35年（1960）の調査では，実際に活動している組合は最盛期の半数の5,000余に過ぎないことが確認された（表1-14参照）。

次に，企業組合の組織形態の二分化という点であるが，制度創設の当初は，組合に経営を一元化し，事業場を統合し規模の拡大を図るために活用されるものと考えられた企業組合制度が，その後組合員の事業活動は従来の事業所で従前のまま遂行しながら，企業計算だけを組合に集中して行うという事業所分散方式をとる企業組合の設立がかなりみられるようになり，こうした事業所分散型組合が，事業所を集中し経営の一元化を図る事業所集中型組合とともに企業組合の一翼を占めるに至ったことである[121]。

もとより企業組合は事業所の集中や事業用施設の組合所有を制度上義務づけられるものではなく，組合員の所有する事業用施設を組合が賃借し，組合員がそのまま事業所の責任者として事業を行うことも，全体の経営管理を組合に一元化し，対外的責任を組合が負う限りにおいて認められるものであり，事業所分散型企業組合は，小零細事業者の所有意識に配慮したユニークな運営方式といえよう。

しかし，このように企業組合の一形態として定着した事業所分散型企業組

4　企業組合・協業組合制度の系譜　47

図1-5　企業組合の設立状況

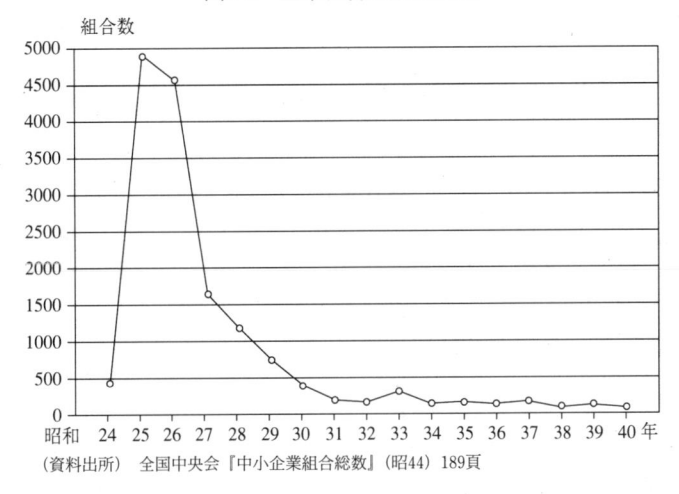

(資料出所)　全国中央会『中小企業組合総数』(昭44) 189頁

表1-14　企業組合数の推移

昭和年	組合数	昭和年	組合数
24	394	43	4,968
25	5,103	44	5,001
26	9,216	45	4,997
27	10,205	46	4,937
28	10,885	47	4,937
29	11,142	48	4,953
30	10,936	49	4,961
31	10,680	50	4,936
32	10,482	51	4,932
33	10,549	52	4,936
34	10,526	53	4,991
35	5,117	54	5,036
36	5,127	55	5,034
37	5,148	56	3,362
38	5,096	57	2,951
39	5,089	58	2,941
40	5,075	59	2,803
41	5,058	60	2,583
42	5,060	61	2,573

(資料出所)　中小企業庁調べ。
(1)　調査時点は、24〜43年は12月末日。44年以降は翌年3月末日。
(2)　35年には休眠組合の整理(指導等の対象からの除外)、56年・59年には休眠組合の整理(職権による解放登記等)が行われている。

表1-15 協業化を目的とする事業協同組合設立状況

業　種	組合数
食料品製造業	32
繊維工業	17
衣服その他繊維製品製造業	4
木材・木製品製造業	20
パルプ・紙・紙加工品製造業	1
出版・印刷業	2
化学工業	－
石油・石炭製品製造業	2
ゴム製品製造業	1
皮・皮革製品製造業	2
窯業・土石製品製造業	18
鉄鋼業	1
非鉄金属製造業	2
金属製品製造業	2
機械器具製造業	1
電気機械器具製造業	－
輸送用機械器具製造業	－
精密機械器具製造業	－
その他の製造業	2
（製造業計）	107 (62.9)
卸売業	4
小売業	28
（商業計）	32 (18.8)
クリーニング業	22
その他のサービス業	9
（サービス業計）	31 (18.2)
（合　計）	170 (100.0)

（資料出所）中小企業庁「協業化を目的とする組合に関する実態調査」(40年12月)(全国中央会「組合の現状と動向(1)」26頁所収)

合も残念ながら昭和20年代をピークに，その後ほとんど設立されていない。

(2) 協業組合制度

戦後何度かに亘って訪れた景気上昇の波の中で，昭和30年代半ばから40年代前半にかけての好況の波程高かったものはない。東京オリンピックを経て大阪万国博に至るこの時期，わが国経済は毎年10％台の高成長を持続し，高度成長の名で呼ばれる通りの盛況振りを示した。

こうした日本経済の躍進の中で，中小企業に求められたのは，この長足の成長についていけるだけの体力づくりであり，経営規模の拡大であった。

このような状況の中で誕生したのが協業組合制度である。

協業組合制度は，昭和42年（1967）の中小企業団体の組織に関する法律の改正によって創設された。

「所得倍増計画」の名の下に推進された当時の積極政策の下で，投資が投資を呼ぶ状況が引き起され[122]，中小企業においても規模の拡大を実現すべく，すでに様々な分野で協業化の動きが始まり，協業化組合の名前で呼ばれる新形態の事業協同組合が各所で誕生しつつあった（表1-15参照）。

協業化は，従来の共同事業の範囲を

拡げ，組合員の事業の全てを共同化しようとするもので，共同化の延長線上にあるものではあったが，究極的には，従来の共同化が目ざしていたもの（共同事業を通じての組合員事業の個別的発展）を超えるものであり，事業協同組合で協業化を図っていくためには，法制度上解決しなければならない多くの問題点があった[123]。

　協業組合制度は，こうした協業化への動きを促進し，協業化組合が抱えている諸問題を解決するために，これらの動きを法律的に整序し，中小企業の協業化を円滑に促進するためのものであった。これによって法律上不明確な諸点が払拭され，協業組織がわが国中小企業組合制度として明確に位置づけられたのである。

　協業組合の制度化に当っては，これを「中協法」上の組合とすべきか否かをめぐって様々の論議がかわされたが，協業組合制度は多くの点で協同組合原則を修正するものであり，結局，中小企業組合組織の基本法としての形を備えている「中団法」上の組合制度とすることで落着いたのである[124]。

　協業組合制度の特色は，次の諸点である。

① 協業組合は，企業規模の適正化を図るための組織である（中団法第5条の2）。

② 協業組合は，組合員の事業を組合に統合し，協同して経営するための組織である（中団法第5条の7）。

③ 協業組合の事業は，組合員が行っていた事業に限定され，組合員は組合に移行した事業を行うことはできない（中団法第5条の7，第5条の8）。

④ 協業組合は，組合自体が事業経営の主体となるため，組合員との間に「利用」概念による結びつきはなく，したがって，員外利用の制限はなく，剰余金の分配方法についても定款で自由に定めることができ，出資配当についての限度も定められていない（中団法第5条の20第2項）。

⑤ 資本の充実を図るため1組合員当りの出資限度が大幅に緩和（50%未満）されている（中団法第5条の9第3項）。

⑥ 組合員の結束の強化を図るため組合員の加入脱退については厳格な手続が要求される（中団法第5条の11，第5条の19第1項第4号，第5条の

表1-16 協業組合数の推移

昭和年	組合数	昭和年	組合数
42	22	52	1,100
43	177	53	1,123
44	559	54	1,124
45	705	55	1,137
46	846	56	1,545
47	923	57	1,566
48	982	58	1,573
49	1,017	59	1,546
50	1,050	60	1,514
51	1,080	61	1,502

(資料出所) 中小企業庁調べ。
(1) 調査時点は、24〜43年は12月末日。44年以降は翌年3月末日。
(2) 35年には休眠組合の整理（指導等の対象からの除外）、56年・59年には休眠組合の整理（職権による解散登記等）が行われている。

14)。

⑦ 組合の意思決定をより機動的に行えるよう議決権（選挙権）の平等原則を修正し、一定の範囲内ではあるが、出資制が認められている（中団法第5条の10第1項）。

⑧ 協業組合には中小企業以外の者の加入も認められるが、非事業者の参加は認められない[125]（中団法第5条の5）。

協業組合は中小企業者のための経済組織であり、組合組織による「事業の統合・事業の集約化」を図ろうとするものである。

企業合同組織でありながら「労働の一致」を前提としない点で企業組合とは異なり、「所有と経営と事業の一致」を求めている点において会社組織とも異なる面をもっている[126]。

協業組合制度は、中小企業における経営規模の適正化をめざすものであり、基本的には組合員事業の全てを組合に移行させること（全部協業）が本旨と考えられるが、事業の統合を一部に止めたいという現実のニーズにも配慮し、制度上は一部協業形態の組合も認められることとなった[127]。

協業組合制度は時代の要請に応えるものとして年々設立が増加し、その後の中小企業組合の有力な一翼を担うものと期待されていたが、その設立は50年代で止まり、予想された程には伸びていない（表1-16参照）。

なお、協業組合制度も発足してからすでに相当の年数を経過し、運営に当っている組合員の世代交替もあり、現行制度に対する改正要望の声も出てきている[128]。

(3) 融合化組合制度

昭和63年度の国の中小企業対策の最重点は、中小企業の融合化促進対策で

あった(129)。

　急速に進みつつあるわが国産業構造の変化と国民ニーズの多様化・高度化の中にあって，中小企業が従来以上の力を発揮していくためには，既存分野での合理化・近代化努力を継続していくことは勿論，新分野の開拓にも果敢に取り組むことが必要とされており，これを有効に推進するための異業種の連携による融合化促進対策の確立が急務とされていた。

　こうして創設された融合化組合制度は，「異分野中小企業者の知識の融合による新分野の開拓の促進に関する臨時措置法」（以下「融合化法」という(130)）によって生れたものであり，同法は，10年間の時限立法として，その後の中小企業の融合化促進施策の基本的枠組みを設定したものである(131)。

　「融合化」とは，それぞれの企業がその垣根を乗り越えて異なる分野の企業と手を結び連携し合うことにより，新しい分野を切り開いていこうというものであり，新たに制定された「融合化法」では，「異分野中小企業者が，協同してその生産，販売若しくは役務の提供の技術又は経営管理に関する知識その他のその事業の分野に関する知識を組み合わせ，一体的に活用して，新たな製品若しくは役務の開発のための試験研究その他の研究開発，その成果の利用又は当該成果の利用のために必要な需要の開拓を行うことにより，新たな事業の分野を開拓すること」（同法第2条第3項）とされているが，要するに，異分野の経営資源を組み合わせ，複合化させ，技術開発，製品開発，需要開拓等を行うことにより新規事業を開発することであった。

　このような異業種の中小企業者による融合化の動きは，当時すでに全国各地でみられており（表1-17参照），その中で単なる情報交換のための交流段階から更に一歩を進めて，組合等による新製品・新業態の開発・事業化の段階に至っているものも僅かではあるが現れつつあった。

　融合化組合制度は，「融合化法」によって「中協法」上の事業協同組合制度と「中団法」上の協業組合制度に特例を認め，それぞれの事業範囲の拡大を図ったものである。

　まず事業協同組合制度との関係であるが，事業協同組合が行い得る研究開発の対象は，法律上組合員が現に行っている事実分野に限定されており，研究開発及びその成果が組合員の既存事業分野に属さない場合には「中協法」

表1-17　異業種組合の設立状況

昭和年度	55	56	57	58	59	60	61	62
設立組合数	57	101	77	46	85	120	112	167

(注)　1. 55～59年度の数字は、製造業と非製造業を含む異業種組合
　　　2. 60・61年度の数字は、①に掲げる組合の外製造業の異業種組合及び小売業の異業種組合を加えたものである。
　　　3. 62年度の数字は、②に掲げた組合の外建造業、卸売業、サービス業の異業種組合を加えたものである。
　　　4. 異業種組合には事業協同組合の外、企業組合、協業組合等を含む。

の規定（第9条の2）に抵触する恐れが生じるものとされていた。

「融合化法」は、同法に基づいて知識融合開発事業計画の認定を受けた事業協同組合（第4条第1項）であれば、例えその開発事業が「中協法」第9条の2第1項に定める事業の範囲を超えるものであっても、これを行うことを認めることにしたのである（同法第9条）。

次に、協業組合制度との関係であるが、事業協同組合における開発事業の成果を利用して、これを事業化するために協業組合を設立しようとする場合、①当該事業協同組合の組合員により協業組合の新規設立と、②当該事業協同組合そのものの協業組合への組織変更の場合とが考えられるが、どちらの場合でも融合化を円滑に行うためには法律上のネックがあった。

すなわち、前者の、①協業組合を新設しようとする場合には、協業化しようとする事業はまったく新規のものであり、未だ組合員が行っているわけではないため、現行法上これを協業対象事業とすることは不可であり（中団法第5条の7第1項）、これを解決するため、「融合化法」は、知識融合開発事業を実施した事業協同組合の組合員の全部又は一部が協業組合を設立する場合については「組合員は、開発の成果を利用した事業を行っているものとみなす」旨の特例を設けたのである。

後者の、②事業協同組合から協業組合への組織変更は、現行法上「中協

法」第9条の2第1項第1号の事業（共同経済事業）を行っている組合について認められるものであり，その場合には当該事業協同組合が行っている事業が協業対象事業とみなされることになっているが（中団法第95条第1項），融合化の場合は，協業組合で行おうとするのは事業協同組合が行っている開発事業そのものではなく，開発の成果の利用に係る事業（製品化，実用化事業）であり，これは「中団法」第95条第1項に規定する組織変更の範ちゅうには入らない。したがって，これを可能とするために「融合化法」第10条に「中団法」第95条第1項に関する変更適用規定を設け，①知識融合開発事業を実施した事業協同組合の協業組合への組織変更を認めるとともに，②その際の「みなし協業対象事業」の範囲を「開発の成果の利用に係る事業」にも拡大したのである。

　以上のように融合化組合制度は，「融合化法」によって新たに創設されたものではあるが，組合制度としては既存の事業協同組合制度並びに協業組合制度を借用した特例組合であるところに他の組合制度と異なる面を有すると同時に，融合化による開発段階は事業協同組合で行い，開発成果の製品化・実用化段階は協業組合で受けもつこととし，しかもこの2つの異なる組合制度を融合化実現のために一体的に活用しようとするという点において，これ迄に無かった特色をもつ制度であった[132]。

---

(89)　中小企業基本法前文及び第1条参照。

(90)　工場法適用工場97,384工場のうち焼失したもの22,070工場（22.7％），休廃止したもの16,414工場（16.9％）に達した（昭20・10・10現在，厚生省調べ）（『商工中金50年史』174頁参照）。

(91)　「終戦当時外地にあった軍人，軍属，一般邦人は約650万人と推定され，その大部分が引揚人口であった。」（東京大学出版会『日本における資本主義の発達』第11巻1503頁）。

(92)　旧中協法第78条〜第82条。

(93)　最初の近代的生産協同組合は，1834年にフランスで金箔・宝石細工師の組合として誕生した（中川雄一郎『生産協同組合運動』（新版・協同組合事典）（家の光）93頁参照）。

(94)　中華民国の工業合作社は，英国大使カーの示唆によってとり上げられ，戦時下の中華民国において著しい発達をとげた（中小企業庁振興課編著『中小企業等協同

組合法の解説』（昭24）276頁参照）。
- (95) 「もっとも肝要なことは，この生産組合が真に中小企業者の生活維持の主柱として，しかも過度の資本支配に悩まされることなく，その生産を自らの手によって遂行して行く得るよう発展するという点にある。」（中小企業庁振興課編著・前掲書・276頁）。
- (96) 企業組合は，「組合員の事業の一部を共同化するのでなくて，組合自体が全事業を行い，組合員は原則としてその個性ある事業をもたない。」（中小企業庁振興課編著・前掲書・277頁）。
- (97) 昭和30年から40年の実質GNP成長率は年度平均で9.2％であったが，40年から45年までの成長率は11.6％の高率となり，昭和43年には国民総生産規模は西ドイツを抜いてアメリカに次いで自由世界第2位に躍進した。
- (98) 「新しい制度を創設し，これに「中小企業の協業」という観点から，もっと合理的でもっとも利用しやすい組織としての内容を盛り込んで行くことが適当であると考えられた」（中小企業庁編著『協業組合制度の解説』34頁）。
- (99) 昭和38年に制定された「中小企業基本法」において，国は，中小企業が協同して企業規模の適正化を効率的に実施することができるようにするため必要な施策を講ずることとされた（同法第13条）。
- (100) 中団法第5条の2。
- (101) 協業組合においては一組合員の出資口数制限は事業協同組合（25％）に比べて緩和されているものの，上限は50％未満に押えられており（中団法第5条の9第3項），また，議決権についても差等割の併用が設められているが，その数は平等割議決権の総数をこえてはならないものとされている（中団法第5条の10）。
- (102) 中団法第5条の5。
- (103) わが国における会社企業についてみると，資本金1億円未満の株式会社は115万社で，全体の98％を占めている。また，有限会社は125万社，合資会社は7万9,000社，合名会社は1万9,000社ある（昭62・10現在，法務省調べ）。
- (104) 事業協同組合の事業は，「組合員の事業に関する共同施設」に限定されている（中協法第9条の2第1項第1号）。
- (105) 「工業小組合制度は，企業の独立性を維持しながら合同する方法であり…」（『商工中金50年史』81頁）。

　「商業小組合は，，大体資本金5,000円以下の小商業者が，10人程度集まって共同経営を行うために作られる制度である。」（稲川「商業の企業合同について」（『中小商工経営の新体制』（一元社）（昭16）205頁）。
- (106) 事業所集中型企業組合の25.7％が勤労者中心の組合となっている（昭62・9・1現在・全国中央会調べ）。
- (107) 農業協同組合法第72条の3〜第73条。

(108) 水産業協同組合法第78条～第86条。
(109) 森林組合法第93条～第100条。
(110) 農事組合法人（2号法人）は1,237組合（昭63・3末現在），漁業生産組合は781組合（昭62・3末現在），生産森林組合は3,352組合（昭62・3末現在）設立されている。
(111) 「企業組合を必要とする第一の場合は，弱小零細な中小企業の合理化を図り，適正経営規模にまでこれを高めようとするときである。」（稲川宮雄『中小企業等協同組合法の解説』（日本経済新聞社）（昭24）270頁）。
(112) 「従来の組合制度においてもこの企業組合制度に類例の制度がなかったわけではない。かっての商業組合法による商業小組合，工業組合法における工業小組合がそれであり，商工組合法による統制組合及び施設組合，また商工協同組合法による商工協同組合の中においても，現実に組合員の事業はすべて組合に吸収され，組合は企業合同体としてみずから事業を行ってきたものも少なくなかったのである。これに対しては企業合同組合，共仕共販組合，一貫作業組合，合作社的組合，没入組合等の名称が与えられていた。また，普通の組合が生産者組合であるのに対し，これを生産組合として区別することもあった。」（稲川・前掲書・270頁）。
(113) 「今後この企業組合は2つの方向にすすむとおもう。1つは独力でいかんともしがたき零細手工業者の合同形式として，他は，失業者，引揚者等の合作組織として…」（中小企業庁振興課編著・前掲書・277頁）。
(114) もっとも近年はかなり多用な活用のされ方をしており，高齢者によるシルバーセンター的組合，定年退職技術者による新技術開発型組合，地域住民が参加してのリゾート開発型組合，主婦層による弁当仕出し組合，北海道における季節労務者組合等，数は少いが新しい萌芽もある。
(115) 「企業組合も中小企業等協同組合の一種たることに変りなく，一般協同組合と同じく「中協法」の総則の適用をうけるのであるが，企業組合の性格上矛盾する規定は適用を除外される。」（中小企業庁振興課編著・前掲書・277頁）。
(116) かつては監事を含め員外役員は一切認められなかったが，昭和59年の「中協法」改正によって員外監事制が導入された。
(117) 当時の状況については，昭和24年8月に出されたシャウプ勧告の中でも「中小営業者，小売商人，製造業者，卸売業者等は更正決定の嵐の中心地帯である。……純所得として報告された金額は税務官吏によってしばしば50％あるいはそれ以上，ときには100％以上増加されている。」と述べられている（播久夫編著『簿記運動史』（大蔵財務協会）（昭60）40頁参照）。
(118) 「昭和25年2月頃から，一部に「企業組合をつくれば税金は安くなる」という制度本来の目的から逸脱した動機で企業組合を設立する例が目立ってきた。」（全国中央会『中小企業組合総覧』（昭44）186頁）。

(119) 昭和25年（1959）10月に国税庁から各国税局長に宛て企業組合が事業を営んでいるかどうかを判定すべき基準（企業組合に関する9原則）を示した通達が出された（全国中央会・前掲書・186頁額参照）。

(120) 昭和28年（1953）の第16国会において所得税法等が改正され，実質課税の原則に関する規定が所得税法及び法人税法中に，事業所得の帰属に関する推定規定が所得税法中に新設された（全国中央会・前掲書・187頁参照）。

(121) 事業所分散型企業組合には，一般の分散型組合の他に「岐阜方式」と呼ばれるものがある。それは一般の分散型組合が多数の事業所を有しているのに対し，比較的少数の事業所によって組織され，更にそれら企業組合が多数集まって事業協同組合を設立し，その事業協同組合が計算事務を統合して行うものである。

(122) 「民間企業の固定資本形成の数字が昭和30年には1兆1,000億であったが，36年には4兆8,000億円になるという凄まじい増加をしている。」（中村隆英『昭和経済史』（昭和61）（岩波書店）250頁）。

(123) ①議決権の平等，加入脱退の自由等は企業性の発揮を阻害する，②員外利用の制限は事業の効率的運営を妨げる，③全部協業をした場合組合は事業を行わない者の組織となり事業協同組合の枠を超える等の問題が指摘されていた（前掲『協業組合制度の解説』26頁以下参照）。

(124) 前掲『協業組合制度の解説』38頁参照。

(125) 中小企業以外の者の加入が認められる点で事業協同組合（中協法第8条第1項）と異なり，事業者しか加入を認められない点で企業組合（中協法第8条第6項）と異なる。

(126) 会社は所有（出資者）と経営（執行機関）の分離を建て前としており「会社は定款を以てするも取締役が株主たることを要すべき旨を定めることを得ず」とされている（商法第254条第2項）。

(127) 協業組合における協業の程度をみてみると，①全部協業48.0％，②一部協業45.3％，③全部協業の組合員と一部協業の組合員が混在しているもの4.7％となっている（昭62・6・30現在・全国中央会調べ）。

(128) 現行協業組合制度に対する要望としては，①事業の多角化が容易にできるようにして欲しい，②組合の従業員にも組合員資格を認めて欲しい，③設立時にも新規事業ができるようにして欲しい等があげられている（全国中央会『協業組合実態報告書』（昭63）64頁参照）。

(129) 国は，「融合化は単なる経営資源の補充にとどまらず，異なる体系の技術や市場の接触により，質的に異なる経営資源を創出させ，中小企業の新しい事業機会を拓き，わが国産業の構造転換に大きく寄与するものである。」として，融合化促進対策を昭和63年度中小企業対策の最重点対策としている（中小企業庁『昭和63年度中小企業対策の重点』1頁参照）。

(130) 「融合化法」は，昭63・2・5に法案が閣議決定され，同日国会に提出，3・31に成立，4・5に公布，4・8に施行された。

(131) 「融合化法」は，融合化組合制度のための「中協法」・「中団法」に関する特例規定の外，①知識融合開発計画認定制度（同法第4条・第6条），②知識融合開発事業資金制度（同法第6条），③知識融合開発関係保証制度（同法第7条），④知識融合開発のための課税の特例制度（同法第8条）等に関する規定を定め，中小企業の融合化促進のための総合的施策を積極的に推進するために必要な法的整備を行った。

(132) 　平成7年の「中小企業の創造的事業活動の促進に関する臨時措置法」（中小企業創造的事業活動促進法）の制定により融合化法は廃止されることとなったが，平成9年の中協法改正により事業協同組合の事業に組合員の新事業分野への進出支援事業が追加された。

II　戦後中小企業組合の展開

1　戦後組合草創期（1945—1949）

　太平洋戦争の終結をみてからすでに半世紀以上を経過し，当時創業した企業の経営者も2世，あるいは3世にバトンタッチをするものが増えつつある。
　この間，中小企業を取り巻く経営環境も，2転，3転し，対応すべき問題，課題も様変わりである。
　新たな世紀の幕が開き，これまでの諸制度が様々な視点から見直され，再編されつつある現在，戦後，中小企業組合が展開してきた諸活動の経緯をたどり，動き始めた新たな時代における中小企業組合のあり方を検討する基としたい。
　中小企業の組織化運動に力を尽した関係諸先輩の血と汗の結晶である組合をめぐる遺産をしっかりと承継し，今後に伝えていくことがわれわれの責務であると考えるからである。

(1) 戦後組合草創期の経済環境
　戦後は直ちに戦後としてスタートしたのではない。戦時下の様々の状況を引きずりながら戦後へと移行していったのである。
　その最たるものは経済統制である，戦時下にあって全ての資源，生産設備，流通を，戦争遂行という一点に絞って効率化するために強行された統制システムは，経済のあらゆる部面に及びこれを支配して戦後に至った。
　例えば，昭和15年に公布されたマッチ配給統制規則が廃止されたのは昭和23年であり[1]，生糸配給統制規則が解除され，生糸や絹製品に関する統制

が解除されたのは昭和25年になってからである[2]。

また，戦災による被害は各所に及び，国民生活に直結する消費財部門を担当する軽工業に限ってみても所有施設の4分の1近くを焼失するとともに，戦時中の企業整備等による機械設備のスクラップ化や不更新による老朽化等によってその生産能力を大幅に減少させていたのである（表2-1）。

しかし，他方，戦時体制下で厳しく抑えられていた国民の消費意欲は，戦争の終結とともに一気に爆発し，消費財を中心に巨大な需要を生み出した。このため，中小企業はかつてないビジネスチャンスに恵まれ，この機に乗じて事業活動を再開した中小企業は多大の成果を収めることができたのである。

しかも，占領軍の政策によって財閥の解体，独占禁止，集中排除，戦犯追放等が行われた結果，大企業の活動は大きく制約され，中小企業の活動範囲が大きく広がったのである。

このような状況の下にあって，例えば，幸いにも戦災を免れた川口鋳物業界などは，終戦と同時に兵器部品の製造から，ナベ，カマ等の日用品の生産に切り替え，工場数は倍増し，生産額も2年間で実に16倍に達するという驚異的躍進ぶりを示したのである（表2-2[3]）。

しかし，こうした中小企業の活況は，昭和21年末に決定された政府の傾斜生産方式の導入や資材不足，インフレの昂進等によって一頓座を来たし，戦後の混乱に支えられた繁栄は，意外に早く終焉を迎えることになったのである。

その結果，戦後新たに叢出した中小企業は，事業の縮小，停止，閉鎖等の止むなきに至り，それは直ちに人員整理につながったために，多くの失業者を生み出し，大きな問題となったのである[4]。

加えて昭和24年2月の連合軍総司令部（GHQ）の経済安定計画（ドッジ・ライン）による緊縮財政の実施は，インフレを急速に収束しはしたものの中小企業を更に苦境に立たせることとなった。

(2) 終戦時の組合の状況

昭和18年に制定された商工組合法によって，わが国の中小企業組合は，統制組合と施設組合の2つに統合されたが[5]，これら2つの組合は，昭和20

表2-1 戦争による企業の直接被害状況

(昭和20年10月10日現在)

企業規模	焼失	休廃止	転換	継続	計
1～99人	20,355 (22.4)	14,575 (16.1)	7,389 (8.1)	48,392 (53.3)	90,711 (100.0)
100 ～99人	1,484 (25.5)	1,601 (27.5)	625 (10.7)	2,104 (36.2)	5,814 (100.0)
500人 以上	231 (26.9)	238 (27.7)	107 (12.5)	283 (32.9)	859 (100.0)
合計	22,070 (22.7)	16,414 (16.9)	8,121 (8.3)	50,779 (52.1)	97,384 (100.0)

(資料出所) 厚生省労政局調べ(商工組合中央金庫20年史・336頁所収)

表2-2 終戦直後の川口鋳物業の発展状況

年次	工場数	従業者数	生産額
		人	千円
20	460	11,151	113,588
21	664	19,438	565,086
22	703	17,084	1,836,460
23	534	13,760	3,013,275

(資料出所) 川口鋳物工業協同組合「組合60年の歩み」(昭42) 162頁

年の終戦時点で総計12,744組合を数えるに至っていた (表2-3)。

　まず，統制組合であるが，統制組合はその名の示すように戦時におけるわが国経済活動の統制に資するための組織として企図されたものであって，これにより，企業に対する資材の割当て，企業の生産する商品の配給等は全て統制組合を通じて行われることとなったのである。統制

表2-3 終戦時における商工組合設立状況

	統制組合	施設組合	計
工業	2,650	3,639	6,289
鉱業	19	4	23
商業	4,193	1,631	5,824
商工	356	252	608
総計	7,218	5,526	12,744

(資料出所) 本位田祥男『商工協同組合』(日本評論社・昭23) 94頁掲載の表より作成

組合の創設によって，それまで存在していた同業組合，工業組合，商業組合の多くは統制組合に衣替えを行った。

　工業組合や商業組合の中でも，協同組織としての性格を維持しようとして

施設組合になるものもあったが，その多くは当時企業統合の推進母体として設立されていた工業小組合であった。しかも，施設組合は，本来共同事業を行うための純然たる協同組合制度として意図されたものであったが，実際には，資材割当ての受皿的組織として，統制組合の下請け・代行機関的機能を果たすに止まったものが多かったようである[6]。

このように商工組合制度（統制組合，施設組合）は，戦時におけるわが国統制経済体制を支えるための組織制度としてその役割を果たしたのであったが，これら制度は終戦と共に雲散霧消したわけではなかった。商工組合制度は，新たに商工協同組合制度が発足する迄は，戦後も依然として中小企業に認められた唯一の組合制度として従前通りの事業活動を行っていたのである。

この間の事情を繊維業界についてみると，例えば，メリヤス製造業の場合，昭和18年10月に繊維関係の中央統制機関である繊維統制会の一部門として日本莫大小統制会社が設立されたが，その地域的下部組織としての東京都莫大小製造統制組合は，昭和19年10月にその前身である東京丸編内地向莫大小製品工業組合を解散し結成した後，昭和21年12月に東京丸編莫大小工業協同組合に組織変更する迄の2年間組合員に対する原糸の割当機関としての機能を果たした[7]。

また，埼玉県鋳物工業統制組合は，終戦後もコークスなどの供給事業を行うとともに県からの払下げ自動車を使っての製品・資材の運送事業を行っていたし[8]，全国陶磁器統制組合の代替組織である日本陶磁器工業協議会は，陶磁器原材料の入手斡旋を行うとともに，占領軍を通じてディナーセットの原料である香港カオリンを輸入配給したりした[9]。また，統制団体である日本合板協会を解散，地方の統制組合や施設組合をメンバーとして再結成した㈳日本合板工業組合連合会は，経済安定本部訓令に基づく統制の割当補助機関として生産資材の割当や連合軍用合板の検査，集荷，供出等を行って戦後の合板企業の事業の正常化に大きな役割を果たした[10]。

(3) 統制組合から商工協同組合へ

昭和20年8月15日の終戦の詔勅から翌21年11月3日の日本国憲法公布までの1年数ヵ月はわが国の社会のよって立つ基盤が180度転換した正に疾風怒

涛，狂乱奔走の時代であった。GHQ は 9 月に日本民主化の具体的措置実施を表明した後，10月には独占企業の排除及び経済機構の民主化を指示，11月には 4 大財閥の解体と15財閥の資産凍結を指令，12月には農地改革に関する覚書を発表して小作農の開放を指令した。GHQ から発表されるこうした指令によってわが国の社会経済体制は根底から覆されるに至ったのである[11]。

こうした状況は組合制度にも影響を及ぼさずにはいなかった。戦時体制下にあって，戦争遂行のための産業統制の実践機関として創設された統制組合が，民主主義の時代にそのまま適合するわけにはいかなかったからである。加えて，戦争によって手酷い損害を蒙ったわが国経済を再建していくためには，中小企業の振興を図り，国民に働く場を与えて民生の安定を図ることが急務であり，そのためにも新たな組合制度の創設が求められたのである。

こうして生まれたのが商工協同組合法（昭21・11・11公布，同・12・2 施行）であった。

商工協同組合法の特質は，①組合の根本原則としての民主主義を採用したこと，②純然たる協同組合としたこと，③組合に関する重要事項は全て本法中に規定し，従来の商工組合法のように勅令，命令等に委任する方法を排したこと，④行政庁の組合に対する監督を緩和したこと等である[12]。

商工協同組合法の施行により商工組合法は廃止となったが，「旧法（商工組合法）により設立され，この法律施行の際現に存する統制組合は，この法律施行後も，3 箇月に限ってなほ存続するものとする。」（法附則第75条第 1 項）とされた。しかし，この猶予期間が経過すると全ての統制組合の存在は許されず，「第 1 項に掲げる組合（統制組合）は，同項の期間満了の際現に存するものは，その期間満了の際解散するものとする。」（同条第 4 項）とされ，解散手続を履行していない組合でも当然に解散するものとされ，各地で統制組合の解散と新組合の設立が行われた。

例えば，徳島県鏡台針箱統制組合は，昭和22年 3 月に解散し，翌23年11月に新法に基づいて徳島県鏡台針箱工業協同組合を設立した。なお，同統制組合では戦後になっても鏡台の製造に必要な釘や糊に使う米など関連物資の分配を行っていたため，同組合の組合員は，終戦後の21年 5 月（組合員61人）から組合解散時の22年 3 月までの短い間にも32人の新規加入のあったことが

表2-4 商工協同組合の
設立動機別組合数
(昭和22年7月1日現在)

新たに設立されたもの	施設組合より移行	統制組合を改組	計
501 (24.0)	498 (23.9)	1,089 (52.2)	2,088 (100.0)

(資料出所) 商工組合中央会調べ(磯部喜一『協同組合』(春秋社)昭33・6・152頁所収)

記録されている[13]。

また,他産地にさきがけて戦後逸速く民需生産に切り換え,日用品鋳物の黄金時代を築き上げた川口鋳物業界においても,設備の近代化と経営の合理化を目ざして,昭和22年2月に旧組合である埼玉県鋳物工業統制組合を解散して新たに川口鋳物工業協同組合を設立したが,共同事業としては,新たに組合員に対する資金の貸付,貯金の受入れ等の金融事業や受注・販売斡旋,展示即売会の開催等の販促事業などを実施することとなったものの,その多くは,原材料の確保,必要資材の配給,製品,原材料の輸送など旧組合の事業を引き継いだものであった。なお,当時の物資不足の状況下にあって,従業員の衣料確保のための「衣料更正所」の整備充実などがあげられているのは,時代を反映したものといえよう[14]。

陶磁器の代表的産地である瀬戸の陶磁器製造業の場合をみると,大正15年に設立された瀬戸陶磁器工業組合は,昭和19年に瀬戸陶磁器工業施設組合となったが,他方,統制組織としての愛知県陶磁器統制組合の支所が瀬戸に設置され,組合の機能は二分されて戦後に至ったが,商工協同組合法の施行により,昭和22年1月には施設組合を改組して瀬戸陶磁器工業協同組合として再スタートした[15]。

このようにして,戦後の混乱期のわが国中小企業組合組織は,最初の出発点である商工協同組合法の制定によって,戦時中の統制組合の衣を脱ぐことになったが,制度が改変され組合の名称は変わったものの,その実体はなお旧組織そのままというものも多く,同志的結合による共同事業の実施を目ざす協同組合の新設には必ずしも結びつかなかった。そのことは,商工協同組合法が施行されて約半年後に行われた商工協同組合の前身調査結果からも十分うかがわれるところである(表2-4)。

もっとも,こうした状況を当時の中小企業経営者の自覚の無さに帰するのは酷であって,戦争が終結したとはいえ,生活物資はもちろん,産業用資材

も極度に不足していた中で各種の統制制度はそのまま継続され，組合が依然として，物資の配給機構として利用されていたこと，旧組合の資産を制度がなくなったからといって分散させるわけにもいかず，残存資産を引き継ぐ受け皿が必要とされたことなど止むを得ない事情があったことも否定できない(16)。ともあれ，このように商工協同組合制度は，そのスタート時点から様々の問題を抱えていたのである。

(4) 中小企業等協同組合法の制定

先にも述べたように，終戦直後の混乱の中で一時隆盛を誇った中小企業も，傾斜生産方式による金詰りやインフレの急昂進によって数年を経ずして苦境に陥ることとなった。

例えば，機械器具製造業の場合，終戦によって軍需が打ち切られたものの，旺盛な民需に応えて，戦前に民需物資を生産していた企業はもちろん，軍需産業として戦時中に叢生したものも含めて民需転換によって大いに繁栄したが，戦時中の残存原材料が底をつくと，資材の手当てが出来ず，加えてインフレの昂進による資材・労務費の高騰と金融引締めによる資金難は，束の間の繁栄の夢を打ち砕いた。こうした状況下で機械器具製造業では工場整理が多発し，分野別整理企業数のトップを占める有様であった(17)。しかし，こうした状況は他の業種においても大同小異であり，中小企業の経営難は今や社会問題になりつつあった。

こうした事態を打開克服すべく昭和22年11月に政府は中小企業政策対策要綱を発表し，翌23年8月には同要綱の提言に沿って，中小企業庁が開設された。その結果，中小企業庁による最初の大きな仕事として同年秋から商工協同組合法に代わる新しい組合制度の樹立が企画され，翌24年5月には，旧商工協同組合法に代わって新たに中小企業等協同組合法が制定されたのである。

中小企業等協同組合法は，中小企業者が相互扶助の精神に基づいて共同事業を行うことによって，中小企業に市場における有効な競争単位として大企業と対等な立場で取引するための基盤を形成させようとするもので，商工協同組合法を同法制定後（昭和22年）に制定された独占禁止法の線に沿って根本的に改善するためのものであった。

表2-5 旧組合設立状況

組合名	組合数
商工協同組合	13,938
林産組合	1,263
蚕糸協同組合	290
塩業組合	67
市街地信用組合	363
計	15,921

(資料出所) 1．中小企業庁調べ（24年7月1日現在，但し商工協同組合は23年6月末現在）。
2．市街地信用組合は市街地信用組合協会調べ（24年6月末現在）。
(商工組合中央金庫20年史・402頁所収)

表2-6 中小企業等協同組合設立状況

(昭和25年7月1日現在)

種類別	組合数	構成比
事業協同組合	12,485	73.6%
信用協同組合	620	3.7
協同組合連合会	112	0.7
企業組合	3,736	22.0
計	16,953	100.0

(資料出所) 中小企業庁調べ（商工組合中央金庫20年史・402頁所収）

中小企業等協同組合法は，ロッチディールの協同組合原則を採用しつつも，資本主義体制下における近代的協同組合としての中小企業のための協同組合制度の確立を目指したもので，その特色は，①従来の民法準用を改めて商法を準用し，組合の企業性を強調したこと，②組合員の資格を中小企業者に限定したこと，③民主化を徹底したこと，④企業組合制度を創設したこと，⑤信用協同組合を改組したこと等である。本法の制定により，旧商工協同組合法，市街地信用組合法，林業会法が廃止，蚕糸業法が改正され，これらの法律に基づいて設立されていた組合と旧塩専売法による塩業組合は全て一定期間経過後に中小企業等協同組合法上の組合に改組するか，解散するかの途を選ばざるを得ないこととなった（表2-5）。その結果，本法施行後の1ヵ年後の昭和25年7月には中小企業等協同組合の総数は1万7,000組合近くを数え，法施行前の旧組合数を超すに至ったのである（表2-6）。

---

(1) マッチ百年史編集委員会『マッチ産業発達史』（昭49・6）139頁。
(2) 西陣織工業組合『組合史——西陣織工業組合20年の歩み』（昭47年・2）52〜55頁。
(3) 川口鋳物工業協同組合『組合60年の歩み』（昭42・3）162頁。
(4) 中小企業庁指導部編『これからの中小企業』（日本経済新聞社・昭24・12）55頁。

(5)　稲川宮雄『商工組合法精義』(有斐閣・昭19・1) 参照。
(6)　本位田祥男『商工協同組合』(日本評論社・昭23・12) 94頁。
(7)　東京丸編メリヤス工業組合『東京丸編メリヤス産業史』(昭49・12) 23頁。
(8)　川口鋳物工業協同組合・前掲書・163頁。
(9)　三井弘三『近代陶業史』(日本陶業連盟・昭54・4) 472頁。
(10)　日本合板工業組合連合会『合板75年史』(昭58・12) 174頁。
(11)　中村隆英『昭和経済史』(岩波書店・昭61・2) 157頁以下参照。
(12)　稲川宮雄『逐條詳解商工協同組合法』(有斐閣・昭22・8) 16〜18頁。
(13)　徳島県鏡台協同組合『徳島鏡台いまむかし』(昭52・11) 245・250頁。
(14)　川口鋳物工業協同組合・前掲書・165頁。
(15)　瀬戸陶磁器事業協同組合『50年史』(昭51・10) 22〜24頁。
(16)　磯部喜一『商工協同組合論』(学術振興会第90小委員会編「中小商工業の再建」(相美堂・昭24・2) 228〜229頁。
(17)　中小企業庁指導部編・前掲書・60〜61頁。

2　戦後組合基盤形成期 (1950—1954)

(1)　組合基盤形成期の経済環境

　昭和25年から30年に至るこの時期は，戦後経済復興期の名で呼ばれるが，中小企業組合にとっても新制度の下に再スタートを切った戦後の諸組合が，各々の基盤を形成する時期でもあった。
　この時期に終戦から今日に至るわが国の基本路線が大方決まり，いうところの中小企業問題の出発点も，その多くをこの時代に遡ることができるのである。
　この時期米ソの蜜月時代も終りを告げ，両大国を二極とする冷戦構造が固まりつつあったが，わが国の立場も昭和26年9月に調印された中ソを除いての片面講和条約の締結によって自ら明らかとなった。
　このような状況下にあって，わが国の経済政策も復興の主軸を基幹産業としての重化学工業力の復活整備に置かれ，結果的には大資本，大企業，大工業の復興が全てに優先することとなったのである。
　当時の乏しい資金を効果的に配分しようと設けられた復興金融公庫の資金が，専ら石炭，電力，鉄鋼，機械といった大企業が圧倒的力を有する産業分

野に集中的に注がれることとなったのはけだし当然であろう。

しかも,昭和24年に実施されたドッジライン(インフレ収束のための超緊縮財政政策)は,やっと上向きかけたわが国の景気に冷水を浴びせかけ,それでなくてもかなりのハンディのあった中小企業の体力を消尽させ,ために中小企業の半数近くは,休廃業に追い込まれるという状況に立ち至ったのである[18]。

こうした困難な状況を打開し,一気にわが国経済を浮揚させたのは,昭和25年6月25日に勃発した朝鮮戦争であった。

朝鮮戦争における米軍の軍用物資の調達は地域的にみて最も近距離にあるわが国にシフトし,いわゆる「特需景気」を招来した。またの名を糸へん景気・金へん景気と呼ばれる戦争特需の急増は,繊維業界・機械金属業界を中心に,それ迄の滞貨を一掃するとともに,新たな需要を喚起してわが国経済を文字通り復興のレールに乗せたのである。ちなみに,特需のピークは昭和28年であったが,この年の特需による外貨収入は,わが国総外貨収入の実に38％にも達したのである[19]。

しかし,この間にあって一部中小企業には恩恵があったものの,それ以上に資金の大企業へのシフトによる金詰まりや,納入先大企業の支払い遅延による下請中小企業の資金繰り難等の中小企業への影響は大きく,その痛手は容易に解消されなかったのである。

(2) 事業協同組合の登場

戦後中小企業組合の基本法たる中小企業等協同組合法が制定されると,当時の困難な状況下に活路を求める中小企業の期待を担って新組合の結成が急速に進んだ。

中協法制定当初認められたのは,事業協同組合,企業組合,信用協同組合協同組合連合会の4種の組合であり,後の商工組合のような同業種網羅型の組合は制度としては未だ認められていなかった。このため小人数の同志的結合による規模メリット追求型のものから,全国を地区とするような同業者全員参加の業界問題解決型のもの迄,あらゆる形態の中小企業者の協同組織が事業協同組合として設立されることになったのである。

中協法制定間もない当時の事業協同組合の設立状況を追ってみると、法施行1ヵ月後（昭和24年8月30日現在）では165組合（工業125、商業27、その他13）に止まっていたものが[20]、同年末（昭和24年12月31日現在）には2,290組合（工業973、商業548、商工業339、その他36）となり[21]、旧商工協同組合からの組織変更が認められる経過措置期間（法施行後8ヵ月）満了（昭和25年2月末日）後の昭和25年3月20日には、実に14,194組合を数えるに至ったのである[22]。

この時点での設立組合を業種別にみてみると、製造業7,467組合、非製造業6,576組合、その他151組合で、製造業分野での設立数が非製造業でのそれをやや上回っている。

更に、製造業の中では、食料品関係が1,970組合、繊維関係が1,370組合で他よりも著しく多く、以下、木材・木製品関係の991組合が続いている。非製造業では、卸・小売業の4,726組合が圧倒的に多く、全体の7割を占めている。

また、地域別にみると、東京（918）、愛知（881）、北海道（655）、福岡（628）、大阪（572）が上位5地域となっているが、その後の設立数からみると大阪がこの時点ではやや出遅れた感じである。

なお、制度の改変があったにもかかわらず、旧商工協同組合から新事業協同組合へ経過措置期間中に組織変更をせず、そのまま消滅した組合もかなりあったと推定されるが、それとは別に、中協法施行後の昭和24年9月から翌25年3月迄のたった8ヵ月の間で890もの組合が解散したとされている[23]のが注目される。これら設立後間もない組合の解散理由の多くが、「統制徹廃のため」ということから、資材不足・原材料入手難の中で物資配給時代の組合の夢を追った組合がなおかなりあったことがうかがわれるのである。

ともあれ、このようにして事業協同組合の数は、中協法施行の翌25年の7月1日には12,485組合[24]、同年12月末日には13,482組合を数えるに至っており（表2-7）、これを6年後の昭和30年12月末日の23,330組合と比較してみても、この1年間における設立数の伸び率はかなりのものであったと評価される。そして、それはそのまま、中協法制定当時のわが国中小企業者の新組合制度に対する期待の大きさを示すものといってよいであろう。

表2-7 中小企業組合数の推移

	事業協同組合	企業組合	信用協同組合	協同組合連合会	合計
昭和24年	1,896	394	415		2,705
25	13,482	5,103	626	139	19,350
26	15,746	9,216	640	217	25,819
27	17,683	10,205	326	230	28,444
28	20,350	10,885	367	246	31,848
29	22,297	11,142	381	259	34,079
30	23,330	10,936	391	267	34,924

(資料出所) 中小企業庁調べ（調査時点は12月末日現在）（全国中央会「中小企業組合の設立動向」（平成元年度版）60～61頁所収）

(3) 事業協同組合の活動状況

　昭和20年代後半において何故組合設立の盛況をみたのであろうか。それは，いうまでもなく，当時にあって中小企業は多くの深刻な問題を抱え，窮地に立たされていたからである。金詰り，休廃業，倒産，下請け代金の支払い遅延，機械設備の老朽化，低生産性，労務管理の立ち遅れ，過当競争による共倒れ等々，当時発生し，その後に至ってもなお解決されたとはいい難い問題が山積していたのである。

　中協法が制定された翌25年初頭における行政当局の時代認識は，「インフレ時代に内攻していた中小企業の症状は，デフレ傾向の進行とともに表面化し，特に，最近のデフレのシワ寄せが中小企業に集中しつつある。この第三期的症状は，業者を駆ってヒステリックにさえしている[25]。」という深刻なものであり，にもかかわらず中小企業問題の深刻さに対する社会一般の認識の薄さを嘆いている。

　そして，少ない予算（昭和25年度中小企業対策関係予算総額1億9,600万円）の中心は共同施設補助（1億12万円）であり，その有効活用が中小企業対策の成否を決するものとし，その実施主体である「協同組合制度こそ中小企業

2 戦後組合基盤形成期　71

表2-8　事業協同組合の共同事業実施状況推移　　　　　　　　（単位：％）

	共同購入	共同販売	共同受注	共同加工	共同保管	共同運搬	共同検査	共同試験研究	利用設備提供	資金の貸付	債務の保証
昭和25年	72.4	45.5	20.0	17.4	11.7	13.1	10.0	10.2	7.2	22.8	3.9
29年	55.0	34.4	13.8	15.7	8.8	10.7	7.0	6.8	10.2	31.6	14.8

	商品券の発行	価格協定	意匠権等の登録	生産調整	販路開拓	事務代行	福利厚生	教育情報提供	団体協約締結	その他
昭和25年	0.6	12.4	0.6	2.9	14.8	17.5	19.0	25.2	13.1	7.5
29年	4.1	14.8	1.8	4.3	13.0	13.4	21.5	21.5	11.4	5.7

（資料出所）中小企業庁調べ（調査時点は，昭和25年3月30日現在，昭和29年3月末日現在）（日本中小企業連盟「中小企業協同組合」昭和30年12月号11頁所収）

表2-9　事業協同組合の共同施設設置状況推移　　　　　　　　（単位：％）

	生産加工	梱包	保管	運搬	検査	試験	販売	放送	装飾	教育	厚生	事務所集会所	その他
昭和25年	24.5	5.0	23.2	18.5	9.3	5.7	20.7	1.1	1.2	2.5	4.5	70.6	2.5
29年	31.9	3.5	19.5	17.7	7.6	5.0	16.0	3.3	2.3	3.6	4.5	63.4	4.4

（資料出所）中小企業庁調べ（前掲表2-8に同じ）（12頁所収）

者がその弱点を補強し，激動する経済の荒波を乗り切って行くほとんど唯一の手段であるといってよい[26]。」と，行政当局もスタートしたばかりの事業協同組合組織に大きな期待を寄せている。誠に当時にあっては組織化対策が，即ち中小企業対策の観すらあったのである。

　このような期待に応えて，事業協同組合はその後種々の共同事業を展開していったが，その実施状況を全体的にみると表2-8のごとくである。中でも共同化の実を上げるのに最も期待されている共同施設の設置の有無についてみたのが表2-9であるが，これについては，中協法制定前の昭和22年からすでに共同施設設置費補助制度がスタートしており，本制度を活用しての共同

施設の設置が当時すでにかなりの数に上っていた。

　事業協同組合における共同施設の設置は，何といっても戦争によって破砕された生産加工設備の整備に大きなニーズがあり，実際にも生産加工面での共同施設の増強振りが，当時の調査結果にもうかがわれるのである。

　これに続く共同保管，共同販売，共同運送の各関係施設は，共同生産加工施設の伸びとは裏腹に，年を追うに従ってやや減少傾向すらみせているのである。

　共同生産加工施設の設置状況を当時の組合のいくつかについてみると[27]，例えば，人絹織物を主製品とする新潟県の加茂織物工業協同組合（組合員35人）では輸出力増強のために昭和25年に組合に撚糸機10台，力織機50台，整経機10台を共同施設として設置，それに要した所要資金1,170万円の約8割を国，県，町の補助金でまかなった。

　また，同じ新潟県の十日町織物工業協同組合でも昭和22年から25年の3年計画で染色・精練設備を備えた共同作業場を完成したが，総額1,050万円に及ぶ所要資金に対し，町が役場の再建費を投げ出して補助したという。

　福岡県の大川木材加工協同組合（組合員8人）では，良質で安価な材料を確保するため原木の購入から製材，乾燥，合板成形加工に至る工程を組合の共同事業として行うこととし，その中心となる蒸気乾燥施設（15万円），高周波乾燥施設（80万円）などを共同施設補助金の交付を受けて昭和24・25年に導入した。

　西陣意匠紋紙工業協同組合（組合員105人）は，紋紙ボール紙を裁断する共同裁断場（裁断機4台）と穿孔された紋紙を編成するための共同紋編工場（紋編機15台）を設け，組合員は意匠図の製作と孔あけ作業だけに専念するというシステムをとり，昭和25年当時すでに組合の共同施設なしには組合員の仕事が成り立たない迄のものになっていた。

　共同事業としては昭和25年当時は原材料資材等の共同購入を行う組合が特に目立ったが，各種物資の統制廃止等による組合の配給機能の役割減少とともにその実施率は漸減していった[28]。これに対して，組合による組織金融は年毎にその比重を高めていったことは，共同事業実施状況の推移（表2-8）からもうかがわれるが，それは組合のメインバンクたる商工中金の融資体制

表2-10　商工中金の組合に対する貸出残高の推移

(金額単位：百万円)

	昭和25年	26	27	28	29	30
組合数 (伸び率)	3,143 (100.0)	4,387 (139.6)	5,028 (160.0)	5,585 (177.7)	6,186 (196.8)	6,261 (199.2)
金　額 (伸び率)	3,893 (100.0)	12,284 (315.5)	20,088 (516.0)	33,491 (860.3)	41,794 (1,073.6)	46,892 (1,204.5)

(備考)　1．各年とも3月末現在。
　　　　2．金額中，26年3月末までは当座貸越を含み，27年3月末以降は当座貸越及び事業協同組合の構成員に対する貸出を含まず。

(資料出所)　『商工組合中央金庫20年史』(519, 635頁掲載表より作成)

の充実強化に歩調を合わせていったともいえるのである (表2-10)。特に，昭和26年に行われた商工組合中央金庫法の改正 (同年12月7日公布，即日施行) によって商工中金の貸付等の対象が所属組合の構成員にまで拡大されたことによって，いわゆる「直貸し」が増え，昭和30年度には直貸しが，同金庫の貸出増加額の実に62%を占めるに至ったが[29]，商工中金が，中小企業により身近な存在となっていったこともこうした傾向を助長したといえよう。

(4)　下請問題と下請組合

昭和20年代後半は，下請問題が中小企業問題として大きくクローズアップされ，下請関係中小企業を中心とする組合づくりが各地で取り組まれるようになった時期でもあった。

特定親企業と深い結びつきをもつ下請企業群の存在は，わが国産業構造の特色とされているが，古くは繊維，雑貨等の軽工業分野において問屋を中心に形成されるものが多かった。しかし，わが国産業が近代化するに従って機械金属製造業等の分野でも下請形態をとるものが多数現われるに至った。

この傾向は，特に第2次大戦下において広まったといわれ，軍需産業に結びついた機械工業における部品生産下請の伸長という形で進んだのである[30]。

このような下請形態は，戦後の一時期大企業の退潮によってやや減少傾向をみせたが，戦後経済の復興による大企業の立ち直りとともに再びみられるようになった。

中協法が制定され，戦後組合制度が装いも新たにスタートしたのは正にこ

うした時期であり，組織化の推進は，下請問題解決のためにも必要とされたのである。

昭和20年代後半のこの時期はまた，中央会制度の空白時代でもあった。

新たに制定された独占禁止法による徹底した自由競争社会実現への要請は，戦時下にあって組合を通じての中小企業統制の中心にあった中央会制度をも否定し，10年余の歴史をもつ中央会制度も中協法の制定とともに姿を消すこととなったからである。しかし，法制上認められなくとも全国の中小企業組合の指導連絡に当たる機関は必要であり，この時期，日本中小企業団体連盟（日中連）が，その役割を担うものとして中小企業組織化推進の旗を振ったのである。

したがって，全国中小企業団体中央会と都道府県中小企業団体中央会との共催によって毎年行われている中小企業団体全国大会も，そもそもは日中連の主催によって昭和25年に開催された中小企業等協同組合全国大会（第1回）を淵源とする。

そして，この全国大会において下請問題の解決，大企業の下請代金の支払遅延問題の解消が大きな問題として採り上げられ，大会決議としても度々採択要望されたのである。

こうした中小企業からの要望を受けて，当時日中連が所属していた経済団体連合会（経団連）は，経団連内に中小企業対策委員会を設置し，下請問題について産業界全体として取り組む構えを示し，次のような見解をとりまとめた（昭和26年3月20日[31]）。

「中小企業は大企業との徒らなる競争により，経営の破綻に直面し，または大企業に対して隷属的関係に立つことを余儀なくされている。しかしながら，工業生産額における中小工場の比重は極めて大であり，しかも大工場の生産として集計されている数字も，その少なからざる部分は下請関連中小企業の生産に依存しているのである。よって大企業と中小企業とは速やかにその隷属的関係を清算し，相互の適正分野を侵すことなく，共に対等の取引関係に立って相寄り相助けて行くことが望ましい。

特に，次の諸事項の解決を早急に図ることが，この際肝要であると考える。

① 中小企業の適正分野を具体的に明示すること。

②　中小企業の大企業に対する隷属性を清算し，かつまた中小企業の共倒れを防止するため縦横の協同組合化を推進し，またその指導機関，相談所等を充実強化すること。

③　大企業の下請関連に対する支払いの円滑化。」

　このような産業界全体の共通認識が示されたにもかかわらず，その後も大企業の下請代金の支払遅延は改まらず，こうした状況に業を煮やした日中連は，昭和27年に経団連を脱退し，中小企業団体として独自の活動を行うに至ったのである。

　当時の下請問題に対する解決の方途としては，①下請代金の支払遅延問題を処理するための下請中小企業の苦情処理・調停斡旋機関の設置，②商工中金への国の別枠資金の投入による，下請組合を通じての親企業振出し手形の割引方式の普及，③造船業等特定業種の大企業に対する下請代金支払いのためのひも付融資の導入等が提言されている(32)。

　このような日中連を中心とした中小企業団体の下請問題打開への必死の取組みによって，昭和29年には独占禁止法上の不公正取引方法に関する認定基準として「下請代金の不当な支払遅延に関する認定基準」が公正取引委員会において決定公表されるとともに(33)，昭和31年には下請代金支払遅延等防止法が制定（同年6月1日公布，7月1日施行）されたのである。

　以上のような状況下にあって，この時期，下請中小企業者による組織化は，どのように進んだであろうか。

　そもそも協同組合は，組合員の共通して抱いている問題を共同事業の実施によって解決していこうとするものであり，多くの場合，組合員は，同一の業種に属するのが通常である。異なる業種分野の中小企業者の集まりでは，共同生産・加工・共同購入，共同販売といった経済事業はなかなか困難だからである。したがって組合の多くは同業種組合であり，規模メリット実現のための共同施設の設置利用も，そのほとんどは同業者によるものが多い。

　こうした観点からすると，特定の親企業との結びつきで集まる下請中小企業の組合は，やや異質である。ある程度関連する企業が集まる場合はあっても，その大多数は相互に何らの関係も有しないという場合が少なくないからである。

表2-11　下請組合の業種別設立状況

(昭和29年3月末日現在)

	繊維工業	金属工業	機械器具工業					合計
			自動車工業	造船工業	電気機械器具工業	一般機械器具工業	小計	
組合数(比率)	4(6.7)	2(3.3)	5(8.3)	5(8.3)	7(11.7)	37(61.7)	54(90.0)	60(100%)

(資料出所) 中小企業庁調べ(日中連「中小企業協同組合」昭和31・2月号・8頁掲載)

　こうした下請組合は，横の連携を目ざす同業種組合を「横の組合」と呼ぶとすれば，製品の生産の流れに従った「縦の組合」ということができるであろう[34]。親企業までも含めて関連製造業者が相互に連携して組合をつくればそれは1つのシステム化組合であり，その後融合化組合の一形態として注目をあびるということになったが，昭和20年代後半にあっては未だそうした萌芽は見られず，したがって，当時にあっては，下請組合も組合員相互の特色を活かしての組合づくりとまではいっていなかった。

　当時の下請組合の設立状況をみると，業種別では，機械器具関係が9割を占め，中でも一般機械器具工業がずば抜けて多く，以下，電気機械器具工業，自動車，造船となっている（表2-11）。

　親企業との関係では，親企業から何らかの支援を受けているものが，93.3％を占めており，親子協調型の下請組合がほとんどである。しかし，3割（36.7％）の組合が親企業との間で団体協約を締結しており，これは当時の協同組合全体の実施率（11.4％）の3倍であり，下請組合の特色を示すものといえよう。その結果，①納入品代金の支払が改善された（59.0％），②受注量が確保された（59.0％），③納入単価が改善された（36.4％），④納入品の検収が円滑になった（36.4％）等の成果を上げている。

　それでは，これら下請組合が共同事業として何を実施していたかというと，何といっても金融事業の実施率が最も高く，全体の3分の2に近い65％の組合が組合員に対する資金の貸付を行っている。下請組合における金融事業の実施状況は表2-12，表2-13に示す通りであるが，金融事業についての親企業

表2-12 下請組合における金融事業の貸付規模

(昭和29年3月末現在)

	50万円以下	100万円以下	500万円以下	1,000万円以下	5,000万円以下	5,000万円超	計
組合数 (比率)	3 (7.7)	4 (10.3)	7 (17.9)	8 (20.5)	14 (35.9)	3 (7.7)	39 (100%)

(資料出所) 表2-11に同じ (11頁掲載)

表2-13 下請組合の借入れ先金融機関

(昭和29年3月末現在)

	商工中金	市中銀行	親企業	商工中金と市中銀行	商工中金と親企業	不明	計
組合数 (比率)	20 (51.3)	7 (17.9)	1 (2.6)	9 (23.0)	1 (2.6)	1 (2.6)	39 (100%)

(資料出所) 表2-11に同じ (11頁掲載)

の関与の仕方としては，①手形割引に際しての金融機関への保証（55.3%），②組合への資金の貸付（19.6%）等が中心である。

　下請組合の設立動機が主として金融難の打開にあったことは，例えば，昭和27年当時，大企業の下請に対する未払金の急増により，6ヵ月以上も支払が遅延することが珍しくないとされていたことからもうかがわれる[35]。組合を結成し，親企業からの受取手形を割引き，納入品代金の見返りによる商工中金からの融資を実現しようとしたことはもちろん，組合をつくることによって個々の組合員の折衝によっては実現困難な代金決済方法を団体交渉によって改善し，現金決済，或いは手形決済にもちこもうとするなど，自己資金の乏しい下請中小企業にとって，組合の金融事業の成否は，正に死活問題につながるものだったのである。

　なお，中小企業対策全般に充当できる財政資金枠が極度に制限されていた当時にあって，こうした下請組合を通じての商工中金の利用について，次のような批判があったことが注目される。

① 単に特定の大企業に連なっているという理由だけで金融を受けるために組合をつくることは，組合制度の趣旨にかなうのか。

② 下請に対して金融をつけることは，単に大企業の資金繰りを楽にする

だけであって，それは大企業への融資であって，本来の意味での中小企業の資金需要に対する融資とはいえないのではないか。

③ 下請に対する支払いは，大企業が当然支払うべきものなのに，これを故意に遅らせ，その結果下請中小企業が商工中金から融資を受けることは，中小企業の本来の資金需要を圧迫することになるのではないか。

こうした批判は，それ自体かなり正鵠を射るものであったが，現実問題として金融難は日前にあり，下請組合にとって組合員の相互連携による各種共同事業への取組みと合わせて，金融事業の実施は何よりも優先すべきものだったのである。当時，商工中金と取引のあった下請組合にどのようなものがあったかは，表2-14によってうかがうことができる。

なお，下請組合における共同事業は，前記の金融事業，団体協約締結事業の他には，共同受注事業（23.3％）や資材の供給事業（13.3％）があり，取扱い実績は前者が1組合当たり，平均966万円，後者が平均1,912万円となっている。以上の他にも債務保証事業，情報提供事業，指導教育事業等を行うものがあったが，いずれも物的施設を伴わない事業がほとんどであった[36]。

当時の組合を1，2紹介すると，日立製作所下請工業(協)は，昭和24年に中協法施行とともに発足，当初23人であった組合員が77人迄増加，出資金も25万円から，543万円に増加，主な事業としては，納入品代金の一括受取りの他，材料の共同裁断，技能者養成，納品検査等を行っており，事務局には職員71名が専従していた[37]。

東邦自動車車体工業(協)（東京）は，トラックのボディメーカーを組合員とするが，昭和24年10月に設立，親企業はトヨタ，日産という一流大企業にもかかわらず当時は金詰りが深刻で，組合員に対する支払も半年近く要するという状況にあった。こうした代金の支払遅延に悩んだ下請業者5人が金融難打開のためにつくったのが本組合である。設立当初は組合の態勢未だしということで，商工中金からの融資を受けることは出来なかったが，組合資金の充実を図って再度申込み，翌25年には借入れに成功，車体の主要材料である楢，欅材等の北海道からの直接購入事業を軌道に乗せることが出来，以後順調な発展を遂げた[38]。

下請組合は単なる手形のトンネル組合に過ぎないではないかといった批難

表2-14 下請組合の設立状況

(昭和26年11月末現在)

地区	組合名	組合員数	親企業名
東京	宿谷協栄協組	16人	宿谷製作所
〃	東京船舶工業協組	8	石川重工業
〃	藤栄事業協組	19	藤倉電線
〃	池自工業協組	13	池貝自動車
〃	関東ガス工協組	17	東京ガス
〃	日鋼鉄屑集荷処理協組	12	日本鋼管
〃	清水式精米機協組	8	清水商会
〃	昭和印刷製本鋳造工協組	13	細川活版所
〃	東部精機工協組	26	北辰電気
〃	東飾自転車部品工協組	21	日米商会
新潟	津上生産協力協組	49	津上製作所
宇都宮	パインミシン工協組	11	パインミシン製造
水戸	日立資材企業組合	8	日立製作所
横浜	横浜工連事業協組	27	東日本重工
〃	日立製作所下請工場協組	27	日立製作所
〃	昭電川崎協力事業協組	40	昭和電工
〃	鋼管鶴鉄指定業者事協組	15	日本鋼管
〃	鋼管川鉄指定業者事協組	59	日本鋼管
〃	東芝堀川町協組	46	東芝電機
〃	東芝柳町協組	33	東芝電機
〃	富士電機川崎工場協力事協	64	富士電機
〃	東芝小向工場指定業者協力事協組	45	東芝電機
名古屋	愛々工協組	11	新愛知起業
〃	大隈興業下請協組	11	大隈興業
〃	三菱電機木製品工協組	8	三菱電機
〃	三菱電機螺子協組	5	三菱電機
富山	不二越協力工場高岡地区協組	4	不二越鋼材工業
〃	不二越協力高伏地区協組	7	不二越鋼材工業
〃	不二越協力富山地区協組	6	不二越鋼材工業
京都	島津下請協組	69	島津製作所
大阪	関西ガス機器器具協組	9	大阪ガス
〃	武田薬品資材事業協組	54	武田薬品
神戸	川重下請協組	45	川崎重工業
〃	中日本重工神戸造船下請協組	91	中日本重工
松山	新居浜鉄工協組	26	四国機械　日新化学
福岡	協同組合安協会	42	安川機械製作所
宮崎	旭化成協力工協組	25	旭化成

(資料出所) 商工中金調べ(日中連「中小企業協同組合」昭27・3月号・2頁掲載)

がある中で，両組合のように金融事業に止まらず組合員に必要な共同経済事業をしっかり実施していた例も多くみられたのである。

(5) 共済組合制度創設への胎動

昭和24年の中協法制定に際して考えられていた組合制度の中には，当初，事業協同組合，企業組合，信用協同組合，協同組合連合会の4つの組合制度の他に保険協同組合制度が含まれていた。

中小企業が火災等の不慮の事故発生による損害の補塡をするために予め資金を出し合い，これを給付する共済事業を行うことは，最もよく相互扶助の精神に適うものとして，その実現がほぼ確実視されていたのである。

事実，保険協同組合制度の盛り込まれた中小企業等協同組合法案は，政府案として昭和24年の4月28日に第5特別国会に提出され，衆議院商工委員会において5月11日迄は支障なく審議されていたのであった。ところが，5月12日になって突如保険組合制度部分は削除されたのである[39]。

中小企業待望の保険組合制度が一夜にして葬り去られた背後には，新制度創設に反対する保険業界の強い働きかけがあったとされている[40]。

このようにして制度としては一頓座をきたしたのであるが，共済事業そのものに対するニーズが消えたわけではなく，中協法による新組合制度がスタートするとともに，共済事業は，事業協同組合における組合員のための福利厚生事業として多様な形態で実施されることとなったのである。

この中で，単なる慶弔見舞金支給事業を超えて一応共済事業の形を整えたものとしては，火災共済事業に属するものが多かったが，それでも1口500円～1,000円の掛金で，火災に遭った場合10万円程度の給付金を支給する程度の小規模のものに止まっていたようである[41]。

こうした共済事業の実施例として，昭和27年当時の組合について2，3その内容をみてみよう[42]。

東京管工事(協)(組合員1,016人)の場合，組合の中に共済部(加入組合員320人)を設け，組合員の使用する建物および動産を対象に，支給金額1口1万円で最高100口とし，掛金(年額)は給付予定額の100分の1としている。

同組合の契約高は，昭和27年7月現在で，1億9,500万円で，掛金190万円

であり，この掛金は特別会計として管理している。もとより同組合は共済専業組合でなく，共済事業以外にも事務代行事業（官公需工事請負に関する事務代行），金融事業，共同仕入事業等を行っている。

東京織物小売（協）（組合員682人）は，昭和25年に共済組織として共済会を発足させ，昭和27年当時共済会員数350人，掛金は共済金の会費として年額2,000円，給付は，組合員が火災により損害を被った場合で，①店舗全焼の場合は，20万円，②一部焼失の場合は，被災状況により役員会で定めた額としている。同組合では共済事業を，組合員相互の親睦と融和を深め，組合の事業全体を円滑に進めていく上で大きな意味を有するとしている。

以上のような協同組合の福利厚生事業の１つとしての共済事業とは別に，広く地域の中小企業全体を対象とする共済事業を専門に行う組合が昭和27年に設立されることとなった。

昭和27年８月に設立された北海道共済商工協同組合（会長・北海道商工組合中央会会長水牧茂一郎氏）がそれである。

この組合は，組合員の火災事故を対象に，掛金である共済寄託金を１口（年額）2,400円とし，毎月200円を組合に納入，１組合員の限度口数は10口，給付金は１口につき最高15万円とするというものであった。加入者の目標を初年度5,000人，３年目に１万人を目ざしていた。

北海道共済商工協同組合が設立されたのをきっかけに，火災共済事業を主要事業とする共済事業の協同組合が各地で設立されることとなり，２年後の昭和29年には同種組合の設立が全国で20組合を超えるに至っている。なお，地域別組合の他に業種別の全国組合においても火災共済事業に取り組むものが現われ，昭和29年当時，酒類販売，米穀販売，タバコ販売，公衆浴場等の全国組合でかなりの成績をあげていた。

当時の共済組合における共済契約の内容としては，共済掛金は１口（年額）2,400円程度で，給付金は１口５万円〜15万円の間，１加入者の最高口数は，10口すなわち50万円〜150万円とするのが大方であった。もっとも，中には口数制をとらずに共済対象物件毎に掛金を定めて徴収するという保険会社と同じような方法をとっている組合もあったようである。

このような共済組合設立の動きの背景には，①一般保険会社の保険料の割

高に対する中小企業者の反発，②組合に納入された共済掛金を地元金融機関に預託することにより，地元中小企業に対する融資の円滑化に資する等の要因が存したことが指摘されているが，更には，中小企業全体を対象としての組合による共済事業の成否が，戦後新発足した協同組合制度の中小企業への浸透を図る1つのバロメーターと考えられたこともあったのである(43)。

このようにして火災共済組合の設立は遂次全国に広がっていき，昭和30年には全国を地区とした全国共済商工協同組合連合会が結成されることとなり，火災共済協同組合制度を独自の組合制度とするための法的整備を求める声が一段と高まっていった(44)。

(6) 税金問題と企業組合

企業組合は，戦後生れの新たな組合形態として多様な活動が期待され，多くのユニークな組合が設立されていったが，一方で，当初予想できなかったような活用のされ方がなされることにもなった。

それを一口でいうと，企業組合が，税金問題に巻き込まれてしまったということである。

戦後，社会体制が一変する中でわが国の税体系も大幅に改変されることとなった。戦前の間接税中心主義の税制からアメリカ型の直接税中心主義にその重心を移すと同時に，納税方法としてもそれ迄の賦課徴収という形から，アメリカにならった申告納税制度へと大きな変化をみせたのである。

しかし，こうした制度の改変は，当時の経済的混乱を背景に，税務行政，特にその執行段階で多くの混乱を引き起した。税務行政の実施担当機関である国税庁が，大蔵省主税局から分離独立した昭和24年当時，重税を苦にして自殺した中小企業者が出て新聞に掲載され，中小企業における税金苦の問題が国会で取り上げられるといった深刻な状態があったのである。

当時，税収の半分以上を占める所得税の取り立ては厳しく，税務署はGHQの権力を背景に割当課税を行い，これに対して中小企業者は各地で税金問題に対処するための組織を結成，その結果，税額の決定をめぐって税務署と中小企業の間では，「過小申告―過大更正決定―異議申立て」という，泥沼的紛争が多発したのであった(45)。

表2-15　企業組合の設立・解散状況

昭和年	設立	解散	年末現在数
24	394	—	394
25	4,784	75	5,103
26	4,535	422	9,216
27	1,653	664	10,205
28	1,195	515	10,885
29	725	468	11,142
30	358	564	10,936
31	168	424	10,680
32	128	326	10,482
33	272	205	10,549
34	87	110	10,526
35	147	127	5,117 (休暇組合整理)

(資料出所)　中小企業庁調べ。(全国中央会「中小企業組合総覧」昭和44年版・189頁掲載)

　こうした徴税旋風の吹き荒れる混乱期の中にあって，企業組合の法人性に着目した税金対策目的の企業組合づくりが急速に広がっていったのである。

　企業組合の設立は，制度創設後の昭和25年には4,784組合，翌26年にも4,535組合を数え，制度創設3年後の昭和27年には遂に1万組合を突破するに至ったのである（表2-15）。

　この間「企業組合をつくれば，税金が安くなる」といった動機で設立される組合も増え，小規模事業者がそれぞれの事業を組合に統合するために設立する以外の大規模企業組合が続々と登場して関係者を驚かせた。

　税金対策を目的につくられる企業組合は，あくまでも法人としての企業組合の形を整えるための設立であり，地域を越え，業種を越えて多数の事業者が組合に参加した。このような業種を限定しない大規模の綜合型企業組合が昭和26年当時全国に相当数現われ，組合員数100人を超えるものだけでも30組合を数えたという。中でも昭和27年には，1府8県という広い地域の小規模事業者を糾合して，組合員数実に3,000人を超す超大型企業組合が結成され，税務当局をあわてさせた。

　こうした状況を前にして税務当局は税金対策だけを目的とした，いわゆる仮装企業組合の対策に乗り出し，企業組合がはたして企業合同組織としての

実質を備えるものであるか否かの判断基準を制定し，この基準に合致しない企業組合については，その組合員事業所の法人事業所としての認定を否定することとしたのである。

最初に国税庁長官名によって出された通達（昭和25年10月24日付通達「企業組合員等が当該組合から受ける所得に対する所得税の取扱方について[46]」）に示された企業組合の認定基準をみると，当時，税務当局によって仮装組合と考えられた企業組合の実体が浮き彫りになってくるので，以下にその認定基準を掲げるが，この通達によって，ここに示された事項に該当する事実のある企業組合は，税法上，その法人格が否認されることとなり，その結果，その企業組合の組合員の所得は，組合経理上形の上では給与所得として処理されていても，それぞれ組合員個人の事業所得として課税されることとなったのである。

国税庁長官通達によって「法人たる企業組合の存在と相容れない事実」とされたのは，次の9項目であり，当時，これを称して「企業組合に関する9原則」と呼ばれた[47]。

① 組合の計算に帰属せしめられている取引が，組合員個人の名義でなされている事実

② 組合の計算に帰属せしめられている取引のために要する資金が，組合員個人の名義で銀行等から借り入れられている事実

③ 組合の計算に帰属せしめられている取引から生じた資金を，組合員の個人名義で銀行等に預金している事実

④ 商品等の棚卸資産の所有が，組合に属さず，組合員がこれを販売した等の場合において，その取引の結果だけを組合計算に振替整理している事実

⑤ 組合の計算に属する商品等の棚卸資産を，組合があらかじめ組合の承認を受け，かつ，組合に対する自己の債務勘定をたてることなくして自家消費等の処分をなしている事実

⑥ 組合員があらかじめ組合の承認を受け，かつ，組合に対する自己の債務勘定をたてることなくして，組合の計算に属する商品等棚卸資産の販売代金を，自己の家計のために使用している事実，または，組合の承認

を受け，かつ，債務勘定をたてている場合においても，当該販売代金を自己の家計のために使用することを常例とする事実
⑦ 従前の組合員の事業の用に供する固定資産で，組合に対して出資していないものを，無償で組合の事業の用に供している事実
⑧ 組合員が，それぞれ従前の自己の店舗等において組合の事業に従事するごとき企業組合において，一の店舗における資金の不足を，他の店舗における余裕金で賄うことなくして，銀行等から借入れをなす等の事実
⑨ 組合員が，それぞれ従前の自己の店舗等において組合の事業に従事するごとき企業組合において，組合員が当該店舗において，従前の自己の商号のみを使用する等，当該店舗における事業が組合員個人の経営に係るものと誤認せしめる事実

しかし，こうした判定基準による名目上の組合と実質的組合の区分は，動機において是とされるものであったが，その現実の適用において多くの紛議を生じることとなった。このため企業組合側ではこの問題の解決のために昭和25年発足の日本企業組合連盟を昭和27年には全日本企業組合連盟に改組拡大し，当局の課税方針に企業組合側の要望を反映させるべく強力な運動を展開するに至ったのである[48]。

こうした経過の中で，昭和28年には所得税法の中に，①実質課税の原則を明定するとともに，②企業組合の法人性の不存在に関する推定規定を設置，更に，③企業組合の行う行為・計算を否認しうる場合の要件を規定することとなったのである[49]。

昭和28年の所得税法の改正は，必ずしも企業組合側の意向に添うものではなかったが，改正法の制定に当り「推定規定」の原案を一部修正するとともに，改正法の実施に当って，国税局毎に「企業組合等課税連絡懇談会」という名の諮問機関を設置し，これに企業組合の代表者を加えることとし，新法の実施により企業組合の発展が阻害されることのないよう留意すべき旨の附帯決議が，衆参両院において採択された。

新法公布（昭和28年8月7日）後の昭和28年10月1日には，国税庁長官，中小企業庁長官，大蔵省主税局長の3者の名で，真に法人の実を備えた企業組合の育成のために，新法の運用には慎重を期すべき旨の通達が出され，更

表2-16 企業組合の適正・非適正判定状況

(単位:％)

組合区分		適正組合		非適正組合		判定未定	
		組合数	組合員数	組合数	組合員数	組合数	組合員数
25年分	同業組合	71	74	27	24	2	2
	綜合組合	45	44	49	45	6	11
	計	70	70	28	27	2	3
26年分	同業組合	77	80	21	18	2	2
	綜合組合	49	34	40	44	10	22
	計	76	75	22	20	2	5
27年分	同業組合	76	81	17	14	7	5
	綜合組合	55	25	31	60	14	15
	計	75	74	18	20	7	6
29年8月末日現在	同業組合	80	82	―	―	20	18
	綜合組合	36	26	―	―	64	74
	計	79	77	―	―	21	23

(資料出所) 国税庁調べ(日中連「中小企業協同組合」昭30・3月号・23頁掲載)

に，昭和29年4月には，新法に基づく企業組合の適正法人判定のための基準36項目が示されることとなり，企業組合の法人格否認をめぐる問題は，ここに一応の結着をみたのである。しかし，従事分量配当や役員賞与の取扱いをめぐる問題については，この時点では解決をみることができず，更に，先送りされることとなった。

この間の国税庁における企業組合に関する課税判定状況をみると表2-16のごとくであるが，これによれば昭和29年8月末現在，同業種企業組合についてはその80％が適正なる組合として認定されているのに対し，綜合企業組合では僅か36％しか適正組合の認定を受けていないという状況であり，仮装組合問題は主として綜合企業組合を中心としたものであることがうかがわれる。しかも，同業種企業組合の適正組合率が遂年向上してきているのに対し，綜合企業組合の場合，昭和29年には前年より適正組合比率が低下しており，問題の難しさを示している。

ともあれ，このような経過を経て，企業組合問題は昭和29年には一つの節目を迎え，企業組合の設立数は以後急速に減少していったのである。

表2-17 企業組合構成組合員の実態

(昭和29年3月末現在)

組合員	組合比
同一業種の事業者	15.8%
異業種の事業者	4.9
引揚者,勤労者,その他の非事業者	58.6
事業者及びその従業員	17.8
その他	1.4
不明	1.5
計	100.0

(資料出所)「中小企業庁」調べ(日中連「中小企業協同組合」昭和31・1月号 (19頁掲載表より作成)

表2-18 企業組合の規模等の推移

	昭和25年度	昭和28年度
平均組合員数	人 12.5	人 12.5
非組合職員を有する組合	% 29.8	% 45.9
非組合員労務者を有する組合	% 44.4	% 60.6
平均出資金額	円 329,439	円 668,152
平均取扱高	円 5,914,240	円 28,343,442

(資料出所) 表2-17に同じ。(18〜22頁)

表2-19 企業組合の施設集中化状況

(昭和29年3月末現在)

施設集中化の程度	組合比
施設を1ヵ所に持寄って事業を共同化	45.0%
施設を分散のまま事業を共同化	36.0
不明	19.0
計	100.0

(資料出所) 表2-17に同じ。(20頁掲載表より作成)

もとより企業組合は税金問題にのみ終始していたわけではなかった。小規模事業者のみならず、外地からの引揚者、戦争により職場を失った勤労者等事業主以外の人々による企業組合づくりも各地でみられたのである（表2-17）。

また、戦時中に物資統制のために米穀販売店を統合してつくられた食糧配給公団の廃止・民営切換えに伴い、末端の配給所（米穀販売店）が、地域毎に企業組合を組織したことにより、この種の企業組合が全国的にかなり設立され、以後企業組合の大きな部分を占めるに至っている。

昭和29年当時の企業組合の規模をみると組合員20人以下の組合が89.1％と圧倒的多数を占めており、この傾向は制度発足当初とほとんど変わっていないが、組合の従事者をみた場合、組合員のみとする割合は当初に比較してかなり減少してきており、その間の組合事業の拡大を物語っている。こうした傾向は、出資金にも現われており、昭和25年から昭和28年の4年間で1組合当り出資金額は、ほぼ倍増（329,439円→668,152円）している。更に、それは企業組合の取扱高に如実に現われており、取扱実績は1組合当り5,914千円から28,343千円へと著増しており（表2-18）、取扱高1億円超の組合が10組合から110組合へと大幅に増えたとされている。

なお、組合施設の共同化の程度、事業所の分散状況をみると、施設を1ヵ所に統合しているものが約半数の45.0％、施設を分散したままのものが36.0％となっているが（表2-19）、製造業・非製造業の別でみると、共同化の程度は製造業において高く、62.6％を占めるのに対し、非製造業では、40.3％と低くなっている。こうした傾向は、非製造業企業組合の中に米穀販売関係のものがかなり含まれていることからも止むを得ない結果であったろう[50]。

(7) 信用組合の曲折

信用組合の歴史は、協同組合の歴史とともに古い。制度としての信用組合は、明治33年の産業組合法の制定を起点とするが、先駆的には報徳社等の江戸時代の講組織に迄さかのぼることができるといわれている。

産業組合制度による信用組合は、農業者の組織として農村部に定着し、その後に農業協同組合に引き継がれていったが、一部は信用組合として戦後も

独自の活動を行っていた。

　大正6年に兼業を認めない信用事業専業の信用組合は，市街地信用組合として区分され，昭和18年には根拠法として市街地信用組合法が制定された。市街地信用組合制度の創設により産業組合法に基づく信用組合は，準市街地信用組合と呼ばれるようになった(51)。

　更に，昭和21年に商工協同組合法が制定され，商工協同組合でも信用事業を行うことが認められると，同法に基づく信用組合も誕生した。

　このように戦後信用組合と呼べるものは，制度的には，①市街地信用組合，②信用事業を行っていた産業組合（準市街地信用組合），③信用事業をほぼ専業としていた商工協同組合の3種に分れていたが，これを制度的に一本化したのが，昭和24年の中小企業等協同組合法（以下「中協法」という）の制定であった。

　中協法の制定により，戦後信用組合制度は，ここに新たなスタートを切ったのである。

　中協法の制定による信用組合制度の一元化により，既存の信用組合はすべて新法に基づく信用組合に衣替えをしなければならないこととなった。中協法は昭和24年6月1日に公布され，同年7月1日に施行されたが，これに伴い既存組合の存続期限は，翌昭和25年2月28日と定められた。

　なお，中協法の制定に合わせて「協同組合による金融事業に関する法律」が制定（昭和24・6・1公布，同7・1施行）された。これは中協法が協同組合の組織に関する一般法であり信用事業を律するには必ずしも十分ではないということで，別途，業法として制定されることとなったものである(52)。

　旧信用組合の中協法による改組期限は，昭和25年2月28日であったが，中協法の制定に伴う市街地信用組合法の廃止は，中協法制定の翌昭和25年1月1日と定められ，市街地信用組合については，その後8ヵ月は存続許容期間とされたため，旧信用組合の組織変更期限は，実際上は昭和25年8月31日ということになり，旧信用組合が中協法による新組合としてスタートを切ったのは，現実には中協法施行後の1年余を経過してのことであった。

　このようにして戦後信用組合制度は新たにスタートしたのであるが，当時，信用組合の大半は市街地信用組合からの移行によるものであり（表2-20），

図2-1 信用組合の変遷

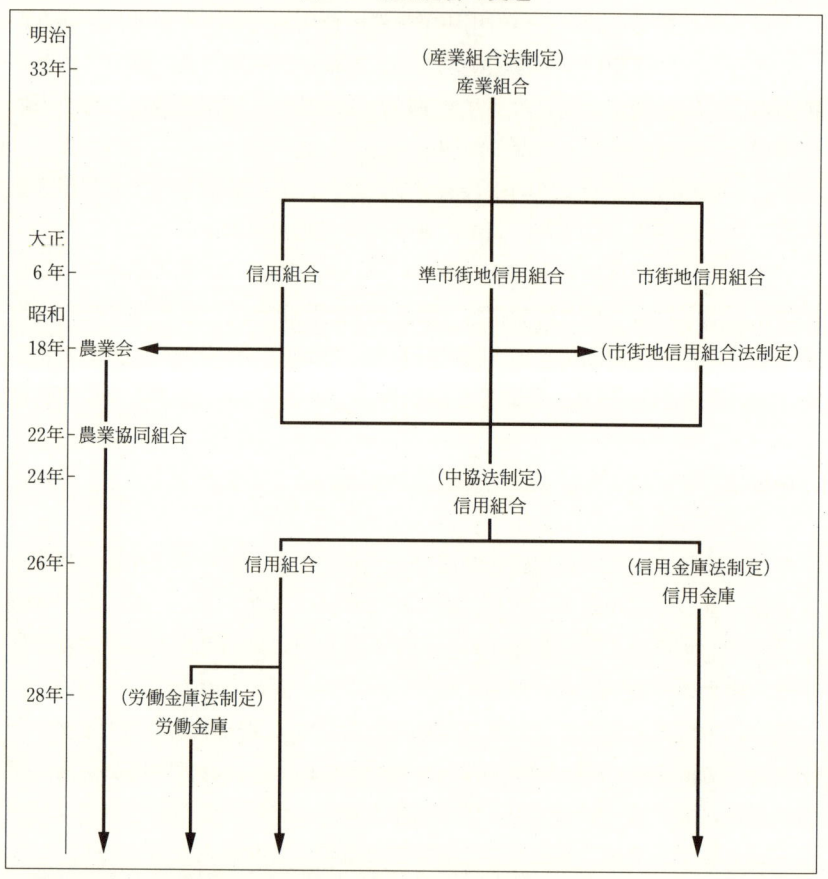

(資料出所) 全国信用協同組合連合会（信用組合史・昭51・2頁掲載）

必ずしも中小企業者の協同組織を意図した中協法上の組合制度に十分なじむものばかりではなかった。

しかし，この間に42の組合が新法に基づいて設立されており，当時金融の逼迫した中小企業の間で，自分達の力で何とか金融難による壁を打破しようとする強い意気込みのあったことがうかがわれる。

新たな信用組合設立への気運が高まっていたことは，当時，中小企業者は金融難にあえいでいるにもかかわらず，預金は大銀行や郵便局に預けている

2 戦後組合基盤形成期　91

表2-20　中協法による信用組合への改組・新設状況

(昭和25年9月末現在)

市街地信用組合から移行	産業組合から移行	商工協同組合から移行	新設	計
435 (69.2)	136 (21.6)	16 (2.5)	42 (6.7)	629 (100.0)

(資料出所)　大蔵省調べ（信用組合史・昭51・115頁掲載表より作成）

表2-21　信用組合業態別設立状況

(昭和25年9月末現在)

地域組合	業域組合	職域組合	計
586 (93.2)	24 (3.8)	19 (3.0)	629 (100.0)

(資料出所)　表2-20に同じ（123頁）

というのでは，仲々問題解決の道は開けないとして，例えば，東京では，旧産業組合法による青果，魚類の2業域組合と旧商工協同組合法による雑貨，合成樹脂の2組合を中心に都下4,000の商工協同組合の中から賛同者を募り，昭和25年6月に中協法に基づく東京都商工信用協同組合を設立，「信組に預金をし，信組から貸出を受ける」をモットーに，協同組合とその組合員を構成員とする中小企業者の信用組合としての事業を開始したことなどにもうかがわれる[53]。

なお，信用組合をその構成員メンバーである組合員の特性から分類すると，①地域組合，②業域組合，③職域組合の3つに区分できるが，戦後信用組制度のスタート時点では，地域組合に属するものが圧倒的な数を占め，業域組合，職域組合はほんの数パーセントでしかなかった（表2-21）。

しかし，信用組合制度は，制度発足後2年にして早くも転期を迎える。

昭和26年の信用金庫法の制定による旧市街地信用組合系組合の信用金庫への転出である。

地域組合として中小企業者にとらわれずに，地縁的なつながりをもつ一般住民をも対象とする庶民金融機関として事業活動を展開してきた旧市街地信用組合系組合は，当初から中協法による信用組合制度の一元化に反対しており，中協法制定後も独自の根拠法の制定を求めて運動を行っていたのである。

その趣旨とするところは，協同組合原則の桎梏から脱して，より金融機関性の強い，いわば小型銀行化を目ざすものであった[54]。

こうした旧市街地信用組合系組合の動きは，協同組織金融機関としての道を歩もうとする旧産業組合系組合等からの強い反発に会い，信用組合内部に紛議を生じさせていたが，結局，信用金庫法の制定となって落着した。

表2-22 信用組合の推移

昭和年月末	組合数	調査組合数	店舗数	組合員数(人)	預金(百万円)	貸出金(百万円)	年度末預貸率(%)
24.3	388	348		313,029	12,594	7,357	58.4
25.3	615	565		651,672	28,516	18,788	65.9
26.3	636	635	1,407	899,592	48,176	33,781	70.1
27.3	321	315	447	357,604	12,453	9,102	73.1
28.3	318	312	442	357,796	17,924	13,753	76.7
29.3	332	228	360	254,552	18,109	15,732	86.9
30.3	373	369	626	463,133	35,320	30,069	85.1
31.3	415	415	739	551,933	50,339	45,304	90.0

(資料出所) 全国信用組合中央協会他調べ（信用組合史・昭51・215頁，401頁，別巻338〜339頁，掲載表より作成）

　信用金庫法は，自由，民主，社会3党の共同提案として昭和26年3月15日に国会に提出され，同年5月28日に成立，同年6月15日に公布施行された。
　信用金庫法の制定により，旧市街地信用組合系の信用組合は信用金庫に改組することとなった。
　改組期限は，当初，法施行の1年後の昭和27年7月14日とされていたが，その後延長されて，結局法施行から2年後の昭和28年6月14日となった。
　信用組合から信用金庫への組織変更は，昭和26年には291組合，27年には191組合，28年には78組合の計560組合が行った。その結果，信用金庫法制定時の信用組合総数653組合の実に86パーセントが信用金庫となったのである[55]。
　更に，昭和28年には労働金庫法（昭和28・8・17公布，同10・1施行）が制定され，労働組合及び消費生活協同組合を母体として設立されていた勤労者中心の信用組合は，この時点で労働金庫に組織変更を行った。その数は32組合であった[56]。
　このように，戦後，中協法上の組合として一元化され，再出発をした信用組合も，市街地信用組合と勤労者信用組合については，各々別の道をたどることになったが，それだけに中小企業者を主体とする協同組織金融機関としての信用協同組合は，中協法上の中小企業組合の一翼を担うものとして，本来的道筋に戻ったともいえるであろう。
　実際にも，昭和26年に行われた「協同組合による金融事業に関する法律」

の改正によって，認可権限が都道府県知事にも付与されたこともあって，知事認可による新しい信用組合の設立が各地でみられるようになり，旧制度とは切り離された，中協法に基づく新設信用組合のウェイトが漸次高まっていったのである。

このようにして信用金庫法の制定により一時急激な減少を余儀なくされた信用組合も，以後着実に組合数を伸ばし，昭和31年3月末には415組合にまで回復したのであった（表2-22）。

(8) 過当競争と調整組合

欧米諸国の産業構造が大規模集中型であるのに対して，わが国のそれは大規模企業と小規模企業への2極集中型といわれ，しかも生産性と賃金においても，欧米諸国においてはほとんど格差がないのに対し，わが国では大きな隔りがあるというのが彼我の基本的な違いであると指摘されてきた。

これは遅れて出発した日本経済が，すべての産業を近代化するためにはなお資本蓄積が少なく，そのため産業の一部は国家の保護支援の下に集中的な資本投下により，進んだ技術と高度な設備の導入により近代化を達成し得たのに対し，中小企業によって担われたその他の部門は資本装備率が低く，適度な規模による操業ができず，少ない資本を多くの労働力によってカバーするという前近代的な方法に頼らざるをえなかったからである。そのためこれらの部門での生産性は上がらず，両者の間に規模間格差が生じ，その状態は戦後になっても仲々解消することができなかったのである。

その後，わが国経済も飛躍的な発展を遂げ，マクロ的にみれば，欧米諸国が羨やむ程の資本蓄積を行いつつあるが，これにより中小企業が十分な資本装備を行い，あらゆる部面で近代産業として規模間格差を解消するに至ったとはいまだいいえないのである。

戦後経済の復興期に当たる昭和20年代後半においては，こうした中小企業の状況はより深刻であり，十分な資本投下のないままに安い労働力に依存する企業が多数叢生し，かつてない過当競争状態を現出しつつあった。

まことに中小企業はいつの時代においても購入，販売の両面において不利な立場に立たされ続けてきたのである。すなわち，原料資材の購入面におい

ては、これを生産し取り扱うのは極く少数の大企業であり、そこでは需給に見合った生産調整が行われ、たとえ需要が増大しても価格が引き下げられるようなことはめったになく、他方、販売面では、同業者多数のために激烈な競争をしなければならず、常に買手市場であって、価格の引下げを迫られており、「原料高の製品安」は、わが国中小企業の宿命とすらいわれていたのである。

このような状態では、不況になっても自らの考えで供給量を調節して価格の安定を図ることは、ほとんど不可能である。却って生産を増大して単位当たりの費用を減らそうとするのである。そのため一層滞貨が増え、価格は下がり、競争は激しさを増し、それは、労働条件へのしわ寄せ、品質の低下、利潤の吐き出しとなり、悪条件のままで走り続けなければならない自転車操業となり、行きつくところは同業者同志の共倒れということになる。

このような状態での競争は、近代的企業間で行われる公正、かつ、自由な競争とは、似て非なるものである。このような非近代的競争を「過当競争」と呼んだのである[57]。

さて、戦後昭和20年代におけるこのような過当競争状態を克服すべく制定されたのが、昭和27年の「特定中小企業の安定に関する臨時措置法」(以下「安定法」という)であり、その実施主体として設置されたのが調整組合である。

安定法は朝鮮戦争後の反動不況下における中小企業の窮況を救うために、当初、時限的な不況対策制度として立案されたものであった。

その直接の契機は、昭和26年の秋から27年春にかけて起こった絹人絹織物業界、ことに福井、石川の両県における同業界の著しい不況にあったといわれる[58]。

安定法は、昭和27年8月1日に議員立法として成立し、当初は、翌々年の昭和29年3月31日迄の限時法として制定されたが、翌昭和28年8月1日には恒久法化され、法律の名称も「中小企業安定法」と改められた。

中小企業安定法は、その後も改正され、昭和29年には第2次改正、昭和30年には第3次改正が行われ、その間適用業種が追加されるとともに制限事業の範囲も逐次拡大され、昭和32年制定の「中小企業団体の組織に関する法

表2-23　安定法による最初の指定業種

(昭和27年指定)

```
1. 綿織物, ステープルファイバー織物
2. 毛織物, 同染色整理
3. 絹織物・人絹織物, 同染色加工
4. メリヤス生地, メリヤス製品
5. 漁網
6. 組ひも, よりひも, 幅5インチ未満の織物, 編レース
7. 撚糸
8. 麻綱
9. ガーゼ, 脱脂綿, 家庭衛生綿, ほう帯
10. マッチ
11. ゴム製品
    (自動車タイヤ, チューブ, もみすりロール, 医療衛生用品,
     履物材料, 玩具を除く。)
12. 陶磁器
    (ディナーセットを除いた食器類)
13. 漆器
14. ほうろう鉄器
    (化学工業用以外)
```

(資料出所)　磯部喜一編『中小企業の組織化』(有斐閣・昭和29・178〜179頁掲載)

律」へと引き継がれていくのである。

　安定法によって、それ迄タブーとされていた共同制限行為が認められ、制限事業を行う調整組合が制度化されることとなったのである。

　調整組合は、法律（後に政令）の定める指定業種に限ってその設立が認められるものであり、しかもその業種が、中小企業の比重の高い製造業であって、その業種が現実に不況に直面していることが条件であった。

　安定法の適用業種は、法制定時の昭和27年には14業種であったが（表2-23）、昭和28年には12業種、昭和29年には4業種と年毎に追加指定され、安定法の最終年度である昭和32年には累計53業種となった。

　調整組合の行う制限事業の範囲も、当初、①生産数量、②出荷数量、③生産設備までであったが、その後、④販売価格、⑤販売方法、⑥原材料の購入方法、⑦購入価格が追加され（以上、昭和28年の第1次改正）、更に、⑧品質、意匠、品種、⑨原材料の購入数量にまで広げられた（以上、昭和30年の第3次改正)[59]。

表2-24　調整組合等の推移

昭和年度	調整組合	調整規程	命　令	指定業種
27	76	57		14
28	96　(20)	71　(14)		26　(12)
29	202　(106)	143　(72)	4	30　(4)
30	261　(59)	194　(51)	6　(2)	41　(11)
31	278　(17)	217　(23)	11　(5)	47　(6)
32	333　(55)	280　(63)	16　(5)	53　(6)

〔備考〕　数字は，各年度末の合計数を，（　）内は，その年度の純増数を示す。

（資料出所）　中小企業庁編『中小企業団体組織法逐条解説』（昭34）54頁掲載

　また，員外者規制命令も，当初，①数量制限，②設備制限についてしか認められなかったが，後に，③設備新設制限（第1次改正）が追加されるとともに，その要件も逐次緩和され，昭和30年の改正においては，それまでの，現状のような事態を放置していては，「当該産業の存立及びその関連産業に及ぼす重大な悪影響を除去することができないと認めるとき」とされていたのを「当該中小企業の安定に重大な悪影響を及ぼし国民経済の健全な発展に著しい支障を生ずると認めるとき」に改め，その適用範囲を拡大した[60]。

　このように調整組合制度は昭和27年に創設された後，昭和30年までの3年間毎年改正が行われ，制度が拡充されるとともに組合の設立も増加し，昭和32年には333組合を数え（表2-24），昭和33年の中団法の施行とともにそのほとんどが，中団法上の商工組合に改組移行していったのである。

　調整組合における制限事業の種類は，生産数量のみならず，販売方法や品質，意匠についてまで認められてはいたが，その中心は何といっても生産面での制限であり，設備制限，生産制限，出荷制限を実施するものが圧倒的に多かった。

　また，制限事業を実施する場合，いくつかの制限事業を合わせ行うものが多かったが，中には，1つの制限事業を単独で実施するものもあった。例えば，設備制限のみで他の制限事業を行わなかったもの（特殊毛織物，メリヤス，縫針，紡毛，毛反毛等），設備制限以外の他の制限のみを行うもの（小幅綿スフ染色，輸出向絹人絹機械染色，ガラス製温度計，ぬめ革，双眼鏡，ミシン，自転車ベル，みかん罐・びん詰等）などである[61]。これらをみると，製造業

といっても，業種によってどの部面の制限が最も効果的であるかについての考え方の違いがうかがわれる。

　調整組合制度の目的である過当競争の排除克服は，調整事業の実施だけでは困難である。基本はあくまでも中小企業各個の経営の近代化・合理化でなければならない。しかし，当時にあっては未だ調整組合における共同経済事業の実施は認められず，更に，調整組合を設立し得るのは，工業部門にのみ限定されていたため，業種全体，中小企業全体の体質改善を総合的に実施するには不十分であった。こうした観点から制限事業，共同経済事業を合わせ行いうる新たな同業種組合制度の創設を求める声が強まって行き，昭和32年の中団法の制定となり，安定法に基づく調整組合制度は，中団法による商工組合制度へと引き継がれ，既設の調整組合は，改組期限である昭和34年3月1日を期して中団法による商工組合に移行し，発展的に消滅したのである。

---

(18)　竹内宏『昭和経済史』（筑摩書房・昭63）122～123頁。
(19)　久保田晃他『昭和経済60年』（朝日新聞社・昭和62）184頁。
(20)　日本中小企業連盟（日中連）「中小企業協同組合」（昭和24・11月号）23頁。
(21)　日中連・前掲誌（昭和25・3月号）23頁。
(22)　日中連・前掲誌（昭和26・4月号）14～15頁。
(23)　日中連・前掲誌（昭和26・4月号）15頁。
(24)　『商工組合中央金庫20年史』（昭35）402頁。
(25)(26)　高橋幸司（中小企業庁官房庶務課長）「中小企業対策の動向」（日中連・前掲誌（昭和25・3月号）2～3頁。
(27)　中小企業庁協同組合課編「中小企業等協同組合の経営事例」（日中連・昭和26）参照。
(28)　日中連・前掲誌（昭25・3月号）22頁。
(29)　前掲・商工組合中央金庫20年史・635頁。
(30)　宮崎正康他「戦時・戦後の産業と企業」（岩波書店・日本経済史7「計画化」と「民主化」・216頁）。
(31)　日本中小企業団体連盟（日中連）30年史・161～162頁。
(32)　同上・180頁。
(33)　日中連『中小企業協同組合』（昭29・4月号）14頁。
(34)　本位田祥男「縦の協同組合の提唱」（日中連・前掲誌・昭26・10月号・2頁）。
(35)　山崎竜夫「下請組合への金融」（日中連・前掲誌・昭27・3月号・2頁）。

(36) 中尾清「下請協同組合の実態」(日中連・前掲誌・昭31・2月号・8～12頁)。
(37) 藤田敬一「下請の合理化・組織化と生産向上問題」(有斐閣・中小企業叢書Ⅵ「中小企業の合理化・組織化」昭33・183頁)。
(38) (日中連・前掲誌・昭26・4月号・13頁)。
(39) 「流産した保険協同組合」(商工協同組合中央会『商工協同組合』昭24・7月号・5頁)。
(40) 磯部喜一『協同組合経営論』(丸善・昭45) 163頁。
(41) 石井清「組合共同事業の動向」(日中連『中小企業協同組合』昭27年・8月号・8頁。
(42) 日中連・前掲誌・昭和27・8月号・12～13頁。
(43) 杉村喬「保険火災組合の法制化と問題点」(日中連・前掲誌・昭29・5月号・30頁)。
(44) 全国中央会「中小企業組合総覧(昭和44年度版)」19頁。
(45) 播久夫『実録・青色申告制度40年史』(大蔵財務協会・平2) 23～24頁。
(46) 日中連・前掲誌・昭26・1月号・24頁。
(47) 稲川宮雄『中小企業の協同組織』(中央経済社・昭46) 56頁。
(48) 稲川宮雄・前掲書・57頁。
(49) 日中連・前掲誌・昭28・9月号・6～8頁。
(50) 中尾清「企業組合の実態」(日中連・前掲誌・昭31・18～22頁)。
(51) 全国信用協同組合連合会(全信連)『信用組合史』(昭51) 2頁。
(52) 全信連・前掲書・116頁。
(53) 日中連「中小企業協同組合」(昭26・9月号) 18～19頁。
(54) 全信連・前掲書・123～125頁。
(55) 全信連・前掲書・190～191頁。
(56) 全信連・前掲書・212～213頁。
(57) 中小企業庁編『中小企業団体組織法逐条解説』(中小企業出版局・昭34) 1～18頁。
(58) 小田橋貞寿「調整組合制度の展開と合理化」(山中篤太郎編『中小企業の合理化・組織化』有斐閣・昭33・126頁)。
(59) 中小企業庁編・前掲書・46～54頁。
(60) 中小企業庁編・前掲書・53頁。
(61) 小田橋貞寿・前掲論文(前掲書・131頁)。

3 戦後組合挑戦期（1955—1964）

　昭和30年代は，わが国経済社会の転換期であった。太平洋戦争で被った傷もようやく癒え，この時期，わが国経済は，戦前の諸水準を回復すると同時に[62]，企業は，新たな飛躍を目ざして体質強化に全力を上げた。中小企業組合も「二重構造」を解消し，中小企業が経済成長の阻害要因視されることのないよう，共同化を通じて中小企業の近代化・合理化を達成すべく様々の新事業・新システムの創出に力を尽くしたのである。

　このような新しい取組みの中で，この時期中小企業の組織化はかつてない多様な活動を展開したといえよう。

　組合制度としても事業協同小組合，火災共済協同組合，商工組合，環境衛生同業組合，商店街振興組合制度が新たに誕生すると同時に，組合形態としても団地組合，共同店舗組合，ボランタリチェーン組合，チケット組合，共同給食組合等様々のものが登場した。

　30年代は，中小企業組合にとって，かつてない多様化への挑戦の時代だったのである。

(1) 組合挑戦期の経済環境

　昭和30年代は，今日に至るわが国経済が真にスタートを切った時期であったといえる。

　「もはや戦後ではない。」という昭和31年の経済白書の言葉が流行語となり，戦争で打ちひしがれていたわれわれの心にも，少しずつ自信がよみがえりつつあった時代である。この時期わが国経済は3度にわたる好景気の追い風を受けることができた。

　神武景気（昭29・12～32・6），岩戸景気（昭33・7～36・12），オリンピック景気（昭37・11～39・10）の3つの波である[63]。

　この3つの波に乗ってわが国経済は全体として底上げされ，国際競争力をつけ，自立への道を歩んでいったのである（表2-25）。

　特に，所得倍増計画（昭和35年11月）が発表された前後のわが国経済の伸

表2-25　主要経済指標が戦前水準を超えた年

	戦前水準に達した年	戦前水準の2倍になった年
＊実質国民総生産	昭和 26 年	昭和 35 年
工 業 生 産	26	32
農 業 生 産	24	42
輸 出 数 量	34	39
輸 入 数 量	32	36
＊1人当り実質国民総生産	30	35
＊1人当り個人消費	28	40

（備考）①戦前水準は昭和9〜11年平均
　　　　②＊印は会計年度，その他は暦年
（資料出所）内野達郎『戦後日本経済史』（講談社・昭61）120頁

びは目をみはるばかりで，昭和34年11.2％，昭和35年12.5％，昭和36年13.5％とかつて経験したことのない2ケタ成長を実現し，以後10年間にわたるわが国高度成長時代の出発点となったのである[64]。

しかし，このような上昇傾向は，あくまでもわが国経済を全体としてみた場合のマクロ的総括としていえるのであって，その間個々の中小企業が直面した苦難は並大抵のものではなかった。

この時期にわれわれ中小企業が直面して，克服しなければならない問題は大きく分けて2つに絞ることができよう。

1つは，日本経済の伸びに合わせて個々の企業を伸ばしていくことであり，その実現の方法は，設備の近代化・経営の合理化を図り，生産性を向上し，競争力をつけていくということであった。

もう1つは，産業構造の変革によって大きな影響を受ける伝統型産業を中心とする中小企業性業種の新たな状況へのソフトランディングであり，その方法としては業界ぐるみの構造改善の推進が考えられた。

昭和30年代の中小企業の置かれた立場を象徴的に示すものは人手不足であった。経済の急成長が進む一方で，終戦前後の出生率の低下期に生れた者の就業時期がこの時期に重なったために中小企業では思うように若年労働力の確保ができなくなったのである。

中卒・高卒者が「金の卵」と呼ばれ，求人倍率がかつてない上昇を示し，中小企業における新規学卒者の初任給が，大企業のそれを上回るという逆転

表2-26　労働需給変化と賃金上昇

昭和	28	32	36	42
有効求人倍率	0.35	0.48	0.73	1.05
新規学卒求人倍率 （中卒） （高卒）	1.06 0.69	1.18 1.07	2.73 2.04	3.45 3.05
新規学卒初任給 （大卒男子） （中卒男子）	千円 9.7 3.5	千円 11.2 4.7	千円 15.7 7.3	千円 26.2 15.5
賃　金　格　差	60.4	56.1	61.7	67.7

（備考）　賃金格差は従業者数500人以上の事業所（製造業）を100とした30～39人事業所賃金の指数
（資料出所）　表2-25に同じ（177頁）

現象を生じたのもこの時期であった（表2-26）(65)。

　更にこの時期は，3種の神器と呼ばれたテレビ，洗濯機，電気冷蔵庫等の家電を中心に，自動車，機械等の急成長分野で裾野の広い生産系列が形成されていった時期でもあり，これら成長業種に連なる中小企業は，親企業であるアッセンブルメーカーの伸びとともに成長路線を突っ走っていったのである。

　一方，大量仕入・大量販売を武器にセルフサービス方式による廉価販売を標榜するスーパーマーケットが出現したのもこの時期であり，流通革命が叫ばれ，問屋無用論がとなえられたのもこの時期で，消費者の意識・行動の変化に伴う大衆消費社会の出現により，小売・サービス業のみならず，中小企業がその大半を占める卸売業においても新たな対応が求められるようになったのである(66)。

　こうした激変する30年代のゴールとなったのが，昭和39年のIMF 8条国への移行（国際収支の理由で貿易制限することは不可）およびOECDへの加盟（海外経済協力のできる先進国メンバーとして認知）であり，国内的には東京オリンピックの開催や新幹線・高速道路網の完成に集約される国力の増大であった。わが国経済はこの10年間でGNPを昭和30年の8兆6,278億円から昭和39年の30兆2,019億円へと伸ばし，実に3.5倍増（名目）を実現したのである。

(2) 組合制度および組合形態の多様化

昭和30年9月に施行された中協法の第8次改正によって、戦後しばらく姿を消していた中央会制度が6年ぶりに法制団体として復活した。当時、中小企業等協同組合中央会と呼ばれた中央会は、翌31年にかけて各地で設立され、その全国組織である全国中央会は、31年4月に設立をみた(67)。

中央会制度の復活によって、わが国中小企業の組織化は、新たな時代を迎えることとなった。

すなわち、中央会制度の復活によって、国の中小企業組織化対策推進のための専門指導連絡機関が全都道府県に設置されることとなり、地域の中小企業者にとって組織化の推進拠点、組合の設立、運営等についての身近な相談窓口が出来たといえるからである。

全国中央会発足後の翌32年には、新たに「中小企業団体の組織に関する法律」が制定され、中小企業安定法に基づく調整組合制度が商工組合制度に改組発展せしめられるとともに、中協法上の組合として事業協同組合、企業組合、信用協同組合、協同組合連合会の既存4制度に加えて、事業協同小組合、火災共済協同組合の2組合制度が創設されることになった。

更に、中団法の制定と時を同じくして、「環境衛生関係営業の運営の適正化に関する法律」(平成12年に「生活衛生関係営業の運営の適正化及び振興に関する法律」と改称)と「小型海運組合法」(昭和39年に「内航海運組合法」と改称)が制定され、それぞれの法律に基づいて環境衛生同業組合(後に生活衛生同業組合、生活衛生同業小組合)および小型海運組合(後に内航海運組合)の両制度が発足、すでに発足していた「酒税の保全及び酒類業組合等に関する法律」(昭28)に基づく酒造組合・酒販組合制度および「塩業組合法」(昭28)に基づく塩業組合制度(後に廃止)、更には「輸出入取引法」(昭28・輸出取引法改正)に基づく輸出組合・輸入組合等と合わせて同業組合制度はかなり多様化するに至った(68)。

このように30年代に入って中小企業組合は、制度面において著しく整備されていったが、組合の実態面においても、高度成長期に入ったわが国経済成長の波長に合致させるべく、規模メリットの実現を目ざして新たな形態の組合が次々に誕生していった(69)。

新たな飛躍を目ざして旧来の地を離れ，郊外に集団で立地し，事業活動の上でも移転中小企業間の有機的連携を図ろうとする工場団地組合や卸商業団地組合，小規模小売業者が集積のメリットを実現すべく同一建物による共同店舗を設置し，百貨店やスーパーマーケット等の大型店に対抗しようとする共同店舗組合，新たな労働情勢に対応すべく共同で従業員福祉施設の充実を図ろうとする共同給食組合や共同保養施設組合，小売商業者の仕入れ交渉力を高め，或いは大手割賦販売業者に対抗すべく設立されたボランタリーチェーン組合やチケット組合，更には従来の共同化の程度を超えて，事業活動の中心を組合に移行させ，実質的には企業合同体とも呼べる協業化組合等々，30年代は正に中小企業組合の多様化の時代，新規形態へのトライアルの時代といえた。

こうした状況を反映して昭和37年には，地域の小売商業・サービス業者が共同して経済事業を行うとともに，その地域の集客力を高めるために行う広範な環境整備事業の実施を認める「商店街振興組合法」(昭37・5・17公布，同8・15施行)が制定され，その後の商店街の組織化に拍車をかけたのである[70]。

30年代における中小企業の全力をあげての近代化・合理化努力は，大きな成果をあげ，機械工業分野を中心にかなりの分野で生産性向上を実現し得たが，成長の速度はそれを上回るハイスピードで伸長し，30年代初頭に提起された二重構造の解消問題は，30年代後半になっても必ずしも解決の兆しがみえたとはいえない状況であった。

このような状況を踏まえ，昭和38年には「中小企業基本法」(以下「基本法」という)(昭38・7・20公布・施行)が制定された。基本法は，わが国経済の成長を持続するためには中小企業における生産性の向上を早急に実現する必要があり，そのために中小企業の抱えている問題点を明確にし，その解決の方途―政策のポジションを示すというものであった[71]。

基本法によって政府の中小企業政策の大系が明らかにされるとともに，中小企業問題の解決のために具体的に講じられるべきその後の施策の方向も示されたのである。

基本法の中で組織化対策は，国の中小企業施策の基本をなす大きな柱とし

104　II　戦後中小企業組合の展開

表2-27　中小企業組織化対策等関係年表

昭和　年	
30	中央会法制化（中協法改正）
31	中小企業振興資金助成法（共同施設資金貸付制度）公布，施行
	下請代金支払遅延等防止法公布，施行
	百貨店法公布，施行
32	中小企業団体の組織に関する法律公布（昭33施行）
	環境衛生関係営業の運営の適正化に関する法律公布，施行
	事業協同小組合・火災共済協同組合制度創設（中協法改正）
33	中小企業保険公庫発足
34	小売商業調整特別措置法公布，施行
	中小企業退職金共済事業団設立
35	中小企業業種別振興臨時措置法公布，施行
36	工場等集団化資金助成制度創設（中小企業振興資金等助成法改正）
37	商店街振興組合法公布，施行
	商工組合不況要件撤廃（中団法改正）
38	中小企業近代化促進法公布，施行
	中小企業高度化資金貸付制度創設（中小企業近代化資金等助成法）
	中小企業投資育成会社法公布，施行
	中小企業基本法公布，施行
39	第1回中小企業白書（38年度版）発表
40	小規模企業共済事業団設立

（資料出所）　中小企業庁編『中小企業施策30年の歩み』（昭53.8）

て位置づけられ，国は，「中小企業者が協同してその設備の近代化，経営管理の合理化，企業規模の適正化等を効率的に実施することができるようにするために必要な施策を講ずる」（基本法第13条）べき旨が明定されたのである。

　この他，昭和37年には中団法が改正され，商工組合の設立要件としての不況要件が撤廃された。これによって，商工組合制度は安定法時代の不況対応のための調整組合の性格を脱して，名実ともに業界の改善発達を図るための同業組合的組織として位置づけられることとなったのである。

　なお，この時期に講じられた主な中小企業組織化関係対策を示すと表2-27の通りである。

(3)　昭和30年代の各種組合の推移

　昭和30年代は，わが国経済が高度成長路線への歩みを始めた10年といえるが，大きく分けると前半（昭和30〜35年）はウォーミングアップ期，後半

(昭和36〜40年)はスタートダッシュ期といえよう。

　中小企業組合も新たな時代に対応すべく，組合制度の整備拡充が図られ，20年代に比べてその面目を一新したといえる。

　まず，中協法制定以来の懸案であった保険協同組合の法制化運動が，昭和32年の中協法改正によって火災共済協同組合制度として結実し，各地で既存の共済事業協同組合が新火災共済協同組合に改組移行していった。

　昭和33年12月26日には愛知県火災共済協同組合が全国第1号として新組合の認可を受け[72]，以後順次改組手続きを完了，34年末迄に全国で32の火災共済協同組合が誕生，昭和35年3月には，これら火災共済協同組合の全国組織として全日本火災共済協同組合連合会（日火連）が設立され，再共済業務を開始するに至った[73]。日火連は，設立当初会員30組合，再共済契約額（翌36年）114億9,000万円でスタートしたが，5年後の昭和40年には，会員36組合，再共済契約額813億2,000万円と順調に業況を拡大していった[74]。

　昭和32年の中協法改正によって小零細企業のための組合制度として創設され，当時，大きな期待を集めたものに事業協同小組合制度があった。

　事業協同小組合は，零細企業（おおむね常時使用する従業員の数が5人以下（商業・サービス業では2人以下））の組織化促進のために，中団法制定の際に，特に衆議院商工委員会の提案として中協法第11次改正の中に盛り込まれたものであるが，新制度創設と合わせて零細企業者である小組合の組合員に対し，税制上，金融上の特別措置を構ずべき旨の宣言規定が置かれたのである（中協法第23条の3）。

　中小企業にも資本性企業と勤労性企業があり，経営者自らがその労働力を合わせて出さなければその企業が成り立たないような勤労性企業については，独自の組合制度と特別な支援施策が必要とされたのである。

　また，税制上の特別措置としては，零細業者の所得については，これを事業所得1本とみなすのではなく，特別労働控除制度を考慮すべきであるとし，更に，金融上の特別措置としては中小企業金融公庫及び商工組合中央金庫の両機関に事業協同小組合とその組合員のために特別枠を設定し，両機関の年間資金総額の一定割合をこれらの零細業者に貸し付けることを義務づけるべしとしたのである[75]。

表2-28 昭和30年代の中小企業組合数の推移

組合の種類＼昭和年	事業協同組合	事業協同小組合	火災共済協同組合	信用協同組合	協同組合連合会	企業組合	商工組合（調整組合）	商店街振興組合	環境衛生同業組合	合計
30	23,330			391	267	10,936	(261)			35,185
31	23,439			405	269	10,680	(278)			35,071
32	23,944			456	270	10,482	(333)			35,485
33	24,612	5	28	460	277	10,549	380(14)		105	36,416
34	25,015	10	32	461	278	10,526	551(21)		297(5)	37,170
35	20,095	19	34	468	368	5,117	649(25)		375(9)	27,125
36	21,309	23	34	480	378	5,127	827(29)		387(10)	28,565
37	22,907	27	36	500	395	5,148	844(34)	6	391(10)	30,254
38	24,319	28	36	517	408	5,096	984(39)	365(1)	393(10)	32,146
39	25,721	27	37	526	420	5,089	1,099(41)	534(2)	405(12)	33,858
40	27,283	27	37	531	427	5,075	1,196(47)	663(3)	417(12)	35,656

(備考) ①昭和33年以降の( )内は，連合会で内数。
②協同組合連合会には，火災共済協同組合連合会(1)，信用協同組合連合会(2)を含む。
③昭和35年には休眠組合の整理（指導等の対象からの除外）が行われたため組合数が減少している。
(資料出所) 中小企業庁，厚生省調べ（調査時点は，12月末日現在）全国中央会「中小企業組合の設立動向」（平成2年版）62～63頁所収

　その後，昭和35年には商工会の組織等に関する法律（商工会法）が制定（昭・35・5・20公布，施行）され，小規模事業者に対する指導体制が整備されるとともに，青色申告会等の運動もあって昭和48年度の税制改正において個人企業の事業主報酬（みなし法人課税）制度が創設されるなど[76]，小組合提案者の構想はそれなりの実現をみたともいえようが，事業協同小組合制度そのものを支援するような形での特別な施策はついに実現しなかった。

　その結果，折角の新制度も十分な普及活用をみず，昭和38年1月以降事業協同小組合の新規設立はなく昭和40年12月末現在で総数27組合に止まっている。その中で業種別に多いのは小売業関係の6組合，次いで食料品製造業，金属製品製造業，サービス業の各々3組合で，特に際立った特色はみられない。ただ地域別にみた場合，鹿児島県での設立数が多く，8組合の事業協同

小組合が設立されているのが注目される(77)。

30年代における中小企業組合の展開において特筆されるのは、商工組合制度の創設である。

昭和32年11月に中小企業安定法に代わって制定された中小企業団体の組織に関する法律（昭和32・11・25公布，33・4・1施行）によって，それ迄の調整組合は商工組合に改組移行することになった。

商工組合制度は，過当競争による不況事態下にある不安定な中小企業経営を自主的な調整事業の実施を通じて安定化しようとするもので，従来の調整組合制度が工業部門にしか認められなかったのを改め，当該中小企業が過当競争により事業活動が阻害されるなど一定の要件（中団法第9条）に該当する限り，工業，商業，サービス業等すべての業種において中小企業が組合を結成し，調整事業を行うことを認めることとしたのである。

更に，法制定5年後の昭和37年には，設立に必要な不況要件が撤廃され，商工組合も不況克服のための臨時的な組織から，当該業種全体の改善発達を図るための恒久的な組織となり，その性格を大きく変えたのである。

調整組合からの移行もあって当初製造業分野での設立が大半を占めていた商工組合も，年を経るに従って，卸・小売業分野での組合設立が増加し，昭和35年には649組合中91組合の14.0%，40年には1,196組合中403組合の33.7%と，非製造業のウエイトが漸次高まっていった(78)。

次に特筆すべきは，商店街振興組合制度の創設である。

大型店の進出等に刺激されて昭和35年頃から始まった商店街振興のための単独法制定運動は，昭和37年の商店街振興組合法制定（昭和37・5・17公布，施行）をもってその目的を達成した。

商店街組合としてはそれ迄も事業協同組合形態のものが各地に設立され，アーケード，カラー舗装，街路灯設置等の環境整備事業や事業資金の貸付，副資材の共同購入，共同宣言事業等の各種経済事業を実施してきたが，商店街という地域性に着目した場合，なお十分でないものがあった。

例えば，商店街内に店舗を有する銀行等大企業や非事業者の取扱い，組合員店で買い物をする顧客にのみ限定しない，より開かれた施設の設置等既存制度では律し切れない問題点が指摘されていたからである。

こうした課題の解決を念頭に置いた商店街振興組合制度の創設によって、商店街を中心とする中小商業・サービス業の組織化の促進が図られることになったが、当初は、事業協同組合からの組織変更によるものも多く、商店街振興組合の設立が本格化するのは40年代に入ってからといってよいであろう。

商店街振興組合の設立状況を昭和40年末現在でみると、新法制定運動の中心となった愛知県下での設立が最も多く全体の4分の1近くの162組合を占め、以下東京都146組合、兵庫県37組合、大阪府31組合となっており、この時点では1組合の設立もみない県がなお9県もあり、その普及度は地域的にかなりのバラツキがあった[79]。

中団法と前後して制定された環境衛生営業の適正化に関する法律（環衛法）（昭和32・6・3公布、施行）に基づく環境衛生同業組合制度の創設により、厚生省所管のいわゆる環衛関連業種中小企業の組織化は、大都市圏を中心に急速な進展をみせた。

制度創設の昭和32年に、理容（34組合）、美容（24組合）、クリーニング（23組合）を中心にすでに105組合が設立され、翌33年には新たにめん類（16組合）、ホテル・旅館（31組合）等を加え198組合が設立され、昭和32～35年の4年間に関係16業種（すし、めん類、カフェ・バー等、料理・待合等、その他の飲食、喫茶、鳥肉、食肉、氷雪、理容、美容、興行業、ホテル・旅館、簡易宿所、浴場、クリーニング）375組合が設立されるという盛況振りであった[80]。

火災共済協同組合、事業協同組合、商工組合、商店街振興組合、環境衛生同業組合等30年代に入って創設をみた新組合制度の設立状況は以上に述べた通りであるが、この間中小企業組合の代表的組織制度といえる事業協同組合はどのような推移をたどったであろうか。1口でいうと30年代における事業協同組合は、前半伸び悩み、後半再躍進といえるであろう。

その当時の事業協同組合の設立状況を示す数字が存在しないので、各年の組合数から差引き計算した組合の年別純増数によって昭和30年代の事業協同組合の伸び率をみてみると（図2-2）、昭和30年代前半の伸び率は、年平均2.3％と極めて低率に推移したが、昭和35年に行った休眠組合整理後の昭和36～40年の後半5年間の伸び率は、年平均6.3％に回復し、毎年1,400～1,500組合の純増となっている。

図2-2　事業協同組合設立の推移

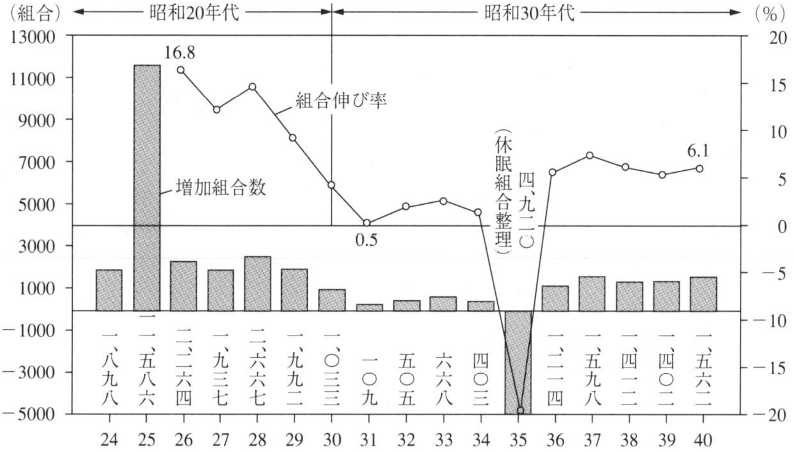

	26～29（年）	30～34	36～40
（年平均伸び率）	13.4%	2.3%	6.3%

（資料出所）　全国中央会「中小企業組合の設立動向」（平成2年度版）62～63頁掲載表より作成

　30年代前半期における事業協同組合の設立の実態をいくつかの残された都道府県ベースの資料からみてみると，例えば，北海道の場合，（昭31）83組合，（昭32）87組合，（昭33）51組合，（昭34）73組合[81]，大阪の場合，（昭33）74組合，（昭34）88組合，（昭35）82組合[82]，福井県の場合，（昭31）24組合，（昭32）21組合，（昭33）24組合，（昭34）32組合，（昭35）38組合[83]，三重県の場合，（昭34）66組合，（昭35）46組合[84]がそれぞれ新たに設立されており，年平均1県当り60組合前後の新設数であり，事業協同組合の新設組合数自体は必ずしも減少していない。

　したがって，昭和30年代前半期における事業協同組合の伸び率鈍化は，新設組合を上回る解散組合の増大にあると思われるが，こうした状況を踏まえて昭和35年に休眠組合の整理（行政庁の中小企業組合関係資料からの休眠組合の削除）が行われることとなった。

　その結果，総数にして5,000近くの事業協同組合が公的資料から削除され，これによって30年代後半の事業協同組合の伸び率は，実態に見合った数字を示すようになったといえよう。

なお、30年代においてこのように休眠組合が増加し、滞貨一掃ともいうべき手当てを迫られるようになった背景には、制度発足当初の設立自由主義の採用があったと考えられる。

中協法は、中小企業組合が官製組織となることを極力避けるべく、その制定当初においては、組合の自主性を最大限尊重し、それ迄の設立認可主義を廃止して準則主義を採用、組合の設立も会社の場合と同様定款について公証人の認証を受ければよいものとし(旧中協法第33条第3項により商法第167条準用)、行政庁に対しては設立後に届出をすればよいことにしていたのである(旧中協法第31条)。

準則主義による自主性の尊重は、その趣旨において是認されるべきものではあったが、実際面では適法性を欠く定款がそのまま認証されるという事例が多数生じ、また、行政庁への成立届の提出も遵守されないなどの弊害も生じ、指導面においても支障を生じることとなっていった[85]。

このため昭和26年の中協法の第3次改正において公証人による認証制を行政庁による認証制に改めるとともに、昭和30年の第8次改正によって現行制度のような行政庁による認可制が採用されることとなったのである。

したがって、昭和20年代の認証制時代に設立された組合は「自由」を「安易」とはき違えて、十分な見通しのないままに設立された組合も多く、この時期を称して「休眠組合の作成時代」と酷評する向きもあり、それが30年代に休眠組合の整理を必要とした最大の原因とされているのである[86]。

次に企業組合であるが、事業協同組合と同様に中協法制定時からスタートした企業組合制度は、税金問題もからんで当初の予想を越えて多数設立されることとなったが、昭和29年の改正所得税法に基づく企業組合の適正法人判定基準の施行に伴い、専ら税の軽減のみを目的とした企業組合の設立は影をひそめるようになった。

企業組合の絶対数は、昭和30年代を通じてほとんど横這いという状況にあったが、単なる横這いではなく、子細にみると表2-29のように各年ともに設立と解散が相当数にのぼっており、特に30年代前半期にはかなりの数になっている。その結果、全体としての数にそれ程の動きはないものの、企業組合の実態は、30年代の初めと終りではかなり変わったものになっていると推測

表2-29 昭和30年代企業組合設立解散状況

昭和年	設立	解散
30	358	564
31	168	424
32	128	326
33	272	205
34	87	110
35	147	127
36	101	91
37	148	127
38	53	105
39	68	74
40	47	62

（資料出所）中小企業庁調べ（全国中央会『中小企業組合総覧』（昭和44年度版）（昭44.10）189頁掲載）

表2-30 米穀販売企業組合数の推移

昭和26年11月末		4,706
29	7	3,689
30	7	3,626
31	7	3,235
32	7	3,077
34	7	2,706
35	7	2,394
36	7	2,197
37	8	2,219
38	7	2,176
39		(不明)
40	3	1,707

（資料出所）全国食糧事業協同組合連合会調べ（全国中央会『組合の現状と動向〔1〕』（昭41.10）38頁掲載）

される。

　企業組合もまた事業協同組合におけると同様に昭和35年に休眠組合の整理が行われたが，その結果，組合数は半減し，その後も伸び率は復調せず，絶対数においても漸減傾向を示している。そのことは35年以後の解散数の多さに現れているが，これは特に米穀小売業関係の企業組合の減少が大きな原因とされており（表2-30），その背景には，戦後食糧営団の配給所から企業組合の事業所へと衣替えをした米穀小売業者が，経済社会情勢が落ち着き，自営の環境が整ってきたのに合わせて本来の個人営業形態に復帰していったことがあったとされている[87]。

　最後にこの期における信用協同組合の設立状況であるが，表2-28に示されているように，昭和30年に391組合であったのが昭和40年には531組合となっており，この間年平均14組合が設立したことになる。もっともこの間，昭和32年（51組合），昭和37，38年（共に20組合）における設立は多かったが，昭和34年（1組合），昭和33年（4組合）は少ないなどその年によってかなりのバラツキがみられる。しかし，その後の推移をみても信用組合の設立は，この30年代において大方出揃ったといえよう[88]。

(4) 事業協同組合と共同施設

　昭和30年代における事業協同組合の設立解散状況をみると，前半（昭和30～34年）は多産多死の傾向（年平均設立1,049組合，同解散531組合）を示し，後半（昭和35～39年）は多産少死の傾向（年平均設立1,588組合，同解散284組合）を示している[89]。

　こうした傾向は，商業その他の非製造業種に顕著で，その結果，30年代全体を通してみると，事業協同組合の数は，前半は商高製低（非製造業51.2－製造業48.8），後半は製高商低（製造業54.6－非製造業45.7）という状況となった。

　こうした状況をその後（平成元年3月末）の業種別実態（製造業27.6－非製造業72.4）と比較してみると，30年代における製造業種の事業協同組合のウエイトの高かったことは正に隔世の感がある。とくに30年代後半において製造業種の伸びが著しかったことが注目される（昭和35～39の製造業の組合設立数は4,247組合で，この期間の全設立数の53.5％を占めている）。

　このような組合設立状況の中で昭和30年代における事業協同組合の共同事業実施状況をみると，前半期に比較し，後半期は押しなべて低下傾向を示している（表2-31）。

　例えば，共同購買事業は46.4％から36.7％へ，共同販売事業は27.0％から16.9％へ，共同試験研究事業は11.8％から4.0％へといった具合である。しかし，共同受注事業，共同生産加工事業，共同保管運搬事業のように実施率がそう大きく減少していないものもあり，共同金融事業のように後半期の方がむしろ伸びているものもある。

　なお，教育情報事業，福利厚生事業，事務代行事業のような非経済事業については，前半期と後半期であまり大きな変化は生じていない。

　昭和30年代を通じて事業協同組合における共同事業がこのような状況で推移したのは，1つには，共同販売事業や共同購買事業の減少にみられるように，戦後混乱していた物流秩序が整ってくることによって，組合を窓口とした取扱数量の増大による単純な規模メリット実現のための共同化は，漸次その効用を低下していったということがあろう。

　また，共同生産加工事業，共同受注事業，共同保管運搬事業，共同設備提供事業の実施率が一定の水準を保っているのは，この時期，卸・小売等の非

表2-31 昭和30年代の事業協同組合共同事業実施状況

(単位:%)

昭和年月末	共同購買	共同販売	共同受注	共同生産加工	共同保管運搬	検査試験研究	設備提供	資金の貸付け	債務保証	価格協定	販路開拓	教育情報	福利厚生	事務代行
31.3	46.4	27.0	11.5	12.0	18.5	11.8	9.0	32.2	16.7	21.0	18.1	27.0	15.6	13.6
33.3	45.4	26.3	11.2	11.3	17.2	11.1	8.7	31.3	16.2	20.3	20.3	25.7	15.2	13.1
38.3	36.7	16.9	8.8	9.6	保管 6.6 運搬 6.9	4.0	7.8	35.7	15.9	14.8	4.3	24.9	13.1	15.6

(資料出所)中小企業庁調べ(昭和31．3，昭和33．3については，全国中央会『中小企業と組合』(昭35.11月号)65頁掲載表(ただし調査回答組合数を母数(100.0)として再計算)，昭和38.3については，全国中央会「組合の現状と動向〔1〕」(昭41)14～15頁掲載表より作成

表2-32 昭和30年代の事業協同組合共同施設設置状況

(単位:%)

昭和年月末	生産加工設備	梱包設備	保管設備	運搬設備	検査設備	試験研究設備	販売設備	宣伝設備	装飾設備	教育情報設備	厚生設備	事務所集会所	アーケード	その他
31.3	13.0	1.9	10.3	9.3	3.8	2.5	8.0	4.7	1.3	2.1	2.5	24.7	—	1.6
33.3	11.6	1.5	9.8	8.5	3.8	2.5	7.1	4.7	1.3	2.3	2.5	32.2	1.1	4.2
38.3	11.6	2.0	8.3	8.1	3.1	2.0	6.0	3.7	1.4	1.9	2.1	26.4	1.8	1.7

(資料出所)中小企業庁調べ(表2-30に同じ。ただし，昭和31．3，昭和33.3については同誌66頁，昭和38．3については同書16～17頁掲載表より作成)

製造業分野の組合に代わって製造業分野の組合のウエイトが高まるとともに，これら工業部門の中小企業が，当時の高度成長経済下にあって設備の近代化を実現すべく，生産関連共同施設の設置拡大に積極的に取り組んだ結果と思われる(表2-32)。

更に，30年代を通じて見られる共同金融事業の実施率の高さは，経済の活発化が運転資金，設備資金を問わず中小企業における資金需要の増大をもたらしたにもかかわらず，市中金融機関がその融資先を大企業にシフトしており，中小企業としては，商工中金等をメインバンクとした組織金融に依存せざるを得なかったことを示すものといえよう。

また，教育情報事業や福利厚生事業の実施率の堅調さは，この時期人手不足の進行によって雇用環境条件が一段と厳しさを増しており，これに対応するためには組合における共同労務管理事業としてこれら関連事業を推進していったことがその背景にあろう。

わが国経済が急成長を遂げ，産業構造自体も20年代のそれとは装いを改めつつある中で，個々の中小企業にもその経営体質を高生産性を実現し得るレベルに引上げることが強く求められ，組合の共同事業もかつての無手勝流，とにかく集まれば何とかなる式の初歩的共同化の段階を過ぎて，ある程度の資本を投下し，より高度な生産体制づくりの実現に一歩でも近づくための核となり得るような機械設備を備えた共同施設の設置が求められるようになったのである。

このような状況を踏まえて組合の共同施設に対する国等の助成制度も逐次改善されていった。

そもそも中小企業組合の共同施設に対する助成制度は，戦前の昭和2年にまで遡ることができるが，当時，重要輸出品工業組合法に基づく工業組合が共同施設を設置しようとする場合に，国が所用資金の2分の1以内で補助金を交付するという制度がつくられた。この制度は，当初は，共同生産設備のみを対象としていたが，昭和5年に改善され，以後，試験研究設備，共同購入設備，共同販売設備等も対象とされるようになった。しかし，太平洋戦争が始まり，戦時下の統制経済の一端を担うために統制組合制度が設置された時点（昭和16年）で廃止されたのである。

このように戦時中一時中断されていた共同施設に対する助成制度も，戦後，商工協同組合制度の発足とともに，昭和22年には国の助成制度として復活（補助金交付，ただし年賦で償還），戦後の中小企業組合の共同事業の促進に貢献してきたが，昭和29年には抜本的改正が行われ，従来の国による直接補助方式から都道府県を通じて助成する間接補助方式が採られるようになった。その結果，共同施設助成制度の財源として都道府県の資金も使用されることとなったのである。

更に，昭和31年には新たに中小企業振興資金助成法が制定され，組合に対する共同施設資金助成制度は，それまでの単なる予算補助から法律に基づいて行われる法律補助に基本的に変更された。なお，31年の新制度の創設によって組合からの償還金は国へ償還されることなく都道府県に止めて新たな貸付け財源とすることになり，国の都道府県に対する補助金は，本制度の回転基金の供給という性格をもつことになったのである。

表2-33　共同施設資金貸付組合数等の推移

昭和年度	31	32	33	34	35	36	37	38	39
貸付対象組合数	229	298	323	325	364	402	449	532	組合 726
貸付総額	199	298	341	380	464	596	937	1,406	百万円 2,252

(資料出所)　中小企業庁調べ(全国中央会「中小企業と組合」〔昭35・10月号・47頁,昭和40・9月号・71頁〕掲載表より作成)

　また，昭和38年の改正によって国の助成方法は，貸付け事業を行う都道府県に対する無利子資金の貸付けとなったが，これは，共同施設資金をその一部とする中小企業高度化資金，とくに集団化資金についての必要性により行われたものであるとされている(90)。

　中小企業振興資金助成法は，昭和36年に中小企業資金等助成法と改称され，新たに工場集団化関係助成措置が設けられた。更に，昭和38年の改正では，法律の名称が中小企業近代化資金助成法と改められ，既存の共同施設設置資金，工場等集団化資金に加え，新たに企業合同資金，小売商業店舗共同化資金，卸売業店舗集団化資金が創設され，これらを一括して中小企業高度化資金貸付制度と呼ぶこととなったのである。

　この間，助成対象も事業協同組合および企業組合の設置する共同施設から，事業協同小組合，商工組合，商店街振興組合，環境衛生同業組合の共同施設へと各々の組合制度の創設に伴って追加拡大されていった。

　このような制度の拡充によって中小企業組合における共同施設も年を逐って整備されていったが，その状況は，年間貸付組合数が昭和31年の229組合から昭和39年の726組合へと約3倍，年間貸付総額が1億9,900万円(昭31)から22億5,200万円(昭39)の約11倍へと著増したことからもうかがい知ることができよう(表2-33)。

　当時の共同施設資金の活用状況を昭和39年の実績でみてみると，対象組合726組合中の455組合(62.7％)が製造業関係組合で，非製造業関係組合は271組合(27.3％)となっている。貸付金額も製造業が14億3,653万円(63.8％)，非製造業が8億1,644万円(36.2％)で組合比率とほぼ対応しているが，

1組合当たり貸付金額は製造業315万円，非製造業301万円程度となっており全平均310万円とそれ程大きな差は出ていない。

なお，業種別にみると，卸小売業で145組合，サービス業で126組合，製造業では食料品96組合，製材・木製品87組合，繊維86組合等が多くなっている。共同施設別では，生産加工施設が467件（64.3%）とずば抜けて多く，以下，運搬施設85件，保管施設83件，給食施設27件，アーケード25件等が上位を占めている[91]。

このように，当時の共同施設資金の活用は，共同生産加工施設が主軸となっているが，組合における共同生産加工施設の設置は，産地組合を中心に早くから行われ，組合員の取扱う製品のコスト引下げや品質向上に寄与してきたものであり，高度成長期に入った昭和30年代においてもこうしたニーズが極めて高かったことを示している。なお，当時多くみられた共同施設としては，織物関係では，製経機，撚糸機，糊付設備，精錬設備，漂白染色設備，中出し艶出し機等が，また，陶磁器関係では，陶土の採掘製錬，原型・匣鉢の製作，上絵付用トンネル窯，釉薬・絵具の製造等に関する設備があげられている[92]。

しかし，昭和30年代において中小企業の組織化が全体としては普及促進される中で，組合の共同事業の実施率が低下し，共同施設設置状況が組合の伸び率に追いつかなかったことは，昭和31年の中小企業振興資金助成法の制定により，補助制度のウエイトが，共同施設補助金から設備近代化資金にシフトしたことを指摘する向きもあり[93]，更に，同法を契機として，国の中小企業対策が，組合を通じての共同化よりも個々の優秀企業の育成に重点を移したためとする見方も出されている[94]。

(5) 商工組合と調整事業

昭和32年に制定された「中小企業団体の組織に関する法律」（昭32・11・25公布）によって新設された商工組合制度は，翌33年（昭33・4・1施行）にスタートした。

商工組合制度の前身である調整組合制度を定めた「特定中小企業の安定に関する臨時措置法」は，昭和28年に名称を「中小企業安定法」と改め恒久法

化されたが，なお，対象は工業部門に属する業種に限られ，組合の事業も調整事業に限定されていた。

これに対して新設された商工組合は，業種制限が撤廃されて，対象が全ての業種に拡大されるとともに，出資組合が認められ，経済事業が行えることになったのであるが，大筋においてはなお調整組合の性格を踏襲するものであった。

しかし，昭和37年の改正によって商工組合制度の目的として「業界の改善発達を図ること」（中団法第1条）が明示されるとともに，組合設立の前提とされていた不況要件が撤廃され，新たに合理化カルテルの制度が設けられ，調整事業を行わない商工組合も認められることになった。

また，昭和39年には大企業の中小企業分野への進出を抑制するために特殊契約制度が導入され，商工組合は，それまでの調整組合的組織の枠を脱して同業組合的組織としての性格を強めていった。

このようにして商工組合は，業界団体としての色彩を強めつつ，制度創設後着実に組合数を増加させ，制度スタート時（昭和33年）の380組合から，昭和35年には倍近くの649組合に，更に，昭和40年には制度発足当初の3倍を超す1,196組合を数えるに至った。

特に，商工組合は1県1組合を原則とする広域組合であり，しかも資格を有する事業者の半数以上の加入を要件とする網羅型組合であったから組合員数も多く，組合員数100人以上の組合が半数以上（54.2％，昭39・6末現在（以下同じ））にも達し，1組合平均組合員数は実に312人を数え，中には組合員500人以上の大型組合も162組合（17.9％）もあり，業界（有資格者）組織率も70％超のものが大半（74.6％）を占めた[95]。

商工組合が，単なる調整組合としての性格を脱し，業界全体の改善発達を図るための役割機能を担う総合的同業種団体となるにしたがって，組合の事業も，指導教育事業（108.8％（細項目複数回答合計），昭39・6末現在（以下同じ）），情報・資料の収集・提供事業（88.5％），調査研究事業（81.7％）等非調整事業のウエイトも高まっていったが，その眼目はあくまでも調整事業にあり，昭和41年3月末現在，1,221組合中半数以上（53.3％）の651組合（125業種）が調整事業を実施している[96]。

調整事業の実施割合（昭41・3月末現在）は，製造業430組合（53.6％），非製造業221組合（52.0％）であまり大差はないが，業種別細分類でみると最も多いのが繊維関係（40.6％）で，以下，卸小売業（32.0％），食料品製造業（9.4％），窯業・土石製品製造業（4.3％），木材・木製品，パルプ・紙・紙加工品製造業（1.8％）となっており，以上の6業種で全体の9割を占めるに至っている。

昭和30年代における商工組合の調整事業の実施状況をカルテル件数でみると38年の591件がピークであるが（表2-34），調整規程の認可数では36年の74組合がピークで，38年の67組合，37年の59組合，35年の55組合がこれに続いている[97]。

商工組合の調整事業の内容を，調整規程の認可数の最も多かった昭和36年の調整事業についてみると（表2-35），最も多いのが，製造業では，①生産設備制限（83.8％）であり，非製造業では①販売方法制限（92.7％）となっており，製造業で以下に続くものは，②生産数量制限（36.6％），③販売方法制限（34.3％），④種類制限（30.8％），⑤出荷（引渡）数量制限（26.4％）となっているが，非製造業では，②種類制限（41.8％），③購買方法制限（36.4％），④購買数量制限（21.8％），⑤価格制限（18.2％）となっている。1組合で平均2.4種類の制限事業を実施しているが，これは，製造業，非製造業ともほとんど同じである。

調整事業の内容として設備制限事業が多いのは，中小企業安定法による調整組合時代も同様で，調整組合が商工組合に移る前年の昭和32年当時でも調整事業の実施業種38業種中7割を超す28業種が設備制限を行っており（昭32・3末現在[98]），この傾向はその後もほとんど変わっていない[99]。

なお，製造業種であっても設備制限を行わず，生産（加工）制限や出荷（引渡）制限等他の制限のみを行う業種（小幅綿スフ染色，硝子製温度計，双眼鏡等）もみられるが，これらは，制限するのに適当な主要専門機械を欠いていたためとみられる[100]。

製造業における調整事業の中心となっている設備制限の方法としては，①設備の登録（84.1％）（製造業での比率）（昭39・6末現在，以下同じ）），②登録外設備の使用禁止（61.6％），③設備の新増設の禁止（52.4％），④設備の封

表2-34 商工組合関係カルテル件数の推移　（各年3月末現在）

昭和年	28	29	30	31	32	33	34	35	36	37	38	39	40
工業組合	53 (10)	71 (15)	143 (12)	194 (21)	218 (31)	280 (50)	313 (63)	352 (85)	407 (102)	420 (103)	413 (112)	415 (111)	419 (101)
商業組合	—	—	—	—	—	—	1 (1)	18 (7)	60 (15)	129 (16)	178 (18)	173 (20)	168 (20)
計	53 (10)	71 (15)	143 (12)	194 (21)	218 (31)	280 (50)	314 (64)	370 (92)	467 (117)	549 (119)	591 (130)	588 (131)	587 (121)

（備考）（　）内の数字は，都道府県単位等の地区別に結成されている場合，同一業種のカルテルを1件として算定したもの。
（資料出所）「公正取引委員会年次報告」（平成元年度版）252頁掲載表

表2-35 商工組合調整事業実施状況　（昭和36年6月末現在）

	実施状況			調整事業の種類							
	実施している	実施していない	計	種類制限	生産数量制限	出荷(引渡)数量制限	販売方法制限	生産設備制限	購買数量制限	購買方法制限	価格制限
製造業	(86.3) 402 (100.0)	(13.7) 64	(100.0) 466	124 (30.8)	147 (36.6)	106 (26.4)	138 (34.3)	337 (83.8)	4 (1.0)	10 (2.5)	99 (24.6)
非製造業	(50.5) 55 (100.0)	(49.5) 54	(100.0) 109	23 (41.8)	3 (5.5)	—	51 (92.7)	3 (5.5)	12 (21.8)	20 (36.4)	10 (18.2)
計	(79.5) 457 (100.0)	(20.5) 118	(100.0) 575	147 (32.2)	150 (32.8)	106 (23.2)	189 (41.4)	340 (74.4)	16 (3.5)	30 (6.6)	109 (23.9)

（資料出所）中小企業庁調べ（「商工組合実態調査報告」(昭37.2)35頁）

印（19.8%），⑤設備の稼働日の制限（9.7%）等が主なものである。

　非製造業における調整事業の中心をなす販売方法制限の内容は極めて多様であるが，その主なものとしては，①不当販売の禁止（53.7%）（非製造業での比率）），②販売価格表示の強制（52.5%），③営業日数（時間）の制限（50.3%），④広告宣伝の禁止（49.7%），⑤景品付販売等の禁止（48.6%）があげられる。なお，製造業でも販売方法制限を行っているものもいくつかあり，食料品製造業では，登録外販売先（出荷先）への販売禁止（32.1%），営業日数（時間）の制限（30.3%），不当廉売の禁止（17.8%）等かなり多様な方法を採用しており，窯業・土石製品製造業では生産者表示の強制（36.6%）の

ウエイトが高く，繊維関係でも同様に生産者表示の強制（17.0％）が行われている[101]。

昭和37年の中団法改正によって新たに認められることになった合理化事業は，昭和39年（39・6末現在）には116組合が実施しており，その内容としては，①販売（引渡）方法の制限（59.5％）がトップで，以下，②種類別生産数量制限（29.3％），③種類制限（25.0％），④原材料の購入（引取）方法の制限（12.9％），⑤生産技術制限（5.2％）となっている[102]。

しかし，昭和43年には合理化事業実施組合は，わずか14組合（昭和43・1末現在）に減少しており[103]，本事業が当初期待されたようには実績を上げ得なかったことが推定される。

なお，調整事業が所期の目的を達し，狙った成果をあげ得たかについては（昭39・6末現在[104]），実施組合の約3分の1程度（34.0％）しか「効果があった」としておらず，調整事業だけでは過当競争を排して取引秩序を安定させることがかなり困難であったことをうかがわせる。

また，調整事業実施の効果としては，①販売価格の変動が少なくなった（57.7％），②品質が向上した（36.8％），③乱売がなくなった（36.2％），④生産過剰や滞貨がなくなった（33.6％），⑤販売価格が上昇した（26.4％）とするものが多い。

昭和30年代の後半から40年代前半にかけての高度成長期にあって，経済の急速な上昇の足取りと合わせて，各企業は国際競争力の強化，産業構造の高度化に見合った体力づくりに努めつつあり，企業集約ムードも高まっていったが，こうした状況を背景にカルテル総数も41年には，1,079件と史上最高を記録し，商工組合によるカルテル数も652件（昭41）と全体の57.9％を占め，同様にピークに達した。

ただ，こうした商工組合の調整事業を中心とする中小企業カルテルが物価上昇の一因をなしているとして中小企業カルテルの審査基準が厳格になるなど規制強化が図られる中で[105]，カルテルの慢性化が，中小企業の生産性の向上努力を減殺し，かえって二重構造を温存せしめる危険性があるとの指摘もなされたのである[106]。

3 戦後組合挑戦期

(6) 団地組合の登場
① 工場団地組合が先発

　昭和30年代後半は，政府が発表した国民所得倍増計画（昭35・11・1公表）の呼び声に乗ってわが国経済が飛躍的発展を遂げた時期であったが，とくにこの時期の中小企業における生産力の伸びは急速で，大企業の伸びを20ポイント以上も上回る勢いとなった（昭和36年の製造業の出荷額を100とした場合の昭和40年のそれは，大企業の169.1に対して中小企業は191.1となった）[107]。

　このことは，人手不足や資金調達の困難さ等があったにもかかわらず，中小企業が，この時期に自動車や家電といった成長産業を中心とする発注先からの要請に応えるべく，経営の合理化や設備の近代化に努め，生産力を増強し，大量生産時代の中小企業に相応しい体力づくりにある程度成功したことを示すものであろう。

　工場団地組合は，このような戦後わが国経済の高度成長期に，中小企業の高度化の牽引車として登場した。

　まず，国は，中小企業に対する設備資金助成法である中小企業資金等助成法を改正し（昭36・3・1公布，同年4・1施行），新たに工場等集団化資金助成制度を発足させた。

　本制度の創設を皮切りに，組合の共同事業を主体とする高度化事業への支援策が次々と打ち出され，中小企業事業団の助成対象となる高度化事業は30種類を数えること（平成2年度現在）になったのであるが，工場等集団化資金助成制度の発足は，当時にあっては極めて画期的なものであった。

　集団化事業は，組合による事業の共同化を軸に，中小企業の設備の近代化，企業規模の適正化等を一挙に実現し，合わせて都市の過密化や公害問題の解決等産業立地面，地域開発面からの要請にも応えようとするものであった[108]。

　それ迄の中小企業の実態をみるとあらかじめ計画的に立地したものは少なく，いわば自然発生的形態で発展してきたものが多い。しかも，工場・事業場を住居と同一場所に併設しているのが常態であり，ほとんどのものが住工混在して市街地に立地しているという状態であった。

　このような立地環境も，事業規模が一定のレベル内に止まっているのであれば，メリットが多く，それ程デメリットを意識しないでいられたかもしれ

ない。

　しかし，昭和30年代後半以降特に顕著となった経済の急成長期にあっては，過密化する市街地に立地することは，単に生産力の拡大に支障を来たすのみでなく，工場敷地の狭隘さ故に生じる生産能率の低下，職場環境の悪化，労働災害の増加，公害問題の発生等企業が合理化を進めていく上で多くの障害要因を覚悟しなければならないということでもあった[109]。

　しかし，中小企業の場合，それぞれの企業が単独で郊外に工場等を移転させることは，当然のことながら多くの困難があった。

　1つは，中小企業の立地は自然発生的なだけに関連業種が隣接地に多数併存し，相互に連携し合いながら社会的分業体制を形成していることが多く，単独で郊外へ移転することは，そうした集積のメリットを断念することにつながった。

　2つは，費用負担の問題である。新たな工場用地を取得造成することは，それ自体大きな出費を伴なうことはもちろん，道路を始め上下水道や電気設備といった既設市街地であれば地域全体で按分負担していたであろうインフラ部分を全部自己負担で整備しなければならず，多大な投資を必要とした。

　このような問題点を解消しつつ，共同化によって中小企業の有機的連携・結合を図り，合わせて環境改善を行おうとするのが工場等集団化制度の狙いであった。

　本制度の創設支援によって，狭隘な市街地に立地しているために折角の発展機会に恵まれながらもこれをみすみす見過さざるを得なかった中小企業にも経済成長速度に見合った拡大発展への途が開かれることになったのである。

　工場団地組合は，平成元年度現在，全国で354組合を数えるに至っているが，そのうち146組合（41.2%）が制度発足の昭和36年から45年迄の10年の間に指定されたものであり，更に，そのうちの94組合（64.4%）が昭和36年から40年迄の5年間に指定されている（表2-36）。この間年平均18.8組合が助成対象となる盛況振りである。

　これら昭和30年代後半期において助成対象として指定された組合を形態別にみてみると，最も多いのは，①市街地における公害問題の解消を中心に，都市計画の一環として集団化する都市計画型の団地が59組合（62.8%）で，

表2-36 集団化資金助成対象組合数の推移

昭和年	36	37	38	39	40	41	42	43	44	45	累計
工場団地組合	10	20	25	25	14	10	2	15	13	12	146
卸商業団地組合	—	—	5	6	2	6	11	16	13	11	70
計	10	20	30	31	16	16	13	31	26	23	216

（資料出所）　中小企業庁「中小企業施策のあらまし」（昭和46年度版）178頁掲載表より作成

以下，②東京，大阪，名古屋等立地条件の悪化した過密地域から転出して，地域開発に寄与しつつ近代化を図る集団疎開型団地13組合（13.8％），③伝統的産地の中小企業が近代化をめざして集まる産地集団型団地12組合（12.8％），④同一親企業の関連中小企業が集まって生産性の向上と受注体制の強化を図る下請集団型団地10組合（10.6％）となっている[110]。

同じく昭和36年から40年迄に集団化に取り組んだ組合の業種（総合団地の9団地を含む103団地について）をみると，①機械金属関係のものが多く52組合（50.5％）で，以下，②製材・木工関係24組合（23.3％），③繊維関係12組合（11.7％），④雑貨関係7組合（6.8％），⑤食料品関係3組合（3.0％）等となっている[111]。

この時期に最も多い機械金属関係の団地組合をみてみると，業態的には，完成品の製造業者によるもの（金属工作機械，製材機械，配電盤計測器等）と下請加工業者によるもの（切削，プレス，鋳物，製缶板金，鍍金，塗装等）とに大別されるが，これらが集団化に積極的だったのは，これら業種が成長関連分野に属しているにもかかわらず，立地面，公害面等から既存地域での合理化への取組みや事業場の拡張が極めて困難で，折角の成長発展のチャンスを活かし切れないということが，集団化に踏み切る大きなバネになっていたといえよう[112]。

特に下請加工業の場合，集団化のための工場団地組合の結成を機に，従来の単なる部品加工から脱して完成部品，場合によっては製品そのものの完成を可能にする一貫生産体制の形成をめざそうとするものもあり，そのため組合の共同事業としても受注窓口の一元化をめざした共同受注・納品事業およびこれに附随する製品の検査・保管事業等を実施するものが多くみられた

(113)。

　機械金属団地組合に次いで多い製材・木工団地組合を見ると，製材，製函，家具，建具等，従来産地形成をしていたものが多く，したがって組合員間相互のつながりも強く，共同化を一層徹底して体質改善を図り，合理化の遅れがちであった伝統産業の殻を打ち破ろうとする意欲がうかがわれる。これらの組合では貯木，製材，乾燥，製品保管等，組合員の生産に直結する部面での共同事業が，団地組合の中心事業となった(114)。

　工場団地組合の所有する共同施設をみると，機械金属団地組合では，①共同作業施設（47.5％），②共同受電施設（37.5％），③倉庫，給食施設，従業員宿舎（いずれも27.5％），④汚水処理施設（25.0％），共同訓練所・研修所（20.0％）等が中心となっているが，木材家具団地組合では，①倉庫（72.7％）がトップを占めており，以下，②乾燥施設，従業員宿舎（ともに54.5％），③目立て工場（45.5％）が主要施設であり，繊維団地組合では，①共同作業施設（83.3％），②従業員宿舎（66.6％），③給食施設（50.0％）が主なものであり，他は余りみるべき施設はない(115)。なお，施設を伴なわない共同経済事業の実施状況をみると，最も多いのが①金融事業（90.6％）で，以下，②共同購入（62.3％），③共同受注（39.1％），④債務保証（26.6％），⑤共同販売（10.9％）となっている(116)。

　以上のように工場団地組合において組合員の事業の高度化に直結するような共同施設事業が必ずしも十分に展開されるに至っていないのは，集団化への参加動機が，①工場敷地の狭隘さの解決（75.6％），②工場の拡張，設備の近代化による生産力の増強，対外信用力の強化（66.5％），③工場建設への高度化資金の活用（49.7％），④労働環境の整備による労働力確保（37.6％）等個別企業止まりのものが上位にあって，「共同事業の活用による生産コストの低減」（26.0％）がそれ程強い動機となっていないことからも止むを得ない結果といえるかもしれない(117)。

　しかし，このような団地組合による集団化が，実際には「事業の共同化による集積効果の発揮」よりも「工場移転による立地的存立基盤の確立」の方にウェイトが置かれるに至ったのは，集団化による規模の拡大に見合った人的経営資源の蓄積（優れた経営能力をもつリーダーの存在）に欠けていたこと

も大きな要因ではなかったかとされている(118)。

　なお，工場団地組合がスタートしたのは工場等集団化資金助成制度が発足した昭和36年からではあるが，集団化計画に沿って実際に団地造成の完了をみたのは昭和40年度時点で29団地（助成対象指定94組合の30.9%）に止まっており，したがって，工場団地組合の本格的な活動は，40年代に入ってからといってよいであろう(119)。

　しかし，先発団地は，助成対象に指定される迄に時間があり，それだけ準備検討する期間もあったことや参加者の意欲も強かったこともあって，団地計画段階から完成に至るまでの組合員の異動脱落もなく，ほぼ順調な歩みをしており，昭和40年迄に移転を完了した団地組合の組合員企業の伸び率は，団地移転前（100）に比べて，生産能力（169）はもとより，生産実績（148）においても相当の効果を上げている(120)。

②卸商業団地組合もスタート

　卸商業団地組合（以下「卸団地組合」という）を支援する卸売業店舗集団化資金貸付制度は，中小企業基本法が制定された昭和38年にスタートした(121)。工場等集団化助成制度に2年遅れてのスタートであった。

　この年にそれ迄の「中小企業振興資金等助成法」が「中小企業近代化資金助成法」と名称を改め，本制度が新設されたのである。同時に，この改正によって小売商業店舗共同化資金貸付制度（共同店舗制度）並びに企業合同資金制度が加えられ，国の助成する高度化事業が更に拡充されたのであった。

　わが国の卸売業は，その半数以上が従業員4人以下の小規模企業で(122)，しかも，そのほとんどが伝統的に市街地に形成された問屋街に店舗を連ねて事業活動を行ってきており，大量生産－大量消費という新たな事態に対応し得る近代的卸売業に脱皮していくには多くの問題を抱えていた。例えば，店舗或いは倉庫を改造拡張しようとしても周辺適地に乏しく，また，急速なモータリゼーションの進展に伴って深刻化しつつあった交通難，駐車場難にも確たる対応の方向を打ち出せなかったからである。

　しかも，巷には流通革命(123)の声がかまびすしく，問屋無用論がささやかれるなど，卸売業を中心とする流通近代化への要請はかつてない切実さをもって関係中小企業者の心に迫っていたのである(124)。

表2-37　団地組合の実態

(1) 工場団地組合

昭和年度		36〜45	構成比
団地組合数		152	100.0%
業種別	繊維	15	9.9
	木材	44	28.9
	機械金属	72	47.4
	その他	21	13.8
集団化態様別	産地集団	21	13.8
	下請集団	11	7.2
	その他集団	120	78.9
1団地当り平均所要額		1,067百万円	
1組合員当り平均所要額		44百万円	
1団地当り平均団地用地面積		120千m²	
1組合員当り平均団地用地面積		5千m²	
1団地当り平均組合員数		24人	

(2) 卸商業団地組合

昭和年度		36〜45	構成比
団地組合数		70	100.0%
業種別	総合	52	74.3
	食料品	3	4.3
	繊維	8	11.4
	その他	7	10.0
集団化態様別	街区式	44	62.9
	連軒式	16	22.9
	街区式＋連軒式	9	12.9
	共同ビル式	1	1.4
1団地当り平均所要額		3,052百万円	
1組合員当り平均所要額		48百万円	
1団地当り平均団地用地面積		112千m²	
1組合員当り平均団地用地面積		2千m²	
1団地当り平均組合員数		63人	

(資料出所)　『商工中金50年史』(昭62.12) 448頁掲載表より作成

　卸団地組合制度はこのような時代の要請を背景としてうまれたのであった。多くの問題を抱える中小卸売業者が，共同して郊外の適地に移転，店舗その他の必要施設を整備して状況の打開を図ろうというのである。それによって店舗・倉庫等の用地の取得難や輸送，荷さばき作業上の行きづまりといった市街地にいては仲々対応できない問題を解決するとともに，団地組合の運営する各種共同事業（共同計算，共同配送，共同購入，共同宣伝等）によって経営の近代化に必要な規模メリットの実現を図ろうとしたのである。

　更に，集団化の利点は職場環境の改善，労働力確保対策の上でも大きなものがあった。計画的に整備された新規造成地に集団で移転立地することによって，個々の事業場の環境が向上することはもちろん，共同で従業員のための福利厚生事業を実施することによって個々では難しい福利厚生面での充実が可能とされたからである。

表2-38　集団化助成制度創設時の対象団地組合

(1) 工場団地組合（昭和36年度）

道府県	組合	組合員数	業種
北海道	㈲札幌木工センター	30	木工
千　葉	船橋工業㈲	81	機械金属,化学繊維,木材,食品
静　岡	小沢渡団地㈲	19	輸送用機械
〃	静岡機械金属工業団地㈲	31	機械金属
岐　阜	岐阜県金属工業団地㈲	76	機械金属
愛　知	豊田市鉄工団地㈲	22	輸送用機械
富　山	富山機械工業センター㈲	35	機械金属
大　阪	大阪既製服縫製近代化㈲	41	既製服
岡　山	㈲岡山鉄工センター	29	機械器具・製品
福　岡	北九州工業㈲	20	機械金属

(2) 卸商業団地組合（昭和38年度）

道府県	組合	組合員数	業種
群　馬	高崎卸商社街㈲	144	繊維製品一般,食品,荒物雑貨,電気器具,機械器具,その他
富　山	㈲富山問屋センター	44	繊維品,食料品,電気器具,荒物雑貨,その他
石　川	㈲金沢問屋センター	94	繊維品,食料品,電気器具,その他
滋　賀	大津食品卸売市場㈲	51	鮮魚,青果,乾物,その他
大　阪	大阪金物問屋街㈲	86	金物全般

（資料出所）　中小企業庁「中小企業施策のあらまし」（昭和41年度版）102〜103，109〜110頁

　しかも，団地組合に参加する組合員企業の構成を合理的に行えば，多様化する商品の品揃え面での充実も図れるし，関連商品ばかりでなく異なる分野の卸業者が集団化すれば総合卸流通センターの実現も可能であった。

　高速道路網の整備による新たな交通アクセス体系を視野に入れた都市計画的視点からしても，中小卸売業の集団化は多くの効用が期待できるものであったのである。

　このような大きな期待のもとに発足した卸団地組合制度であったが，制度スタート当初の指定組合数は少なく（昭和38〜41年度で19組合，年平均4〜5組），昭和42年度からようやく2桁台となり，45年度時点で70組合を数えることとなった。しかも，41年度までに団地造成を完了し移転を終了したのは4団地であり[125]，卸団地組合の本格的活動は工場団地組合同様40年代，それも後半に入ってからといってよいであろう。

　なお，卸団地の計画実施が遅れる傾向にあったのは，工場団地以上に適地を捜すのに困難な面があったということがある。工場団地への移転中小企業は製造業であり，その取引相手納品先もまた製造業であるところからその取引量もまとまっており，納品方法も限定されることから当事者間の距離の遠近は，それ程考慮しなくてもよかったが，卸団地の場合は取引相手である小

売業者の便を考えると，あまり市街地から離れていてはならず，鉄道やバス等の既存交通機関の利用が可能な場所への立地が求められたからである[126]。

卸団地の形態としては，①近代的な卸商社街を形成する街区式，②複数店舗が横に軒を連ねる連軒式，③多層建物に組合員が入居する共同ビル方式等が考えられたが，昭和45年迄の卸団地についてみると街区式と連軒式が主流となっている（表2-37(2)）。

また，異なる商品を取扱う卸売業者が参加した総合型のものが極めて多く（74.3％），取扱商品を同一分野のものに限定した単一業種による卸団地は意外に少ない結果となっている。

卸団地の共同施設としては，昭和41年迄の時点では，組合会館，共同倉庫，共同展示場，共同駐車場，共同福祉施設等が全団地組合に共通するものであったが，ガソリンスタンドや汚水処理施設等はまだ一部の組合に限られており[127]，後に見られるような共同配送センターや共同計算センターを備える組合はこの時点では出ていない[128]。

(7) 共同労務管理事業の進展

昭和30年代は，中小企業において労務管理の近代化が本格的に取り組まれた時期でもあった。

戦後経済が成長軌道へと乗ることによって，各企業は改めて経営体質の是非を問われることになったからである。

若年労働者を中心とする労働力不足の進行は，それ迄の中小企業の存立条件となっていた低賃金労働への依存を困難なものとし，中小企業においても大企業と同様の労働条件を充足し得るものでなければ，企業としての将来は保証されないという時代になりつつあったからである[129]。

そうした状況の中で労働力確保，人材育成，労働環境の改善のために中小企業が活路を求めたのが，組合における共同労務管理事業の実施であった。

中小企業組合における共同労務管理事業の範囲は極めて広く，共同求人に始まり，共同教育訓練，共同安全衛生管理，団体交渉の代行，統一協約の締結，労働事務代行，共同宿舎・共同保養センター・文化体育施設等の設置，共同給食，そしてこれら全体を視野に入れた組合員企業に対する労務管理近

表2-39　事業協同組合における共同労務管理事業実施状況

(昭和38年3月末現在)

	集団求人	技能養成	共同宿舎	共同給食	最賃協定	その他	回答組合数
製造業	161 (3.5)	305 (6.6)	55 (1.2)	60 (1.3)	587 (12.6)	41 (0.9)	4,650 (100.0)
非製造業	172 (2.5)	262 (3.9)	71 (1.1)	74 (1.1)	223 (3.3)	39 (0.6)	6,758 (100.0)
計	333 (2.9)	567 (5.0)	126 (1.1)	134 (1.2)	810 (7.1)	80 (0.7)	11,408 (100.0)

(資料出所)　中小企業庁調べ(全国中央会「組合の現状と動向〔1〕」(昭41.10) 14～15頁掲載表より作成)

代化のための改善指導にまで及んだ。

その実施状況（昭和38年3月末現在）は，表2-39に示すように，統一最低賃金の設定（7.1％），共同教育訓練事業（5.0％），集団求人事業（2.9％），共同給食事業（1.2％），共同宿舎事業（1.1％）の順となっているが，何といっても深刻だったのは労働力不足で，その解決手段としての集団求人事業への期待が大きかった。

① 共同求人事業の盛衰

組合が共同で行う求人事業としては，集団求人と委託募集の2つの方式があったが，委託募集を行うには職業安定局長，或いは，都道府県知事の許可を受けなければならず，許可基準がかなり厳しく，申請手続も複雑ということもあって，共同求人の方法としてはあまり普及しなかった[130]。これに対して集団求人方式は，組合の名において職業安定所に求人の申込みを行うだけであったから，組合の共同求人事業といえば，そのほとんどが集団求人という状況であった。

もっとも集団求人方式をとった場合でも「組合員である事業主は，賃金，労働時間，その他の労働条件，労働環境，福利厚生施設等を相互の協定によって改善向上し，組合は提示した労働条件等の順守を保証しなければならない。」（新規学卒者の職業紹介業務取扱要領）ものとされ，集団求人が，単なる求人の申込みや就職者の受入れについての世話をするだけではないことが制度的には要求されていたのであった[131]。

表2-40　集団求人事業の実施状況

昭和 年	実施団体数	所属事業所数
32	61	17,861
33	257	54,111
34	485	109,192
35	504	104,132
36	533	101,092
37	455	110,489
38	406	109,253

（資料出所）　労働省調べ（全国中央会「中小企業と組合」（昭39.1月号）32頁より作成）

共同求人事業は，産地組合等では古くから実施されてきたが，戦後の新たな方式でスタートしたのは，昭和31年に東京世田谷の池尻商店街協同組合が，渋谷公共職業安定所を通じて行ったのが第1号だといわれている[132]。

組合による共同求人事業は，労働省が職安行政の一環として採用し，これを積極的に推進したこともあって急速な普及をみせ，昭和32年には実施組合61組合であったのが翌33年には257組合となり，更に，36年には533組合に著増したが（表2-40），実施組合数が増加するとともに組合の内容も玉石混淆となり，必ずしも十分な体制の整っていないものも出てきたため，昭和37年には集団求人の実施基準が改正され，厳格化されたので，以後はやや漸減傾向をたどるに至った[133]。

この間，それ迄は，中小企業における従業員の採用が，もっぱら事業主や関係者の個人的な縁故募集に頼って行われていたのが，集団求人方式の導入によって今迄関係のなかった地域からも広く採用できるようになるとともに，個人募集がどうしても旧来の徒弟制度的従属関係を残存し勝ちであったのが，集団求人への参加によって労働条件の標準化が図られ，中小企業における雇用関係を前近代的なものから脱皮させるきっかけにもなったのである。

ただ，集団求人も発足当初は充足率が40％台を達成し，34年には49％とかなりの成果をあげることができたが，35年には26％，36年には19％と急激に低下した。その後，38年には充足率を27％に回復したものの[134]，大きな期待を担って始められた組合の共同求人事業も，若年労働者減少の一層の進行と経済の規模の拡大による大企業の求人数の増加のはざまにあってかなりの苦戦を強いられることとなったのである。

② 共同教育訓練事業の普及

昭和30年代の高度成長期は，また，技術革新の時代でもあった。自動車，家電などを中心に大量消費に見合った大衆化商品の開発は，多くの新技術の

導入によって始めて可能だったのである。

　こうした時代の流れに対応して中小企業が高技術，高技能企業に脱皮していくためには，従業員の技術・技能レベルの向上が緊急の課題であった。

　しかし，中小企業では自社で教育訓練を実施しようとしても，訓練施設の不整備，指導者層の不足，費用負担能力の乏しさ，対象従業員が少ないことなどに加え，経営者の意識が必ずしも十分でなく，「放っておいてもいずれ見様見真似で仕事を覚えてくれるだろう。」といった経験主義がなお抜き難く残っており，対応が遅れ勝ちであった。

　当時（昭和39年7月現在）の中小企業における教育訓練の実施状況をみると，全体としては，実施している企業（55.1％）が，実施していない企業（44.9％）を上回っているものの，規模別でみると，例えば，従業員30人未満の小企業（工業）の場合，教育訓練を実施している企業は4割程度（42.3％）に止まっている[135]。

　また，教育訓練を実施しているとする企業にあっても協同組合等の共同訓練に頼っている企業が全実施企業の4分の1（24.7％）近くを占めており，かなりのウエイトとなっている。

　組合における共同教育訓練事業は，中小企業が時代に即した新たな知識，技術，技能を従業員に修得させるための極めて有効な手段として期待されていたのである。

　組合の行う共同教育訓練事業は，大別すると，①組合がまったく独自に計画実施するものと，②職業訓練法に基づいて一定の定められた基準に則って行うものと2つがあった。

　まず，組合が独自に行う共同教育訓練事業であるが，その対象範囲は広く，新規採用の学卒者から相当の経験を有する管理職クラスの者まで，組合員企業の全従業員を念頭に行われ，新入社員訓練，中堅社員訓練，監督者訓練，管理者訓練等およそ考えられる限りの多様な形態の教育訓練が共同事業として実施されたのであった。

　例えば，新規採用者訓練では，関東加熱鋲螺釘工業（協）（東京）が「鋲螺釘技能者養成所」を設け，定員50人，期間3カ月，毎日午後4時間（1.30～5.30），組合員が新たに採用した現場作業者を対象に基礎訓練を実施した。

また，武蔵小山商店街(協)(東京)では，1週間の日程で，新入社員を1ヵ所に宿泊させ，店員として心得ておくべき知識習得のための研修を実施した。

米穀小売商の組合である江東食糧販売(協)(東京)では，100人程度を収容できる食堂，宿泊所つきの研修施設を設け従業員訓練に力を注いだ，等々である。

更に，従業員の再教育訓練として，東京鍍金工業(協)では，「東京メッキ工業学校」を設け，期間6ヵ月の教育訓練を実施，箱根温泉旅館(協)では女子従業員を対象に，毎年接客サービスについての再教育を実施するとともに英会話も教科の1つにとり入れている，等である。

組合における共同教育訓練事業は，以上の例にもうかがわれるように，業種業態を超えて広範囲に行われたが，これは，組合の共同求人事業と密接なつながりをもつものであり[136]，教育訓練もまた人材確保のための不可欠の手段とされたのである。

次に，職業訓練法に基づく共同職業訓練である。これは，組合ばかりでなく，職業訓練法人等他の組織形態でも行われたが，その中心は何といっても各地の業種別組合であった。

共同職業訓練は，公共職業訓練所に通学し難い勤労者のために，事業内訓練の一つとして認められたものであるが，認定団体の数は年々増加の傾向をたどり，昭和35年4月30日現在で514団体を数えるに至っている[137]。認定団体のうちどの程度の割合を組合が占めていたかは明らかではないが，当時の組合における技能養成事業の実施状況（表2-39）からみても，その大半が組合であったことが推測される。

共同職業訓練団体（514団体）を構成している事業所の数は1団体平均67事業所となっているが，これを産業別にみると，最も多いのが職別工事業（建築大工，左官等）(43.5%)(昭35・4・30現在，以下同じ)で，以下，衣服その他繊維製品製造業(21.0%)，家具装備品製造業(10.2%)，金属製品製造業(4.3%)となっている。

また，共同職業訓練団体に参加している事業所は当然のことながら小規模の事業所が多く，全体の87.3%が従業員10人未満の事業所となっており[138]，共同職業訓練事業が，これら小企業にとって極めて大きな意義をもっていた

ことがわかる。

　昭和30年代における，組合の共同教育訓練事業は，国の共同職業訓練に対する強力な支援もあって全国の業種別組合に普及浸透し，中小企業における従業員の能力開発，技能労働者の確保，労働生産性の向上に大きな役割を果たしたのである。

③　共同福利厚生事業の充実

　企業の従業員に対する福利厚生施策は，従業員及びその家族の生活を安定させるとともに，その結果としてではあるが，従業員にその持てる能力を職場においてフルに発揮してもらうという労務管理面での効果を期待して行われるものである。

　昭和30年代は，戦後経済の復興により，経済水準は一応戦前の水準に迄回復したものの，個々の勤労者の生活はまだまだであり，勢い企業に対する福利厚生面での要求も強まる一方であった。

　しかし，中小企業における現実は厳しく，例えば，当時の企業における1人当たりの福利厚生費をみても，伸び率では年々大企業を上回ってはいたものの，その額をみると依然として大企業の2分の1に満たない状況にあったのである（表2-41）。

　こうした中小企業における福利厚生面でのニーズと現実のギャップを埋めるべく，この時期，組合において様々の共同福利厚生事業の実施が試みられた。

　共同福利厚生事業の対象は，住居関係，生活経済関係，保健衛生関係，文化・体育・教養関係，共済金関係等極めて多岐にわたるが[139]，30年代において特に期待を集めたのは，給食，住居に係る2事業であり，当時にあってはなお，食住という生活の基本に係る分野の環境条件の充実が何よりも緊急課題であったことが知られる。

　まず，住宅関連事業であるが，これには組合が共同施設として共同宿舎を建設し，組合員企業の従業員に割当て入居させる共同宿舎事業があり，商店街組合，産地組合，団地組合等を中心に実施された。昭和39年度における施設設置状況でみると，共同宿舎の保有数が多いのは非製造業であり（表2-42），そのほとんどは商業であるが，製造業では繊維工業，機械製造業が多

表2-41　従業員1人当たり年間福利費の推移

(単位：千円)

昭和		30	31	32	33	34	35	36	37
全産業	中小企業	9	10	12	13	13	15	16	20
	大企業	25	31	35	34	35	40	41	46

(資料出所)　大蔵省「法人企業統計」(全国中央会「中小企業と組合」(昭39.9月号) 28頁掲載)

くなっている。

当時設置された代表的な共同宿舎の規模等を2，3みてみると，昭和37年に竣工した能代従業員共同宿舎(協)(秋田県)の共同宿舎は，鉄筋2階建31室93人収容，昭和36年度竣工の大島デパート商業(協)(神奈川県)は1階を店舗とする5階建のゲタバキアパートで組合員の住宅部分に加えて従業員住宅も併設，岐阜繊維福祉(協)は，木造平家建従業員住宅95戸を昭和37年に，鉄筋4階建715人収容の独身寮を翌38年にそれぞれ建設，全京都建設(協)は木造2階建10世帯収容の世帯用共同宿舎を昭和37年に建設する等，組合における共同宿舎等の建設は，業種，地域を超えて全国的に広まっていった[140]。

なお，40年代に入ってからではあるが，従業員持家制度を実施する組合も現われ，川崎岐阜製作所下請協力工業(協)(提供戸数96戸)，岐阜問屋連盟福祉(協)(133戸)，久留米住宅福祉(協)(130戸)，福岡県運輸事業(協)(190戸)等がその先例となっている[141]。

④　共同給食事業の盛況

30年代に盛んとなった共同労務管理事業，共同福利厚生事業の中で特に注目されたのが共同給食事業であった。

しかし，その実施状況をみると，30年代前半はそれ程でもなかったのであるが，30年代後半に入って急激な増加を示し，年々50組合以上の新規実施となり，しかもそのほとんどが，共同給食事業を専業とする給食組合の設立によってであった(表2-43)。

共同給食事業を専業とする給食組合は昭和39年度末で167組合を数え，実施組合全体の75%を占めるに至っているが，その規模をみると1組合当たり平均給食数は1日3,100食(朝食500食，昼食1,900食，夕食700食)となっており，対象従業員の数は実に62万人を数えるに至っている[142]。共同給食事業の実施効果としては，食事代が大変安くなったこと，中小企業の主婦の労働が軽減されるとともに賄い要員の人件費が軽減されたこと，食事時間が順守

表2-42　共同労働福祉施設設置状況

(昭和39年度)

	総合福祉センター	共同宿舎	共同給食	会館	娯楽体育その他の施設	計
製造業	4	17	69	9	9	108 (31.6)
非製造業	9	49	153	15	8	234 (68.4)
合計	13 (3.8)	66 (19.3)	222 (64.9)	24 (7.0)	17 (5.0)	342 (100.0)

(資料出所)　労働省「昭和39年度中小企業団体等による共同労働福祉施設の事例調査」(全国中央会・昭40.3) 1頁掲載表より作成

表2-43　共同給食事業開始年別組合数

開始年	昭和20〜30	31	32	33	34	35	36	37	38	39	40(1〜3月)	計
給食専業	2	1	1	2	3	9	16	40	45	41	7	167
他の事業と兼業	—	1	4	1	1	6	10	6	14	13	5	61
総計	2	2	5	3	4	15	26	46	59	54	12	228

(資料出所)　労働省調べ(全国中央会「組合の現状と動向〔1〕」(昭41.10)20頁掲載)

されるようになったこと，各事業所での食事内容が同一となり従業員の間に不公平感がなくなったことの他，市街地の狭隘な場所に立地している問屋街などでは，火災予防に役立っていること，台所スペースを営業用に転用できたことなど中小企業ならではの効果が指摘されている[143]。

しかし，このような積極的な取組みがなされた共同給食事業ではあったが，設備への過大投資，目標食数の確保難，自己資金の低さなどに加え，材料費の高騰，給食代の値上げ難などコスト面での問題があり，その運営には多くの困難があった[144]。

このような問題を打開すべく，昭和38年には給食組合の全国的な研究組織である全国給食協同組合研究会が発足，ほどなく全国給食協同組合連絡協議会に発展，昭和40年には全国給食協同組合連合会（全給連）を設立[145]，以

後，全給連は全国の給食組合の中核組織として統一献立の策定や食材の共同購入をはじめ栄養士・調理師の研修等給食組合の事業充実のための諸活動を行うとともに，健全な財政基盤の確立を目ざし，各組合の経営分析に取り組むなど給食組合の運営円滑化のために広範な事業展開を行うこととなった。

(8) 商店街振興組合の誕生

商店街振興組合は，昭和37年5月に制定された商店街振興組合法に基づいて誕生を見たものであるが，制度創設に至る迄には長期にわたる商店街関係者のねばり強い運動があった。

昭和20年代も半ば過ぎ，わが国経済が戦後の混乱期を脱しつつあった昭和26年に東京都商店街連合会や愛知県商店街連盟等が中心となって全国の商店街組織を糾合して全国小売商業者決起大会が開催されたが，これを契機として翌27年にはわが国初の商店街の全国組織である全日本商店街連合会（全商連）が結成された[146]。

商店街振興組合法の制定は，昭和30年代に入ってからの全商連の主要活動目標となっていたが，直接のきっかけは，昭和34年9月に東海地方を襲った伊勢湾台風による商店街の復旧事業に関連して，法人組織でない商店街団体は国の助成対象とするのは難しいとされたこと，更に既存の共同事業の実施を中心とする協同組合による商店街組合づくりは，公共的施設整備を含めた環境整備事業を進める上でなお問題があるとされたこと等にあったとされている[147]。

しかし，当時の状況では，商店街組合のための独自立法をつくる情勢には至らず，国は，中小企業団体の組織に関する法律（中団法）の改正によりこれに対応しようとしたが，全商連はこれを是とせず，昭和37年に東京において商店街振興組合法制定促進全国総決起大会を開催するなど強力な法制定運動を展開し，ついに議員提案による法制定にこぎつけたのであった。なお，法律の名称は国会に提出された段階では，「商店街における事業者等の組織に関する法律」であったが，審議の過程で「商店街振興組合法」に改められた[148]。

新設された商店街振興組合は，①商店街地域に事業所を有するものであれ

表2-44 商店街振興組合数の推移

昭和 年	37	38	39	40	41	42	43	44	45
組合数	6	365 (1)	534 (2)	663 (3)	738 (7)	793 (12)	958 (22)	978 (17)	1,059 (21)

〔備考〕 1．調査時点は43年迄は12月末日，44年以降は翌年3月末日
2．（ ）内は連合会の数で内数
(資料出所) 全国中央会「中小企業組合の設立動向」(平成2.10) 62～63頁

ば中小企業以外の百貨店，スーパー，チェーンストア等の大規模事業者の加入を認めたこと（法第8条），②街路灯，アーケード等の従来施設に加え，駐車場，物品預かり所，休憩所等の一般公衆の利便をはかる施設の設置を組合事業として明示的に認めたこと（同法第13条第1項第8号）等に特色をもつものであった。

もとより商店街振興組合制度が誕生する迄に商店街組合がなかったわけではなく，また，同制度の発足によって既存の事業協同組合組織による商店街組合がすべて商店街振興組合に衣替えをしたわけではない。

昭和40年12月末時点では商店街振興組合652組合に対して事業協同組合組織による商店街組合は1,475組合あり，およそ3対7の割合で，事業協同組合による商店街組合の方が圧倒的に多い状況にある[149]。

商店街振興組合制度の発足によって，以後，商店街における組織化は，事業協同組合組織によるものと商店街振興組合組織によるものとに二分されることとなったが，商店街振興組合には，①小売商業者等が30人以上近接して事業を営んでおり，その大部分に商店街が形成されていなければならないこと（法第6条），②対象地域は市に限定されていること（法第8条），③市であってもすでに商工会が設立されている場合には設立できないこと（法附則第2条）等，事業協同組合にはない条件が付されていることから，結果として比較的大型の商店街の組織化に活用されてきたといえよう。

商店街振興組合の設立は，当初やや地域的に偏る傾向にあり，制度創設後3年経過した昭和40年12月時点でも未だ新組合の設立をみない県が9県（青森，秋田，茨城，栃木，奈良，島根，徳島，滋賀，長崎）ある一方，愛知（162組合），東京（146組合）の2都県での設立が多く，両地域で全体（658組合）の半数近く（46.8％）を占めるという状況であった[150]。

しかし、その後各地において新組合の設立普及が進み、昭和43年3月末には未設立県は茨城、奈良の2県に減少、昭和45年には組合数1,059組合となり、1,000組合ラインの大台を突破することとなった（表2-44）。

なお、商店街振興組合制度の発足当初の1年間（昭和38年8月14日迄）は、協同組合から振興組合への組織変更が認められており（法附則第3条）、この間に136の協同組合が商店街振興組合に衣替えをしている[151]。

30年代に設立された商店街振興組合をみると、組合員数規模では大型のものが多く、組合員数70人以上の組合が全体の61.3％を占めているが[152]、これは同組合が組合員の範囲を拡大し、中小企業者以外の者や非事業者も組合員とすることが認められていることから、当時の組合の37.6％が非事業者に組合員資格を付与している結果ともいえよう[153]。

昭和37年から40年迄の4年間に設立された創草期の商店街振興組合の事業実施状況をみると、①共同売出し（70.9％）、②共同宣伝（70.9％）、③休日・開閉店指導（67.8％）、④教育情報事業（53.2％）、⑤福利厚生事業（49.5％）となっており、設立後日も浅いこともあって共同経済事業の実施率は低調である。また、共同施設の保有状況をみても、①事務所・集会場（43.6％）、②アーケード（39.3％）、③有線放送等の宣伝施設（33.3％）、④駐車場（9.4％）、⑤厚生施設（6.6％）の順となっており、なお、これからの状況にある[154]。

(9) 中小商業の組織化状況

わが国経済が高度成長の軌道に乗ることにより、国民の所得も急速な伸びを示し、国民の購買力が暫時向上していく中で、商品の流通構造も大きく変化していった。

それ迄は夢物語でしかなかった大型のショッピングセンターが身近なものとなり、セルフサービス方式の導入が大量仕入れ大量販売を可能とし、それが新世代の消費者層に受け入れられ、普及していくに従って、従来の販売方式を踏襲していた中小商業者は、卸、小売を問わず新たな対応を迫られることになったのである。

こうした状況を背景に中小商業者による組織化への取組みは、商店街組合

表2-45 中小商業関係組合数（割合）の推移

昭和　年	31.3月末	33.3月末	34.3月末	38.3月末	40.12月末
卸・小売業	7,947	8,399	4,143 (100.0)	4,442 (100.0)	4,400 (100.0)
卸売業			1,396 (33.7)	898 (20.2)	857 (19.5)
小売業			2,224 (53.7)	3,020 (68.0)	3,101 (70.5)
商店街			523 (12.6)	524 (11.8)	442 (10.5)

(資料出所) 各年とも中小企業庁「事業協同組合実態調査報告書」(昭32.3, 昭34.11, 昭35.8, 昭39.3, 昭42.6) による。

表2-46 中小商業関係組合種類別設立状況

(昭和37年3月末現在)

	事業協同組合	企業組合	事業協同小組合	協同組合連合会	計
卸売業	1,646	55	—	54	1,755 (15.1)
小売業	5,560	2,833	4	79	8,526 (73.4)
商店街	1,331	3	1	7	1,342 (11.5)
計	8,537 (73.4)	2,941 (25.3)	5 (0.04)	140 (1.2)	11,623 (100.0)

(資料出所) 中小企業庁調べ(中小企業庁「中小企業組織制度」(制度調査資料No.V-1) (昭37.8.1) 10頁掲載表より作成

を中心に，チケット組合，連鎖化組合，寄合百貨店組合，市場組合など地域を基盤としたもののほか，電器販売，酒類販売，米穀販売等取扱い商品を共通にする者の同業者組合の設立や卸売業者による団地組合の設立等となって現われたが，こうした多様な動きがそのまま組合数の伸びとなって，現われてはこなかった（表2-45）。

中小商業者の組織化状況を昭和37年時点（昭37・3・31現在）でみると，組織形態としては，事業協同組合（8,537組合（73.4％））が最も多くなっているが，企業組合（2,941組合（25.3％））も相当数設立されている。

卸，小売を対比してみると当然のことながら卸売業者の組合は少なく，全体の15.1％を占めるに過ぎない。しかし，事業協同組合への加入率でみると卸売業は28.6％で小売業の25.0％をやや上回っている（昭和31年商業統計調査）。小売業者の組合に占める商店街組合の割合は未だ1割強（13.6％）に止まっているが（表2-46），当時（昭37・6・30現在）の調査に基づいて事業協同組合組織による商店街組合をみてみると，昭和27年，28年に設立された組合が多く，29年以降の設立はやや減少気味となっている。

組合員数では50人以下の組合が41.4％と多いが，100人超の組合員を擁する規模の大きな組合も4分の1近く（23.1％）に上っている[155]。

組合員の業態としては，衣服洋品店等の買回品販売業者を主体とするものが3分の2近くを占め（64.7％），生鮮食料品等を扱う最寄品販売業者を中心とする商店街組合は4分の1強（26.1％）に止まっている。なお，商店街の中に百貨店・スーパー等の大型店が未だに存在していないとする組合が66.4％あるとされており[156]，商店街を取り巻く環境条件には正に隔世の感がある。

組合の共同事業もこの頃すでに大半のものが出揃っているものの，施設整備関係では，①街路灯（32.7％），②アーケード（16.7％），③街路舗装（14.8％），④共同看板（11.5％）等の設置が中心であり，共同駐車場，共同休憩所といった施設の設置は未だしの感がある。

販売促進関係では，ほとんどの組合が実施している「共同売出し」を除くと，①チケット販売（30.6％）が最も多く，以下，②サービス券・スタンプの発行（26.7％），③副資材等の共同購入（17.0％），④商品券の発行（14.4％）が続いているが，チケット販売は地方都市（32.3％）が活発で，サービス券・スタンプの発行は大都市圏（6大都市41.6％）での実施率が高い。

人手確保策としての従業員に対する福利厚生事業としては，①定休日制の実施が最も多く（30.3％），②リクリエーションの実施（25.6％），③開閉店時間の統一（16.2％），④店員教育（14.7％），⑤集団求人（4.1％）等がこれに続いているが，共同給食事業や従業員宿舎の設置はこの段階では未だ前面に出る迄には至っていない（表2-47）。

昭和30年代後半から40年代前半にかけて中小商業者の組織化を支援するための助成制度が次々と創設された。

昭和38年3月には，共同施設設置資金制度に加えて小売商業店舗共同化資金，卸売業集団化資金制度が設けられ，新たに中小企業高度化資金貸付制度がスタートし，根拠法である中小企業振興資金等助成法も中小企業近代化資金助成法と改称された。

更に，翌39年4月には，同法の改正により商店街近代化資金制度が新設され，1年置いて41年3月には中小企業近代化資金等助成法と改称され，小売

表2-47　商店街組合（事業協同組合）における共同事業実施状況

(昭和36年12月末現在)

	共　同　事　業	実施率		共　同　事　業	実施率
施設整備事業	街　路　舗　装	14.8	販売促進事業	サービス券・スタンプカードの発行	26.7
	街　路　灯	32.7		商品券の発行	14.4
	ア　ー　ケ　ー　ド	16.7		チケット販売	30.6
	共　同　看　板	11.5		共　同　配　達	0.7
	自転車預り所	1.4		副資材等の共同購入	17.0
	共　同　駐　車　場	0.9		共同出張販売	4.4
	小　遊　園　地	0.8		店員の服装の統一	6.2
	休　憩　所	1.1	福利厚生事業	リクリエーション	25.6
	共　同　便　所	4.6		定休日の統一	30.3
	共同建築店舗	3.0		開閉店時間の統一	16.2
	共同所有店舗	2.0		最低賃金制	1.9
	会　館	5.6		店員の集団募集	4.1
	店　員　宿　舎	0.6		退職金規程の共同採用	1.8
	共　同　倉　庫	1.6		店　員　教　育	14.7
	共同炊事施設	0.4		そ　の　他	3.6
	共　同　運　搬	0.4			
	宣　伝　カ　ー	1.9			

(資料出所)　中小企業庁調べ（全国中央会「中小企業と組合」昭38.6月号，21頁掲載表より作成）

商業連鎖化資金制度が加えられた[157]。

　このような政策支援を背景に種々の組織化が中小商業においても取り組まれていったが，まず，店舗共同化についてみると，例えば（協）丸専（新潟県）は昭和34年に組合を設立（出店組合員16人），総工費2億5,600万円をかけて地下1階，地上3階の共同店舗ビルを完成，更に増築して8階とし，上部を従業員並びに組合員の共同住宅として使用，エレベーター，エスカレーター等の近代的設備を備えたショッピングセンターとして発足した[158]。また，上田ショッピングセンター（協）（長野県）は，都市計画による道路の拡幅工事を機会に店舗の共同化を推進，総工費7,500万円をかけて昭和35年11月に共同店舗（出店組合員5人）を完成，商店街の核としての役割を果たすと同時に，売上も従来の50％増を実現した[159]。

　このような先進事例を参考に各地に協同組合組織によるショッピングセンターが誕生していったが，昭和38年の小売商業店舗共同化資金制度の創設は，こうした動きに更にはずみをつけ，昭和38年には，（協）秋田中央商組（秋

田県,出店組合員63人,延床面積1,617m²)をはじめとする9組合,39年には(協)くしろデパート(北海道,46人,6,823m²)をはじめとする21組合,40年には,(協)潮江ショッピングセンター(兵庫県,52人,5,674m²)をはじめとする7組合が助成対象となり,近代的スタイルの共同店舗組合が次々に誕生していった(160)。

小売商業者によるチェーン組織も歴史は古く,すでに戦前にも全東京用品連盟(昭4),大東京文具チェーン(昭9)等が発足しているが,戦後になって昭和30年を境に急速に増加し,昭和50年時点(昭50・6現在)で137チェーンに達している(161)。

このような中で中小小売業者が連鎖化組合を結成し,計画的な共同仕入れ,メリハリの効いた共同宣伝,本部のスーパーバイザーによる経営指導,他店にないPB商品の開発等に積極的に取り組もうとするものが増えていった。

例えば,(協)東友会ボランタリーチェーン(東京都)は昭和32年頃に気の合った数人の薬剤師の勉強会を母体として共同仕入れ事業に着手,昭和36年には組合を設立,発足当初32人だった組合員(薬局)も昭和40年には53人に増加,昭和43年には,創設されて間もない小売商業連鎖化資金を導入して本部会館を建設,取扱い商品1,000種超,取扱高7億2,000万円(昭46)の実績を背景に価格交渉力を強めると同時に不良在庫の削減に大きな成果を挙げることができた(162)。

(協)東海チェーン(静岡県)は,衣料品の地方二次問屋が卸業務を廃止して小売業に転換するのを機会に,それ迄の取引先と提携して任意組合を結成,共同仕入事業が軌道に乗った昭和40年には事業協同組合として法人化し,組合員の組合依存度も昭和38年の8%から42年の18%へと大きく伸ばすことができた(163)。

連鎖化組合は広域にまたがることと本部の強いリーダーシップ及び確固たる指導体制の整備が必要条件であることから,共同店舗組合のような著しい伸びはみられなかったが,小売商業連鎖化資金制度等の創設をバネに着実に増加していったものと思われる(164)。

---

(62) 橋本寿朗『1955年』(岩波書店・日本経済史8・平元)59頁。

(63) 日本経済新聞社編『日本経済入門』(昭62) 388頁以下参照。
(64) 内野達郎『戦後日本経済史』(講談社学術文庫・昭61) 168頁。
(65) 坂東輝夫「金の卵」(中村秀一郎他『現代中小企業史』(日本経済新聞社・昭56) 154頁。
(66) 秋谷重男「スーパー誕生」、「卸問屋の変貌」(前掲・現代中小企業史) 138〜142頁・143〜148頁。
(67) 全国中央会『創立30年記念誌』(昭61) 28頁。
(68) 稲川宮雄『中小企業の協同組織』(中央経済社・昭46) 50頁。
(69) 稲川・前掲書・233頁以下参照
(70) 稲川宮雄『中小企業組合制度史』(中小企業情報化促進協会・昭和59) 56頁。
(71) 宮坂富之助「中小企業基本法」(日本評論社『法律時報』昭48・6月号) 54〜58頁。
(72) 全日本火災共済協同組合連合会『日火連30年史』(平2) 136頁。
(73) 同上・141頁。
(74) 同上・147頁, 155頁。
(75) 春日一幸 (参議院商工委員会発言) (全国中央会「中小企業協同組合」昭32・12月号・89〜92頁)。
(76) 播久夫編著『青色申告制度35年―簿記運動史』((財)大蔵財務協会) (昭60) 84頁。
(77) 全国中央会「組合の現状と動向〔1〕」(昭41) 31頁。
(78) 全国中央会「中小企業組合総覧」(昭44) 35頁。
(79) 前掲・組合の現状と動向〔1〕・55頁。
(80) 前掲・中小企業組合総覧・285頁。
(81) 前掲・中小企業協同組合・昭36・2月号・51頁。
(82) 同上・昭36・8月号・30頁。
(83) 同上・昭37・1月号・107頁。
(84) 同上・昭37・8月号・79頁。
(85) 中小企業庁編著『定本中小企業等協同組合法詳解』(昭27) 186頁。
(86) 前掲・中小企業協同組合・昭36・11月号・55頁。
(87) 前掲・組合の現状と動向〔1〕・36〜38頁。
(88) 全国中央会『組合の現状と動向〔2〕』45〜46頁。
(89) 全国中央会「中小企業組合総覧 (昭和44年度版)」155頁。
(90) 全国中央会「中小企業と組合」(昭40・9月号) 69頁以下参照。
(91) 同上・昭40・9月号・74〜75頁
(92) 磯部喜一『協同組合経営論』(丸善・昭45) 152〜153頁。
(93) 丸山稔『経済法講義』(中央経済社・昭和51) 66〜67頁
(94) 加藤誠一「中小企業の組合制度と任意団体」(有斐閣『講座中小企業(2)』(昭

35・7）279頁）
- (95) 全国中央会「組合の現状と動向〔2〕」（昭42・1）7・8・10頁。
- (96) 同上・15～17頁。
- (97) 中小企業庁「商工組合実態調査報告」（昭40・3）32頁。
- (98) 小田橋貞寿「調整組合制度と合理化」（有斐閣『中小企業叢書Ⅵ』（昭33・12）130頁）。
- (99) 前掲・組合の現状と動向〔2〕・20頁。
- (100) 小田橋貞寿・前掲書・131頁
- (101) 前掲・商工組合実態調査報告（昭40・3）25～28頁。
- (102) 同上・29頁。
- (103) 中小企業庁「商工組合実態調査報告」（昭43・10）30頁。
- (104) 前掲・商工組合実態調査報告（昭40・3）46～47頁。
- (105) 佐藤芳雄「独占禁止法と中小企業」（同友館『現代中小企業基礎講座(2)』（昭和52）46頁）。
- (106) 丸山稔・前掲書・136～138頁。
- (107) 工業統計表（中小企業事業団「工場団地実態調査報告書」（昭44・3）2頁掲載表による）。
- (108) 中小企業庁編「中小企業白書」（昭和38年度版）221頁参照。
- (109) 中小企業庁編「中小企業白書」（昭和40年度版）86頁参照。
- (110)(111) 同上・87頁。
- (112) 前掲注(108)書・221頁。
- (113)(114) 同上・222頁。
- (115) 中小企業振興事業団「工場団地実態調査報告書」（昭44・3）68頁。
- (116) 同上・69頁。
- (117) 同上・27頁。
- (118) 山崎充「工場団地の登場」（中村秀一郎他『現代中小企業史』（日本経済新聞社）昭和56・3・198頁）。
- (119) 前掲注(109)書・87頁。
- (120) 同上・88～89頁。
- (121) 中小企業庁編「中小企業施策30年の歩み」（昭53・8）27頁。
- (122) 中小企業庁「中小企業施策のあらまし」（昭和40年度版）88頁。
- (123) 林周二『流通革命』（昭37・11）（中公新書）参照。
- (124) 秋谷重男「卸・問屋の変貌」（前掲・現代中小企業史・143～148頁）。
- (125)(126) 全国中央会「組合の現状と動向〔1〕」（昭41・10）19頁。
- (127) 同上・20頁
- (128) 全国中央会「卸商業団地組合指導要領」（昭52・3）24頁参照。

(129)　労働大臣官房労働統計調査部「昭和35年労働経済の分析」(昭36・6) 63頁。
(130)　全国中央会「共同労務管理のすすめ方」(昭49・3) 8頁。
(131)　同上・3頁。
(132)　錦織璋「中小企業における労務管理の共同化について(一)」(全国中央会「中小企業と組合」昭35・8月号・23頁)
(133)　小暮道也「集団求人の現状と課題」(全国中央会「中小企業と組合」昭39・1月号・32頁)
(134)　同上・32〜33頁。
(135)　全国中央会「昭和39年度中小企業労働事情実態調査結果の概要」(昭40・2) 64頁。
(136)　錦織・前掲論文・25頁。
(137)　最上谷長一「共同職業訓練実施の概要」(全国中央会「中小企業と組合」昭36・8月号・15頁)。
(138)　同上・16頁。
(139)　前掲「共同労務管理のすすめ方」32〜42頁。
(140)　全国中央会「中小企業団体等による共同労働福祉施設の事例」(昭40・3) 27頁。
(141)　横山定石「共同の力によって従業員持家を実現」(全国中央会「中小企業と組合」昭41・4月号・47頁以下)
(142)　全国中央会「組合の現状と動向〔1〕」(昭41・10) 20〜21頁。
(143)　錦織・前掲論文・21頁。
(144)　前掲「組合の現状と動向〔1〕」21頁。
(145)　全国給食協同組合連合会「全給連20年史」(昭61・5) 20〜21頁。
(146)　全国商店街振興組合連合会「10年のあゆみ」(昭54・12) 24頁。
(147)　同上・25頁。
(148)　同上・28頁。
(149)　前掲「組合の現状と動向〔1〕」61頁。
(150)　同上・55頁。
(151)　同上・56頁。
(152)　同上・57頁。
(153)　同上・56頁。
(154)　同上・60〜61頁。
(155)　「商店街団体の実態について」(全国中央会「中小企業と組合」昭38・6月号・15頁)。
(156)　同上・15頁。
(157)　中小企業庁「中小企業施策30年の歩み」(昭53・8) 27, 30, 34頁。

(158) 全国中央会「中小小売商業の現状と対策」(昭37・3) 97頁以下。
(159) 同上・104頁以下。
(160) 全国中央会「中小企業組合総覧」(昭44年度版) 356～360頁。
(161) 鈴木安昭『中小商業組織化の本質と現状』(現代中小企業基礎講座3・同文館・昭52・143頁)。
(162) 全国中央会「共同購買事業運営指針」(昭48・3) 48～53頁。
(163) 全国中央会「共同購買事業事例集」(商業編) (昭44・3) 54～57頁。
(164) 前掲・中小企業組合総覧・362～365頁。

4 戦後組合成長期（1965—1974）

　昭和30年代後半に入り独自の成長路線を歩み始めたわが国経済は，オリンピック景気後の40年不況にぶつかりながらも2ケタ成長を持続しつつ40年代前半を経過したが，後半に至りドルショック，オイルショックなどの国際的要因により大きな転換を余儀なくされることとなった。
　また，40年代後半に引き起こされた列島改造ブームは極端な物価高騰を招き，その後多くの問題をもたらすこととなった他国にみられない高地価現象をスタートさせたのである。
　更に10年余にわたる高度成長路線を歩む中での生産第一主義，成長第一主義，経済第一主義は各所でひずみを生じるに至った。その最たるものは，公害問題の発生であり，大企業はもとより中小企業においても，これに対する対応策の樹立が焦眉の急とされた。
　このような状況の中で中小企業組合は様々の問題解決のために多様な役割を期待され，事業協同組合を中心に順調な伸びを示していったが，昭和42年には新たに協業組合制度が発足，また，昭和38年に新発足した商店街振興組合の結成も各地で本格化し，更に，共同工場組合，工場団地組合，共同店舗組合，卸商業団地組合等の集団化組合が新形態の組合として設立促進された。昭和43年に集団化組合の新メニューとして追加された貨物自動車ターミナルや倉庫等移転のための流通団地組合は，こうした傾向を加速するものであり，組合は，集団化を軸に，高成長下の環境整備ニーズに応えていったのである。
　なお，昭和41年の「官公需についての中小企業の受注の確保に関する法

図2-3 昭和40年代のわが国の経済成長率

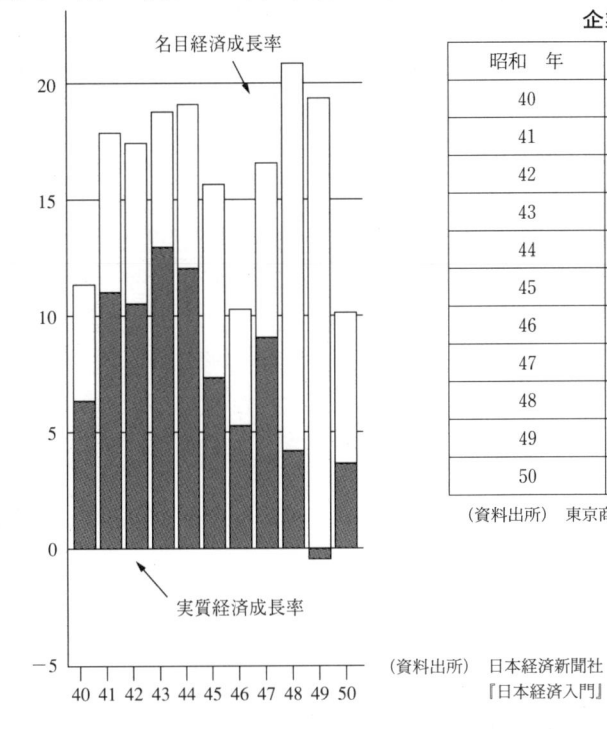

表2-48 昭和40年代の企業倒産件数

昭和 年	件　数
40	6,141
41	6,187
42	8,269
43	10,776
44	8,523
45	9,765
46	9,206
47	7,139
48	8,202
49	11,689
50	12,606

（資料出所）　東京商工リサーチ調べ

（資料出所）日本経済新聞社
『日本経済入門』85頁掲載

律」（以下，「官公需法」という）の制定を契機とする官公需適格組合や各種公害防止施設組合の設立等も昭和40年代の中小企業組合を特色づけるものであった。

(1) 組合成長期の経済環境

昭和40年代（1965-1974）を象徴するものとして前半期の2ケタ成長（図2-3）と後半期の倒産件数の著増（表2-48）がある。

昭和30年代後半から続いた高成長の波は，多少の変化をみせながらも40年代前半はそのまま持続し，47年7月迄に57ヵ月の長期にわたる景気上昇期を現出，それ迄の最長景気である岩戸景気（42ヵ月）を上回るということでこれをいざなぎ景気と呼んだ[165]。こうした長期にわたる景気の持続を軸とす

る高度成長期を象徴するものとして，昭和45年（1970）には大阪でわが国で初めての万国博（バンパク）が開催され，国民の2人に1人がこれに参加したといわれている。

東京オリンピックが，わが国高度成長期前半の到達点だったとすれば，大阪万博は，わが国高度成長期後半の到達点を示すとともに戦後高度成長経済のフィナーレを飾るものであった。

しかし，高度成長を謳歌した40年代前半も順風万帆だったわけではない。そもそものスタートである昭和40年には，山一，大井の大手証券2社に対して日銀緊急特別融資を行わせることとなった証券不況が発生，更にサンウェーブ，山陽特殊鋼，日本特殊鋼といった大手上場会社の倒産が続発するなどオリンピック景気の反動ともいえる不況にあえいだのである。これらは，それぞれの企業の個別要因はあったものの，前期高度成長期における設備投資の過剰がもたらした景気循環的側面もあったことが指摘されている[166]。

しかし，こうした不況色も戦後初めての赤字国債発行による公共投資の拡大や大幅減税の実施によって和らげられ，ベトナム特需等による輸出の好調とも相俟って41年以降は，再び2ケタ成長に転じることとなった。

その結果，明治百年目に当たる昭和43年（1968）にはGNPもアメリカに次ぐ自由世界第2位の大きさとなり，戦後長らく欧米先進諸国の後塵を拝してきた日本も四半世紀を経てようやく先進国の仲間に入ることができることとなったのである。

しかしながらこうした経済的地位の向上ももとよりわが国だけの力によって達成し得たのではなく，あくまでもアメリカの強力な経済力を背景として実現し得たのであった。したがって，アメリカが深くかかわっていたベトナム戦争の泥沼化等による国力の低下とこれによる経済の破綻をつくろうべく実施された円の対ドル価額の引き下げが行われると，わが国経済は，たちまち急降下せざるを得なかったのである。

昭和24年以来1ドル360円の固定レートで安定した輸出環境を持続し得たわが国経済は，46年の円切り上げ（360円→308円[167]），48年の再切り上げ（308円→271.20円）によって手酷い打撃を受け，それ迄の2ケタ成長は，その後ついに復活することがなかった。

4 戦後組合成長期

表2-49 昭和40年代中小企業組織化対策等関係年表

年	月	事項
40.	6	公害防止事業団法公布，施行
	6	小規模企業共済法公布，施行
41.	4	中小企業近代化資金助成法改正→中小企業近代化資金等助成法
		①構造改善準備金制度 ⎫
		②小売商業連鎖化制度 ⎬ 創設
		③中小企業共同工場貸与制度 ⎭
	6	官公需についての中小企業者の受注の確保に関する法律（官公需法）公布，施行
42.	7	協業組合制度創設
	7	特定繊維工業構造改善臨時措置法（特繊法）公布，施行
	8	中小企業振興事業団設立
	8	公害対策基本法制定
43.	6	貨物自動車ターミナル，倉庫等集団化事業創設
	6	大気汚染防止法制定
44.	5	中小企業構造改善制度の創設（中小企業近代化促進法改正）
45.	6	騒音規制法制定
	12	水質汚濁防止法制定
	12	下請中小企業振興法公布，施行（46.3）
46.	4	中小企業特恵対策臨時措置法公布，施行（8月）
	7	環境庁発足
	9	米国の輸入課徴金制度実施に伴う当面の緊急中小企業対策（閣議決定）
	10	輸出関連中小企業緊急融資制度実施
	12	国際経済上の調整措置の実施に関する法律公布，施行
47.	4	公害防止工場集団化制度創設
48.	7	知識集約化事業の創設（近促法改正）
	9	中小小売商業振興法公布，施行
	10	大規模小売店舗における小売業の事業活動の調整に関する法律（大店法）公布，施行
	10	小企業経営改善資金（マル経資金）融資制度創設
	10	中小企業者の定義改定（中小企業基本法改正）
49.	1	知識集約化共同事業創設
	5	伝統的工芸品産業の振興に関する法律（伝産法）公布，施行
50.	7	関連業種ぐるみ構造改善制度の創設
	9	工場共同利用事業創設

（資料出所）　中小企業庁編《中小企業施策30年の歩み》（昭和53・8）

　加えて，40年代後半には，48年の第一次オイルショックにより，資源依存国であるわが国経済はかつてないショックをうけるに至った。折から昭和47年発足の田中内閣の積極政策によって，かつて例をみない大がかりな列島改造計画が着手され，土地を中心とする諸物価の高騰が進みつつあり，産業の血液である石油の高騰と相俟って，「狂乱物価」と呼ばれるような超インフ

レ状態が引き起こされたのである。

このような状況の中で中小企業は正に天国と地獄の間で翻弄され，自らの依って立つべき基準，今後の進むべき方向を見出すのに苦慮したのである。高度成長環境から低成長環境にソフトランディングするためには企業の経営体質をどのように転換させていったらいいのか，この時期中小企業経営者は，一方では近代化を推進しつつ，一方では近代化を超えた地点に目標を定めなければならないという大きな矛盾を抱えながらの困難な舵取りを強いられたのである(168)。

こうした激変下の40年代における中小企業組合関係施策をみると（表2-49），前半では，官公需法の制定，協業組合制度の創設，高度化事業の推進母体としての中小企業（振興）事業団の創設，下請振興法の制定など，中小企業の体質強化，環境整備的なものが中心であったが，後半期に入ると，中小企業特恵対策臨時措置法，輸出関連中小企業緊急融資制度の創設等の国際問題への対応策に加えて公害防止制度，大店法の制定等の環境改善，環境調整的施策が目立つようになり内外ともに調整の時代に入ったことをうかがわせる。

なお，その間にあって，昭和47年には沖縄の本土復帰が成るとともに，懸案だった日中の国交正常化が実現したことや翌48年にはアメリカ経済の足を引っぱっていたベトナム戦争が終結したことも，忘れてはならないことであろう。

(2) 昭和40年代の各種組合の推移

昭和40年代における組合の推移をみると，中核となる事業協同組合が昭和40年の27,283組合（100）から昭和50年の42,392組合（155）へと15,109組合も増え，年平均1,500組合以上もの純増となった（表2-50）。

また，新発足の商店街振興組合も663組合（100）から1,676組合（253）へと2倍以上の急増振りを示した。更に昭和42年に創設された協業組合は3年後の44年に500組合台に乗せ，7年後の49年には1,000組合の大台に乗せた。

その間にあって信用協同組合は531組合（100）から492組合（93）へと39組合の減少となり，企業組合も5,075組合（100）から4,936組合（97）へと減少

表2-50　昭和40年代の中小企業組合数の推移

組合の種類 昭和年	事業協同組合	事業協同小組合	火災共済協同組合	信用協同組合	協同組合連合会	企業組合	協業組合	商工組合	商店街振興組合	環境衛生同業組合	合計
40	27,283	27	37	531	427	5,075	—	1,196(47)	663(3)	417(12)	35,656
41	28,597	27	37	538	440	5,058	—	1,225(54)	738(7)	424(12)	37,115
42	29,188	27	38	542	446	5,060	22	1,284(57)	793(12)	434(16)	37,834
43	32,737	28	38	544	521	4,968	177	1,512(60)	958(22)	476(16)	41,959
44	35,494	35	39	540	560	5,001	559	1,612(61)	978(17)	507(16)	45,325
45	36,711	36	39	534	593	4,997	705	1,642(62)	1,059(21)	510(16)	46,826
46	38,499	35	39	529	610	4,937	846	1,671(66)	1,241(25)	531(16)	48,938
47	38,910	36	39	510	614	4,937	923	1,693(69)	1,225(25)	541(16)	49,428
48	40,172	37	39	501	623	4,953	982	1,718(69)	1,429(55)	573(16)	51,027
49	41,230	38	39	495	636	4,961	1,017	1,728(70)	1,516(56)	584(16)	52,244
50	42,392	38	42	492	661	4,936	1,050	1,754(69)	1,676(59)	586(16)	53,627

(資料出所)　全国中央会「中小企業組合の設立動向」(平成2年度版) 62-63頁
(注)　中小企業庁、厚生省調べ。調査時点は、40年～43年は12月末日、44年以降は翌年3月末日、環境衛生同業組合は翌年2月1日現在。
　　( )内は、連合会で内数。協同組合連合会には、火災共済協同組合連合会(1)、信用協同組合連合会(2)を含む。

した。

　調整事業を中心とする商工組合は，1,196組合（100）から1,754組合（147）へ，同じような性格を有する環境衛生同業組合も417組合（100）から586組合（141）へと順調に伸びており，この時期の普及ぶりがうかがわれる。

　火災共済協同組合は1県1組合という方針もあって，37組合から42組合へと5組合の増加となっているが，平成17年現在でも44組合に止まっていることからみると，この時期の伸び率は決して低いものではなく，それなりの伸びを示したものといえよう。

　40年代の中小企業組合の特色は，一言で言うと組織形態の多様化と共同事業の高度化・大型化にあったといえよう[169]。

　高度成長の持続による経済規模の拡大は，企業活動の飛躍的伸びとなって

152　II　戦後中小企業組合の展開

図2-4　昭和40年代における中小企業組合の伸び

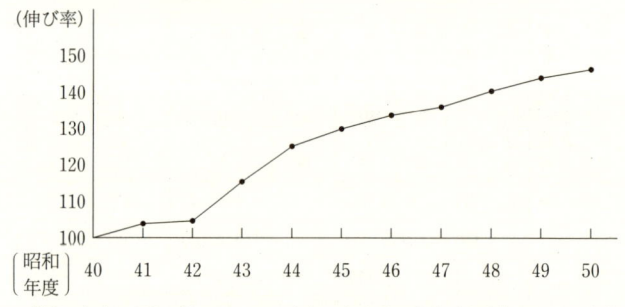

(注)　本表は昭和40年を100として各年の組合数の合計（事業協同組合，事業協同小組合，火災共済協同組合，信用協同組合，協同組合連合会，企業組合，協業組合，商工組合同連合会，商店街振興組合，同連合会，環境衛生同業組合，同連合会の合計）を指数として作成したものである。

(資料出所)　表2-50に同じ。

　基本的には中小企業を全体として底上げすることとなったが[170]，他方，労働力不足，都市の過密化による用地難・交通難，技術革新への対応の遅れ等の新たな問題の克服が中小企業にとっての緊急の課題となった。

　各地で集団求人，共同給食，共同宿舎，従業員持家制度等共同労務管理事業に取り組む組合が設立されるとともに，立地問題を解決するための工場団地組合，卸商業団地組合も都市部を中心に設立されていった。また，公害問題解消のための共同施設を設置する，いわゆる公害防止組合も関連分野毎に設立されていった。

　小売商業分野でも消費者意識の変化や大型スーパーの進出による流通構造の激変に対応すべく，商店街の近代化をめざす商店街組合の結成や立地環境改善のための共同店舗（寄合百貨店）組合の設立，更に仕入機能の強化と販促体制の確立を狙ってのボランタリーチェーン（小売商業連鎖化）組合が徐々にではあるが設立されていった。

　このような組織形態の多様化は，従来の業種全体を網羅して結成される同業組合型のものと異なり，参加組合員数がある程度絞り込まれる一方，投下資金もそれ相当のものが必要となる。このことは，事業協同組合の1組合当たり平均組合員数が，昭和41年に98.1人だったのが，44年には88.9人，53年には61.7人に減少する一方で，1組合当たり平均払込出資額が昭和41年には

375万円だったのが，44年には444万円となり，53年には4倍近くの1,712万円となっていることにも現れている[171][172]。

(3) 昭和40年代における事業協同組合の活動状況

中小企業組合は，激動の昭和40年代において大きく成長を遂げ，組合数も昭和48年には5万台乗せを達成した。

その間の状況を中小企業組合の中核をなす事業協同組合についてみると，10年の間に1.55倍という高い伸びを示したが，その伸びは業種によって幾分差を生じるに至っている。

すなわち，40年代においては建設業，運輸・倉庫業，サービス業の各分野における伸び率が極めて高かったのに対し，製造業，卸・小売業における伸び率は相対的に低く，業種別組合構成比をみると（昭和40年→昭和48年），製造業関係組合は，40.8％から38.1％へとその比重を低下させ，卸・小売業関係組合でも38.4％から38.2％へとほとんど横這いであったのに対して，建設業関係組合は，4.2％から5.2％へ，運輸・倉庫業関係組合は，1.8％から3.1％へ，サービス業関係組合は5.8％から6.5％へとそれぞれのウエイトを高めた（表2-51）。

このような非製造業関係組合の増加傾向は，その後も続き，平成16年現在では事業協同組合全体に占める製造業種組合の比率は実に4分の1以下（22.6％[173]）に低下しているが，40年代においては製造業種組合の比率は依然高く，4割前後を占めており，製造業中心の成長期産業構造の実態を反映する構成となっていた。製造業で多いのは①木材・木製品製造業（19.7％），②食料品製造業（17.3％），③繊維工業（10.6％）で[174]，この状況は，現在でもあまり変わっていない[175]。

当時（昭和49現在）の中小企業の事業協同組合への加入率は37％（製造業・卸売業の合計）となっており[176]，昭和62現在（30.1％[177]）よりもかなり高率となっているが，規模別にみた場合，従業者規模の大きい中小企業ほど組合への加入率も高くなっている[178]。高度成長時代から安定成長時代への転換期にあって中堅中小企業を中心とする規模メリット追求型の企業の共同化への期待がより強かったことを示すものであろう。

表2-51　昭和40年代の事業協同組合の業種別構成比推移

(単位：%)

業　種 \ 昭和年月末	40.12	45.12	48.3
製　造　業	40.8	38.6	38.1
農林水産業	2.1	1.9	1.8
鉱　　　業	1.1	1.3	1.3
建　設　業	4.2	4.6	5.2
卸・小売業	38.4	38.5	38.2
金融・保険不動産業	1.0	1.0	1.1
運輸・倉庫業	1.8	3.2	3.1
サービス業	5.8	6.3	6.5
そ の 他	4.9	4.8	3.1
計	100.0	100.0	100.0

（資料出所）　中小企業庁調べ（全国中央会「組合の現状と動向〔1〕」（昭41.10）3頁，全国中央会「組合の現状と動向」（昭46.3）3頁，全国中央会「中小企業と組合」7月号・25頁掲載表より作成）

　こうした規模メリット志向の高まりは，組織形態面では，同一業者によって組織された組合が全体の67.2%を占める状況を現出する[179]と同時に，他方で，共同事業の高度化を求める協業化組合の設立[180]，更には協業組合制度の創設へと結びついていった。

　昭和40年代における事業協同組合の共同事業の実施状況をみると（表2-52），前半はやや横這いの状況にあるが，後半から50年代にかけてかなりの伸びを示している[181]。

　事業協同組合の実施する共同事業を，①中枢的事業（共同生産，共同販売，共同購買，金融事業等），②補完的事業（共同検査，共同研究開発，債務保証等），③付随的事業（教育情報，福利厚生，事務代行等）に分けてその推移をみてみると，中枢的事業は時代の移り変わりにそれ程大きな影響を受けず，常に高率をマークしているが，付随的事業は環境条件の変化に敏感に反応変化する傾向があり，時代の特色は，この種共同事業に鮮明に現れているといえよう。このことは40年代から50年代にかけての教育情報事業や福利厚生事

表2-52　昭和40年代の事業協同組合共同事業実施状況

(単位：％)

昭和年月	共同生産加工	共同販売	共同受注	共同購買	共同保管	共同運搬	共同検査	共同試験研究	設備提供	資金の貸付け	債務保証	価格協定	チケット発行	教育情報	福利厚生	事務代行
41.3	10.8	18.1	10.1	39.1	6.8	6.5	4.3	3.4	8.5	39.3	16.8	9.1	6.4	25.2	16.2	18.2
43.3	11.0	17.0	9.8	39.2	6.8	6.4	3.9	3.0	9.2	37.6	15.7	―	6.2	22.0	25.4	16.4
53.11	11.6	22.3	16.0	46.9	10.0	6.8	6.4	(技術開発)4.5	―	49.9	24.4	7.9	6.0	教育訓練 37.8 情報提供 52.6	55.6	―

(資料出所)　中小企業庁(「昭和41年度事業協同組合実態調査報告書」(昭42.6) 8～10頁、同「昭和44年度事業協同組合実態調査報告書」(昭45.6) 9～11頁、同「事業協同組合実態調査結果集計報告書」(昭54.3) 52頁掲載表より作成。

表2-53　昭和40年代の事業協同組合共同施設設置状況

(単位：％)

昭和年月	生産加工設備	梱包設備	保管設備	運搬設備	検査設備	試験研究設備	販売設備	宣伝設備	教育情報設備	厚生設備	共同宿舎	給食設備	事務所集会所	アーケード	駐車場
41.3	9.7	0.9	9.0	6.9	2.8	1.6	5.3	2.4	2.1	2.2	2.3	1.7	21.7	1.3	2.6
44.3	9.8	1.0	9.9	6.6	3.2	1.5	5.6	2.4	2.8	2.7	2.8	2.1	22.5	1.6	4.6
53.11	11.6	1.9	11.2	10.0	5.6	1.4	3.6	2.1	19.8	4.7	3.4	2.8	35.0	1.6	15.0

(資料出所)　表2-52と同じ。但し、該当報告書(41年度) 15～16頁、(44年度) 16～17頁掲載表より作成。なお、53年の数値については、報告書(昭54.3) 67頁掲載表の数値を回答組合数を母数として再計算したものである。

業の著増にみることができる。

　組合の所有する共同施設の設置状況の推移をみてみると、共同施設は、40年代前半期においても僅かではあるが大半の施設が上昇を示しており、この時期、共同事業の質が高まったことを示している(表2-53)。

　40年代における共同事業の進展状況をハード面からみてみると(昭和41年→53年)、生産加工設備(9.7％→11.6％)、保管設備(9.0％→11.2％)、運搬設備(6.9％→10.0％)といった主要共同経済事業関連の施設の整備が進む一方で、共同宿舎(2.3％→3.4％)、厚生設備(2.2％→4.7％)、共同給食設備(1.7％→2.8％)のような従業員の福利厚生関連施設や教育情報設備(2.1％→19.8％)といった人材養成関連施設等この時期深刻であった人手不足解消をめざした共同施設の拡充ぶりが特に顕著である。また、モータリゼーショ

ンの進展への対応を示す共同駐車場の普及ぶり (2.6%→15.0%) も際立っている。

40年代における事業協同組合を立地面から区分して都市型組合と地方型組合にタイプ分けして，実施共同事業の特色をみてみると，①巨大都市型組合は金融事業にシフト，②巨大都市周辺型組合は，共同経済事業，金融事業，非経済事業のいずれの共同事業の実施率も高く，活発，③地方中核都市型組合は，どの共同事業も活発であるが金融事業にややシフト，④地方型組合は，共同経済事業の実施率が高いが，金融事業，非経済事業は不活発とされている[182]。

なお，昭和30年代後半（昭和36～40）と昭和40年代前半（昭和41～46）における組合の設立状況を地域的に比較してみると，40年代に入って地方型組合（36.7%→39.8%）や地方中核都市型組合（3.6%→4.7%）の設立が伸びているのに対し，巨大都市型組合（10.2%→9.1%）や巨大都市周辺型組合（12.2%→9.3%）は鈍化傾向にある[183]。

この時期（昭和48年2月現在），中小企業者は組合に対して①情報の早期伝達（48.4%），②共同経済事業の推進（40.4%），③金融の円滑化（36.5%），④経営・技術指導の強化（35.5%），⑤不公正取引の是正，競争の正常化（31.4%）に大きな期待を寄せているが[184]，中小企業をめぐる環境条件が大きく変化する中で，40年代の課題は，①省資源・省エネルギーの要請，②国民ニーズの多様化・高級化，③物価の安定・製品（商品）の安全性確保，公害防止等の社会的要請，④発展途上国製品との競争激化，⑤人件費高騰等にいかに対処するかにあり[185]，40年代の事業協同組合の諸活動は，これらに対する共同対応として展開されたのであった。

中でも40年代後半期に入ってからのわが国経済の低成長時代への移行に伴う中小企業の新たな発展方向として知識集約化が強く求められるようになり，組合においてもこれを共同化によって実現すべく多様な努力が払われた。

中小企業における知的経営活動の集約度を高めるために取り組まれるべき「知識集約化」路線は，昭和46年に策定された70年代の通商産業政策ビジョンを受けて翌47年8月に発表された中小企業政策審議会の「70年代の中小企業のあり方とその政策方向」についての意見具申[186]の中で明確に提示され，

その後の中小企業政策として積極的に推進されることとなった。

組合における知識集約化事業としては，①技術研究・開発（70組合），②市場動向調査・情報収集提供（48組合），③新商品企画・開発（33組合），④人材養成（26組合），⑤科学的経営管理（26組合），⑥製品高級化・高加工度化（23組合），⑦デザイン・ファッション開発（21組合），⑧異業種間連携（10組合）（以上昭和48年実施の都道府県中央会知識集約化組合事例調査による）等が上げられているが，業種別には，食料品工業，繊維・繊維製品，小売業等の組合における実施率が高くなっている[187]。食料品工業では味噌，醤油等の伝統的地場産業関係組合（長野県味噌工業（協連）等）における試験研究が，また，繊維・繊維製品分野では縫製関係組合（大阪紳士服（工）等）におけるデザイン・ファッション開発が目立っている[188]。

なお，40年代において事業協同組合の数はかなりの伸びを示したが，一方において折角設立しながら，時流に対応し切れず，組合事業が不振に陥り休眠化する組合も増加しつつあり，40年代前半（昭和42年）で，すでに事業協同組合の38.1％（中小企業庁調べ）が休眠状態にあるものと推定されている[189]。

(4) 昭和40年代における商工組合の活動状況
① 商工組合における調整事業の推移

昭和33年に中小企業安定法による調整組合から衣替えした商工組合は，当初は依然としてその中心は調整事業にあった。

しかし，昭和37年の法改正によって不況要件の撤廃，合理化カルテルの創設，指導調査事業の追加等が行われることにより，商工組合は，業界全体の向上発展を目指す総合的業種別組織として再整備され，40年代は商工組合の同業種組織としての力量を問われる時期でもあったのである。

昭和39年に1,099組合と1,000組合の大台に乗せた商工組合は，40年代に入ってからも順調な伸びを示し，49年には1,728組合を数えるに至った[190]。

この間，平均年65.5組合の純増ということになるが，40年代増加組合（655組合）の7割近く（446組合）が45年迄の40年代前半に集中的に設立されている。

また，平成元年3月末現在の商工組合（1,874組合）の92.2％数に当たる組

合が昭和49年度迄には設立されており，わが国商工組合のほぼ大半は，40年代迄に設立されたものとみることができよう。

しかし，その間商工組合の伸長度にも多少の振幅がみられた。

制度スタート後35, 36年にやや鈍化した商工組合の増加数は, 37年の不況要件の撤廃等を契機として増加に転じたが, 39年には減少, 43年以降再び増加した。これは，商工組合に対する期待が，高度成長期における産業構造の激変下において調整事業ばかりでなく，構造改善の推進など業界全体の改善発達を図るための機能の展開にも集まってきたことを示すものであり，商工組合の調整組合からの脱皮につながるものでもあった[191]。

このように商工組合は，制度創設後の急上昇の後一段落したが, 37年の制度改正を期に再上昇，その後は43～45年の上昇を最後に今日に至っているといえよう。

さて，昭和40年代における商工組合の調整事業の実施状況であるが（表2-54），最初のピークが40年（652件), 41年（634件）に来た後, 46年（604件), 47年（607件）に再ピークが到来，いずれも組合が急増した年の翌々年後に調整事業実施のピークが来るという状況になっている。これは，組合の設立と同時に調整事業の実施が認められることは少なく，調整規程を作成し，実際の制限事業をスタートさせるには最低1～2年の準備期間を要したことを示すものである。

なお，40年代末から50年代に入っての調整事業の激減は，田中角栄内閣の列島改造政策の推進や第一次オイルショックを引き金とする物不足によって生起した物価高騰問題等にからんで商工組合の調整事業に対しても批判が強まったため，後述するように調整規程の認可基準が厳しくなったことが指摘される。

まず，商工組合の調整事業の中心である安定企業の実施状況についてみてみると，昭和40年, 41年にピークを記録した後漸減し, 46～48年に再ピークを迎えたが49～50年を境に急減した。

これを工業組合（工業，鉱業，建設業）と商業組合（その他の業種）に分けてみると，工業組合における安定事業のピークは47年の530件, 48年の522件, 49年の506件の40年代後半3年間にあり，全体としてのピークである40年

表2-54　昭和40年代の商工組合調整事業の推移

昭和年度	商工組合総数	実施組合総数				工業組合				商業組合	
		組合数		業種数		組合数		業種数		組合数	業種数
		安定事業	合理化事業	安定事業	合理化事業	安定事業	合理化事業	安定事業	合理化事業	安定事業	安定事業
40	1,196	651	1	125	1	440	1	104	1	211	21
41	1,255	632	2	115	2	419	2	95	2	213	20
42	1,284	566	16	99	5	395	16	82	5	181	17
43	1,512	498	24	83	6	375	24	67	6	123	16
44	1,612	444	25	64	6	339	25	52	6	105	12
45	1,642	415	24	53	5	321	24	44	5	94	9
46	1,671	577	27	45	8	496	27	38	8	81	7
47	1,693	584	23	54	6	530	23	38	8	54	6
48	1,718	572	19	40	6	522	19	35	6	50	5
49	1,728	507	4	34	4	506	4	33	4	1	1
50	1,754	394	1	26	1	394	1	26	1	0	0

（資料出所）　公正取引委員会「年次報告」（昭40～50年度）より作成

（440件），41年（419件）は相対的に低くなっている。

　これに対して，商業組合における安定事業のピークは40年（211件），41年（213件），42年（181件）の40年代当初3年間に集中しており，この間商業組合の安定事業は全体の3割に上っている。しかし，商業組合の安定事業は40年代後半に入り急速に減少，45年には94件とピーク時の半数以下となり，更に48年の50件を境に翌49年にはたった1件となり，50年には実施組合皆無という状況となった。商業組合における安定事業は，工業組合におけるような40年代後半に至って再ピークを迎えるということはなかってのである。もっとも安定事業実施業種数でみると，この傾向は，工業関係分野でも同様で，40年代当初に比べて45年以降は半減の状態となっている。

　工業組合における安定事業は，繊維・繊維製品製造業に集中しており，昭和40年度では，安定事業実施業種104業種中33業種（31.7％），実施件数440件中219件（49.8％）が[192]，また，昭和47年度では，実施業種38業種中18業種（47.4％），実施件数530件中254件（47.9％）が繊維・繊維製品製造業に属するものとなっている[193]。

この他工業組合で実施件数の多いものとしては，昭和40年度時点では，清涼飲料製造業（38件），打綿業（33件），豆腐・油揚製造業（16件），コンクリートブロック製造業（11件），合板製造業（9件），印刷業（8件）等であったものが，昭和47年度時点では，古綿打直し業（32件），陶磁器・同関連製品製造業（8件），5ガロン缶製造業（3件）等に止まっており，繊維関係以外の分野における安定事業多実施業種は大幅に減少している。

商業組合における安定事業は，昭和40年度時点では，石油販売業（43件），プロパンガス販売業（25件），石炭販売業（10件）等の燃料販売業が際立っている他，電気器具小売業（33件），自動車タイヤ販売業（33件），ゴム履物卸売業（23件），医薬品小売業（20件）を含む7業種に集中しており，これだけで全体（211件）の83.9％（177件）を占めることとなっている。

昭和47年度では，商業組合における安定事業の実施件数は54件と40年代当初の4分の1近くに減少してしまっており，しかもその大半は石油販売業（47件）に属するものであり，他には僅かに綿糸，毛糸，毛織物，各種織物の繊維関係卸売業および自動車タイヤチューブ卸売業の5業種，各1件となっている。

安定事業の実施範囲をみると（昭47・3末現在），そのほとんどが全国的な規模（98.8％）で行われており，地域的な規模（0.7％）やブロック的な規模（0.5％）で行われているものはほんの数件（実施総件数577件中7件）に止まっている[194]。

当時の安定事業の制限内容をみると（昭47・3末現在），最も多いのは①販売（引渡）方法制限（349件，26業種）で，以下，②未登録設備の使用制限（282件，22業種），③設備の新増設の禁止（222件，22業種），④出荷（引渡）数量制限（219件，28業種），⑤種類制限（58件，7業種），⑥生産（加工）数量制限（35件，4業種），⑦設備運転制限（20件，4業種），⑧価格制限（10件，5業種），⑨購買（引取）方法制限（6件，3業種）の順となっている[195]。

40年代における商工組合の安定事業は，実施業種数をみる限り漸次減少する傾向にあったが，実施件数（組合数）は必ずしもそれに対応したものとはならず，むしろ工業組合での安定事業は増加傾向にあったのである。

しかも，当時実施中の調整事業は同一業種組合において長期間に亘って継

続実施されているものが多く，実施件数の実に半数以上（69.1%）が10年以上を経過しているという状況にあった[196]。

このような商工組合の調整事業（中小企業カルテル）の長期化傾向に対して「中小企業カルテルは当該業界について直接，間接，現状維持的機能を有し，合理化を妨げ，ひいてはコスト上昇をそのまま，価格上昇に転化する事態を惹起することになりかねない。」として，商工組合の調整事業のうち，①長期にわたりカルテルが存続し，その間構造改善の実効が上っていないもの，②需要停滞にもかかわらず事業者数の減少がみられず，または逆に増加がみられるもの，③価格上昇が著しいもの，については，これを廃止すべしという声が強く出されるに至った。

その結果，昭和46年3月には中小企業安定審議会から「中小企業団体法に基づく安定事業および安定命令の整理について」というカルテル整理方針が打ち出され，中小企業庁における安定事業および安定命令の審査基準が改定されることになったのである[197]。

しかし，このような動きに対しては，「安定事業を10年以上継続実施しているということは，10年経っても安定できない非常に難しい事業であるともいえるのであり，大企業のカルテルに弊害が多いからといって，それをそのまま中小企業の場合にも適用してよいのかどうか。」，「調整事業を実施しながら，その中に競争原理の働く余地を出来るだけ多く残し，過当競争を秩序ある競争に変えていくことは出来ないか。」という現実的立場からの強い疑問も提出されたのである[198]。

ともあれこのような経緯を経て商工組合の安定事業に対する社会の眼は従来に増して厳しいものとなり，新基準の適用とともに，安定事業の実施業種数，実施組合数（件数）は減少していくこととなったのである。

次に合理化事業であるが，昭和37年の中団法の改正によって創設された合理化のための調整事業は，昭和39年の石膏ボード製造業を第1号として，日本石膏ボード工業組合において実施（販売方法・種類の制限）されたが[199]，40年代に入り，従来実施していた安定事業を合理化事業に切り換える組合が出てくる等により，漸次工業組合において実施されるようになり，昭和46年には8業種，27組合において実施されることとなった（表2-55）。

表2-55 商工組合における合理化事業実施状況

(昭和47年3月末現在)

対象品目	実施組合	制限事項	最初の発行年月
しぼり製品	愛知県絞(工)	生産技術, 出荷方法	47.2
合板	日本合板(工連)他8組合	種類, 出荷方法	44.1
繊維壁材	日本繊維壁材(工)	種類, 出荷方法	42.7
コンクリートブロック	東北コンクリートブロック(工)他13組合	**種類**, 出荷方法	42.7
セメント瓦	九州セメント瓦(工)	**種類**, 出荷方法	42.11
セメント製品	東日本セメント製品(工)	種類, 出荷方法	46.6
陶磁製食卓用品等	岐阜県陶磁器(工)	種類	46.4
畳・畳床	関東畳床(工)	種類, 出荷方法	46.6

(注) 制限事項欄の**太字**は, その制限事項につき, 事業活動規制命令が発動されていることを示す。
(資料出所) 公正取引委員会「年次報告」(昭和46年度) 351-352頁

しかし, それ以降はあまり増加せず, また, 実施された合理化事業もその目的を達成したということで逐次廃止され[200], 昭和48年以降は減少する一方で, 遂に昭和50年には石油燃焼器具製造業(日本石油燃焼器具工業組合)の1業種を残すのみとなった[201]。

なお, 商業組合においては, 合理化事業は40年代におけるばかりでなく, その後も, ほとんど実施されずにきている。

このように高度成長期に見合った商工組合の中核事業として期待されて導入された合理化事業ではあったが, 十分に活用されずに終わった感がある。

②構造改善事業と商工組合

中小企業の近代化を促進するため昭和38年に中小企業近代化促進法(以下「近促法」という)が制定され, 事業活動の相当部分が中小企業者によって行なわれている業種のうちから, 国民経済上とくに近代化の推進を図る必要があるものについて「指定業種」を指定し, 当該業種において中小企業近代化事業に取り組む中小企業者に対しては, 税制上, 金融上の特別措置が講じられることとなった。

近促法の施行により昭和44年度までに118業種に上る中小企業性業種が指定業種に指定され, 当該業種について①実態の把握, ②近代化目標の設定,

③組織化の促進がなされ，所属中小企業の体質改善が強力に推進された。

しかし，当初の近代化促進制度では，①ガイドポスト方式のため計画の実効性に限界がある，②計画の実施が個別企業の任意の努力に委ねられているため業種全体の体質改善が困難である等の問題点があり[202]，こうした欠点を克服すべく，まず昭和42年には繊維工業について「特定繊維工業構造改善臨時措置法」(以下，「特繊法」という) が制定され，特定繊維工業について構造改善が行われることになり，次いで昭和44年には近促法の改正 (第2次近促法) が行われ，本格的な中小企業構造改善制度が創設されたのである[203]。

新たに創設をみた構造改善制度のねらいは，業界全体の体質改善を実効性あるものとするためのものであり，業界組織が計画を自主的に作成し，共同化，協業化等の集約化を中心とする構造改善事業を総合的に実施し，個別企業内近代化の枠をこえた企業間合理化を推進することにより，規模の適正化を図ろうとする点にあった。

このような構造改善を実施推進する組織として最も適切なのは，同業者を網羅してつくられた「ぐるみ」組織である商工組合であり，以後商工組合は，中小企業構造改善計画の作成主体，推進母体として位置づけられ，様々の困難に直面しながらも大方の期待に応え得る活動をしてきた。なお，中小企業構造改善制度は，昭和48年には産地単位での構造改善を行うとともに知識集約化事業を追加 (第3次近促法)，昭和50年には対象範囲を拡大し，同業者ばかりでなく関連業者をも計画範囲に取り込むことのできる関連業種協調型構造改善制度を新設 (第4次近促法)，更に昭和59年度からは経営面の革新に主眼を置いた経営戦略化構造改善事業を導入，その時々の新たなニーズに沿った改変が行われてきた。

なお，平成3年7月1日現在迄に構造改善事業を実施するために指定された「特定業種」は全部で68業種 (「指定業種」は180種類) に上るが，その半数以上の35業種が40年代に指定されたものである (表2-56)。

構造改善制度創設とともに特定業種に指定されたのは，みがき棒鋼製造業他8業種であるが (表2-57)，これらはいずれも近促法が制定された昭和38年度に指定業種となったものばかりである。

表2-56 「特定業種」の指定状況

(平成3年7月1日現在)

昭和年度	44	45	46	47	48	49	50〜59	平成60〜3	計
新規指定業種数	8	9	5	1	11	1	30	3	68

(資料出所) 中小企業庁調べ

表2-57 第1次指定「特定業種」

①みがき棒鋼製造業	(昭44年5月指定)
②織物業	
③マッチ製造業	
④洋傘骨・同半製品製造業	
⑤金属洋食器製造業	(昭44年9月指定)
⑥普通合板製造業	
⑦清酒製造業	(昭44年12月指定)
⑧作業工具製造業	

(資料出所) 中小企業庁「中小企業構造改善の指針」(昭45.5) 4頁より作成

　このことは，これら業種を取り巻く環境条件が他の業種に比べ殊の外厳しかったことはもちろんではあるが，所属中小企業者の改善意欲が極めて高かったこと，更には，これら所属中小企業者を構造改善事業へと引っぱっていく核となる当該商工組合のリーダーシップが抜きん出て強力であったことを示すものといえよう。

　以下に各業種における構造改善事業の内容を紹介する。

　綿スフ織布業の構造改善事業は，日本綿スフ織物工業組合連合会が構造改善事業の実施主体となり，各産地工業組合を事業の推進母体として，①規模の拡大（生産量14％アップ，付加価値額63％アップ），②人員の削減（従業者数を19万人から16万5,000人に），③設備の削減（織機台数を42万2,000台から34万1,000台へ），④企業の集約化（9,800事業所から4,800事業所へ）を図り，1人当り生産高を25,000m^2から32,565m^2へ，1人当り付加価値を42万1,000円から65万3,000円に上昇させることを目指して取り組まれた[204]。

合板製造業における構造改善事業は、日本合板工業組合連合会を実施主体として、①原木供給事情の変化、②発展途上国の追上げ、特恵関税供与の実施、③需要構造の変化、④流通機構の立ち後れ、⑤財務・労務管理の脆弱性等の諸問題を克服すべく、①適正生産規模の実現（50%アップ）、②集約化の推進（企業合同15（33企業）、業務提携20（72企業）、技術提携等）、③共同事業の実施を行うこととし、特に共同事業については、①共同倉庫の建設（東京合板工業組合（27社）、中日本合板工業組合（39社）、静岡県合板工業組合（16社）等）、②ブナ合板の共同受注生産（東北合板工業組合（8社））、③パーチクル・ボードの共同生産（東京合板工業組合（15社））、④合理化カルテルによるラワン合板の品質の統一向上（連合会傘下組合の組合員企業145社）、⑤共同訓練所の設置（近畿四国合板工業組合（24社））等多様な取り組みがなされ、全国の合板製造業者227社の74.4%に当る169社が構造改善事業に参加した[205]。

作業工具製造業における構造改善事業は、全国作業工具工業組合を実施主体として行われ、①共同生産、②共同販売、③品種の調整、④共同研究を柱に、参加62企業を15グループ（合併3、共同出資会社3、協業組合3、協同組合1、業務提携5）に集約化し、適正生産規模を実現して、国際競争力を強化しようとするものであった[206]。

マッチ製造業における構造改善事業は、日本燐寸工業組合を実施主体として83社の参加により、①企業の集約化（協業組合2、協同組合8、業務提携3の13グループ化）、②設備の新設・廃棄（連続式マッチ製造機を42台から80台に増設するとともに、従来の軸例機や側箱引出差機を全廃）、③各種共同事業の実施（流通機構の合理化を図るための共同受注・共同販売、原材料・副資材の共同購入、共同計算センターの設置）、④マッチ用機械の共同研究開発、品質・デザインの共同研究、⑤海外市場の開拓、発展途上国へのプラント輸出等を行い、従業者数を6,081人から5,030人へと17.3%削減するとともに生産数量を645,489マッチトンから752,500マッチトンへと16.6%アップし、1人当り年間生産量を106.1マッチトンから144.6マッチトンへと41.0%上昇させることを目指したのである[207]。

(5) 協業化組合から協業組合へ

① 協業化組合の出現

　事業協同組合が行う共同事業の本旨は，組合員企業の事業活動を補完支援することにあったが，高度成長下における規模メリット追及ニーズの高まりとともに，共同事業をより高度化し，単なる補完的な役割をこえて，これに中枢的な役割を求めるものが各地各分野に顕在化するに至った。事業協同組合における協業化の流れである。

　事業協同組合における協業化の試みは，まず製造業において取り組まれ，その後，商業，サービス業等の非製造業分野へも伝播していった。

　例えば，長崎県醬油味噌工業（協）では，生産部門を全て組合に統合，組合員個々での生産を廃止して完全共同生産するとともに，販売部門は会社形態（長工醬油味噌有限会社）により行うこととした[208]。

　相馬家具工業(協)（福島県）では，当初，組合の行う共同事業は，材料の共同購入や運転資金のあっ旋程度であったのを共同作業場の設置をきっかけに生産の1本化に踏み切り，組合員手持機械を現物出資し，各組合員企業の従業員は組合工場に吸収，各組合員の工場は廃止して，組合員6人，従業員38人という体制で協業化をスタートさせた[209]。

　サービス業でも，例えば，台東ランドラーズ(協)（東京都）では6人のクリーニング業者によって，協業化が進められ，白物の水洗およびドライクリーニングは全て組合工場に移し，大型機械の導入によって生産性を飛躍的に向上させ，大幅なコストダウンに成功した[210][211]。

　このような動きに対しては政策担当者からも，協業化組合は，「中小企業の企業合同への1ステップとしての組織として活用しようというのであり」，「社会と組合の断層を埋め，その橋渡しをするような組合，社会的組合」として積極的に評価すべきものとされ，「組合による事業の一部の共同化が次第に進んで事業の全部の共同化となり，最後は完全な企業合同に達するというやり方は，中小企業の企業合同のやり方として極めて自然で，抵抗の少ない方法」として，協業化を推進するためには既存法制度上の問題点の解消に積極的に取り組むべきものとされたのである[212]。

　協業化を目的とする事業協同組合の数は，昭和40年調査では170組合に過ぎなかったものが[213]，41年には1,900組合となり[214]，44年には実に2,349

表2-58　協業化組合における協業化の程度

(昭和44年3月末日現在)

協業化の程度 業種	協業化の対象範囲			組合員の工場・店舗			回答組合数
	全品目	生産量の少ない商品	生産量が多く規格的な商品	並存している	一部並存している	廃止している	
製　造　業	238	76	242	376	138	79	1,002
卸・小売業	140	37	165	214	97	40	779
サービス業	19	10	18	57	24	10	129
そ　の　他	69	13	53	103	32	17	439
合　　　計	466 (19.8)	136 (5.8)	478 (20.3)	750 (31.9)	291 (12.4)	146 (6.2)	2,349 (100.0)

(資料出所)　中小企業庁「昭和44年度事業協同組合実態調査報告書」(昭45.6) 49頁掲載表より作成

表2-59　協業化組合における協業化部門

(昭和44年3月末日現在)

協業の部分 業種	仕入	販売受注	生産加工	運送	保管	工場	店舗	その他	回答組合数
製　造　業	529	302	420	99	140	119	10	53	1,002
卸・小売業	476	174	96	118	114	34	82	59	779
サービス業	48	23	47	10	13	13	7	21	129
そ　の　他	162	124	71	78	42	16	12	40	439
合　　　計	1,215 (51.7)	623 (26.5)	634 (27.0)	305 (13.0)	309 (13.2)	182 (7.7)	111 (4.7)	173 (7.4)	2,349 (100.0)

(資料出所)　表2-58に同じ(同書48頁掲載表より作成)

組合を数えるに至っている[215]。

　これは全事業協同組合の17.1％を占める数であり，この時期，組合の共同事業が高度化し，かなりの程度協業化が進んでいたことがうかがえる。

　協業化の程度を協業化対象品目の多寡からみてみると，組合員企業の生産販売する全品目を協業化しているものは19.8％，取扱量が多い規格品についての協業化を行うのも20.3％，逆に取扱量の少ないものだけを組合に統合するというものが5.8％となっている（表2-58)。

また、協業化対象部門で最も多いのは①仕入部門で、以下、②生産（加工）、③販売（受注）部門、④保管部門、⑤運送部門の順となっている（表2-59）。

協業化に伴い組合員企業が自分の事業場である工場や店舗をどのように処分しているかについては、これを廃止するというものが6.2％程度であり、従来事業場を併存しているものが圧倒的に多く（31.9％）、既存事業の大半を組合に統合するが、なお一部を組合員のもとに残すとするものが1割程度（12.4％）となっており、協業化といっても経営の完全統合という段階迄には至っておらず、あくまでも共同化の一歩前進といった感じが強い。

協業化によって得られる効果としては、①生産性の向上によるコストダウン、②品質の高度化・均一化、③資金調達力の増大、④福利厚生施設の充実等による労働力確保面の強化、⑤需要構造の変化に伴う品種転換の円滑化、⑥経営の多角化による安定化等があげられている[216]。

しかし、その反面、問題点も多く、①組合員の協業化意識の不十分さ、②資本の不足、③経営能力の低さ、④法制度上のネック等が指摘されており、特に、法制度上の問題点は、協同組合の基準原則に係る根本的な問題を含むものであり、これを協業化の進展と民主的な組合運営という観点からどのように調和適合させ得るかが緊急の課題とされた[217]。

② 協業組合制度の誕生

昭和42年に中小企業団体の組織に関する法律が改正され、協業組合制度がスタートした。

わが国経済の成長の度合いが大きくなるにつれて、共同化にもより高度なものが求められるようになり、前項で触れたように従来の協同組合制度では種々の問題が生ずるに至ったからである。

まず、①協業[218]を行うためには高い企業性が求められ、意志決定が機動的に行われなければならないが、従来の組合制度では、議決権の平等、出資の制限等があり、機敏な対応は困難である、②協業により経営の拡大を図ろうとしても、事業協同組合においては、員外利用制限が、企業組合においては従事比率の制限、組合員比率の制限等が足かせとなる、さらに、③協業が全部協業へと進んだ場合、組合員は事実上非事業者となり、組合員資格を喪

表2-60　昭和42年設立協業組合

(昭和42年12月末現在)

組合名	設立許可年月日	県名	組合員数	業種
1．中讃砕石販売（協業）	昭和42.11.29	香川	10	砂利・砕石・土石販売
2．琴平自動車整備（協業）	42.11.30	香川	11	自動車整備
3．（協業）興陽製作所	42.12.5	石川	4	機械部品製造
4．（協業）日本ファニチア	42.12.20	徳島	11	家具製造
5．市原釉瓦（協業）	42.12.22	千葉	4	釉薬瓦製造・販売
6．（協業）協和建材工業	42.12.27	秋田	4	コンクリート製品製造
7．姫路生麺（協業）	42.12.28	兵庫	18	生麺製造

(資料出所)　全国中央会「全中情報」No.180（昭43.1.1）1～2頁, No.182（昭43.2.1）30頁より作成

失することになる，また，④企業組合の場合には法人企業の参加が認められないため中堅中小企業の協業には適合しない，等々である。

　それでは会社形態による協業はどうかというと，①会社は所有と経営が分離され，資本の原理が貫徹される組織であり，相互協力を基本とすべき協業には適さない，②会社では構成員に競業を禁止することを制度的に強制することはできず，事業の集約化を図る組織にはなっていない，等の問題があり，中小企業者が主体性を確保しつつ，協業を行うために直ちに利用し易い組織制度を早急に創設することがどうしても必要ということになったのである[219]。

　協業組合制度を定めた改正中団法は，昭和42年7月29日に公布，同年9月20日に施行されたが，設立認可のための取扱方針を定めた運用通達が発令されたのは，同年10月13日[220]となったため，協業組合の実際の創設は昭和42年の10月以降となった。

　したがって，新制度が創設された昭和42年度中に設立された協業組合は，僅かに22組合に過ぎなかったが[221]，通達発令後の11月には，香川県で中讃砕石販売（協業）が，わが国協業組合の第1号として設立認可されたのをは

じめ、翌12月末迄に7組合が設立された（表2-60）。

制度創設の翌43年10月末には、42都道府県で協業組合の設立をみ、131組合となったが(222)これら制度創設時の先行組合の状況をみると、まず、業種では、①食料品製造業（22組合）が最も多く、以下、②プロパン販売業（18組合）、③家具等木工品製造業（13組合）、④コンクリートブロック等窯業・建材製造業（12組合）、⑤食料品販売業（10組合）となっている(223)。

また、組合の規模を組合員数によってみると、4〜9人規模のものが圧倒的に多く、全体の66.4％を占めている(224)。なお、このうち既存の事業協同組合や企業組合からの組織変更によるものが31.5％に上っている(225)。また、この時点での協業の程度をみてみると、全部協業が56.3％で半数を上回っているが、一部協業に止まるものも43.7％に達しており、やや意外の感がある(226)。

先行協業組合の1，2をみてみると、東京都緑友印刷製本（協業）は共同工場を設置すべく、かねてより任意団体として資金計画等を練っていたが、昭和42年に当時の助成制度（小規模企業工場譲渡制度）を利用するために事業協同組合を結成、44年共同工場の完成と同時に協業組合に組織変更し、全部協業に踏み切った。共同工場の完成とともに組合員の事業は全廃し、従来の従業員88人に加え、新規に36人の従業員を採用、ノート、カレンダー、アルバム等の印刷—製本の一貫作業を実現、それ迄困難だった大口受注にも対応できるようになった(227)。

関東スーツ（協業）も当初共同受注、共同輸送、共同仕入等を行っていた宇都宮縫製工業（協）の有志組合員が共同工場を設置すべく昭和41年に関東スーツ工業（協）を設立、昭和42年共同工場が完成するとともに44年に協業組合に組織変更することになった。当組合では、協業するに際し、組合員の所有していた縫製用ミシンを組合が時価により買い上げるとともに従業員についても企業毎の格差を調整し、1人の退職者も出すことなく全員（120人）円満に、組合工場に異動させることに成功、全部協業を実現させた。また、組合の財政基盤を強化するために設立当時500万円だった出資金を43年には1,000万円に、44年には1,650万円に増額、その後2,000万円に増額した(228)。

（協業）日本ファニチアの場合、徳島の特産品である鏡台のアッセンブル

メーカーの中堅11社が集まって昭和42年に協業組合を設立，生活の洋風化等によって需要の増大のみこまれるドレッサーについて，従来の多階段にわたる分業による労働集約的，非能率な生産形態を脱し，一貫生産による生産性の向上を図ろうとしたものである。生産部門を完全協業することによって組合員は販売に専念，大きな成果を上げた[229]。

当時（昭和44年度実績）の協業の効果として販売高の伸びについてみると，伸び率の高いのはやはり製造業関係で，協業組合設立直前に比べ販売高を2～3倍に伸ばしているものがかなりみられ，中には窯業や生麺製造業のように10倍から30倍もの急成長を実現したものもある。なお，非製造関係でもプロパンガス製造業（2.4倍）やクリーニング業（3倍）等の組合にもかなりの伸びを達成しているものがみられる[230]。

こうしてスタートを切った協業組合は，昭和45年には705組合，46年には846組合，48年には982組合と順調な伸びを示し，昭和49年にはついに1,000組合台をマーク，1,017組合を数えるに至った[231]。

昭和40年代の協業組合の実態を昭和49年時点でみてみると[232]，業種別分

表2-61 協業組合業種別組合比率および業種別平均組合員数

（昭和49年8月末現在）

業種	比率(%)	平均組合員数(人)
食料品	13.5	9.1
繊維工業	4.9	7.4
衣服その他繊維製品	2.3	7.7
木材・木製品	3.5	5.8
家具・装備品	3.4	6.9
パルプ・紙・紙加工品	0.9	6.4
出版印刷	2.4	10.1
化学工業	0.7	7.2
石油・石炭製品	0.1	16.0
皮革・同製品	0.6	51.4
窯業・土石製品	9.5	8.5
鉄鋼業	0.7	11.0
金属製品	1.7	6.6
機械	0.5	6.7
電気機械器具	0.3	7.0
輸送用機械器具	1.3	6.5
精密機器	0.2	35.0
その他の製造業	1.2	16.0
製造業計	47.6	8.9
農業	0.5	36.3
林業	0.2	13.0
鉱業	1.2	14.1
建設業	4.3	7.3
卸売店	1.7	9.9
小売業	10.8	10.3
商店街	0.2	6.0
金融・保険・不動産	0.2	22.0
運輸業	5.5	16.1
サービス	27.7	10.5
非製造業計	52.4	11.2
合計	100.0	10.1

（資料出所）　全国中央会「協業組合実態調査報告書」（昭和50.6）6～7頁掲載表より作成

表2-62　協業組合の業種別協業程度の状況

(昭和49年8月末現在)

業　　　　種	全部協業	一部協業	全部協業と一部協業
食　料　品	77.6%	18.1%	4.3%
繊維・同製品	75.8	21.0	3.2
木材・木製品・家具	71.2	28.8	—
窯業・土石	48.1	44.5	7.4
金属・機械器具	70.7	24.4	4.9
そ　の　他	68.0	30.0	2.0
製　造　業　計	68.7	27.4	3.9
建　設　業	75.7	24.3	—
卸・小売業	64.5	26.4	9.1
運　輸　業	47.9	50.0	2.1
サービス業	26.8	70.6	2.6
その他の業種	72.2	22.2	5.6
非　製　造　業　計	44.2	51.8	4.0
合　　　　計	55.9	40.1	4.0

(資料出所)　表2-61に同じ(9頁掲載第17表より作成)

布では,①サービス業(27.7%)が最も多く,以下,②食料品製造業(13.5%),③小売業(10.8%),④窯業・土石製品製造業(9.5%),⑤運輸業(5.5%),⑥繊維工業(4.9%),⑦建設業(4.3%)となっており,協業組合制度発足当初に比べてサービス業のウエイトがかなり高まっている(表2-61)。もっともサービス業といってもその大半は自動車整備業(82.1%)であり,また,食料品製造業では豆腐製造業(29.9%)が,小売業ではプロパンガス販売業(73.1%)が高いウエイトを占めている[233]。

この時点での協業組合における協業の度合いをみてみると(表2-62),全部協業が55.9%と一部協業を僅かに上回っているが,この度合いは制度創設当時とあまり変わっていない。ただ,製造業における全部協業の割合が相対的に高く(68.7%),特に,食料品製造業(77.6%),繊維・同製品製造業(75.8%),金属・木製品・家具製造業(71.2%)金属・機械器具製造業(70.7%)で高い比率となっている。また,全部協業をするものは少人数組合にシフトしており,全部協業組合のの71.6%が組合員5人以下の組合で占めら

れている。

　なお、数は少ないものの、全部協業と一部協業の混合型の協業組合もみられるが、これは組合員の中に協業対象事業以外の事業を行う組合員を含んでいるため、組合員の中に従前実施事業を全て集約した組合員と一部事業しか移行してない組合員とを合わせ有するものであり、この形態の組合は、卸・小売業に目立っている（9.1％）。

　規模メリットの実現を期して設立された協業組合について、当時の関係者は、その効果をどのようにみているかをみると、最もその効果があったとするのが、①能率の増進（65.7％）で、以下、②経営管理の近代化（60.0％）、③対外信用力の増大（54.7％）、④従業員対策の向上（42.8％）、⑤原価の引下げ（41.0％）、⑥技術の向上（37.7％）、⑦品質の向上（35.6％）、⑧取引条件の改善（23.5％）となっているが[234]、これを売上面からみて昭和46年を100とした場合、48年の売上高は、総平均でも150となっており、特に、製造業では188の高成長を達成しており、協業の成果が着実に上がりつつあることを示している[235]。

(6)　公害問題と共同公害防止事業

　昭和40年代は公害問題の時代といわれ、ほとんどの企業が改めて公害対策の実施を迫られた10年でもあった。

　昭和30年代後半から始まったわが国の経済の目ざましい成長は、一方においてＧＮＰの急速な伸びにより国民生活の向上を実現し得たが、他方では狭い国土での急速な経済発展による環境汚染を引き起こし[236]、公害問題の克服は国民的課題となったのである。

　公害問題は、石油コンビナートの大気汚染や化学工場からの排水による水質汚染等にみられるような産業公害ばかりでなく、自動車の排気ガスによる大気汚染や家庭で使用する合成洗剤による河川の汚濁等にみられる都市公害などの極めて広範囲のものとなり、深刻な社会問題となっていった[237]。

　このような公害問題に対応すべく、国は、昭和33年に公共用水域の水質の保全に関する法律の制定を皮切りに、順次、各種公害規制法を制定していったが昭和42年には公害問題に関する総合的対策を推進するための目標を定め

た公害対策基本法を制定するに至った。その後も、昭和43年には大気汚染防止法が、昭和45年には、いわゆる公害国会[238]において騒音規制法や水質汚濁防止法などの公害関係14法案が可決成立し、昭和45年頃迄には公害対策基本法を軸とする国の公害対策関係法規の一応の体系が整ったのである。

公害関係法規の制定とそれに基づく国の公害行政の推進は、即、公害規制の強化であった。

公害として指定され、法の規制を受けたのは、まず、①大気汚染、②水質汚濁、③騒音、④振動、④地盤沈下、⑥悪臭であったが、後に⑦土壌汚染が追加された[239]。

当時（昭和45年）の中小企業における公害の発生状況をみると、種類としては、①廃液、汚濁等水質汚濁（36％）、②粉じん、煤煙等による大気汚染（36％）、等がその主要なものであったが、振動、悪臭、廃棄物等の公害も結構あり、中小企業の公害もかなり多様であった[240]。

業種別に公害問題が表面化している割合（公害発生源を有するものに対する表面化したものの割合）をみると、①紙・パルプ製造業（30％）、②鉄鋼業（30％）、③石油・石炭業（25％）、④化学工業（24％）等大企業分野のものが比較的高いが窯業（25％）、食料品製造業（11％）、木材・家具製造業（14％）、出版・印刷製造業（11％）など中小企業分野においてもかなり広汎にわたって公害問題が表面化していた[241]（図2-5）。

さらに、業種別に公害の特徴をみると[242]、紙・パルプ製造業では、ヘドロに代表されるような水質汚濁が最も多く、特にチリ紙や板紙業では回収した故紙を蒸解する過程で、多量の炭素カルシュウムや微細繊維質の浮遊物が排出され、これがヘドロの原因となった。

鋼鉄・金属製品・機械器具製造業では、騒音、振動のウェイトが高いが、特に鋳物製造業では、キューポラから発する燃焼音、コンプレッサー音等の騒音と鋳型にいれた鋳物砂を固める際や製品を砂から分離する際に発する機械の振動が問題となった。また、鍛造や機械加工でもハンマーやプレスなどによる騒音・振動が問題となり、零細企業の多い鋳金加工業では鋳金加工に使用するシアンやカドミウムによる水質汚染が問題とされた。

窯業では、直接人体には影響しないものの陶磁器の原料である陶土をつく

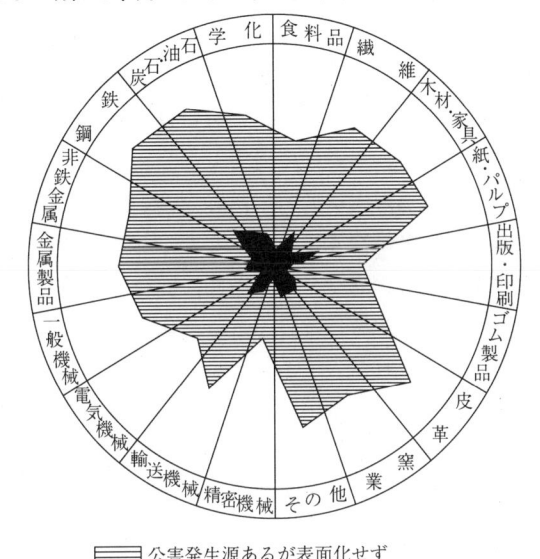

図2-5 昭和40年代における中小企業業種別公害問題発生状況

（ラベル：食料品、繊維、木材・家具、紙・パルプ・出版・印刷、ゴム製品、皮革、窯業、その他、精密機械、輸送機械、電気機械、一般機械、金属製品、非鉄金属、鉄鋼、石油石炭、化学）

凡例：
- 公害発生源あるが表面化せず
- 公害発生源あり表面化している

（資料出所）中小企業庁「中小企業公害問題実態調査」（昭和45年実施）
「中小企業白書」（昭和45年版）175頁掲載

る段階での粘土の洗浄による河川の汚濁が、川下の水田等に悪影響を及ぼすというので問題視された[243]。

繊維工業では、染色工程で排出される酸、アルカリ、硫化物を含む廃液による水質汚染が指摘された。

化学工場では、製品の種類が多岐にわたっているため排出物質も有機物、無機物と多様であり、公害の種類も水質汚濁と大気汚染の両方にまたがっていた。

食料品製造業の場合、水産加工業では原料魚の内臓物の河川への投棄による水質汚濁や一定箇所への放置による悪臭等が問題とされたが、醬油製造業では、醸造過程で排出される廃液中に含まれる動物性タンパク質が水の浄化度を低下させ水質汚濁を生じさせることが問題となった。

木材・家具製造業では、製材段階での紛じんや機械騒音が主であるが、合板製造業の場合には、更にボイラーから生ずる亜硫酸ガスが大気汚染公害源

として問題視された。

　出版・印刷業では、一般に工場が住工混在傾向を有するところから、輪転機等の機械騒音が問題となった。

　では、このような公害問題を解消するためにはどうすればいいのか。

　公害問題が社会問題化し、あらゆる分野での公害規制が強まっていく中で、中小企業においてもそれ迄以上に公害の防除技術の開発、除去施設の設置に積極的に取り組むことを余儀なくされていた。

　しかし、他の設備投資とは異なり、生産面、収益面では何らプラスにならない公害関連投資は、中小企業にとって大きな負担を強いるものであり、国等による支援が強く求められたのである。

　昭和45年の公害国会における公害関連諸法律の成立を機に全国中小企業団体中央会においても、産業公害対策特別委員会を設置、中小企業における公害問題への取り組み方を、広く関係業界の衆知を結集して協議するとともに[244]国に対しても中小企業公害防止資金貸付制度の創設等を要望した[245]。以後、中小企業に対する公害対策の拡充は、中小企業団体全国大会の主要決議となっていった[246]。

　こうした状況を受けて、国も中小企業に対する各種の公害防止助成制度を創設、拡充していった。

　まず、昭和40年10月には産業集中地域の公害防止支援事業を専門的に推進する機関として公害防止事業団が設立された[247]。

　公害防止事業団は、①公害防止設備設置資金の融資と②公害防止施設の建設・譲渡の2つを行うもので、特に、後者については、①共同公害防止施設（数企業の工場排水等を1ヶ所に集めて共同で処理する施設）の設置・譲渡、②共同利用建物（市内に散在して公害を発生している工場を一つの建物に集めて共同処理施設を完備させるもの）の設置・譲渡、③工場移転用地（市内に散在している工場を郊外の住宅のない場所に移転させ公害を防止するための工場用地）の造成・譲渡、④共同福利施設（工場地帯と住宅地帯の中間に緑地帯を建設して公害を防止するもの）の設置・譲渡等多様なメニューが用意されており[248]、共同福利施設を除いては、その殆どの対象が中小企業であり、同事業団が設置・造成した施設・建物・用地の譲渡先は中小企業者によって組織された事

表2-63　公害防止事業団造成建設事業実施例

(昭和45年2月15日現在)

区　分	対象事業	譲渡の相手方	契約年月日	公害の種類
共同公害防止施設	大阪鉄工団地共同排水処理施設	大阪鉄工金属団地協同組合	44. 3.31	排　水
	西脇地区　〃	兵庫県繊維染色工業協同組合	44. 9.25	〃
共同利用建物	神戸ゴム工場アパート(第1次)	神戸化学センター協同組合	41. 4.25	ばい煙
	葛飾メッキ工場アパート	葛飾メッキ工場アパート協同組合	42. 1.25	排　水
	神戸ゴム工場アパート(第2次)	神戸シューズサークル協同組合	42. 2.15	ばい煙
	神戸ゴム工場アパート(第3次)	神戸エンタープライズ協同組合	43. 1.30	〃
工場移転用地	大阪鉄工金属団地(第1次)	大阪鉄工金属団地協同組合	41. 8.25	騒音
	大阪鉄工金属団地(第2次)	大阪鉄工金属団地協同組合	42. 8.25	〃
	枚方鉄工塗装団地(第1次)	枚方鉄工塗装近代化協同組合	42.10.19	騒音・悪臭
	羽田鉄工団地(第1次)	羽田鉄工工業団地協同組合	42.12.14	騒音
	八王子繊維工業団地	八王子繊維工業団地協同組合	43. 2.28	〃
	尼崎油脂団地	尼崎油脂団地協同組合	43. 3.29	排　水
	尼崎鉄工団地	尼崎鉄工団地協同組合	43.10.25	騒音
	呉鋸(ヤスリ)工場団地	呉鋸工業団地協同組合	43.11.18	〃
	枚方鉄工塗装団地(第2次)	枚方鉄工塗装近代化協同組合	43.11.19	〃
	大阪鉄工金属団地(第3次)	大阪鉄工金属団地協同組合	43.11.27	〃
	羽田鉄工団地(第2次)	羽田鉄工工業団地協同組合	44. 3.28	〃
	京浜金属工業団地	京浜金属協同組合	44. 8.13	〃
	堺臨海化学工業団地	堺臨海化学協同組合	44. 9.20	排　水
	高崎金属工業団地	高崎金属団地協同組合	45. 1.14	騒音

(資料出所)　公害防止事業団調べ(中小企業と組合・昭45・5月号，22～23頁掲載表より作成)

業協同組合が大半であった(表2-63)。

　例えば，神戸市内には700以上のゴム工場があったが，そのほとんどは中小のゴム履物メーカーであり，過密化する住工混在地域にあって公害(ばい煙)・火災等の問題を抱えていた。これを解決するために中小企業者が集まって組合を組織(神戸化学センター(協)(組合員14人)，神戸シューズサークル(協)(6人)，神戸エンタープライズ(協)(5人))し，昭和41年から43年にかけて公害防止事業団の建設する公害防止施設完備の工場アパートを譲り受けることになり，公害防止に役立てることはもちろん，合わせて共同仕入，共同生産，共同出荷等の共同事業を実地した。また，厚生施設の設置も行い，従業員福利の面でも大きな成果を上げることができた[249]。

　同じ兵庫県の西脇地区に散在する染色業者(11人)で組織された兵庫県繊維染色工業(協)は公害防止事業団が建設した共同排水処理施設の譲渡を受け，組合員事業所の工場排水を全てパイプで共同処理施設に集めて処理し，

染色工場の排水による河川（加古川）の汚染問題を解決した[250]。

東京でも，葛飾区のメッキ業者（11人）が集まって葛飾メッキ工場アパート（協）を設立，公害防止事業団の建設した共同排水処理施設，特定有害物質処理施設を備えた共同利用建物の譲渡を受けてメッキ工場の排水による水質の汚濁の防止に成果を上げた。

工場移転用地の造成では，東京国際空港の隣接埋立地15万5,000㎡の工場用地を造成，大田区周辺で騒音，振動等の公害問題で頭を悩ませていた鉄工関係中小工場（53人）が設立した羽田鉄工工業団地（協）に譲渡[251]，大阪でも岸和田市の臨界埋立地に28万4,000㎡の工場用地を造成，大阪市や堺市で騒音，振動等の公害問題に悩んでいた鍛造，プレス，製缶等の中小工場（68人）によって組織された大阪鉄工金属団地（協）に譲渡，都会の住工混在地域に工場を有する中小企業の公害問題の解決に一定の方向を与えた[252]。

昭和42年8月には中小企業（振興）事業団が発足，高度化事業の一環として都道府県と協力して組合の行う共同公害防止事業を推進することとなった。

共同公害防止事業については，これを一般の高度化事業よりも優遇，金利は無利子（一般は，2分7厘），貸付期間は15年以内（一般は12年内），貸付率は総所要資金の80％以内（一般は，65％以内）とするとともに，公害防止事業団融資の併用も認められ，例えば，中小企業（振興）事業団と都道府県から80％の助成を受け，残り20％につても公害防止事業団からの融資を受けることもできるように配慮された[253]。

また，昭和47年には集団化事業の中に公害防止工場集団化事業が創設追加され[254]，組合による共同公害防止事業への取り組みは，一層促進されることになった。

組合による共同公害防止事業への取り組み状況を，高度化資金の利用状況でみると，40年代前半はそれ程でもないが，40年代後半に入って急速に増え，昭和46年から50年迄の5年間で158件に上り，年平均利用件数は30件超となっている（表2-64）。

共同公害防止事業についての高度化資金の利用上状況を業種別にてみると（昭和43年～55年迄の累計），①食料品製造業が79件（31.7％）と際立っており，以下，②繊維工業の39件（15.7％），③金属製品製造業の27件（11.0％），④

表2-64 共同公害防止事業の年度別助成件数

年度	43	44	45	46	47	48	49	50	51	52	53	54	55	累計
件数	4	2	3	10	36	50	35	27	28	16	14	13	11	249

(注) 49年度には,1件広域高度化助成を含む。
(資料出所) 中小企業事業団「中小企業事業団の概要(資料編)」

表2-65 昭和40年代における高度化資金による共同公害防止施設設置事例

設置年	組合名	主な排出公害物質	主な施設名	処理方式
昭和40年	㈿新潟食品センター	BOD, COD SS, OH ノルマルヘキサン	排水処理施設	活性汚泥方式
46	岳南鍍金工業㈿	六価クロム	廃液処理施設	硫化還元方式
47	東京鍍金公害防止㈿	濃厚シアン	廃液処理施設	煮詰高温燃焼方式
47	福岡県醤油醸造㈿	BOD, PH	排水処理施設	全酸化活性汚泥方式
47	富士家庭紙製造㈿	COD, SS, PH, スラッジ, SO_x	排水処理施設 排煙脱硫装置	高度凝集沈澱方式 排煙脱硫媒塵除去法
48	福岡家具工業団地㈿	産業廃棄物	産業廃棄物処理施設	焼却,脱臭 有害ガス除去装置
48	浜縮緬工業㈿	BOD, COD, SS, PH, スラッジ 亜硫酸ガス ばいじん	排水処理施設 排煙脱硫装置 集塵装置	活性汚泥法+凝集沈澱法+泸過法 焼却処理 湿式脱硫方式 マルチサイクロン方式
48	京都綿スフ織物工業㈿	BOD, COD, PH	排水処理施設	電解凝集沈澱方式
48	湖北味噌排水処理㈿	BOD, スラッジ	排水処理施設	活性汚泥方式 真空低温乾燥
49	茨城製飴	BOD, COD, SS, PH	排水処理施設	活性汚泥方式
49	岳南第一製紙㈿	スラッジ, NO_x, SO_x	焼却炉 排煙脱硫装置	ボールチェン方式 マルチサイクロン方式
49	丹後織物(工)	BOD, SS, PH, SO_x, NO_x, ばいじん 悪臭	排水処理施設 集塵装置	活性汚泥法+凝集沈澱法+泸過法 生物的脱窒素法 湿式アルカリ洗浄方式
49	高知県食品工業団地事業㈿	SS, BOD	排水処理施設	ラグーン活性汚泥方式

(資料出所) 全国中央会「中小企業のための公害防止対策の手引き」(昭和52.9) 102〜105頁掲載表より作成

木材・木製品製造業の25件（10.0%）、⑤卸・小売業の14件（5.6%）となっている(255)。

この間、国の環境保全関係予算が昭和45年の829億円から3,751億円へと4.5倍の増加を示したが、民間に置ける公害防止投資額は、1,637億円から9,471億円へとこれをはるかに上回る5.8倍増であり、民間の設備投資に占める公害防止投資の割合は、昭和45年の5.3%から50年の17.1%へと、急増している(256)。

組合による共同公害防止事業は、主として共同排水処理施設の設置にあったが（表2-65）、これを昭和39年に発生したシアンめっき排液の多摩川流出事故や6価クロムの問題で規制が強められ、厳しい取締りの対象となった電気めっき業についてみてみると、まず、昭和43年には前述の葛飾メッキ工場アパート（協）（組合員11人）が建設されたのに続いて、44年には高崎金属工業団地（協）（6人）、高崎市倉賀野団地（協）（5人）、46年に上尾めっき工業団地（協）（6人）、47年に氷見めっき団地（協）（4人）、49年に燕小関工業団地（6人）、山梨機械金属団地（協）（6人）、50年に東糀谷めっきセンター（協）（7人）でそれぞれ共同排水処理施設の完成をみたが、工場団地の場合いずれも電気めっき事業所が5～6社以上もあって、これらが団地組合の中核体となったものである(257)。

なお、公害防止事業のみを特化して行う共同化の例としては、昭和46年に完成した東京鍍金公害防止協同組合の城南廃酸処理センターがあり、所要資金2億円の8割に当たる1億8,000万円を無利子の高度化融資を受けて行った(258)。

このような業界あげての努力の結果、電気めっき業においては、昭和51年現在で、全国鍍金（工連）傘下の組合員工場の全てが何等かの公害防除施設を設置することとなり、排水の水質維持のために各事業所の売上高の7%に当たる平均201万円の費用を投じたことになっている(259)。

(7) 組合による省資源・省エネルギーの推進

昭和47年から始まった田中内閣による列島改造計画の推進は、翌48年10月に勃発した第4次中東戦争を引き金とする中東産油国による産油制限と相ま

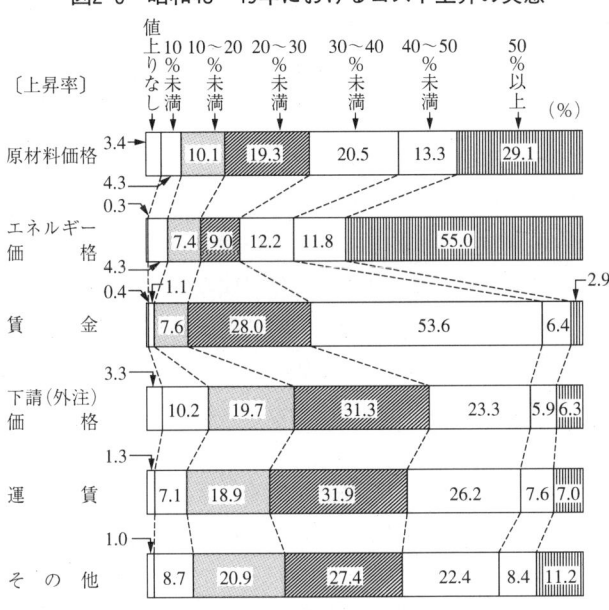

図2-6　昭和48～49年におけるコスト上昇の実態

〔上昇率〕	値上りなし	10%未満	10～20%未満	20～30%未満	30～40%未満	40～50%未満	50%以上
原材料価格	3.4		10.1	19.3	20.5	13.3	29.1
エネルギー価格	4.3	0.3	7.4 / 9.0	12.2	11.8	55.0	
賃金	4.3	0.4 / 1.1	7.6	28.0	53.6	6.4	2.9
下請(外注)価格	3.3		10.2	19.7	31.3	23.3	5.9 / 6.3
運賃	1.3		7.1	18.9	31.9	26.2	7.6 / 7.0
その他	1.0		8.7	20.9	27.4	22.4	8.4 / 11.2

(資料出所)　中小企業庁「省資源・省エネルギー化対策調査」昭和49年11月
（「中小企業白書」（昭和50年版）146頁掲載）。

って，わが国にかつてない物価騰貴[260]，物資不足状態[261]を現出するに至った。

その結果，原材料価格やエネルギー価格を中心に企業経営に要する諸経費は急上昇した（図2-6）。

これを原材料についてみると，昭和48年の春頃から，天然繊維，セメント，木材等に不足急騰がみられたが，夏頃になると塩化ビニール，鋼材，紙，原糸，接着剤等の不足が顕在化し，中小企業では苦境に陥るところが増大した[262]。更に，秋頃になると，物不足現象は生活必需物資に迄及び，トイレットペーパー，塩，砂糖，洗剤，小麦粉などが店頭から姿を消すという深刻な事態となり，物不足は経済問題に止まらず，大きな社会問題となっていった。

中小企業における物不足の影響は，①収益率の低下（68.4％），②資金繰り難（52.7％），③売上・受注の減少（44.8％），④操業度の低下（25.2％）等となって現われ[263]，中には総合工事業のようにセメント不足により操業中

止の止むなきに至るものまで出る状況であった。

　こうした状況は，わが国産業のそれまでの行き方に大きな警鐘を鳴らすものであり，産業界に資源・エネルギー問題への真剣な取り組みを求めることとなった[264]。

　多くの原材料・資源を海外からの輸入に依存しているわが国の場合，例えば，紙，鉄，非鉄金属のような物資について，そのリサイクル比率を2割アップすれば，輸入量の3％節約になるとの指摘もあった[265]。

　このようにして省資源・省エネルギーは時代の要請となり，全国中央会においても「組合を中心とする中小企業の省資源運動の展開方針」を決定（昭和49・5・23）[266]，産業廃棄物の再資源化等を中心に省資源・省エネルギーを中小企業における共通課題として，その実現に積極的に取り組むことになったのである。

　省資源・省エネルギー実現のための具体的方策としては，①省資源型生産への転換，②省資源型管理部門の設置，③省資源技術の開発，④原材料管理の強化，⑤エネルギー使用の合理化，⑥トータルエネルギーシステムの確立，⑦製品の耐用期間の長期化，⑧過剰包装・機能・デザインの抑制，⑨省資源型製品の開発普及，⑩製品の規格化・標準化の推進，部品交換性の増大，⑪使い捨て防止，⑫廃棄物のリサイクルシステムの確立（回収・再利用の推進）等があげられたが[267]，組合における共同対応としては，次のようなものがあった。

　まず，省エネルギーへの取組みであるが，製紙業者7人によって設立された富士家庭紙製造（協）（静岡県）では，従来，個々に設置していたボイラーを共同施設として統合し，組合が主体となって熱供給事業を実施，蒸気の効率的利用によりエネルギー節約に資することはもちろん，公害（煤煙）防止面でも大きな効果をあげた。その結果，コスト面でも1キロ当たり16.22円から8.12円へと大幅低下させることに成功した[268]。

　三重県樹脂開発（協）は，プラスチック成形加工業者16人によって設立された組合であり，そもそもの設立動機は組合員の工場から排出される樹脂系残材を適正処理することにあった。しかし，残材処理法として再生化（牧柵や街路樹に使用できる各種のクイ）に取り組み，商品化（「プラグイ」の生産・

販売)を軌道に乗せたところから,廃棄物の処理に苦慮していた全国のプラスチック成型加工業者に貴重な示唆を与えることとなった[269]。

水産加工でも加工処理後の残滓の処理に悩まされていたが,(協)焼津水産加工センター(静岡県)(組合員22人)では昭和48年に共同処理施設を設置,それぞれの組合員工場から排出される魚腸骨,血水,魚肉蛋白を大量に含んだ廃水等を共同回収し,これらの排出物を,①煮汁,②魚腸骨を主体とする残渣,③その他の排水の3つに区分し,煮汁からは魚肉蛋白エキスを回収,魚腸骨残滓からは,①フィッシュミール(果樹園等で使用する骨粉肥料),②フィッシュ・ソリュブル(調味料の原料),③魚油(石けん等の原料)を再生産,排水処理後の最終物質である余剰汚泥からも窒素,りん酸,カリ等の肥料を回収,廃棄物の再生資源化に資するとともにこれらの販売によって得た収益によって共同処理費用の負担をかなり軽減させることができた[270]。

(協)境港水産加工団地(鳥取県)(組合員13人)でも組合員工場から排出される汚水を処理するために昭和47年に共同汚水処理施設を完成させ,1日当たり約4,400トンによる排水の処理過程で出てくる余剰汚泥を乾燥して1日1,300~1,400kgの飼・肥料に再資源化(余剰汚泥には窒素9%,りん4.7%,カリ1.0%,魚肉蛋白56%が含有),主として,ドッグフードとして販売,公害防止目的と合わせて資源の再利用化を実現した[271]。

ブロイラー加工業者によって設立された岩手中央ミール(協)(組合員4人)の場合も共同残滓処理場(日産処理能力15万羽)を設置し,ここで集中的に処理することにより,ブロイラーの残滓からミート・ボーン・ミールや動物性油脂等を再生,これを飼料メーカーや石けんメーカーに販売,資源の有効活用に結びつけた[272]。

木材関係では,新潟オガライト(協)(組合員15人)が共同施設としてオガライト製造工場を設置,製材業者である組合員が排出する鋸屑を回収し,これを気流乾燥炉で熱風を吹き付けて乾燥させた後,成型機で高圧を加えて直径5.5センチ,長さ40センチの円筒型のオガライトに再生,新燃料として商品化に成功。その結果,組合員は月3~10万円程度負担していた処理経費を節約することができた[273]。

廃油の再生では,組合による共同廃酸処理センターの設置が各所でおこな

表2-66 共同化による省資源・省エネルギー推進事例

組合名	業種	組合員数	共同事業	再生品等
岩手中央ミール(協)	食肉加工業	4人	残さいの共同処理	油脂等
つなぎ温泉(協)	旅館業	19	源泉の集中管理・共同利用	温泉の有効利用
福島水産物商業(協)	魚小売業	350	残さいの共同処理	飼料等
栃木県集成材(協業)	製材業	4	集成材コアーの共同生産	原木の利用率の向上
上田ソイイースト(工)	味噌製造業	9	廃液の共同処理	酵母, 飼料
新潟オガライト(協)	製材業	15	鋸屑の共同処理	オガライト
新潟市冷凍食品(商)	魚小売業	66	残さいの共同処理	飼料等
富士家庭紙製造(協)	製紙業	7	共同ボイラーによる蒸気供給	熱エネルギーの節減
山岡町白濁水処理(協連)	陶土採取業	72	白濁水の共同処理	硅砂, 長石等
三重県樹脂開発(協)	プラスチック成型加工業	16	樹脂廃棄物の再生	プラグイ
(協)大阪廃酸処理センター	金属表面処理加工業	88	廃硫酸の共同処理	硫酸等
(協)阪神廃酸処理センター	〃	39	廃硫酸等の共同処理	硫酸等
大阪塗料溶剤(協業)	塗料製造業	45	廃溶剤等の還元	溶剤等

(資料出所) 全国中央会「共同化による省資源・省エネルギー事例集」(昭49.9)

われたが、例えば、(協)大阪廃酸処理センターでは、メッキ業をはじめとする金属表面処理加工業者が使用する硫酸、塩酸等の廃液を回収・処理し、その過程で分離される硫酸(25)、硫酸鉄七水塩(フェライト)(20)、水分(55)、の中から硫酸と硫酸鉄を採取している。新製品に比べれば純度は半減するものの、金属の表面の処理用液としては十分使用できるものであり、こうした廃棄物の再利用は、資源の有効活用の上からも大きく評価された[274]。

トイレットペーパー等の家庭紙を生産する中小製紙業者4人で結成した鳥取県家庭紙工業(協)では、パルプ工場から排出される汚泥にパルプ繊維が多量に含まれていることに着目、米子にある日本パルプ工場の隣接地に共同施設として原料処理工場を設置、日本パルプから排出される汚泥から高品質

の精製パルプを回収し，組合員に低価格で供給，大きな成果をあげた[275]。

このように，この時期，各地域，各分野において省資源・省エネルギーに対する組合による取り組みが様々な形で推進されたのである（表2-66）。

(8) 官公需適格組合制度の発足

国は，中小企業振興策の一環として，かねてより官公需注の拡大による中小企業に対する需要の増進を図ってきたが，これを更に推進すべく昭和41年6月に「官公需についての中小企業の受注に関する法律」（官公需法）を制定した。

同法は，国等が物品の買入等の契約を締結するに当たっては，中小企業の受注機会の増大を図るよう積極的に努力すべきこと（同法第3条）をうたうとともに，その努力の方向を明らかにするために国は，毎年，官公需契約についての方針を決定すべきこと（同法第4条）を定めた。

これに基づいて，国は，昭和41年以来毎年「中小企業者に対する国等の契約方針」を閣議において決定し，これを公表することとなったのである。

昭和41年度における目標金額は，5,050億円（国等の発注総額の26.8％），中小企業向実績額は4,891億円（25.9％）であったが，昭和50年には，目標金額2兆620億円（32.9％），中小企業向実績額2兆202億円（32.6％），昭和60年には，目標3兆1,840億円（39.5％），中小企業向実績額3兆2,736億円（39.4％）と着実な伸びを示している[276]。

また，官公需法は，中小企業に対する受注機会の増大への努力を規定すると同時に，「この場合においては，組合を国等の契約相手方として活用するよう配慮しなければならない。」（同法第3条）と特記し，個々では仲々受注することの困難な中小企業者が，共同の力によって受注能力を高めることを積極的に支援していく姿勢を打ち出したのである。

これを受けて国は，昭和41年度の国等の契約方針[277]において「事業協同組合等の受注事業を活発化するため，その共同受注体制の整備を促進するとともに，共同受注体制の整備された組合については，物件の購入等にあたり，随意契約制度の活用，競争入札参加資格基準の改善等受注機会を増大するよう配慮する」よう定めるとともに，中小企業庁から「事業協同組合等の活用

について」の通達（昭和14・10・28)⁽²⁷⁸⁾を関係方面に示し，一定の要件を備えた組合については，これを随意契約の相手方として積極的に活用すること，および競争入札の資格審査に当たっては，組合員の製造高，経済規模，経営比率を加味して格付けをするよう発注者側に要請した。

しかし，発注者にとっては，申請組合が適格組合であるか否か，また，競争入札参加資格申請書の記載事項が真正か否かの判断が難しいことなどから通達の趣旨は余り活かされなかった[279]。

そこで，昭和42年度の国等の契約方針では，これを改め，「共同受注体制の整備された組合に対しては，組合の申請に基づき中小企業庁においてその旨証明を行うものとする。」とし[280]，これに基づいて中小企業庁は「適格組合員の証明及び競争契約参加資格申込書の内容確認要領」[281]を定め，昭和42年10月1日から実施することとし，同年9月30日に関係方面に通達したのである。

これによって，共同受注事業を行う事業協同組合等であって官公需注をうけるに相応しい体制を整備した組合については，そのことを国が証明する官公需適格組合制度が発足したのである。

官公需適格組合は，昭和42年に8組合が証明されたのを皮切りに，45年には54組合，48年には100組合，50年には132組合，55年には367組合と順次増加していき（表2-67），平成元年現在518組合を数えるに至っている。

業種別では（昭和55年迄の累計），①建設（33.0％），②建設関連（28.7％），③物品（21.0％）④役務（17.4％）の順となっており，この間（昭和43〜55年）における適格組合証明の取得回数は，1組平均で3.7回となっているが，取得回数を業種別でみると，①物品が最も多く（5.0回），以下，②建設関連（4.5回），③役務（3.6回），④建設（2.8回）の順となっており，建設が最も低い[282]。これは，建設の場合，他の分野に比べ，適格組合証明を取得したものの，その実績が期待程ではなかったことを示すものであろう。

官公需適格組合発足当初の証明取得組合を都道府県別でみると北海道が圧倒的に多く，同地域における官公需発注先への期待の強さがうかがわれる（表2-68）。

適格証明組合における官公需受注実績を，昭和42年度（7,400万円）を基点

4 戦後組合成長期

表2-67 官公需適格組合の推移

昭和年度	42	43	44	45	46	47	48	49	50	51	52	53	54	55
組合数	8	28	38	54	56	93	100	104	132	177	246	286	325	367

(資料出所) 中小企業庁調べ

表2-68 昭和43年当時の適格証明取得組合

(昭和43年12月末現在)

通産局	県名	組合の名称	業種	組合員数	適格証明年月日
札幌	北海道	札幌軽印刷(協)	各種印刷・製本	23人	43. 3. 1
〃	〃	道央官公庁共済組合指定店(協)	生活必要物資	16	43. 4.30
〃	〃	北海道測量事業(協)	測量調査	108	43. 5. 2
〃	〃	当別砂利(協)	砂利, 砂, 玉石, 砕石等	15	43. 5. 6
〃	〃	綜同鉄工(協)	機械, 鉄骨等	61	43. 7.21
〃	〃	北海道土質試験(協)	土質, 地質調査等	11	43. 9. 3
仙台	福島	福島鉄工機械器具(協)	鉄骨, 機械据付	43	43. 3.18
〃	〃	常磐地区砕石(協)	砕石, 砕砂, 割栗捨石等	9	43. 3.18
〃	宮城	仙台印刷工業団地(協)	印刷	26	43.11.22
東京	東京	東京都印刷センター(協)	各種印刷	12	43. 2.17
〃	〃	東京都緑友製本印刷(協)	製本, 印刷	10	43. 2.27
〃	栃木	栃木県砕石販売(協)	砕石	19	43. 3.28
〃	東京	日本住宅パネル(協)	住宅部品(窓枠, 建具等)	38	43. 7. 2
〃	新潟	(協)新潟木工センター	家具, 建具, 木製品等	19	43. 8. 6
大阪	大阪	大阪官公需被服受注(協)	被服, 同関連品目	16	43. 2.29
〃	〃	大阪建築設計監理事業(協)	基本・実施設計, 工事監理	17	43. 9. 6
〃	〃	(協)建築設計センター	建築, 設備, 造園等, 各種設計	5	43. 9. 6
広島	広島	広島県軽印刷(協)	各種印刷	25	43. 8.14
〃	島根	高津川砂利生産販売(協)	砂利, 砂, 栗石, 玉石等	17	43. 8.14
福岡	福岡	田川たたみ(協)	たたみ	26	43. 2.21
〃	〃	福岡県運輸事業(協連)	運送	128	43. 4.16
〃	〃	福岡航測(協)	航空測量, 航空写真	5	43.12.10

(資料出所) 中小企業庁「官公需契約の手引き」(昭和43年度版) 186-187頁掲載名簿より作成

に前年比伸び率でみていくと，翌43年度には，191％（14億1,700万円）44年度は118％（16億7,800万円），45年度は182％（30億5,300万円）となっている。

なお，当時の組合の実情をみてみると，組合の共同受注事業を通じて官公受注をうけることにより，①受注の安定と増加に役立った，②共同意識が高揚した，③信用力が増大した等のメリットを実現し得た[283]とする組合のある反面，①受注側からの情報が得にくい，②入札競争が激しく仲々落札できず，組合の事業運営に支障を来している，③外部に当該事業についての競争会社があり，過当競争により組合の事業が不振になっている等，運営上の問題を抱えている組も多くみられ，官公需適格組合制度に乗って共同受注事業に活路を見い出そうとしても，仲々容易でないことが知られる[284]。

(9) チケット組合とボランタリー・チェーン組合

① チケット組合の活動状況

小売商業者の組合における共同事業は，大きく分けて，商店街組合におけるアーケード，カラー舗装の設置や共同店舗組合における共同店舗や共同駐車場の建設管理のように環境整備的ハード事業と特売日，大売出し等を中心とした広告宣伝事業にみられるような販売促進を目的とするソフト事業に分けられるが，昭和30年代から40年代にかけて小売商業関係組合における販売促進事業としてチケット事業がが広く取り組まれた。

チケット事業とは，現在クレジット事業[285]の名で呼ばれる割賦販売，信用販売システムのことであり，正式には，チケット割賦販売事業と呼ばれた。

組合事業としてのチケット事業は，「組合が，消費者に対して掛買限度額，通用期間，通用店，支払方法などを定めたチケット利用契約に基づき発行された買物クーポン券などをあらかじめ交付しておき，消費者が必要の都度，通用店でこれらクーポン券を提示し，または，引き換えるなどの方法により，必要な品物を購入することができる売買の一形態」[286]をいうものとされ，百貨店，大型月賦販売店等に対する中小小売業者のカウンターパワーシステムとして大きな期待が寄せられた。

チケット事業は，わが国では，古くは昭和4年頃から現われた割賦販売の一形態であり，戦前においてもすでに100前後の組合において行われていた

が，戦後になって昭和26〜28年頃に急速な伸びを示し，全国各地に普及するようになった[287]。

もちろん割賦販売事業は，中小企業組合によってのみ行われたのではなく，この他にも，①独立方式（小売業者が単独で行うもの），②系列方式（小売業者がメーカーまたは，月賦販売会社の代理店，代行店として行うもの），③信用販売会社方式（小売業者が信用販売会社の発行するクーポン，カード等を取り扱うもの），④ローン方式（金融機関が，メーカー，または，販売会社と提携してローンを行ない，小売業者がこれを取扱うもの）等多様なものがあった[288]。

まず，昭和30年代（昭34・6・30現在）のチケット事業についてみると，中小小売業者をメンバーとするチケット発行団体は1,006団体あり，うち，協同組合形態のものが89.9％会社形態のものが5.6％，法人格を有しない任意団体形態のものが4.5％となっているが[289]，会社形態のものには，当初組合形態でやっていたものが，取扱量の増大にともなって組合の別組織としてチケット部門を会社組織に独立させたものがかなりみられ，実質的には組合組織というものも含まれていた。

これらを商店街団体であるか，専門店会・優良店会等の団体かでみると，商店街団体のものは意外に少なく（9.0％），専門店会・優良店会等が実施主体というものが圧倒的多数（91.0％）を占めている[290]。これは，終戦後，京都，岡山，北海道の各地において協同組合形態による専門店会がチケット事業に先鞭をつけ，それが全国的に普及拡大していったことによるものとされている[291]。

これら30年代のチケット団体の設立年をみると，中には戦前からのもの（3団体）もあるが，その多くは昭和20年代後半に集中している。特に昭和28年には203団体も設立されており[292]，この時期の小売業者のチケット事業に対する期待の強さをうかがわせる。

また，地域別では，関東が多く（18.4％），6大都市の中でも東京が際立っている（4.7％）が，関東に次いで多いのは，九州（14.7％）である[293]。

当時のチケットの種類，様式をみると，①チケットをあらかじめ利用会員全員に配布する「普通チケット」と，②利用会員からの申出によって高額商品を購入するために別途発行する「高額チケット」とがあるが，普通チケッ

表2-69　事業協同組合におけるチケット事業の推移

(単位：%)

昭和　年　月	38.3	41.3	44.3	53.11
チケット事業実施率	6.9	6.4	6.2	6.0

(資料出所)　中小企業庁「事業協同組合実態調査報告書」(昭和39.3) 9 頁，(昭和42.6) 9 頁，(昭和45.6) 10頁，(昭和54.3) 53頁より作成

トの場合には，クーポン式のものが極めて多く (68.0%)，高額チケットの場合には記入式のものが圧倒的に多い (75.7%)[294]。

また，チケットの賦払期間では，普通チケットでは3ヵ月以下のものが51.4%で過半を占めているが，6ヵ月というのも20.9%あり，これは大都市圏よりも地方に多い[295]。これに対して高額チケットの場合は当然のことながら長期のものが多く，7～9ヵ月のものが36.7%を占め，3ヵ月以下のものは2.2%に止まる。また，都市圏における高額チケットの場合には10ヵ月以上のものが42.0%を占めており，賦払期間からも大都市圏と地方とでの消費構造の差をうかがわせる[296]。

加盟店数をみると，1チケット団体76.7店舗となっているが，50店舗以下のものが全体の44.2%も占めており，51～100店舗が33.9%，101店舗以上15.1%で，小規模のチケット団体が多い。もっとも大都市圏では51～101店舗以上が24.2%を占め，301店舗以上の加盟店を有する団体も14.5%あり，地方に比べ規模の大きさが際立っている[297]。

組合におけるチケット事業の実施の推移をみると，30年代 (昭38・3現在) がピーク (6.9%) であり，60年代 (昭60・9現在) では4%と大幅に落ち込んでいるが，40年代から50年代にかけてはほぼ6%台を維持しており，安定した実施率を示している (表2-69)。

昭和40年代に入ってからのチケット事業実施組合の状況をみると，地域別では，①北海道が圧倒的に多く (91組合)，以下，②山口県 (56組合)，③島根県 (43組合)，④宮崎県 (41組合)，⑤千葉県 (38組合) の順となっており，チケット事業は，北海道，南九州，中国および東京を中心とした関東の一部で活発であるが，中部，北陸，近畿の各地方は，やや低調である (表2-70)。

表2-70　都道府県別チケット事業実施組合数

(昭和45年6月30日現在)

県　名	組合数	県　名	組合数	県　名	組合数
北 海 道	91	新 潟 県	14	鳥 取 県	12
青 森 県	16	静 岡 県	27	島 根 県	43
岩 手 県	27	愛 知 県	3	山 口 県	56
秋 田 県	18	岐 阜 県	4	香 川 県	7
山 形 県	15	三 重 県	15	徳 島 県	11
宮 城 県	15	富 山 県	7	愛 媛 県	11
福 島 県	16	石 川 県	1	高 知 県	14
茨 城 県	24	福 井 県	10	福 岡 県	19
栃 木 県	17	滋 賀 県	19	佐 賀 県	14
群 馬 県	6	京 都 府	7	長 崎 県	13
埼 玉 県	8	奈 良 県	7	大 分 県	36
千 葉 県	38	大 阪 府	※ 2	熊 本 県	35
東 京 都	33	和歌山県	5	宮 崎 県	41
神奈川県	20	兵 庫 県	22	鹿児島県	33
山 梨 県	4	岡 山 県	7		
長 野 県	27	広 島 県	36	合　　計	906

※　大阪府内には44～45組合あると推定されているが,調査不能のため中央会会員組合数のみ記載

(資料出所)　全国中央会「チケット事業組合指導要領」(昭和46.3) 7頁掲載表より作成

　昭和40年代(昭45・6・30現在)で活動しているチケット組合の設立年をみてみると昭和26年～30年に設立されたものが53.4％を占め,31～40年に設立されたものが32.6％,41年以降設立のものは10.1％に止まっており[298],30年代におけるチケット組合と同様の傾向を示している。昭和30年以降のチケット組合の伸び率の鈍化は,この種組合の運営の困難さを物語るものであり,環境条件の厳しさはその後も緩和されることなく今日に至っているといえよう。
　昭和45年におけるチケット組合の加盟店数をみると1組合平均77.7店となっており[299],30年代(76.7店)と比べてほとんど差がないが,1組合当り

利用会員数では、6,537人で、これは、昭和40年の10,046人に比べ大幅な減少（34.9%減）となっている[300]。

また、1利用会員の月平均利用率は53.0%で、平均利用額は16,129円となっており、昭和40年に比較すれば、平均利用率106.0%、平均利用額は128.7%と、それぞれ伸びてはいるが、その間の物価上昇率を考えるとやはり減少、もしくは横這いの傾向にあったといえよう[301]。

このような状況に加え、当時のチケット組合は、①金利負担の過重（45.3%）、②利用会員の新規獲得が困難（43.6%）、③事務局の人件費の高騰（43.0%）、④組合員の協調性の欠如（35.8%）、⑤組合の経営規模の過小性（31.6%）等の問題を抱えており[302]、このままではチケット事業が下り坂になると懸念する組合が4分の1近く（23.5%）もみられた。

② ボランタリー・チェーン組合の活動状況

ボランタリー・チェーンは、「各地に散在する小売業者が、各自の経営上の独立性を維持しつつ、継続的連鎖関係を締結して各種の販売促進事業や仕入事業等を共同化、企業化し、大量流通機構としてのメリットを発揮しつつ、流通コストの低減や加盟小売店等の経営の近代化、合理化を図ることを目的とする組織」[303]であって、本部の統制力、拘束力の強いレギュラー・チェーンやフランチャイズ・チェーンと異なり、メンバーの意思がより強く反映されるチェーンシステムであった。

国も小規模企業の多いわが国小売業の近代化の方策として、必ずしも店舗の拡大を行わずに規模メリットを実現できるボランタリー・チェーン方式を推奨し、中小企業（振興）事業団の行う高度化事業の対象（小売商業連鎖化事業）にする（昭和41年）とともに[304]、中小企業金融公庫と国民金融公庫に流通近代化融資制度を設け（昭和43年）[305]、ボランタリー・チェーンの加盟店で一定の要件[306]を満たす店舗をモデル店舗として特別融資を行うこととしている。

流通近代化の目標としては、①流通機構の合理化と、②小規模商業の企業体質の改善の2つがあったが、ボランタリー・チェーンはこの2つの目標達成によく適うものとされたのである。

わが国におけるボランタリー・チェーンは、すでに戦前にスタートしたと

表2-71　ボランタリー・チェーンの組織形態別設立状況

(昭和47年5月20日現在)

組織形態	小売主宰	卸主宰	計
協同組合	34　(58.6)	5　(7.8)	39　(32.0)
株式会社	20　(34.5)	12　(18.8)	32　(26.2)
任意団体	4　(6.9)	47　(73.4)	51　(41.8)
合　計	58　(100.0)	64　(100.0)	122　(100.0)

(資料出所)　(社)日本ボランタリー・チェーン協会調査(全国中央会「中小企業と組合」(昭和47.11月号) 35頁掲載表より作成)

表2-72　業種別ボランタリー・チェーン設立状況

(昭和47年5月20日現在)

業　種	小売主宰	卸主宰	計
食　　　　品	17	21	38
衣　料　品	14	11	25
寝具・寝装品	2	12	14
家具建材インテリア	5	4	9
時計・メガネ・宝石	6	2	8
家　庭　用　品	2	4	6
医薬・化粧品	2	3	5
靴	2	2	4
文具・事務用品	1	2	3
家　　　電	3	—	3
玩　　　具	1	1	2
そ　の　他	3	2	5
合　計	58	64	122

(資料出所)　表2-71に同じ。

されているが[307]，その本格的普及は，チケット事業同様戦後になってからである。

　ボランタリー・チェーンの組織形態としては，協同組合，会社，任意団体の3つの形態があるが，小売主宰のチェーンには組合形態のものが多く，卸主宰のチェーンには任意団体によるものが多い(表2-71)。更に，これを業種別でみると，小売，卸ともに食品，衣料品関係が多いが，卸主宰のチェーンに多い寝具・寝装品販売は，小売主宰のチェーンにはあまりみられず，逆に，時計・メガネ・宝石販売や家具・建材・インテリア販売では，卸主宰に

比べて小売主宰が多い（表2-72）。

　また，本部所在地別にみると，何といっても多いのが，東京（49.2%），大阪（15.7%）で(308)，この2地域で全体の3分の2近くを占めており，商品の調達，マーケットの情報の入手拠点としての両地域の優位性を物語っている。加盟店の分布状況では，小売主宰チェーンの場合には，全国型（ナショナルチェーン）（43.2%）とブロック型（リージョナルチェーン）（39.7%）とがほぼ拮抗しているのに対して，卸主宰の場合には，ブロック型（64.1%）が全国型（26.6%）を大幅に上回っており(309)，卸売業界における地方卸のチェーン結成に対する積極姿勢が目立っている。

　1チェーン当り加盟店数では，小売主宰が165店であるのに対し，卸主宰は308店となっており(310)かなりの差がみられる。

　小売主宰で加盟店数が多い業種は，①寝具・寝装品（752店），②医薬・化粧品（460店），③家電（306店），④食料品（197店），⑤文具・事務用品（195店）であるが(311)，卸主宰で加盟店数が多い業種は，①医薬・化粧品（931店），②食品（469店），③靴（416店），④文具・事務用品（311店），⑤衣料品（183店）となっている(312)。また，加盟店の65.2%は，従業員10人未満，売場面積100m²未満の小規模店であり，これら小規模小売業者のボランタリー・チェーンに寄せる期待の大きさがうかがわれる。

　ボランタリー・チェーン加盟店の加入動機をみると，小売主宰では自分からすすんで加入したとするものが圧倒的に多い（71.4%）のに対して，卸主宰では，すすめられて加入したとするものが半数を超えており（50.8%）(313)小売主宰の場合に組合形態をとるものが多いのと符合しているといえよう。

　小売主宰の場合の加入動機として最も多いのは，①チェーンの方針への共鳴（53.4%）で，以下，②仕入れルートの短縮（24.5%），③店舗の近代化・合理化（23.4%），④仕入価格の低減（22.1%）等となっている(314)。

　チェーンへの仕入集中率は，10～30%未満とするもののウェイトが高い（39.2%（昭43））が，30%以上のものも漸次ウェイトを高めており（31.9%（昭41）→40.3%（昭43）(315)，その後の調査（昭49・3現在）でも仕入集中率が上昇しているとするものが61.5%となっている(316)。また，チェーン加盟の中心目的である売上増加が実現したとするものは，全体では49.9%となっ

ているが，組合形態の場合には，57.5％と相対的に高くなっている[317]。

　しかし，他方で，組合形態によるボランタリー・チェーンにあっては，①協同意識の面で加盟店間に格差がある（44.5％），②スーパーバイザー等の人材不足（36.0％），③共同仕入の効果が上がっていない（31.1％），④加盟店の本部に対する協力が足りない（28.8％），⑤チェーン本部の資金不足（23.7％）等の問題も指摘されており[318]，わが国のボランタリー・チェーン組織は，この段階では，未だ本格的な発展を示すには至っていない。

――――――――

(165)　昭和40年11月から45年7月に至る4年9ヵ月に亘る景気上昇は，神武景気（昭29・12～32・6の31ヵ月），岩戸景気（昭33・7～36・12の42ヵ月）を上回ることからいざなぎ景気と呼ばれた（竹内宏「昭和経済史」（筑摩書房・昭63）179頁）。
(166)　内野達郎『戦後日本経済史』（講談社・昭53）197頁。
(167)　ニクソンショックと呼ばれた（中村隆英『昭和経済史』（岩波書店・昭61）292～293頁）。
(168)　資本集約化を進めることが中小企業の近代化であるとする考え方に修正を加えたのが昭和46年に発表された「70年代の通商産業政策」によって提示された知識集約化の考え方であった（清成忠男「知識集約化への転換」）（日本経済新聞社・現代中小企業史・昭和56・250頁）。
(169)　全国中央会「組合の現状と動向」（昭46・3）12～13頁。
(170)　中小企業白書も，高度成長により中小企業と大企業における賃金格差及び生産性格差が縮小したことを指摘し，わが国産業の二重構造の変質がみられたとしている（中小企業白書・昭和45年版・89頁以下）。
(171)　全国中央会・前掲書・13頁。
(172)　中小企業庁「事業協同組合実態調査結果集計報告書」（昭54・3）8・13頁。
(173)　全国中央会「中小企業組合の設立動向」（平成16年度版）62～63頁。
(174)　昭和48年3月31日現在（全国中央会「中小企業と組合」（昭49・7月号）25頁掲載第1表。
(175)　平成元年3月末現在における製造業種組合中上位業種は，①木材・木製品製造業（17.2％），②食料品製造業（16.5％），③繊維工業（10.2％）となっており，40年代の順位そのままである（前掲「中小企業組合の設立動向」62～63頁）。
(176)　「中小企業白書」（昭和50年版）209頁。
(177)　製造業の事業協同組合への加入率（17.7％）（通産省「工業実態基本調査（第7回・昭62）と卸売業の加入率（23.8％）（通産省「商業実態基本調査（第5回・昭61）を加重平均した。

(178) 前掲「中小企業白書」209頁。
(179) 前掲「中小企業と組合」（昭49・7月号）31頁掲載第12表。
(180) 昭和41年3月末現在で協業化を目的とする事業協同組合（いわゆる協業化組合）の数は1,900組合に上っており（中小企業庁調べ）（全国中央会「組合の現状と動向」（昭43・3）18頁），協業組合制度創設後の昭和44年3月末現在でも2,349組合を数えている（全国中央会「組合の現状と動向」（昭46・3）14頁）。
(181) 40年代後半の実態を示す調査結果がないので，ここでは40年代直近の昭和53年11月現在調査によった。
(182) 商工中金調査部「事業協同組合の実態」（前掲「中小企業と組合」（昭48・1月号）83～84頁。
(183) 前掲「事業協同組合の実態」（前掲書82～83頁）。
(184) 全国中央会調査部「組合員は何を期待しているか」（全国中央会「中小企業と組合」（昭48・6月号）66頁）。
(185) 前掲「中小企業白書」219～220頁。
(186) 中小企業庁編「70年代の中小企業像」（通商産業調査会・昭47・11）58頁以下。
(187) 加藤文郎「組合における知識集約化の現状」（全国中央会「中小企業と組合」（昭50・9月号）34～35頁）。
(188) 全国中央会「知識集約化事例集」（昭50・3）参照。
(189) 全国中央会「組合の現状と動向」（昭46・3）7～8頁。
(190) 全国中央会「中小企業組合の設立動向」（平成2年版）62～63頁。
(191) 全国中央会「組合の現状と動向」（昭46・3）51頁。
(192) 公正取引委員会「年次報告」（昭和40年度）283頁。
(193) 公正取引委員会「年次報告」（昭和47年度）285頁。
(194) 全国中央会「中小企業と組合」（昭47・8月号）6頁。
(195) 同上・8頁。
(196) 同上・10頁。
(197) 商工組合の行う合理化事業および安定事業の整理に関する新方針は次の通りである。

　　3年以上継続している安定事業および安定命令については，今後とも積極的に構造改善を推進して体質を強化する等構造的な解決を図りつつ，輸出向け物資に係るものを除き，次の方針により整理を図ることとする。
　　㈠　近促法，特繊法等による構造改善事業を実施する業種（当該構造改善事業に密接な関連を有する業種を含む）については，原則として同事業の終了をまって廃止する。ただし，構造改善の効果が上がる見込のないことが明らかとなったとき，または，価格上昇が継続して著しいときはこの限りではない。
　　㈡　その他の業種であって，次の一に該当するものについては，逐次整理を図る。

(イ) 需要が継続的に伸長し，需給の不均衡等が相当程度緩和されたこと
　　　(ロ) 長期間にわたり安定事業を継続しているにもかかわらず，近代化，合理化がみられず，非能率的な限界企業の温存，または，非能率的な企業の新規参入を招来していること
　　　(ハ) 価格上昇が継続して著しいこと
　　　　　　（全国中央会「中小企業と組合」(昭46・6月号) 6頁）
(198) 小田橋貞寿「中小企業カルテルの整理と安定事業の将来」(全国中央会「中小企業と組合」(昭46・6月号) 10頁。
(199) 公正取引委員会「年次報告」(昭39年度) 47頁。
(200) 公正取引委員会事務局「独占禁止政策30年史」(昭52・7) 370頁参照。
(201) 公正取引委員会「年次報告」(昭50年度) 234頁。
(202) 中小企業庁計画課「中小企業構造改善の指針」(昭45・5) 17〜18頁。
(203) 第2次近促法による構造改善制度の発足によって，繊維工業については，特繊法による構造改善制度と2つの制度が併存することになったが，これについては，繊維工業業種の場合「並列して繊維の構造改善業種として特繊法で特定され，また，近促法の政令指定業種になることが当然考えられるが，いずれの法律によるやり方をとるかということは，業界が選択すればいい」とされた。(衆議院商工委員会における乙竹中小企業庁長官発言（全国中央会「中小企業と組合」(昭44・8月号) 47頁)。
(204) 全国中央会「中小企業と組合」(昭45・6月号) 13〜14頁。
(205) 同上・20〜21頁。
(206) 同上・18〜19頁。
(207) 同上・16〜17頁。
(208) 全国中央会「中小企業と組合」(昭和38・7月号) 31頁。
(209) 前掲・中小企業と組合（昭40・3月号）63頁以下。
(210) 前掲・中小企業と組合（昭39・5月号）68頁以下。
(211) 協業化組合の実態につては，全国中央会「協同組合による協業化事例集(I)(II)(III)」(昭42〜43) に詳しい。
(212) 宇賀道郎（中小企業庁組織課長）「中小企業組織化の新方向」(前掲・中小企業と組合)(昭38・9月号) 18頁以下)。
(213) 全国中央会「組合の現状と動向〔1〕」(昭41・10) 26頁。
(214) 前掲・組合の現状と動向（昭43・3）19頁。
(215) 前掲・組合の現状と動向（昭46・3）14頁。
(216) 「中小企業白書」(昭和40年度版) 100頁。
(217) 同上・102〜103頁。
(218) 「協業とは，複数の事業者が企業の構造改革を目指して，共同出資を行ない，

198   II 戦後中小企業組合の展開

　　自己の経験，信用およびその事業自体を投入し，これをお互いに有機的に結合させて，共同経営の下に，より高度の経済効率を発揮せしめる共同行為を指し，共同経営の対象となるべき事業に関しては，各構成事業者はこれに全面的に依存し，共同事業体との競合的状態はこれを脱却するものを指す」（見学信敬（前掲・中小企業と組合（昭41・9月号）9頁。

(219)　同上・9～10頁。
(220)　全国中央会「全中情報」175号（昭42・10・15）3頁。
(221)　前掲・「全中情報」188号（昭43・5・1）44頁。
(222)　同上・45頁。
(223)　同上・45頁。
(224)　同上・46頁。
(225)　同上・48頁。
(226)　同上・48頁。
(227)　全国中央会「協業組合経営事例集」（昭45・12）128頁以下。
(228)　前掲・中小企業と組合（昭45・7月号）20頁以下。
(229)　前掲・中小企業と組合（昭48・6月号）36頁以下。
(230)　前掲・協業組合経営事例集・3頁。
(231)　全国中央会「中小企業組合の設立動向」（平成2年度版）26～63頁。
(232)　全国中央会「協業組合の実態調査報告書組合」（昭50・6）6頁・第1表参照。
(233)　同上・6頁・第2表参照。
(234)　同上・20頁・第53表参照。
(235)　同上・20頁・第51表参照。
(236)　四大公害訴訟といわれた新潟水俣病事件（水質汚染）（昭和42・6提訴），四日市ぜんそく事件（大気汚染）（昭和42・9提訴），富山イタイイタイ病事件（水質汚染）（昭和43・3提訴），水俣病事件（水質汚染）（昭和44・6提訴）はいずれも40年代前半に起こっている（久保晃他『昭和経済60年』（朝日新聞社・昭和62年）269頁）。
(237)　内野達郎『戦後日本経済史』（講談社・昭和53）225頁。
(238)　昭和45年に，いわゆる公害国会においては，衆議院商工委員会や大蔵委員会において中小企業をめぐる公害問題や公害防止対策について熱心な討議が行われた（全国中央会「中小企業と組合」）（昭和46・2月号）52頁以下参照）。
(239)　公害対策基本法第2条参照。
(240)　中小企業庁調査課「公害問題と中小企業」（前掲・中小企業と組合・昭46・5月号・67頁）。
(241)　「中小企業白書」（昭和45年版）174～175頁。
(242)　前掲・中小企業と組合・昭46・5月号・69頁。

(243) 前掲・中小企業と組合・昭45・5月号・34〜34頁。
(244) 全国中央会「30年の歩み」79頁。
(245) 同上・81頁。
(246) 例えば，第26回中小企業団体全国大会決議〔総合〕12〜25（前掲・中小企業と組合・昭・2月号・44頁）。
(247) 中小企業庁編「中小企業施策30年の歩み」（昭53・8）32頁。
(248) 公害防止事業団企画課「共同公害防止施設の実状」（前掲・中小企業と組合・昭45・5月号・20〜21頁）。
(249) 同上・21頁。
(250) 同上・21頁。
(251) 同上・24〜25頁。
(252) 同上・24頁。
(253) 中小企業振興事業団業務第二課「共同公害防止事業の実状」（前掲・中小企業と組合・昭45・5月号・16頁）。
(254) 中小企業庁編・前掲書・43頁。
(255) 中小企業事業団「中小企業事業団の概要（資料編）」。
(256) 昭和52年環境白書。
(257) 全国中央会「電気めっき業経営指針」（昭52・3）。
(258) 同上・148頁。
(259) 同上・187頁。
(260) 当時の物価の急騰ぶりは「狂乱物価」と呼ばれ，「昭和49年の2月には，卸売物価が前年に比べて32％上昇という途方もない値上がりをした。」（中村隆英『昭和経済史』（岩波書店・昭61）301頁）。
(261) 「もの不足パニック」と呼ばれた（竹内宏『昭和経済史』（筑摩書房・昭63）214〜126頁）。
(262) 中小企業庁・全国中央会「原材料物資不足・高騰状況等調査結果報告書」（昭49・3）9頁以下参照。
(263) 同上・46頁。
(264) 「昨年（昭和48年）秋に発生した石油問題は，改めて日本の資源の海外依存度が高いことを再認識させ，資源供給の安定確保と消費・使用面における省資源の要請を強めることとなった。」（中小企業庁「中小企業白書」（昭和49年版）69頁）。
(265) 山本庸幸「再資源化の要請と中小企業の方向」（全国中央会「中小企業と組合」（昭和49・10月号）21頁）。
(266) 同方針は「資源エネルギー対策は，わが国の国民経済的課題であるが，同時にそれは，中小企業にとっても基本的，かつ，緊急な重要課題である。ことに資源等の誘発係数において一般に中小企業は大企業よりも低くなっており，資源の生産

性や省エネルギーの効率が高いことにかんがみ，中小企業の活用とその省資源活動を強力に進める必要がある。」としている（全国中央会「創立30周年記念誌」99頁）。
- (267) 同上・99〜100頁。
- (268) 全国中央会「中小企業と組合」（昭49・10月号）32頁。
- (269) 同上・29頁。
- (270) 中小企業事業団「工場団地事例集」（昭53・3）327頁以下。
- (271) 同上・321頁以下。
- (272) 全国中央会「共同化による省資源・省エネルギー事例集」（昭49）4〜5頁。
- (273) 同上・14〜15頁。
- (274) 同上・27〜29頁。
- (275) 全国中央会「中小企業と組合」（昭50・2月号）38頁以下。
- (276) 中小企業庁「中小企業要覧」（平成3年度版）148頁。
- (277) 全国中央会「全中情報」（昭41・9・1号）18頁以下。
- (278) 前掲「全中情報」（昭41・11・1号）12頁以下。
- (279) 長田英機「適格組合の証明等および官公需ニュースの提供について」（全国中央会「中小企業と組合」（昭42・11月号）39〜40頁。
- (280) 前掲「全中情報」（昭42・9・15号）11頁。
- (281) 中小企業庁「官公需契約の手引き」（昭和43年度版）135頁以下。
- (282) 全国中央会「官公需適格組合の実態」（昭56・12）6〜7頁。
- (283) 全国中央会「官公需適格組合受注事業運営方針」（昭52・3）91頁。
- (284) 同上・92頁。
- (285) クレジット制度は，消費者の商品購買に際して信用を供与し，割賦販売をする制度で，チケット事業とも称されている（全国中央会「組合事業運営論Ⅱ」（昭61・10）89頁）。
- (286) 全国中央会「チケット事業組合指導要領」（昭46・3）1頁。
- (287) 通産省割賦販売審議会金融部会中小企業分科会「チケット割賦販売事業の今後のあり方について」（昭44・1）9頁。
- (288) 同上・2頁。
- (289) 中小企業庁指導部「チケット発行団体の実態」（昭35・3）3頁。
- (290) 同上・3〜4頁。
- (291) 同上・4頁。
- (292)(293) 同上・24頁。
- (294) 同上・8頁。
- (295)(296) 同上・10頁。
- (297) 同上・5頁。
- (298) 前掲「チケット事業組合指導要領」8頁。

(299) 同上・10頁。
(300)(301) 同上・16頁。
(302) 同上・28～29頁。
(303) 全国中央会「ボランタリー・チェーンの共同施設管理指導要領」(昭42・3) 2頁。
(304) 「中小企業高度化資金の中に小売商業連鎖化資金を設け，中小企業者を以て構成される問屋主宰のボランタリー・チェーンおよび小売商同士で構成するボランタリー・チェーンが，共同仕入，共同販売，共同宣伝等の事業を行うに必要な倉庫，土地，配送設備等の施設に必要な資金の2分の1を都道府県を通じて無利子で貸付け，中小小売商の生産性の向上を図り，流通機構の合理化を推進しようとするものである。41年度は一般会計から1.2億円を高度化資金融通特別会計に繰り入れ，25件のチェーン化を助成する」(中小企業庁総務課「昭和41年度中小企業対策の重点」)(全国中央会「中小企業と組合」(昭40・11月号) 31頁)。
(305) 中小企業庁「中小企業施策30年の歩み」(昭53・8) 37, 38頁。
(306) 一定水準以上のボランタリー・チェーンに加盟している中小小売業者等の店舗で，①ボランタリー・チェーンのイメージアップ，②ボランタリー・チェーンの製品，販売方法，ブランド等についての実験，③他の加盟店の経営者または従業員の教育訓練のいずれかの機能を果たすものであって，経営技術，販売技術，店舗設計，レイアウト，商品構成，規模等においての他の加盟店のモデルとなりうるものを備えていることが要件とされた（中小企業庁商業第2課「流通近代化融資制度の創設について」(前掲「中小企業と組合」(昭43・7月号) 37頁)。
(307) わが国のボランタリー・チェーンとしては，まず，小売業主宰のボランタリー・チェーンが，全東京洋品連盟（昭4），大東京文具チェーン（昭6），大東京履物チェーン（昭9）として誕生した（鈴木安昭「中小商業組合組織化の本質と現状」(同友館「現代中小企業基礎講座3」(昭52・3) 143頁)。
(308) 中小企業庁商業第2課「ボランタリー・チェーンの現状と今後の方向」(前掲「中小企業と組合」(昭47・2月号) 35頁)。
(309) 同上・38～39頁。
(310) 同上・36～37頁。
(311) 同上・36頁。
(312) 同上・37頁。
(313) 中小企業庁商業第2課「ボランタリー・チェーン加盟店の実態について」(前掲「中小企業と組合」(昭46・8月号) 48頁)。
(314) 同上・84頁。
(315) 同上・86頁。
(316) 中小企業庁小売商業課「ボランタリー・チェーン加盟店実態調査の結果」(前

掲「中小企業と組合」(昭50・7月号) 46頁)。
(317) 前掲「中小企業と組合」(昭46・8月号) 87頁。
(318) 同上・29頁。

5 戦後組合革新期 (1975—1984)

　昭和50年代は，2度目のオイルショックと急激な円高の中で，高度成長経済にはっきりと別れを告げた時代であった。
　第1次オイルショックを契機とする省資源・省エネルギーの推進は，わが国産業構造を重厚長大型から軽薄短小型に大きく転換させることになり，企業の努力目標も大量生産方式による規模メリット追及から省力化，高技術駆使による高付加価値製品の創出へと質的転換を遂げたのであった。それはまた，「減量経営」による企業のスリム化と「カンバン方式」に象徴される徹底した合理化の追及を基調とする厳しい体質改善を伴うものでもあった。更に，既存の業種，分野の枠組みを超えた多角化，業際化が時代のながれとなり，規模の大小を問わず企業経営の再構築（リストラクチャリング）が広く唱えられ，大企業の中小企業分野への進出も積極的に行われるようになっていった。
　中小企業組合にあっても，共同工場組合，共同店舗組合，システム化組合，異業種連携組合等新たなニーズに対応した新型組合の設立が推進されるとともに，戦後30年余の歴史を経た既存組合の再点検，再編成が差し迫った課題として浮び上ってきた。昭和56年（1981）の中協法改正によって新たに導入された休眠組合整理の制度化は，こうした時代の要請を踏まえたものであった。また，組合組織の強化策として中小企業組合士試験制度や組合青年部の設置もこの時期にスタートしたが，59年の法改正による員外利用・出資限度の特例等組合運営円滑化のための諸措置と相まって，50年代は中小企業組合が既存の殻を打ち破るための革新の時代であったといえよう。

(1) 組合革新期の経済環境
　第1次石油ショックを契機として始まった景気低迷は，昭和49年には戦後

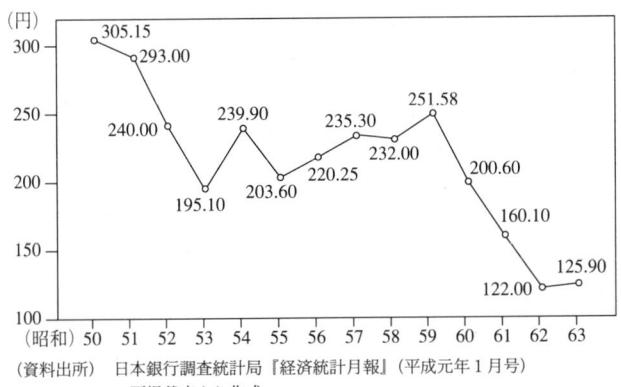

図2-7　円為替相場（1ドル当）の推移

（資料出所）日本銀行調査統計局『経済統計月報』（平成元年1月号）
　　　　　6頁掲載表より作成

（注）各年の円の対ドル為替相場は，各年末のインターバンク米ドル直物終値である。

初のマイナス成長を記録するという深刻なものとなったが，昭和50年に入ってようやく底をつき，ゆるやかながらも回復軌道に乗っていった。その結果，昭和52年から54年にかけては5パーセント台の成長を達成し得たが，それも束の間，昭和54年から55年にかけてのイラン革命に端を発した数次にわたる石油価格の引上げ（第2次石油ショック）により，景気は再びかげり現象をみせ，昭和55年には3パーセント台の成長に落ち込んでしまった。55年不況が底ばなれしたのは58年になってからであり，5パーセント台成長に戻ったのは59年になってからであった。

このように昭和50年代のわが国経済は，49～54年と56～59年の2つの景気のサイクルを軸に3～5％の低率成長に終始し，わが国経済は本格的な低成長時代へと入ったのである[319]。

こうした低成長の背景には，50年代に入ってからの急激な円レートの高騰があり，昭和50年に1ドル305.15円であったのが，53年には200円ラインを突破，一時（昭53.10.31）戦後最高の176円まで上昇したのであった。しかし，その後は200円台に戻り，60年代に入っての再騰をみるまでは一応小康状態を保ったのであった（図2-7）。

また，もう1つの不況要因である第2次石油ショックは，第1次石油ショック時（昭48.10→49.1春）の高騰（約4倍）程ではなかったが，かなりの上

昇（2.8倍（昭53末→56春））を示し，わが国経済に強烈なショックを与えた。

このような状況の下で，わが国の産業構造は大きな転換を迫られ，エネルギー多消費型，輸入原材料依存型の産業は後退を余儀なくされた。特に，造船，鉄鋼，樹脂，繊維等の企業城下町的産業の落ち込みはひどく，こうした産業に関連をもつ下請中小企業はもちろん商店街等を含む地域中小企業はかつてない大きな打撃を受けたのである。

また，急激な円相場の上昇は，輸出関連中小企業ばかりでなく，国内市場において輸入製品と競合する製品を生産する多くの中小企業に深刻な影響を与えた[320]。

このような低成長経済への移行の中での産業構造の転換は，わが国産業の様々の分野にきしみを生じ，企業倒産はかつてない高水準を示し，昭和59年には倒産件数はついに2万件を突破，史上最高の20,841件を記録するに至った[321]。なお，この時期（昭53）国の財政再建を目的に大平内閣によって一般消費税の創設が提案され，以後，小売商業を中心に一般消費税反対運動が，全国の中小企業者の間で強力に展開されることになったのである[322]。

ただ，この間（昭50→昭61）においても，中小企業は，事業所では535万事業所から644万事業所へ（20.3％増），従業者数でも，3,153万人から3,950万人へ（25.3％増）と大きな伸びを示した。特に，従業者数の伸びは大企業のそれ（17.0％増）を大きく上回っており[323]，中小企業は，構造不況業種の雇用調整に伴う余剰労働力の吸収に大きな役割を果たしたといえよう。

昭和50年代における中小企業対策は，円高対策，景気対策と合わせて，その主目標は中小企業の低成長経済への軟着陸にあった。それ迄の設備の近代化等によるコストダウンに加え，量的拡大によらないコスト低減や製品の高付加価値化を中小企業がいかにして実現していくのか，換言すれば中小企業におけるソフト面での環境変化への対応力への整備支援が施策の基本方向となったのである。

例えば，この時期，中小企業の技術，情報，人材等のソフトな経営資源の充実を図るために，技術アドバイザー制度の創設（昭55），中小企業地域情報センターの設置（昭54），中小企業大学校の設置（昭55）等が行われたのはその一環である。

表2-73 昭和50年代中小企業組織化対策等関係年表

50.	2	第1回中小企業組合検定試験実施
	7	関連業種ぐるみ構造改善制度創設
	9	工場共同利用事業創設
51.	7	特別広域高度化事業創設
	11	中小企業事業転換対策臨時措置法公布,施行(51.12)
52.	5	小企業経営改善資金融資制度を小企業等経営改善資金融資制度に改正
	6	分野調整法公布,施行(52.9)
	7	小売商業店舗共同利用事業創設
	10	中小企業為替変動対策緊急融資制度創設
	12	中小企業倒産防止共済法公布,施行(53.4)
53.	2	円相場高騰関連中小企業対策臨時措置法公布,施行
	4	活路開拓調査指導事業開始
	11	特定不況地域中小企業対策臨時措置法公布,施行
	11	大規模小売店舗法改正法公布,施行(54.5)
54.	7	産地中小企業対策臨時措置法公布,施行
55.	5	80年代中小企業ビジョンまとまる
	6	中小企業大学校開設
	6	中協法等の改正(休眠組合の整理等)
	10	中小企業事業団発足(中小企業振興事業団と中小企業共済事業団を統合)
56.	6	地場産業振興センター設置
	10	初の休眠組合の一括整理実施
57.	3	中小企業組織化政策ビジョンまとまる
58.	12	80年代流通ビジョンまとまる
59.	4	中協法等の改正(債務保証事業の追加等)
	9	小売商業集団化事業創設
	10	休眠組合の整理(恒久的措置)を実施
60.	5	商工中金法改正(存立期限の削除等)
	11	組織化促進強化月間開始
	12	中小企業国際経済調整対策特別融資制度創設

(資料出所) 全国中央会「創立30周年記念誌」掲載中小企業年表より作成

　円高対応策としては,中小企業為替変動対策緊急融資制度の創設(昭52),円相場高騰関連中小企業対策臨時措置法の制定(昭53)等が,転換対策・地域対策としては,関連業種ぐるみ構造改善制度の創設(昭50),中小企業事業転換対策臨時措置法の制定(昭51),特定不況地域中小企業対策臨時措置法(企業城下町法)の制定(昭53),産地中小企業対策臨時措置法(産地法)の制定(昭54),地場産業振興センターの設置(昭56)等が,調整対策・経営安定対策としては,中小企業の事業活動の機会の確保のための大企業の事業活動の調整に関する法律(分野調整法)の制定(昭52),大規模小売店舗法

(大店法)の改正(昭53),中小企業倒産防止共済法の制定(昭52),小企業等経営改善資金融資制度の改正(昭52)等が行われた(表2-73)。

(2) 昭和50年代の各種組合の推移

昭和50年代の中小企業組合の流れは,一言でいえば新たな状況へ向けての脱皮の時代,既存組織の革新の時代といえるであろう。

1ケタ成長を前提とする低成長経済の中で,それぞれがそのところを得て,自立的発展を遂げていくにはどうすればいいのか。その中での組織化,共同化の目標はどこへ置けばいいのか,新たな時代環境の下で,それぞれが進むべき道を官民ともに模索した時代であった。

その模索の1つが各省庁の試みた中長期的ビジョンづくりであり,この時期,ビジョンづくりは花盛りの観を呈した。

中小企業庁においても昭和55年に通商産業省が策定した80年代の通産政策ビジョンを受けて80年代の中小企業ビジョンを策定,80年代における中小企業の目ざすべき方向として,①国際化の中の構造変革,②ニーズの変化に対応する柔軟な経営システムの確立,③働きがいのある職場の提供,④地域経済社会発展の担い手としての中小企業,を掲げ,こうした目標を達成するためには,組合も事業活動の重点を従来のハード面からソフト面へ移行させ,企画調査,情報提供,研究開発,人材養成等についての機能を強化していくことが必要であるとした。また,地場産業の振興,省エネルギーの推進,サービス業の振興等の新たな課題への対応や異業種中小企業間における機能のシステム化等を通じた新分野開拓への取り組みも中小企業組合の重要課題としたのである[324]。

こうした課題に応えるべく,50年代において中小企業組合も多様な活動を展開したが,その大枠である組合制度そのものについても状況変化にあわせた改善が必要とされ,この時期,2度にわたって組合関係法(中協法,中団法)の改正が行われた。

まず,昭和55年には,①休眠組合の整理,②役員の選出方法の改正,③火災共済協同組合の事業範囲の拡大等が行われたが,中でも休眠組合の整理に関する制度創設は,それ迄組合が休眠化し,まったく有名無実の存在となっ

表2-74　昭和50年代の中小企業組合数の推移

組合の種類　昭和年度	事業協同組合	事業協同小組合	火災共済協同組合	信用協同組合	協同組合連合会	企業組合	協業組合	商工組合	商店街振興組合	環境衛生同業組合	環境衛生同業小組合	合計
50	42,392	38	42	492	661	4,936	1,050	1,754(69)	1,676(59)	586(16)		53,627
51	43,283	37	43	488	680	4,932	1,080	1,779(69)	1,690(60)	588(16)		54,600
52	44,236	39	43	489	692	4,936	1,100	1,817(71)	1,774(61)	592(16)		55,712
53	45,235	39	43	485	708	4,991	1,123	1,856(72)	1,847(66)	596(16)		56,923
54	46,075	39	43	483	727	5,036	1,124	1,873(73)	1,902(66)	598(16)		57,900
55	46,802	39	43	475	749	5,034	1,137	1,885(72)	1,958(68)	599(16)		58,721
56	44,109	23	43	473	776	3,362	1,545	1,945(68)	2,009(68)	601(16)	1	54,887
57	40,795	19	43	472	769	2,951	1,566	1,935(67)	2,069(72)	602(16)	1	51,222
58	41,032	18	43	471	786	2,941	1,573	1,948(71)	2,118(76)	602(16)	4	51,536
59	40,276	17	43	464	774	2,803	1,546	1,913(71)	2,171(84)	603(16)	5	50,615
60	39,002	16	43	450	797	2,583	1,514	1,846(68)	2,232(84)	604(16)	5	49,092

（資料出所）　全国中央会「中小企業組合の設立動向」（平成3年度版）60～61頁
（注）　1．中小企業庁、厚生省調べ。調査時点は翌年3月末日。2．（　）内は、連合会で内数。
　　　3．56年・59年には休眠組合の整理（職権による解散登記等）が行われている。

ていても，行政指導による自主解散しかできなかったものを，行政庁による職権解散を可能としたものであり，戦後40年を経たわが国中小企業組合を再編成するための画期的措置であった。本制度の発足により，以後3年毎に職権解散による休眠組合の整理が行われるようになり，本制度の導入によって中小企業組合に関する統計上の数値と実態との乖離が大幅に解消されることとなった[325]。

　次に，昭和59年の法改正では，①員外利用についての特例措置の設置による制限緩和，②債務保証事業の金融事業以外の一般事業への拡大，③1組合員当り出資限度についての特例措置の設置，④企業組合における従事比率・組合員比率の緩和，員外監事制度の導入，⑤協業組合における組合員後継者への持分譲渡の容易化，⑥火災共済協同組合への員外利用制度の導入等かなり多様な改正が行われ，多年組合関係者から要望されていた組合弾力化のた

めの諸事項が実現をみた(326)。

このような状況の中での,昭和50年代における各種組合の推移をみると,昭和50年の53,627組合が,59年には,50,615組合となり,全体としては,3,000組合の減少(5.7%減)となっているが,その中心は事業協同組合と企業組合であり,事業協同組合が,42,392組合から40,276組合へ(2,116組合,5.0%減),企業組合が4,936組合から2,803組合へ(2,133組合,43.2%減)と減少した。

これに対し,商工組合は,1,754組合から1,913組合へ(159組合,9.1%増),協業組合は,1,050組合から1,546組合へ(496組合,47.2%増),商店街振興組合は,1,676組合から2,171組合へ(495組合,29.5%増),環境衛生同業組合は,586組合から603組合へ(17組合,2.9%増)とそれぞれ増加した(表2-74)。

昭和50年代において中小企業組合が大幅に減少したのは,昭和55年の法改正によって導入された職権解散による休眠組合の整理によるところが大きく,したがって,事業協同組合や企業組合が歴史も古いだけに休眠状態に陥ったものが多かったことを示すものである。これに対して協業組合や商店街振興組合の場合は職権解散による減少はそれ程でなく,これらの組合は,この時点では未だ休眠化しているものがあまり出ていなかったことを示すものであろう。

もっとも事業協同組合の場合も,全体としては減少傾向を示したがこの間新設組合がなかったわけではなく,この時期においても年間1,000前後の組合が新たに設立されている(表2-75)。

これら新設組合の業種をみると,非製造業のものが圧倒的に多く(77.8%(昭58)),中でも卸・小売業(32.0%),建設業(20.7%),サービス業(14.0%)における組合の設立が活発である。また,この間,業種の枠をこえての連携を目指す異業種組合の設立も一定のウェイトを占めつつある。

その結果,昭和49年3月末に57.2%であった非製造業関係組合は(327),10年後の59年3月末には62.0%まで伸びてきている(328)。

昭和50年代は,いってみれば戦後のわが国経済が新たな踊り場に立ち,次なるステップをどう踏み出すべきかに思い悩んで逡巡した時代ともいえよう。

表2-75　事業協同組合の設立解散状況

昭和年度	55	56	57	58	59	60	61	62	63
設立	1,207	1,022	1,055	956	902	809	740	701	組合747
解散	(314)	(263)	(332)	393	626	596	575	654	組合579

(資料出所)　全国中央会「中小企業組合の設立動向」(平成元年度版)
　　　　　　1，2頁より作成

(注)　解散組合数は，自主解散によるもので「休眠組合整理措置」によるものは含んでいない。また，昭和55～57年の解散組合数は，事業協同組合以外の組合を含む中小企業組合の解散総数である。

　中小企業組合も新たな時代環境の下でどのような方向を目指すべきなのか，組織化に関する新たな目標設定は組合関係者の等しく待ち望むところでもあったのである。

　昭和56年から57年にかけてとりまとめられた中小企業組織化政策ビジョン(以下「組織化ビジョン」という)は，こうした時代の要請に応えようとしたものであり，組合活動の目指すべき新たな方向を指し示すものであった。

　組織化ビジョンは，過去の高度成長期において，中小企業組合が果たしてきた役割を同業種が共通して不足している物的側面の補完をするための機能発揮にあったとしつつ，今後は，共同事業の重点を物的側面の充足から知的・ソフト的側面での充足に移行させていくことが必要であり，それはまた単に不足するものの補完ということでなく，時代のニーズに見合った新しいものの創造という役割を果たすものでなければならないとしたのである。したがって，組合の共同事業もそれ以前のハード充足型の経済事業に加えてデザイン・技術・製品等の研究開発をはじめとする市場開発，販売促進，人材養成，情報の収集・提供等のソフト的事業の開発実施を不可欠としたのである[329]。

　このような期待は期待としつつも，昭和50年代における実際の組合における事業の実施状況をまず事業協同組合についてみると，コスト削減効果の期待される共同経済事業では依然として共同購買事業が中心となっており(46.9%(昭53)→45.8%(昭60))，共同生産・加工事業は40年代同様10%台

表2-76　昭和50年代の事業協同組合共同事業実施状況　　（単位：％）

共同事業＼昭和年月	共同生産加工	共同販売	共同受注	共同購買	共同運搬	共同検査	共同研究開発	資金の貸付け	債務保証	価格協定	チケット発行	教育訓練	情報提供	組合員福利厚生
53.11	11.6	22.3	16.0	46.9	6.8	6.4	8.8	49.9	24.4	7.9	6.0	37.8	52.6	55.6
60.9	10.1	26.7（販売・受注計）		45.8	5.7	6.7	6.3	38.2	18.2	9.6	4.0	34.7	48.4	35.7

（資料出所）　中小企業庁「事業協同組合実態調査結果集計報告書」（昭54.3）49頁，全国中央会「事業協同組合実態調査報告書」（昭62.3）129～131頁掲載表より作成。

（11.6％→10.1％）に止まっている（表2-76）。また，販路開拓・販売促進事業としては，共同広告・宣伝（23.7％（昭60））を筆頭に，展示会・催事等の開催（15.3％），共同売出し・特売日設定（9.4％），市場開拓・マーケティング（7.5％），チケット発行（4.0％），商品券発行（4.7％），スタンプ等発行（3.2％）と様々な事業が幅広く実施されている[330]。更に，環境の変化にもかかわらず，金融事業もまた業種・組合形態の違いを問わず，かなり高い実施率（49.9％→38.2％）となっている。

労働関連事業では，従業員の福利厚生事業（27.3％）を中心に労働保険事務組合業務（10.3％），労働条件の標準化（4.1％），共同求人（3.3％）等の他，教育訓練事業が，多くの組合（34.7％）で実施されている[331]。

組織化ビジョンにおいても期待されている時代対応型事業としては情報関連事業が極めて高い実施率（48.4％）を示しており，組合員事業に関する調査研究事業（14.7％）もかなりの組合で取り組まれている。特に，ボランタリー・チェーン組合（24.6％），産地組合（21.6％），共同店舗組合（20.4％）における本事業の実施率が高い[332]。

ソフト的事業として期待が強い共同研究開発事業では，従来から実施されてきた共同試験検査事業（6.7％）が低率ながら定着持続しつつあり，食料品製造業（21.9％）や窯業・土石製品製造業（21.5％）では，高い実施率を示している[333]。また，製品・デザイン・技術等に関する共同研究開発事業（6.3％）も同様で，全体としては1割に満たない実施率ではあるが，繊維・同製品製造業（31.2％）を中心に[334]，産地組合（37.9％）や異業種連携組合（14.9％）における実施組合が多い[335]。

なお，実際の取組み状況とは別に，この時期（昭60.9）において今後重点にしていきたい事業としては，①情報の収集・提供，②教育訓練，③市場開拓・マーケティング，④業界改善策等の策定，⑤共同購買・仕入の各事業があげられており[336]，この時期の組合関係者間における将来展望としても，やはりソフトな事業活動への重点移行がかなり意識されつつあったことを示している。

(3) 中小企業組合革新のための基盤整備
① 中小企業組合士制度発足

組合事業の成否を決定するのは，組合事務局の良否である。いかにいい企画の下に熱意ある組合員が組合に結集しようと，しっかりした組合事務局体制が整備されていなければ目標の達成は難しい。

このことは，戦後今日に至る迄の優良組合のいくつかをみてみれば一目瞭然である。そこには，優れた専務理事，事務局長の下，能力ある専従職員が組合の事業運営の衝に当っている。組合事務局の整備充実なくして組合の目的完遂は，不可能といっても過言でない。

しかし，現実は厳しい。事務局専従職員のいない組合が27.2％，専従職員がいても，たった1人という組合が24.4％もある（平成2・6現在）[337]。両者合わせて組合の半数を越えるというこの厳しい実態は，昔も今もあまり変らず，事態が好転しているとは決していえない状況なのである。1組合当り平均専従職員数をみても昭和55年当時3.9人であったものが（表2-77），平成2年現在4.2人[338]でしかなく，悪化はしていないものの，その改善の足取りは極めて鈍い。

しかも，組合事務局専従役職員の平均年齢は46.6歳（平成3・11現在）[339]とかなり高齢化しており，組合の活力という面からみても大きな問題を抱えている。

昭和57年に策定された中小企業組織化政策ビジョンにおいても，この点について「組合の幹部・リーダーを補佐し，日々の業務を遂行する事務局は，組合活動の根幹をなす」ものであり，「組合員は，組合を組織しようとするのであれば，質のいい事務局をもつことが不可欠の要件であることを認識す

表2-77 昭和50年代における中小企業組合事務局専従職員設置状況

(昭和55年6月末現在)

職員数	1〜5人	6〜10人	11〜20人	21〜30人	31人以上	一組合平均
組合比率	84.4	9.8	3.8	1.0	1.0	3.9人

（資料出所）　全国中央会「組合の運営体制に関する実態調査結果報告書」（昭57.3）67頁

べきであり，組合員個々では得られない人材を共同で確保するという考えで，組合事務局専従者の獲得には，よりレベルの高い人材を求める積極さが必要である」ことが強調されている[340]。

このような状況の中で，組合の事務局体制をいかにして強化するかは，各組合に与えられた緊急課題であるが，その一方策として現に組合事務局に席を置いている専従役職員の資質の向上にまず努めるということがあり，中小企業団体中央会においても，当面は，事務局強化支援策としてこれに重点が置かれた。このため中小企業団体中央会は各種研修会において，組合幹部や組合員に対する協同意識の昂揚を図るための研修を行うことはもちろん，組合事務局専従役職員を対象に，組合実務知識の習得のための研修にもかなり大きな力を注いできた。

こうした外部研修制度に加えて新たに発案されたのが中小企業組合検定試験制度であり，中小企業組合士認定制度であった[341]。

本制度は昭和44年に，東京都中央会において発足させたものを土台に，昭和49年に全国的な制度として，その実施及び管理を全国中央会に移管統合したものであり，中小企業組合に強い関心を寄せていた大学関係者や中小企業庁の理解と支援を得てスタートしたものである[342]。第1回目の検定試験は，昭和50年2月に全国15カ所の会場において1,257人の受験者を得て行われ，同年6月5日には，315人の合格者が発表された[343]。その後平成3年までに18回の試験を重ね，累計3,711人の中小企業組合士が誕生している（表2-78）。

本制度の創設によって中小企業組合に従事する人々の学習目標が明確になると同時に，中小企業組合士の称号を得ることによって自らが携わっている

表2-78　中小企業組合士認定数等の推移

昭和年	49	50	51	52	53	54	55	56	57
受験者数	1,257	998	753	509	468	434	421	472	453人
合格者数	315	271	173	130	96	70	114	147	147人
組合士認定数		777	382	235	133	98	81	111	141

昭和年	58	59	60	61	62	63	平成元	2	3
受験者数	524	860	949	925	764	696	483	488	469人
合格者数	158	219	249	166	180	212	150	171	173人
組合士認定数	150	138	231	232	165	171	211	141	164

（資料出所）　全国中央会調べ
（注）　昭和50年の組合士認定数が前年の合格者数を大幅に上回っているのは特別認定者がいるためである。

組合の仕事に対して自信と誇りを有するようになった。また，中小企業組合士によって各地に組合士協会が設立され，昭和57年には全国組織として全国中小企業組合士協会連合会が設立された。その結果，中小企業組合士を中心に組合専従職員の地域内，或いは全国的な交流が活発化し，組合事務局専従職員間の連帯も強まり，多くの困難な問題を抱えて日々組合運営に当たっている組合事務局専従職員の意識強化に大きな役割を果たしてきている。

② 　組合青年部の設置推進

　組合運営の衝に当たるのは組合の理事であり，理事長である。組合の運営方針を決定し，事業計画に則って組合事業を推進していくのもこれら組合の執行機関を構成する者の役割となっている。

　しかし，組合が多様な事業活動を展開し，組合員のニーズに応えていくためには，組織体制上の様々な工夫が必要である。その一環として各組合では各種事業別委員会，テーマ別専門委員会，地区別支部組織，業種別部会等々の設置活用が行われている。そして，このような組合組織活動の活発化の一

表2-79　組合青年部設置数の推移

昭和年	57	58	59	60	61	62	63	平成元	2	3	4
青年部設置数	2,690	2,859	3,113	3,394	3,474	3,835	4,130	4,289	4,362	4,655	4,726

（資料出所）　全国中央会「都道府県青年中央会活動状況調査結果」（平成4.7）1頁掲載表より作成
（注）　各年とも6月1日現在

方策として，近年，組合青年部の活動が注目されている。

　通常，組合運営に参画する組合員は，組合員企業を代表する社長であり，事業主であるが，これら形の上での代表者だけの意見を聴取していたのでは，時に組合の事業活動が時流に乗り遅れ，実際の事業利用が停滞する恐れなしとしないのである。

　この傾向は，特に，同業種網羅型組合に強い。これら同業種網羅型組合は，いわゆる業界団体として対外的活動を行うことから，そこに名を列ねる理事役員はどうしても業界内での評価が安定した比較的年令の高い者が推され勝ちだからである。

　このような中小企業組合の諸活動における参画者の年令的ヒズミを少しでも正そうとするのが，組合青年部の設置活用である。

　組合青年部の設置は，企業における世代交替がいわれ始めた昭和40年代頃からぽつぽつ見られるようになったが，昭和50年代に入り，更に活発になっていった。

　これは，1つには，中小企業における経営責任者の実質的交替が，そのまま組合員の世代交替になり難かったという実情があったこと，換言すれば，各企業において実際の経営権は若手後継者の手に移っても，各企業の形式的代表権は依然として旧世代の経営者（先代）に属しているといった事情が背景にあったためと思われる。

　もし，こうした事態を放置しておいたならば，組合活動が組合員企業の実際上のニーズと齟齬を来たし，場合によっては組合組織そのものが，空洞化しかねないという危機感が，関係者の間に醸成され，組合員企業の若手従事者をメンバーとする組合青年部の設立を求める声が広がっていったのである。

また，若い人々に組合という協同組織のなんたるかを認識してもらい，組合後継者を育てるという意味もあった。組合の多くは，昭和20年代，30年代に設立されたが，その後のわが国経済の急成長，企業経営環境の大変革によって，組合や共同事業に対する意識や感覚が，組合創設時のそれとは大きく異なってきているのではないかという懸念が強まっていたからである。

表2-80 ブロック別組合青年部設置数
(平成4年6月1日現在)

ブロック	青年部設置数	(%)
北海道・東北	875	(18.5)
関東甲信越静	1,215	(25.7)
東海・北陸	635	(13.4)
近畿	733	(15.5)
中国	352	(7.4)
四国	247	(5.2)
九州・沖縄	669	(14.2)
合計	4,726	(100.0)

(資料出所) 表2-79に同じ

　組合青年部は，おおむね40歳以下の①中小企業青年経営者，②中小企業経営者の後継者と予想される者，③中小企業に働く従業員で管理職の地位にある者等によって構成され，その活動は，各種研修をはじめ，自己啓発的活動，情報交換的活動，会員相互の親睦等メンバーの人格陶冶に資する事業が中心となっており，相互扶助精神に培われた中小企業経営者および次代の業界リーダーの養成を目指すものであった[344]。

　組合青年部は，本体である組合の内部機構としてではなく，組合に関係する青年層が同志的連帯を基盤に，組合とは別個に結成したものが多く，独自の会則を有し，独自の予算によって運営されているものがほとんどである。

　しかし，母体はあくまでも組合であり，青年部の設置されている組合（親組合）では，これを積極的に支援し，組合事業への参画，ビジョンづくり等を委託するなど，組合青年部に集まってくる若手経営者等の斬新で柔軟な発想と行動力に大きな期待を寄せた。

　こうした動きを支援推進すべく中小企業団体中央会では，昭和52年には，特定指導事業として青年部講習会を実施，翌53年には青年部研究会，更に，同年，若手後継者・青年経営者の資質向上・国際感覚の醸成を図るとともに中小企業組合の将来のリーダーを育成するために，300人規模で青年部員を海外に派遣する組合指導者養成特別研修事業をスタートさせた。

こうした支援もあって組合青年部が各地で誕生し，昭和57年には全国で2,690組織が結成され，59年には3,000組織を，63年には4,000組織を突破，平成4年現在，4,726組織を数える迄に至っている（表2-79）。

組合青年部の設立状況をブロック別にみると，関東甲信越静が1,215組織で全体の4分の1（25.7％）を占め，東北・北海道ブロックの875組織（18.5％）がこれに次いでいる（表2-80）。

しかし，全体としてみれば，青年部の組織されている組合は，全組合数の1割程度に止まっており，なお一層の普及が望まれている。

こうした期待を背景に，組合青年部の地域連合組織として各県に中小企業団体青年中央会や青年部協議会が結成され，平成4年3月には，組合青年部の全国横断組織として青年中央会全国連絡協議会が誕生し，全国的な活動を展開しつつある。

③ 休眠組合の整理

昭和55年に行われた中協法等の改正によって行政庁の職権による休眠組合の整理の制度が法制化された。

昭和51年当時，わが国中小企業関係組合は，登記簿上約56,000組合を数えていたが，そのうちの3分の1に当たる2万超の組合は，休眠化しているものと推定されていた[345]。

中小企業組合の中にこのような休眠組合が累積するに到ったのは，1つには戦後スタートした中協法において，自由設立主義がとられ，昭和30年までは，組合の設立に行政庁の認可を不要とし，定款の認証だけで足りるとしたことが大きな理由とされていた[346]。

設立が自由に認められたため，先行きの事業実施について十分な検討が行われず，しっかりした見通しのないままに組合が設立登記され，形式的には組合が設立されたものの，実際には，事業の実施に至らないままに，或いは，多少の事業活動は行っても，一寸した計画齟齬をきっかけに事業利用が途絶え，休眠状態に陥るものが，極めて多かったのである。

こうした休眠組合の累積は，本来，中小企業組合の設立状態を正確に示すべき筈の組合登記簿が，必ずしも実態を反映していないことになり，中小企業組合に関する基本的統計資料の作成上も大きな問題となった。

また，実際にも，①類似名称の使用禁止により新設組合の名称の使用範囲が限定される，②休眠組合が悪用される，③組合に対する指導を困難にする，④組合に対する社会的信用力を低下させる等の弊害も指摘されていた(347)。

　従来も休眠組合に対する行政措置としては，業務改善命令を前提とする解散命令制度（中協法第106条〜第106条の2）が存在してはいたが，それは，あくまでも組合としての組織が残っており，行政庁等の指導によって事業再開の可能性がある場合を想定したものであり，当時の休眠組合の大半を占めていた，まったく実体のない組合を整理しようとするには極めて無力なものであった(348)。

　このような状況を背景として導入された休眠組合整理の制度であったが，制度としては，臨時的整理措置と恒久的整理措置の2段階に分れていた(349)。

　まず，臨時的措置であるが，これは，それ迄の累積休眠組合を一掃するための一括整理措置であり，制度が導入された翌年の昭和56年10月1日現在において，最後の登記をしてから10年を経過している組合については，全て解散したものとみなし，職権で解散登記を行ったのである(350)。

　この措置によって一括整理された組合は，24,567組合に上ったが，組合の種類別にみると，①事業協同組合が最も多く（18,269組合），以下，②企業組合（5,945組合），③商工組合（147組合）の順となっているが，事業協同組合と企業組合だけで休眠組合のの大半（98.6%）を占めている。

　また，都道府県別では，①東京都（2,963組合）を筆頭に，以下，②福岡県（1,635組合），③北海道（1,340組合），④大阪府（1,022組合），⑤兵庫県（747組合）の順であったが，東京都，福岡県の場合，企業組合の休眠組合の多さ（東京都617組合，福岡県542組合）が際立っている(351)。

　戦後，組合制度創設以来，30有余年にわたって累積されてきた休眠組合を一括整理するために実施された1回限りの臨時的整理措置の後，3年後の昭和59年10月には，恒久的措置による第1回目の休眠組合の整理が行われた(352)。臨時的措置の整理対象は，中協法並びに中団法上の組合に限られていたが，恒久的措置からは，商店街振興組合も対象とされた。

　恒久的措置の対象とされるのは，所定の基準日（第1回目は昭和59・10・1）から遡る3年の間に1度も行政庁に対する届出・許認可の申請を行って

表2-81　休眠組合整理措置による解散組合数の推移

昭 和 年 次	56	59	62	平成2
事 業 協 同 組 合	18,269	1,992	914	232
事 業 協 同 小 組 合	11	—	—	—
火 災 共 済 協 同 組 合	1	—	—	—
信 用 協 同 組 合	11	—	—	—
協 同 組 合 連 合 会	119	—	8	3
企 業 組 合	5,945	—	62	18
協 業 組 合	59	54	21	3
商 工 組 合	147	20	17	4
同 　 連 合 会	5	—	—	—
商 店 街 振 興 組 合		—	2	—
計	24,567	2,066	1,034	260

（資料出所）　全国中央会「中小企業組合の設立動向（平成3年度版）」
　　　　　　（平成4.2）2頁

いない組合とされ，その後も3年毎に同じ措置がとられることになり，平成4年現在までにすでに3回を数えている。

このように，昭和56年に行われた累積休眠組合の一括整理によって休眠組合があらかた整理されることにより，それ以後は，本来の解散手続による解散がきちんと行われるようになったこともあって，その後の職権解散による整理組合数は，大幅に減少してきている（表2-81）。

(4)　組合のビジョンづくりと活路開拓事業

低成長時代に入り，中小企業の各業界とも新たな目標，針路を求めての業界ビジョンづくり作業に向けた取り組みが始まった。それ迄の高度成長時代の合理化・近代化路線の延長線上では，新たな経済環境に上手くフィットしていけるのかどうか，大きな疑問が出てきたからである。

こうした状況の中で，国は，昭和51年に直面問題調査研究事業（組合等が直面する問題に関する調査研究事業）をスタートさせ[353]，組合が中小企業の抱えている諸問題の打開策についての調査研究することを支援することとした。

更に，昭和53年には，同事業を衣替えして活路開拓調査指導事業とし[354]，より広範囲な問題への取り組みを可能としたのである[355]。

この時期，中小企業は，経済の安定成長への移行，国民ニーズの変化，発展途上国の追上げといった内外経済環境の変化に対応するために，それ迄の経営の合理化，設備の近代化を目指しての体質改善に加え，新たに事業転換，新分野への進出，新製品・新技術・新市場の開拓等従来の枠を超えた活路の開拓を迫られていたのである。

こうした新しい活路の開拓は，中小企業自らが経済環境の変化の方向，業種の動向，産地の実態等について十分な調査研究を行い，その結果に基づいて具体的な目標設定を行うことが前提である。

しかし，産業構造的視点に立ったより広い立場からのビジョンづくりに取り組むことは，中小企業の場合個々の企業の手に余ることであり，やはり，中小企業の組織である組合が中心となって取り組むことがより適切であるといえた。

中小企業組合は，それ迄もその時々において中長期的目標を設定すべく，業界ビジョンや組合の長期計画等を策定してきたが，活路開拓調査指導事業の創設による国の支援を得て，更に，組合における調査研究事業は新たな展開をみせることとなったのである。

活路開拓調査指導事業の対象となるのは，①事業転換，②新分野進出，③新製品・新技術・新市場の開拓，④海外進出，⑤他地域への移転，⑥公害対策等であったが，この他にも中小企業が直面している問題を解決するための検討を行うものであれば，広くテーマとすることが認められた。

活路開拓調査指導事業は，昭和53年に発足して以来，平成4年現在迄にすでに10年以上を経過しており，これ迄に本事業を実施した組合数は2,000組合（一般枠1,730組合，活性化枠554組合他）を超えるに至っている（表2-82）。

この間，活路開拓調査指導事業には，昭和59年に異業種連携枠[356]及び経営戦略化枠[357]が，昭和60年に活性化枠[358]及び経営・技術戦略化枠[359]が，平成2年度に組合リフレッシュ枠[360]，平成3年度にゆとりと豊かさ枠[361]等の新たな種類のものが認められるようになり，時代の流れに合わせてその内容も大幅に拡充されていった。

表2-82 活路開拓調査指導事業（一般枠）実施組合の推移

年度	昭和53	54	55	56	57	58	59	60	61	62	63	平成元	2	累計
都道府県	143	156	152	161	146	137	131	114	105	98	88	81	75	1,587
全国	11	20	15	15	13	9	11	11	11	7	7	8	5	143
計	154	176	167	176	159	146	142	125	116	105	95	89	80	1,730

(資料出所) 全国中央会「活路開拓調査指導事業実施状況（平成2年度版）」（平成4.1）3頁

　また，昭和57年には，活路開拓ビジョン実現化事業がスタートし，組合が策定したビジョンの実現に必要な試作，改造，製品の性能試験，求評会の開催等も支援の対象とされるようになった[362]。

　当時（昭和53年～平成2年迄の累計），活路開拓調査指導事業に取り組んだ組合を業種別にみてみると①小売業（261組合），②食料品製造業（192組合），③窯業・土石製品製造業（155組合），④卸売業（128組合），⑤サービス業（127組合），⑥繊維製造業（114組合）の順となっており，50年代以降の中小企業の各種業界における問題の山積度がうかがわれる（表2-83）。

　また，取り組んだテーマでは，①事業活動の合理化（619組合）が最も多く，以下，②新市場開拓（581組合），③新製品開発（484組合），④新技術開発（396組合），⑤事業活動のシステム化（381組合），⑥企業行動の適正化（194組合），⑦流通システム化（160組合）の順となっており，中小企業はそれ迄も努力してきた事業活動の合理化・システム化を更に一層押し進める一方で，新たに新市場の開拓，新製品・新技術の開発等，既存の殻を破るための方策の樹立に向けての目標設定に積極的に取り組んでいったことを示している（表2-84）。

　当時の各組合における活路開拓調査指導事業によるビジョン策定テーマをみてみると極めて多様である[363]。

　例えば，食料品製造業では，淡口醤油の開発と統一ブランドによる販路開拓（宮城県醤油醸造㈿・昭53），新しい酒粕製品の開発（茨城県酒類工業㈿・昭53），ゲル状こんにゃく製品の開発（群馬県蒟蒻原料商工業㈿・昭54），米飯給食の完全実施に伴うパン製造業の合理化（埼玉県学校給食パン㈿・昭55），新しいわさび加工法の開発（穂高わさび生産工業㈿・昭55），ペットフード・釣えさの研究開発（㈿焼津水産加工センター），湖国の夢をお菓子にのせて一味

と技の菓子産業（滋賀県菓子㈴・昭58），宇治茶市場における需要の拡大（京都府茶協・昭55），海外市場への販売促進（境港缶詰製造業協・昭54），牛肉加工品の研究開発と消費者の味覚に関する調査研究（島根県食肉事業（協連）・昭58），昆布膨潤余液の有効活用（小豆島佃煮協・昭53），焼酎廃液処理方法とカスの飼料等への商品化（壱岐酒造協・昭55），原料魚の確保対策と近代的加工業への脱皮（枕崎水産加工業協・昭55），泡盛における商品コンセプトの確立と市場開拓（沖縄県酒造協・昭53）等，新製品開発を中心とした新たな市場の開拓に熱心である。

表2-83　活路開拓調査指導事業種別実施組合数

	業　種	昭和53〜平成2
製造業	食　料　品	181（11）
	繊　維	113（1）
	衣服その他の繊維製品	61（6）
	木材・木製品	86（5）
	家具・装備品	39（5）
	パルプ・紙・紙加工品	19
	出版印刷・同関連産業	43（9）
	皮革・同製品	14
	窯業・土石製品	146（9）
	鉄　鋼　業	48（4）
	金　属　製　品	87（7）
	一般機械器具	37（10）
	造　船	10
	そ　の　他	95（14）
	小　計	979（81）
非製造業	卸　売　業	118（10）
	小　売　業	239（22）
	建　設　業	75（8）
	サービス業	115（12）
	運　輸	39（7）
	そ　の　他	22（3）
	小　計	608（62）
	総　計	1,587（143）

（資料出所）表2-82に同じ（4〜5頁）。
（注）（　）内は全国組合で外数

　意外にビジョンづくりに積極的に取組んでいるのが，窯業・土石製品製造業の組合（155組合）で，繊維製造業（114組合）よりも多くなっているが，これは繊維製造業では商工組合を中心にその多くが長期にわたって構造改善事業に取組んでおり，同事業によって業界のビジョンづくり，業界の直面している問題打開策の検討がすでに進められてきたという事情によるものであろう。

　さて，窯業・土石製品製造業における活路開拓調査指導事業として取り上げられたテーマであるが，次のようにかなり多岐にわたっている。

　まず，生コンクリート関係では，道路用コンクリートの開発・スラッジの無公害化処理方法の開発（北海道生コンクリート㈴・昭55），ダム堆積砂の骨

表2-84 活路開拓調査指導事業テーマ別実施組合数

テーマ	昭和53〜平成2
事 業 転 換	10
新 分 野 進 出	88 (5)
新 製 品 開 発	451 (33)
新 技 術 開 発	368 (28)
新 市 場 開 拓	543 (38)
海 外 進 出	9 (2)
公 害 防 止	17 (2)
企業行動の適性化	191 (3)
流通システム化	155 (5)
事業活動の合理化	566 (53)
事業活動のシステム化	335 (46)
省資源・省エネルギー	35 (4)
他地域への移転	1

(資料出所) 表2-82に同じ(6〜7頁)。
(注) 1.複数のテーマを選択している組合があるため,実施組合数と異なる。
  2.( )内は全国組合で外数

材利用に関する研究(群馬県生コンクリート㈼・昭56),簡易コンクリートの開発(新潟県生コンクリート㈼・昭59),回収水の再利用技術に関する研究開発(大阪兵庫生コンクリート㈼・昭56),生コン輸送の合理的方式の策定(熊本県生コンクリート㈼・昭57),適正規模協組共販コンピュータシステム化(宮崎県生コンクリート㈼・昭58),未利用骨材資源の開発(鹿児島県生コンクリート㈼・昭56)等,新製品開発から新経営システムの開発迄と幅広であるが,コンクリートブロック製造業等セメント製品製造業でも,空洞コンクリートブロックの再開発(岩手県コンクリートブロック㈼・昭56),コンクリート二次製品の研究開発(茨城県セメント製品工業㈿・昭57),積ブロック業界の合理化(岐阜県土木用ブロック㈼・昭57),骨材資源の開発(鳥取県コンクリートブロック㈼・昭57),製造・施工・設計技術の改善開発(島根県コンクリートブロック㈼・昭57),住宅基盤用型枠コンクリートブロックの研究開発(山口県コンクリートブロック㈼・昭55),原料開発と販売体制の確立(愛媛県コンクリートブロック㈼・昭59),県統一型ブロックの開発(大分県土木用コンクリート積ブロック㈼・昭55),型式の統一・共販体制に関する調査研究(宮崎県土木コンクリートブロック事業㈿・昭59)等,製品開発,原材料確保問題に取組むものが多い。

陶磁器製造業関係では,販路開拓(会津本郷焼事業㈿・昭57),省エネ炉の開発(愛知県陶磁器㈼・昭56),多目的食器・低火度磁器の開発(岐阜陶磁器工業(協連)・昭53),和食器・花器・ノベリティの開発(石川県九谷陶磁器商工業(協連)・昭53),住宅環境に合った室内外の照明具・同関連商品の開発(信楽陶器工業㈿・昭54),代替陶土・成型焼成施釉の試験研究(丹波陶磁器

㈹・昭56)，砥部焼の協業的環境の醸成と販売体制の強化（伊予陶磁器㈹・昭54)，新製品・新市場の開拓（小石原焼陶器㈹・昭58)，有田焼を生かした関連産業の開発（肥前陶磁器商工㈹・昭53)，80年代の販売戦略（三川内陶磁器工業㈹・昭58)，壺屋陶器の需要開拓（壺屋陶器事業㈹・昭58）等の陶磁器産地組合における多様な取組みの他，屋根材の多様化への対応（栃木県粘土瓦工業㈹・昭58)，市場拡大のための販売戦略の展開（群馬県瓦工業㈹・昭54)，需要にマッチした新しい瓦の開発（安田瓦㈹・昭56)，陶板タイルの研究開発（富山県瓦㈑・昭57)，新製品・新技術の開発（福井県瓦工業㈹・昭57)，需要構造の変化への対応（京都府瓦工事㈹・昭56)，粘土瓦の耐凍害性・強度・美観を高める素材の研究（兵庫県粘土瓦㈹・昭58)，耐寒瓦の開発・凍害試験・イブシトンネル窯の研究（香川県瓦㈑・昭55)，原土採集地の開発・販売ルートの開発（城島瓦㈹・昭57)，粘土瓦製造過程の省エネ化（宮崎県粘土瓦㈑・昭55）等，瓦製造業における新製品開発への取り組みも活発である。

また，各地の地場産業組合においても活路開拓調査指導事業が幅広く展開された。

カラマツ集成材による高付加価値製品の開発（（協連）北見地方カラマツセンター・昭56)，物流施設の整備と集団化の方向（青森県りんご移出商業（協連)・昭53)，伝統地場産業の現状打開策（南部鉄器㈹・昭54)，大谷石粉材ゼオライト製品の開発（大谷石材㈹・昭53)，電気炉・有機自硬性鋳型の技術開発（川口鋳物工業㈹・昭53)，ファッション商品の創出環境整備（東日本袋物㈑・昭56)，短サイクル多品種少量生産体制の確立（見附ニット工業㈹・昭54)，淡路結びの機械化による省力化（飯田水引祝儀用紙製品㈹・昭54)，新市場の開拓（山梨県水晶宝石㈹・昭53)，新素材を活かしたカジュアル新商品の開発（尾西毛織工業㈹・昭59)，アメリカ・カナダにおける市場開拓（関金属工業㈹・昭53)，既存技術の利用による新分野への進出（福光バット工業㈹・昭54)，漆技術の発展的応用による新製品の開発（輪島漆器工業㈹・昭54)，新住宅事情にマッチした新製品の開発（彦根仏壇事業㈹・昭57)，絞り加工生産の国際分業化（京鹿の子絞振興㈹・昭54)，洋傘業の新産業イメージの確立（大阪洋傘ショール商工㈹・昭53)，テーマカラーの設定による新商品開発（播州織産元㈹・昭56)，釦の袋詰作業の合理化（田辺地方釦工業㈹・昭54)，畳と

健康及び衛生の関連に関する研究（広島県藺製品商業㈿・昭55），久留米絣モンペの輸出による市場拡大（久留米絣筑後㈿・昭59），産地ブランドの確立（長崎県手延素麺製粉㈿他・昭53），多品種少量生産のための生産管理システムの確立（㈿日田家具工業会・昭53），大島紬の伝統継承のための新製品開発（鹿児島絹織物㈿・昭53）等，いかにして時代の変化に対応していくかについて，各産地組合とも生き残り策を見出すために全力を傾注したのである。

全国地区組合においても全国的に共通するテーマを掲げて新たな活路を見出すべく様々のビジョンづくりが行われた。

例えば，製造業では，食料品関係で全国豆腐油揚商工組合㈾（昭54）が新しい豆乳製品の開発，全国納豆（協連）（昭59）が栄養源としてのテンペ納豆の開発を，機械金属関係では，全国ダイカスト工業（協連）（昭53）がバリトリ仕上げ技術の開発，日本ボイラー・圧力容器㈿（昭58）が燃料コストの低減をめざしたエコノマイザーの開発を，非製造業では，全国農業機械商業（協連）（昭53）が中古農業機械の流通システムの確立，㈿オールジャパン・インテリアチェーン（昭58）が展示・施行モデル店舗の設定，全国クリーニング（環同連）（昭59）が溶剤による地下水汚染防止策の確立に取り組むなど業界の中長期的課題を俎上に乗せた。

もちろん組合におけるビジョンづくり，将来目標の設定は，活路開拓調査指導事業によってのみ行われたのではないが，本事業が契機となり，呼び水となって，中小企業組合におけるビジョンづくりは，各地域，各業種の組合に浸透して行き，高度成長経済から低成長経済へと大きく転換する時代環境の中での中小企業の各種業界の方向づけと傘下組合員企業の経営革新をリードしていく上で大きな役割を果たしたのである。

(5) 共同化から集団化へ——50年代高度化事業の推移

中小企業組合における活動の中心は共同事業の実施である。組合組織に参加する組合員は組合が実施する共同事業の利用を主眼として，組合に出資し，組合に賦課金を納める。

しかし，組合の共同事業の実施に必要な資金は，組合員の負担だけでは十分に展開できない場合が多いというのも現実である。特に，土地建物等を新

たに求めて行おうとする大型の共同施設を必要とする場合にはなお更である(364)。

このような事情を踏まえて発足したのが高度化事業(365)で，中小企業組合が共同事業を実施するのに必要な共同施設資金等を低利長期の有利な条件(366)で融資しようというものである。

高度化事業は，戦後間もなくの昭和22年に誕生した共同施設設置費補助金制度を引き継いで昭和36年より国の事業として行われていたが，昭和42年には中小企業振興事業団の，更に，昭和55年からは中小企業事業団の事業として，推進されてきた。

高度化事業は，中小企業の近代化・合理化を組合を通じ，共同化・集団化を通じて推進しようとするものであり，それはまた地域振興や都市計画の推進などの行政目的にも適うものであった。

高度化事業は，中小企業の強力な体質改善策として，まずスケールメリットの追求を目ざしての共同施設設置事業としてスタートしたが，時代環境の変化とともに中小企業の環境整備事業としても広範な活用をみるに至った。

その間，わが国経済も復興期，高度成長期，安定成長期と変転を重ね，組合の共同事業自体も近代的機械設備の導入を中心とするハードなものから，マーケティング，人材養成，情報化といったソフトなものへと変ってきており，高度化事業の種類も時代のニーズに応えるべく多様化して今日に至っている。

高度化事業は，事業の実施主体，事業内容，更には，参加業種等により様々な分類が可能であるが，形態別にみると，次の4つに分けることができる(367)。

まず，①共同化形態であるが，これは，中小企業が，その事業の一部を共同化し，そのための施設を利用する形態をとるもので，共同施設事業，小売店舗共同化事業，設備リース事業等がこれに入る。

次に，②集団化形態であるが，これは市街地等に散在している多数の中小企業者が，各々の独自性を維持しながら立地環境の良い区域に適地を造成，或いは，取得し，ここに工場や店舗等の事業場を移転するものであり，工場団地や卸団地等を対象に行われる集団化事業や工場アパート等の施設共同利

用事業，工場共同化事業等がこれに含まれる。

その他，③中小企業が，その事業の全部または一部を集約，統合して行う協業化形態である企業合同事業や，④商店街を構成する中小小売商業者等が，共同して街路灯や駐車場の整備，アーケードの設置等を行うとともに，古い店舗を近代的なものに建て替える等の改造を行い，街ぐるみで近代化を図ろうとする商店街近代化事業等の再開発形態等がある。

高度化事業の利用件数は40年代の年平均669件をピークとして[368]50年代に入ってかなり減少し，年347件程度となっているが（表2-85），その背景には，わが国経済が，高度成長期から低成長期へと移行したのに伴い，中小企業における規模の拡大，スケールメリット追求に対する取り組みがやや減退したということと合わせて，地価の高騰や環境問題に対する社会的関心の高まり等による地域住民との折衝難等，高度化事業の実施に必要な適地の取得が従前に増して手間どることとなったのも一因とされている[369]。

しかし，こうした傾向の中で，工場団地を中心とする集団化事業は各地でかなりの着工，造成，移転を完了しており，昭和50年代における集団化形態の高度化事業の新規助成対象件数の累計は，180件に上っている。中でも工場団地づくりは順調に進み，新規だけでも120件に達し，継続分の447を含めると500件を越す状況であった。なお，この時期工場団地関係の省エネルギー設備リース事業が大幅な伸びを示し，昭和56～59年の4年間で，新規だけでも60件を数えている（表2-86）。

また，共同工場づくり（工場共同化事業）も35件，共同店舗づくり（小売商業店舗共同化事業）も52件に，施設共同利用事業の1つである工場アパートづくり（工場共同利用事業）も79件に上っている（表2-85）。

ただ，集団化事業が一定の水準を維持はしているが，その規模は40年代に比べて小さくなっており，小規模な企業による比較的小型の集団化事業の実施が活発になっていたことがうかがえる（表2-87）。

しかし，共同施設事業が急激な減少をしているのに対し，こうした集団化事業がかなりの実施をみていることから，助成額としてみると昭和50年代における高度化事業は，昭和40年代に比べて，かなり増加しており，52年度以降は毎年1,000億円を超える状況となっている。

表2-85 昭和50年代における高度化資金助成対象件数の推移

種類＼昭和年度	50	51	52	53	54	55	56	57	58	59	累計
共同施設	235	232	176	166	145	115	87	74	78	69	1,377
工場等集団化	19	21	11	11	12	11	8	11	9	7	120
店舗等集団化	6	5	4	9	5	3	3	1	2	−	38
貨物自動車ターミナル等集団化	2	10	−	−	−	2	1	1	−	−	16
倉庫等集団化	1	1	1	−	−	1	−	1	1	−	6
工場共同化	8	3	2	2	2	3	3	4	−	8	35
小売商業店舗共同化	7	9	10	6	6	2	7	1	1	3	52
小売商業商店街近代化	5	4	2	8	8	7	6	2	3	5	50
工場共同利用		5	9	7	4	12	16	7	8	11	79
商業店舗共同利用								2	−	1	3
その他	114	134	182	138	146	196	228	210	194	152	1,694
計	397	424	397	347	328	352	359	314	296	256	3,470

(資料出所) 中小企業事業団調べ。

表2-86 工場団地関係高度化事業実施状況

種類		昭和35〜54	55	56	57	58	59	60	61	62	63	平成元	2	累計
工場集団化資金	新規	291	11	8	11	9	7	5	6	3	1	1	1	354
	継続	792	51	44	35	40	39	45	37	23	32	35	25	1,198
公害防止設備リース	新規	20	1		2	1	1		1				3	29
	継続	14		1										15
省エネルギー設備リース	新規			7	18	14	21	16	14	5	5	1	2	103
	継続				3	6	3	9	9	4	2	1	1	38
安全衛生設備リース	新規				1	2	3					1	2	9
	継続				1	2	1	1	1	1	1	1	1	10

(資料出所) 全国工場団地協同組合連合会「30周年記念誌」75頁掲載表より作成。
(注) 本表に示した件数は、広域高度化・共同施設・構造改善等高度化及び特定高度化事業等に係る件数を除いたものである。

表2-87 工場・店舗等集団化事業の参加企業数の推移

参加企業数＼事業年度	工場等集団化		店舗等集団化	
	昭和49～52	昭和36～52	昭和49～52	昭和38～52
10 ～ 20	60件	176件	3件	8件
21 ～ 30	12	59	13	47
31 ～ 40	2	19	3	14
41 ～ 50	0	4	2	15
51 ～ 100	2	10	5	31
101 ～	0	1	1	8
計	76	269	27	123

（資料出所） 中小企業事業団調べ（全国中央会「中小企業と組合」（昭53.11月号）39頁掲載表より作成）。
（注） 件数は，新規融資件数

　また，この時期，構造改善等高度化事業もかなり活発に行われ，特定高度化事業を合わせると累計で857件の多きに達し，年平均85.7件という盛況振りである。特に，特定構造改善等高度化事業は，昭和56年116件，57年101件と2年続きで100件台をマークしており，50年代における構造改善事業への取り組みの積極さを示している。

　更に，この時期に目立つのが，昭和48年から昭和55年度にかけて行われた特定商店街共同施設事業で，この8年間で累計388件，年平均48.5件のハイペースで取り組まれた。

　公害防止施設関係も際立っており，共同公害防止事業が累計すると141件，公害防止設備リース事業（昭和48年～59年）25件を加えると，この関係の高度化事業は150件を超えている。

　このような昭和50年代にえおける高度化事業の趨勢をあえて特徴的にいえば，高度化事業は，この時期，共同化型から集団化型へとウェイトを移したともいえよう。

　こうした流れの中で昭和50年には，工場共同利用事業（工場アパート制度）が新たに誕生した(370)。工場共同利用事業が実質的にスタートしたのは制度創設の翌51年ということになるが，本事業は，工場団地など大規模な事業を展開するには資金力，計画作成推進力等の面で対応の困難な小規模企業者に，集団移転，立地環境の改善の道を開くために設置されたものであり，計画の

立案から工場の建設に至るまでを，市や公社等が主体となって推進し，工場完成後に企業が移転入居するというシステムとなっており，行政の側から産業政策の一環として積極的に中小企業に働きかけていく，いわば行政誘導的性格を高度化事業に組み入れたものであり，極めて画期的なものとされた(371)。

工場共同利用制度の創設により，自力だけでは仲々集団化事業に踏み切れない小規模，零細層が集団移転による立地環境の改善に取り組むことが可能となったのである。

特に，過密化した都市の小規模の製造業者が，住宅地域あるいは住工混在地域にあって早急な解決を迫られていた騒音，振動等の公害問題の解消には大きな力を発揮したものと思われる。

また，工場共同利用事業の活用により，2次，3次の下請企業群の集団移転や，関連企業の同一共同施設への移転が可能となり，工場の共同利用をこえて，作業工程を共同化したり，相互に提携，専門化するなどにより，より高度な共同化も実現可能となり，小零細企業の経営の合理化，近代化に大きな役割を果たした。

当時設立された工場アパートのいくつかを見てみると，例えば，神奈川県下第1号の工場アパートに入居した大秦野団地㈿は，輸送用機械器具製造業者7人を中心に電気機械器具製造業者3人，一般機械器具製造業者1人が加わって結成，昭和52年に操業を開始した。土地7,470㎡，建物2棟3,026㎡からなる共同工場は，秦野市中小企業振興公社が実施機関となって建設したものであるが，騒音，振動等の公害の解消を図るとともに，組合会館をはじめ共同運動場，共同駐車場等の共同施設もつけ加わって，操業開始後3年目にして入居組合員の売上高3倍増という好成績を達成した(372)。

松坂南勢木材㈿は，三重県中小企業振興公社が工場アパート建設第1号として取り組み，昭和53年に完成した工場アパートに入居した，松坂市内の製材業者5人，木造建築工事業者1人によって結成された。この事例は，用地先行型であり，組合員は市の公募に応じて参加したものであるが，組合員の旧工場が全て同一市内にあったこともあって，その後の組合員間の意思疎通も十分で，相互の結束力も強固である。

24,916㎡の土地に3棟の建物（3,965㎡）が建ち，共同施設としては，組

表2-88　工場アパートの規模

	平均	最大
組合員数	10人	26人
敷地面積	11,600㎡	57,000㎡

（資料出所）　中小企業事業団「高度化資金利用ハンドブック（工業編）」（平成4.2）19頁

合会館の他，共同目立て工場，共同貯木場が設置されており，移転後3年目で組合員の木材取扱石数は1.7倍となった。共同工場への移転により，組合員は，「隣近所に遠慮せずに設備をフル稼働でき，繁忙時には自由に操業時間を延長することができる。」と予期した通りの成果を喜んでいる[373]。

時津工業㈿は，長崎県下請企業振興協会が事業実施主体となって推進した工場共同利用事業に乗って，昭和54年に金属製品製造業7人，その他製品製造業1人が共同工場に移転入居した事業者によって結成されたものであるが，11,043㎡の土地に3棟の建物（4,373㎡）が建ち，他に共同施設として受水槽，受電施設，共同材料置場等が設置された。

組合員は，造船下請の製缶，機械加工，メッキ加工業者等で，中核企業につながる関連業者ぐるみの共同移転であった。共同事業としては，共同受電事業，共同給排水事業の他，手形割引等の金融事業や共同受注事業も実施しており，相互の連携は緊密であり，集団化を機として，建設関係等の新規分野の開拓にも積極的に取り組んでいる[374]。

工場共同利用事業は，制度が創設された昭和50年度から平成2年度までの間に120件，23都道府県で実施されているが，その特色としては，①実施地域が大都市及び地方中堅都市が大部分を占めていること，②市等の公共機関が住工混在の解消，工業の振興を目的とし，企業を募集した「公募型式」が半数近く（約47％）を占めていること，③同一業種によるものが約45％，異業種によるものが約55％となっており，異業種のうち約65％が公害防止対策を動機としており，残り35％が都市過密対策を動機としていることなどがあげられている[375]。

個々の参加者の業種としては，金属製品，一般機械，鉄工，食料品が大部分を占めているが，工場共同利用事業の参加者数，敷地面積の規模は，表2-88のとおりである。

施設共同利用事業は，工場アパート制度の他に，その後商業アパート制度

(昭57) やトラックアパート制度 (昭58), 建設アパート制度 (昭60) 等が追加新設されたが, その利用は, 昭和63年度現在, 5～2件程に止まっている。

(6) 共同工場と共同店舗
① 共同工場の推移
昭和41年度からスタートした組合による工場共同化事業は,「共同工場」の名で呼ばれ, その後各地で設立されていった。

工場共同化事業は, 従業員20人以下 (情報サービス業の場合は5人以下) の小規模の製造業者が中心となって, 共同工場をつくり, 相互の経営を統合し, 組合員の事業を一体的に運営していこうとするもので, 主として協業化を目指して取組まれてきた[376]。これにより, 単なる一部事業の共同化のレベルを超えたより高度の規模メリットの実現, 経営の合理化を達成しようというものであった。

工場団地が中堅中小企業の集団化形態であるのに対し, 共同工場は, 小規模中小企業の集団化形態であったといえよう[377]。

共同工場は, 昭和40年代に161組合が, 昭和50年代には35組合が, 昭和60年代 (昭和60年～63年) に入って18組合がそれぞれ設立され, 昭和63年度現在で241の組合が高度化事業の対象となっている (表2-89)。

これ迄に設置された共同工場の地域的分布状況をみてみると, ①関東ブロックが最も多く, 全体の4分の1 (25.3%) を占め, 以下, ②九州ブロック (18.7%), ③東海ブロック (18.3%), ④近畿ブロック (16.9%), ⑤東北ブロック (8.9%), ⑥中国ブロック (6.2%) の順となっている[378]。

共同工場がどのような分野に多く設立されているのか, その業種特性をみてみると, ①金属製品製造業・鉄鋼業が最も多く (17.7%), 以下, ②食料品製造業 (16.9%), ③繊維製品製造業 (14.7%), ④窯業・土石製品製造業 (13.8%), ⑤家具・木製品製造業 (12.4%), ⑥機械器具製造業 (9.8%), ⑦印刷業 (8.9%) となっており, 住工混在地域にあって騒音・振動等の公害問題の解決に迫られていたこれら分野における小規模事業の共同工場への期待が大きかったことがうかがわれる[379]。

共同工場組合は, 5人以上で結成できることになっており組合員数に上限

はないが，共同工場が完成すると組合員はその工場・事業場の全てを新設工場に移さなければならないこともあって，そう多くの組合員を擁する大規模のものはあまり出来ていない。組合員規模からみると，組合員5～10人規模のものが全体の6割近く（59.6%）を占め，11～15人規模（33.3%）のものを合わせると全体の9割（92.9%）に達する状況である(380)。

共同工場には，協業組合形態をとるものと事業協同組合形態をとるものとがあるが，その割合はほぼ等分で均衡している(381)。

協業組合形態をとるものには，①食料品製造業（23.3%），②窯業・土石製品製造業（20.8%），③繊維製品製造業（16.9%）等が多く，これらの業種では全部協業の比率も高くなっている。

事業協同組合形態をとるものには，①金属製品製造業（20.6%），②機械器具製造業（12.7%），③印刷・製本業（12.7%）等が多い(382)。

事業協同組合形態をとる共同工場における共同事業の実施状況をみると，共同工場設立の本来の目的である共同生産加工事業以外には，①共同金融事業（39.7%），②共同購入事業（36.5%），③共同福利厚生事業（31.7%），④情報提供事業（14.3%）等の実施率が比較的高い(383)。

共同工場組合で成果をあげている例をいくつかあげると（表2-90参照），昭和55年に強化プラスチック製造業者10人によって設立されたヒラタ（協業）（大阪府）は，ガラス繊維強化プラスチック小型水槽の生産基数では全国1位のシェアを獲得，東京，名古屋，福岡など全国主要地区に営業所，工場（共に5ヵ所）を設置，きめ細かいサービス体制をしくとともに，台湾のメーカーと提携，部品の輸入シフトで最近の円高による不利性の克服に努めている(384)。

昭和51年に陶磁器製造業者12人によって設立された（協業）三峰陶苑（岐阜県）は，共同工場へ移転後，マーケットを拡大すべく商品構成を多様化するとともに，販売体制を強化，それ迄地元での小口販売がほとんどであったものを産地問屋が集積する他地域にも積極的に進出，当該地域の卸団地を中心に大手商社25%，準大手，中堅商社50%と販売先を拡大，売上高を共同工場移転前の1億2,000万円から，移転5年目で4倍近くまで伸ばし，その後も全自動成型機の導入等の合理化投資を積極的に行い，売上5億円の目標を

表2-89 工場共同化事業助成件数の推移

昭和年度		41～49	50	51	52	53	54	55	56	57	58	59	60	61	62	63	計
助成件数	新規	161	8	3	2	2	2	3	3	4	−	8	7	3	5	3	214
	継続	85	8	7	7	3	3	6	5	4	2	3	4	9	6	4	156

(資料出所) 中小企業事業団調べ。

表2-90 共同工場組合事例

組合名	県名	設立年	組合員数	目的
(協業)銘林	東京	昭和47年	10人	過密地域からの移転による集約化
春陽家具(協業)	福岡	36	11	高級収納家具の一貫生産体制の確立
東京都緑友印刷製本(協業)	東京	42	10	印刷業と製本業の協業化
ナショナル製本(協)	東京	42	10	異種工程の連結化による一貫生産体制の確立
福岡印刷センター(協業)	福岡	48	7	軽印刷から一般印刷・カラー印刷への業務範囲の拡大
関東スーツ(協業)	栃木	43	7	海外との技術提携による品質の向上
ぎふファッション(協業)	岐阜	46	9	協業化による部門別責任体制の確立
大同染化(協業)	静岡	46	10	染色加工設備の近代化, 公害防止
丸岡エイトリボン(協業)	福井	45	10	協業化による長時間労働からの脱却
(協業)桜顔酒造	岩手	48	10	醸造部門の協業化による一貫生産体制の確立
大文字食品(協業)	秋田	48	10	省力化と総合食品企業への脱皮
静岡県産醬油(協業)	静岡	45	18	製造部門の合理化とブランドの確立
ホープドリンク(協)	鹿児島	45	10	統一ブランドによる販売力強化
有田焼工業(協)	佐賀	42	10	伝統工芸と近代的設備の調和
鹿児島セメント工業(協)	鹿児島	44	10	セメント瓦の量産化, 静電塗装による高級化
(協業)トキナー・レンズ	東京	47	11	下請企業の垂直的協業化による生産合理化
北陸鋳物(協業)	石川	42	10	協業化による新分野への進出
(協業)水島鉄工センター	岡山	44	7	協業化による大型製缶品の受注確保
高知県工作機械工業(協)	高知	43	11	組立メーカーと部品メーカーによる一貫生産体制の確立
島原ドック(協業)	長崎	47	10	協業化によるフェリー生産体制の確立

(資料出所) 中小企業事業団「共同工場事例集」(昭和53.3) より作成

達成,平成元年度には高度化資金補完事業制度を活用して第2工場の建設に踏み切った(385)。

ナショナル製本(協)(東京都)は,昭和42年に組合員10人によって設立,昭和44年に共同工場を完成し,操業開始した。共同工場への移転後は全部協業により並製本並びに上製本の一貫生産体制を確立,最後のカバーかけなどの仕上工程以外は全てライン化し,それ迄の労働集約的企業から装置産業的企業へと脱皮した。

その後も高度化資金補完事業制度の活用により昭和56年には当初工場を移転,新社屋を建設,並製ラインを増設,昭和59年にも並製ラインを更新,昭和63年には倉庫を増設するなど小規模企業だけでは仲々困難だった設備の近代化を強力に推進,作業環境の改善,安定した収益の確保を実現した。業況の拡大により,従業員も当初の45人から83人に増え,売上高も当初の1億7,000万円から昭和63年度現在で9億9,000万円と大きな伸びを示している(386)。

(協業)桜顔酒造(岩手県)は,昭和48年に清酒業者10人によって設立され,清酒の共同生産を開始した。その後様々の紆余曲折を経ながらも昭和60年には先に同一メンバーによって設立されていた共同壜詰事業並びに共同販売事業を行う岩手酒造㈱を吸収,これによって製造販売を全て一本化,従来の卸全面依存体制を脱却して自力販売にも力を入れ,一時大幅に減少していた販売量の拡大に努めている(387)。

西日本スレート(協業)(佐賀県)は,生産の合理化と新製品開発による環境変化への対応を目指して,厚型スレート(セメント瓦)製造業者11人によって昭和47年に設立されたもので,共同工場は昭和49年に完成,同年1月から操業を開始した。共同工場の建設により,自動製瓦機等新鋭機械が導入され,公害防止設備も整備されるとともに,従業員の福利厚生施設も充実し,作業環境は大幅に改善された(388)。また,その間「セラミック瓦30」,平板瓦「セラーブ30」などの商品名をもつ新商品を開発し,従来製品に代わる主力製品として組合員の経営の安定に寄与している。

組合設立後現在に至る迄脱退組合員は1人もなく,組合員は組合からの製品の供給を受けて,自らは販売及び工事の施工に専念,そのため大幅な生産

性の向上と収益性の向上を達成することができたとしている。

　共同工場も高度化事業として制度創設後かなりの年数を経過し，小規模製造業における設備の近代化と経営の合理化等に大きな役割を果たしてきたが，その間様々の問題も抱えるに至っている。

　特に，①組合員の経営者意識の欠如，②適材適所の不徹底，③組合員の高齢化，④設備稼働率の停滞，⑤設備の老朽化・陳腐化，⑥販売力の弱さ等の問題点が指摘されており[389]，共同工場が，今後とも共同化の有効な推進主体として成果を上げていくためには，設置当時の初心を忘れずに，組合員が一致協力して，新たな環境に的確，迅速な対応をしていくことができるかどうかがキーポイントといえよう。

　なお，昭和47年に共同工場組合の全国組織である全国共同工場協同組合が，それ迄の連絡組織であった全国共同工場運営協議会を発展的に解消して設立され，全国の共同工場の運営をめぐる諸問題の解決に当たっている。

②　共同店舗の推移

　共同店舗（小売商業店舗共同化事業）[390]は，共同工場よりも3年早く，昭和38年にスタートし，30～40年代をピークに昭和63年度迄に継続分を含めると499組合を数えるに至っている（表2-91）。

　もっとも共同店舗自体の発生は，高度化事業による助成制度の発足よりも早く，昭和37年迄に35組合の設立が報告されている[391]。

　共同店舗は，中小小売商業者が共同の力によって，近代的な顧客吸引力のある店舗づくりを行い，大規模店舗に対抗し得る販売体制を確立しようとするもので，中小小売業者にとっては，商店街近代化事業と並ぶ競争力強化のための二大方策であった。

　もとより，共同店舗の設置は，大手スーパー等の大型店進出対策にのみ止まるものではなく，①共同化による企業活動の積極的，効果的な推進，②立地条件の改善，③中小商業者の集団化による大経営への転換，④経営管理の近代化による生産性の向上等個々の店舗だけでは仲々実現し得ない経営体質の改善強化のためのものでもあった[392]。換言すれば，共同店舗は，地域に根ざした中小商業者の将来への躍進の期待を担った自立協同組織であったといえよう。

表2-91 小売商業店舗共同化事業助成件数の推移

	昭和年度	38〜49	50	51	52	53	54	55	56	57	58	59	60	61	62	63	計
助成件数	新規(特定)	252(23)	12(5)	26(17)	24(14)	20(14)	24(18)	18(16)	7	1	1	3	4	2	1	1	396(107)
	継続(特定)	27(2)	8(3)	7(3)	16(4)	14(7)	5(3)	6(4)	1	2	1	5	2	4	2	3	103(26)

(資料出所) 中小企業事業団調べ。
(注) ( )内の数字は、特定小売商業店舗共同化事業（無利子）の対象件数で「うち数」。

　共同店舗の設置状況を地域別にみてみると（昭和53年現在），①北海道の31店を筆頭に，②愛知県27店，③大阪府23店，④岡山県19店，⑤島根県・山口県各々16店の順で，共同店舗が10店以上あるのは，16地域となっているが，他方で，共同店舗数が5店以下に止まっている地域が15県もあり地域によってかなりのバラつきがみられた(393)。

　建設時期を5年単位でみてみると，制度創設当初の第1期（昭和38〜42年）が最も多く，123店，第3期（昭和48〜52年）が99店でこれに次ぎ，以下第2期（昭和43〜47年）が91店，第4期（昭和53〜56年）が89店の順となっている(394)。

　共同店舗の組織形態としては，組合形態をとるものと会社形態をとるものとがあるが，組合形態をとるものが圧倒的に多く（91.7％），そのうち事業協同組合が89.1％，協業組合が2.6％で，共同工場の場合と異なり，協業組合形態をとるものは極めて少ない。なお，会社形態をとるものは8.3％に止まっているが，これらは，店舗面積1,500㎡以下の小規模のものが多い(395)。

　共同店舗の経営形態としては，スーパーマーケット・専門店併設型のものが最も多く（43.0％），専門店寄合店型がこれに次ぐ（29.6％）が，市場型（11.3％），スーパーマーケット型（8.7％），ショッピングセンター型（4.8％）は比較的少なく，百貨店型のものはわずかに2.6％を占めるに過ぎない。なお，百貨店型，ショッピングセンター型，市場型をとるものには，会社形態のものは皆無である(396)。

　共同店舗を立地特性からみると，都心型（23.0％），郊外型（23.0％）のものに比べ，近隣型のものが多く（54.0％）（表2-92），共同店舗が，中小小売

表2-92 売場面積別，経営形態別，立地形態別共同店舗数

項目＼立地形態	都心型	近隣型	郊外型	共同店舗数
500㎡以下	5 (23.8)	10 (47.6)	6 (28.6)	21 (100.0)
500㎡超 1,500㎡〃	27 (24.1)	62 (55.4)	23 (20.5)	112 (100.0)
1,500㎡〃 3,000㎡〃	7 (13.1)	28 (53.8)	17 (32.7)	52 (100.0)
3,000㎡〃 5,000㎡〃	6 (22.2)	16 (59.3)	5 (18.5)	27 (100.0)
5,000㎡〃 10,000㎡〃	7 (43.8)	7 (43.8)	2 (12.5)	16 (100.0)
10,000㎡〃	1 (50.0)	1 (50.0)	— (0.0)	2 (100.0)
計	53 (23.0)	124 (54.0)	53 (23.0)	230 (100.0)
百 貨 店 型	5 (83.3)	1 (16.7)	— (0.0)	6 (100.0)
ショッピングセンター型	3 (27.3)	6 (54.5)	2 (18.2)	11 (100.0)
スーパーマーケット型	2 (10.0)	10 (50.0)	8 (40.0)	20 (100.0)
スーパーマーケット専門店型	17 (17.2)	55 (55.6)	27 (27.3)	99 (100.0)
専 門 店 寄 合 店 型	18 (26.5)	35 (51.5)	15 (22.1)	68 (100.0)
市 場 型	8 (30.8)	17 (65.4)	1 (3.8)	26 (100.0)
計	53 (23.0)	124 (54.0)	53 (23.0)	230 (100.0)

(資料出所) 全国中央会「共同店舗の現状と今後の方向」(昭和58年3月) 55頁

業が多く立地している既存商業地にあって，地域活性化のための核的役割を担っていることがうかがえる[397]。

共同店舗の業種構成を売場面積割でみると，①食料品がとび抜けて大きく (50.0%)，以下，②衣料品 (15.1%)，③雑貨 (9.5%)，④飲食店 (7.0%)，⑤家庭用品 (6.5%) の順となっている[398]。

共同店舗建設の動機としては、①他地域への顧客流出防止が何といっても一番多く（49.6％）、これに続くのが、②大型店進出への対抗（30.2％）で、以下、③ワンストップショッピングの実現（28.7％）、④店舗の近代化（25.6％）、⑤スケールメリットの実現（17.1％）となっており[399]、地域中小小売業者の現状打破への積極的意気込みがうかがわれる。

共同店舗開店後の成果については、「開店以来売上も順調に伸び経営状況は良好である。」（31.3％）とするものがある反面、「開店直後は売上も順調であったが、次第に不調となり、現在は悪くなっている。」（27.0％）とするのもあり[400]、開店後の環境変化に十分に対応し得ていない厳しい状況も出てきている[401]。

共同店舗についていくつかみてみると、例えば、㈱やよいデパート（組合員19人）（鳥取県）の場合、相次ぐ百貨店の進出に対抗してつくられたものであるが、共同店舗発足当初から場所貸し的考え方を排し、売場配置と組合員別店舗面積を固定化せず、店舗全体としての効率化の見地から常時変動するものであることを全組合員間で申し合わせ、需要動向に合わせてレイアウトの変更等を弾力的に実施、大型単一店舗としてのメリットの実現を期して運営、売上高も移転前の14億円から5年後（昭和50年）の91億円へと大きな伸びを達成している。また、本組合は、既存店舗だけに止まることをせず、やよいグループとして広範囲な多店舗展開を試み、県内のみならず県外にも積極的に進出し、激しい流通戦争の中で共同化の力を存分に発揮している[402]。

㈱となみショッピングプラザ（組合員26人）（富山県）は、衣料・食料品・家具を中心に市内の中小専門店によって結成されたコミュニティタイプ（地域型）ショッピングセンターであるが、顧客の競合周辺都市への流出を防ぐため、市内一番店より大きな売場をもつことを基本に、月当番店長制の採用、店内リフレッシュ運動の推進、ヤングから子供へのターゲットの切り替え、左義長・盆踊り等の市民参加の地元密着型行事の実施等により、売上高も開店後3年目（昭和52年）にして当初売上の2倍（26億円）を達成した[403]。

㈱三次ショッピングセンター（三次プラザ）（組合員36人）（広島県）は、県外大型店の進出、モータリゼーションの進展に伴う交通混雑化、駐車場の確保難等の問題解決を目ざして昭和47年にオープン。250台収容の駐車場の設

置に加え，300～400m圏内にJR駅，バスターミナル，国道分岐点を有する立地条件の良好さも加わって，市内最大の商業集積を実現，その結果，噂されていた大型店等の進出も立ち消えとなり，地元小売業者による自力による地域活性化の道を歩むことが可能となった[404]。

上述した事例に止まらず，全国の共同店舗が各地において共同化の実を上げるべく積極的な活動を展開中であるが[405]，成果を上げつつある多くの組合にみられる共通の成功要因としては，①思い切った立地移動，②他の協力を得ての立地回復，③設備改装，規模拡大の決断，④業種構成の手直し，核店舗の導入，不足業種の補充，⑤思い切った配置替え，⑥理事長と事務局長とのチームワークによる本部の強力なリーダーシップ，⑦マーチャンダイジング統制の貫徹，⑧駐車施設の大幅拡充，⑨飲食サービス部門の拡充，⑩地元商店に支持される共同店舗等の諸点があげられている[406]。

共同店舗も制度発足後すでに40年余を経過し，この間共同店舗をめぐる環境条件も大きく変わり，直面する問題点も更に多様なものとなりつつある。

昭和42年に全国小売商業店舗共同化連絡協議会として発足し，昭和48年に㈿全国共同店舗連盟に改組した共同店舗組合による全国組織も平成15年には創立30周年を迎えたが，これら共同店舗が抱える問題の解決と新しい時代へ向けての更なる発展のために地道な活動を継続しつつある[407]。

---

(319) 50年代の実質経済成長率（平均）をみると，前半（昭50～54）は4.7％であったが，後半（昭55～59）は3.9％に止まった（日本銀行調査統計局「経済統計月報」（平成元年1月号）14頁）。

(320) 全国中央会では急激な円高に対処するため東京で危機突破大会を開催し（昭52・10・22），金融対策，下請対策等を盛り込んだ「中小企業関係円高騰対策に関する要望」を決議した（全国中央会「創立30周年記念誌」113頁）。

(321) 帝国データバンク調べ。

(322) 全国中央会等9団体によって一般消費税反対全国小売商団体連盟が結成され，昭和54年4月には東京で一般消費税反対小売商総決起大会を開催，同年10月に行われた総選挙では，大平首相の率いる自民党は敗北を喫した（同上・118頁）。

(323) 中小企業庁「昭和62年度中小企業白書」付属統計資料・2，3頁。

(324) 中小企業庁編「中小企業の再発見――80年代中小企業ビジョン」（通商産業調査会）（昭55.7）58頁。

(325)　全国中央会「中小企業等協同組合法及び中小企業団体の組織に関する法律等の一部改正のあらましと関係法令」（中小企業情報化促進協会）（昭55.11）6～8頁参照。
(326)　全国中央会「中小企業等協同組合法及び中小企業団体の組織に関する法律等の一部改正のあらまし」（中小企業情報化促進協会）（昭59.12）2～11頁。
(327)　全国中央会「創立20周年記念誌」155頁。
(328)　全国中央会「創立30周年記念誌」209頁。
(329)　小林靖雄「中小企業組合の基本的方向」（全国中央会「魅力ある組合活動の新展開——中小企業組織化政策ビジョン」97頁以下）。
(330)　全国中央会「事業協同組合実態調査報告書」（昭62.3）19～20頁。
(331)　同上・20頁。
(332)　同上・136頁。
(333)　同上・132頁。
(334)　同上・133頁。
(335)　同上・136頁。
(336)　同上・26～27頁。
(337)　全国中央会「事業協同組合実態調査報告書」（平成4・3）44頁。
(338)　同上・45頁。
(339)　全国中央会「事業協同組合における共同事業と実施体制の整備に関する報告書」（平成4・3）25頁。
(340)　全国中央会「魅力ある組合活動の新展開——中小企業組織化政策ビジョン」（昭和57・4）21頁。
(341)　中小企業組合検定試験は，組合制度，組合運営，組合会計の3科目について行われ，これに合格した者で中小企業組合又はこれに準ずる機関において実務経験を3年以上有する者に中小企業組合士の称号が与えられる。
(342)　制度創設に到る経緯については，東京都中小企業組合士協会「組合士誕生20年」（平成3・3）19頁以下参照。
(343)　全国中央会「創立30周年記念誌」98頁。
(344)　全国中央会「組合青年部組織および運営指針」（昭和52・3）1頁。
(345)　全国中央会編「中小企業等協同組合法等の改正のあらましと関係法令」（昭和55・11）6頁。
(346)　内藤博光「改正された中小企業等協同組合法について」（全国中央会「中小企業と組合」（昭和55・7月号）48頁）。
(347)　宇井建治「休眠組合の整理とみなし解散組合の継続等の手続について」（前掲「中小企業と組合」（昭和57・4月号）30頁）。
(348)　前掲・内藤論文・50頁。

(349) 前掲「中小企業等協同組合法等の改正のあらましと関係法令」6～8頁。
(350) 中小企業庁指導部長通達（55企庁第2324号）「中小企業等協同組合法等の一部改正法の施行に伴う運用について」（昭和55・9・2）（全国中央会「全中情報」（昭和55・9・15号）17頁）。
(351) 前掲「中小企業と組合」（昭和57・4月号）32頁。
(352) 中小企業庁指導部長通達（59企庁第257号）「休眠組合整理に係る恒久的措置の発動の手順について」（昭和59・3・21）（前掲「全中情報」（昭和59・4・1号）23頁）。
(353) 中小企業が社会的，経済的環境の急激な変化により対応が迫られている問題に関する調査研究を行う組合に対して，1組合100万円の助成が行われることとなった。昭和51年度補助対象組合数は，207組合。
(354) 活路開拓調査指導事業を行う組合に対して，1組合350万円の助成が行われることとなった。昭和53年度補助対象組合数は，198組合。
(355) 直面問題調査研究事業が，活路開拓調査指導事業に発展的に吸収された経緯等については，全国中央会「中小企業と組合」（昭56・6月号）38頁以下参照。
(356) 研究開発型異業種連携組合が，新製品・新技術の研究開発，新製品の市場開拓等を目的に行うビジョン作成事業等に対して助成。助成金額は，1組合につき350万円，対象組合数は，15組合。
(357) 中小企業近代化促進法に基づく特定業種の商工組合等による経営戦略化ビジョン作成のための調査研究事業に対して助成。助成金額は，1組合につき600万円，対象組合数は，5組合。
(358) 環境変化に対応した共同事業を積極的に推進していく意欲のある組合に対し，新規事業についての実施可能性を検討し，将来の組合事業のあり方や方向をまとめるビジョン作成のための調査事業について助成。助成金額は，1組合につき80万円，対象組合数は，80組合。
(359) 従来の経営戦略化枠を経営・技術戦略化枠に改編。経営戦略化ビジョンを作成する組合に加えて，中小企業技術開発促進臨時措置法に基づき技術開発事業を実施する商工組合等による技術戦略化ビジョン作成に対する助成を追加。助成金額は，1組合につき600万円，対象組合数は，5組合。
(360) 新しい経済環境の変化に即応した組合事業の拡充強化のため，組合青年部を中心として組合が行う調査研究，中・長期ビジョンの作成及び成果普及事業に対して助成。助成金額は，1組合につき216万円，対象組合数は，25組合。
(361) 国民のゆとりと豊さ実現のために新しい国民サービスニーズの把握，サービスニーズの発掘やそのフィージビリティ調査及びサービス業における生産性等の向上・人材養成のための調査研究を行う組合等に対して助成。助成金額は，1組合につき300万円（全国組合等は450万円）。対象組合数は，11組合。

(362) 新たに追加された特別枠についても，それぞれの実現化事業が併設された。
(363) 昭和50年代における活路開拓調査指導事業の実施テーマについては，全国中央会「活路開拓調査指導事業実施状況（昭和53年度～昭和59年度）」（昭60・12）4頁以下参照。個々のビジョンの内容については，各組合作成の報告書を参照。
(364) 商店街組合の平均出資金額が973万円なのに対して，卸団地組合のそれは，1億6,132万円となっている（平成2年6月現在）（全国中央会「事業協同組合実態調査報告書」（平成4・3）50頁）。
(365) 高度化資金の助成対象事業は，包括的に「高度化事業」と呼ばれているが，これを形式的にいうと中小企業事業団法に定める「中小企業構造の高度化に寄与する事業」の具体的内容として中小企業事業団法施行令により定められているものを指し，現在，同政令で規定されている事業は20種類近くに上っている（入江光海編著『中小企業高度化資金助成制度の詳解（新訂版）』（ぎょうせい・昭和63・2）5頁）。
(366) 金利は，一般的なもので年2.7％，特別なものについては無利子となっており，また，貸付期間も15～20年以内となっている。
(367) 入江光海編著・前掲書・5頁。
(368) 中小企業振興事業団「10年のあゆみ」（昭和52・8）214～215頁。
(369) 大高聡「高度化事業推進の現状」（全国中央会「中小企業と組合」（昭和53・11月号）40～41頁。
(370) 昭和50年9月29日に公布施行された中小企業振興事業団法施行令の一部を改正する政令により工場共同利用事業が創設された（中小企業庁編「中小企業施策30年の歩み」52頁）。
(371) 大高・前掲論文・「中小企業と組合」（昭和53・11月号）38頁。
(372) 中小企業事業団「工場アパート指導指針」（昭和56・3）167頁以下。
(373) 同上・147頁以下。
(374) 同上・245頁以下。
(375) 中小企業事業団「高度化資金利用ハンドブック（工業編）」（平成4・2）19頁。
(376) 全国中央会「共同工場の組織運営指導要領」（昭和44・3）5頁以下参照。
(377) 公害問題，作業環境の悪化，用地の拡張難などの問題を抱えている小規模企業や，事業規模が小さく適正な生産規模に見合う生産設備の設置，近代的な生産方式の導入が困難な小規模事業者が，共同で工場を建設し，併せて事業の共同化，協業化を図るため集団で移転するものであるが，工場団地（工場集団化事業）のように郊外に出るのではなく，市街地に止まって立地することも認められる点に特色がみられる。両者の相違点については，全国中央会・前掲書・3～4頁参照。
(378) 中小企業事業団「共同工場運営指導指針」（平成元・3）105頁。

(379)(380)　同上・106頁。
(381)　昭和54年度における工場共同化事業助成件数は181件，うち事業協同組合91件，協業組合90件となっている（中小企業事業団「高度化調査報告書（工場共同化事業）」（昭和55年度）3頁）。
(382)(383)　同上・4頁。
(384)　前掲・共同工場運営指導指針・121頁以下。
(385)　同上・148頁以下。
(386)　同上・194頁以下。
(387)　同上・171頁以下。
(388)　同上・139頁以下。
(389)　同上・114頁以下。
(390)　小売商業店舗共同化事業は，5人以上の中小小売商業者が集まって，スーパーマーケットや寄合百貨店を設立し，消費者に魅力のある店舗づくりを行い，共同の力により抜本的な経営の近代化を推進しようとするもので，実施主体としては，組合（事業協同組合，協業組合）の他にも，合併・共同出資会社が対象とされている（中小企業事業団「中小企業事業団の概要（昭和55年度版）」（昭和56・2）170頁以下）。
(391)　全国中央会が昭和42年に都道府県中央会を通じて行った調査の結果であるが，これによれば，昭和38年以前に設立された共同店舗は全て組合形態をとっている（全国中央「共同店舗指導要領」（昭和42・12）1頁）。
(392)　共同店舗には，こうした経済的意義の他に消費者大衆の購買欲を満足させ，さらに生産への刺激と文化の向上に大きな役割を果たすといった社会的役割も期待されている（全国中央会「共同店舗管理指導要領」（昭和43・3）25頁）。
(393)　全国中央会「共同店舗の現状と今後の方向」（昭和58・3）2頁。
(394)　同上・2頁。
(395)(396)　同上・99頁。
(397)　同上・54～55頁。
(398)　中小企業庁小売商業課「共同店舗実態調査結果報告書」（昭和53・7）38～39頁。
(399)　前掲「共同店舗の現状と今後の方向」34頁。
(400)　同上・125頁
(401)　昭和50年当時の共同店舗の目的と達成度については，中小企業事業団「高度化調査報告書・小売商業店舗共同化事業」（昭和52年度）25～27頁参照。
(402)　全国中央会「共同店舗の成功事例に関する研究」（昭和53・3）40頁以下参照。
(403)　同上・120頁以下参照。
(404)　同上・138頁以下参照。

(405) 中小企業事業団「高度化資金利用ハンドブック(商業編)」(平成4・2) 6頁。
(406) 前掲「共同店舗の成功事例に関する研究」14頁以下。
(407) ㈿全国共同店舗連盟「創立25周年記念誌」(平成3・7) 26頁以下。

III 中小企業組合の新時代への挑戦

1 平成新時代における中小企業組合の展開

(1) 中小企業を取り巻く新たな状況

戦後60年を経過,われわれを取り巻く環境は大きく変わった。

1つは,ものの氾濫にみられる社会の成熟化である。60年前すべてのものは不足していた。需要は常に供給を超えていたのである。衣も食も住も国民全てを満足させるためには,質よりも量の時代であった。それが今では供給が需要をはるかにオーバーし,いかにして新しい需要を掘り起こすかかが,ものを生産し,サービスを提供する企業経営者にとっての最重要課題となっている。

2つ目は,経済のサービス化である。新たな経済活動の中心マーケットはハードの提供ではなくソフトの提供へと移行した。もちろんハードなくしてソフトはないが,ハードから得られる収益は一度限りであり,ソフトから獲得できる収益は無限大に近い。パソコン・ネットワークの利用者,そして携帯電話の利用者,レジャーランドのリピーター,それらは消費への対価ではなく利用への対価によって今まで考えられなかったような大きい市場を創り出す。

3つ目は,高速交通網の発達と情報ネットワーク化の進展である。この2つの進展するところ,われわれの生活の基軸となっていた時間と空間は,かってない広がりを見せることとなった。いうところのグローバル化もこれによって可能となったのである。

新幹線網の整備によって都市と都市が結ばれ,航空網の発達によって中央

と地方が全て即日往来圏となった。他方,情報ネットワーク端末の普及によって,おびただしい量の情報が,地域を超えて全国民の共有し得るところとなったのである。

4つ目は,わが国社会を支える人そのものの変り様である。高学歴化,女性の社会進出,核家族化,少子高齢化等によって企業が変化し,産業界が変化し,マーケットそのものが変化しつつある。

高学歴化,女性就業者の増大等に伴い雇用の流動化が進み,パートタイマーのウェイトが年々増大し,フリーターの名で呼ばれる非定職者層が200万人にも達するに到っている。

他方,リストラが進み,失業率がかってない高レベルに張り付き,企業の求人倍率が大幅に低下しているにもかかわらず,依然として3K職種といわれる分野には人は来ず,外国人労働者に頼らざるを得ないという状況がある。

また,情報化の進展により省力化,技術のマニュアル化等が進み,経験をベースとする熟練者への評価は大きく減退するとともに雇用の流動化,若年労働者の意識の変化等もあって,年功賃金体系も職能給賃金体系にシフトしつつある。

5つ目は,グローバル化の進展である。

わが国を代表する生粋の日本企業に外国人経営者が迎えられ,それ迄の取引慣行は過去のものとなり,条件が合えば,全世界のどこの企業とでも即日契約するという時代になったのである。将来を考え,長い取引関係をベースに安定した取引を念頭に置いた,わが国特有の親会社,子会社といった親密な関係は過去のものとなりつつあるのである。

また,長い間世界のシェアトップを占めていた企業が,追い上げてきた海外企業に太刀打ちできないということで,あっという間に主力工場を閉鎖し,その分野から撤退するという事態も頻繁に起っている。

このような変化のあれこれを取り上げていけばきりがないが,わが国経済社会を取り巻く環境の変化によって,中小企業もその経営のあり方を根本から考え直さざるを得ない状況に立ち至っているのである。

このような変化に対応して他に先んじて成果を上げていくためにはどうすればいいのか。

中小企業経営に携わる者として独り考え抜くことが元より基本であるが,中小企業組合という協同組織に結集する同志と共に,中小企業としての共通基盤に立脚しつつ,多面的に対応策を検討し,目指すべき方向をしぼり込んでいくことが今必要と思われる。

(2) 中小企業政策の転換

戦争で全てを失い,全土惨憺たる荒廃の中からスタートしたわが国産業は,今や世界のトップレベルに達したといわれているにもかかわらず,企業の経営に携わる者の苦悩は,当時よりも却って深刻さを増しているかのごとくである。目指すべき方向が,なかなか明確になってこないからであろう。

戦後,わが国が,官民ともに目指してきたのは,欧米先進諸国の豊かな生活を自分達のものとすることであった。

産業面でいえば,それはマスプロダクションによる近代工業化社会の実現ということであった。これを政策面でいえば,あらゆる産業の近代化であり合理化であった。このようにして推進された政策は,大量生産―大量消費という需要と供給が相互に拡大する中で目ざましい成果を上げた。それは一言でいえば前を走っている豊かな国々をモデルに,これらの先頭集団をキャッチアップするということであった。

したがって,中小企業政策も,工業化社会の国内産業の一翼を担うものとして,その足腰を鍛え,先行するリーダー企業の足を引っ張らないように近代化,合理化することこそが眼目であった。それが,設備の近代化であり,経営の合理化であり,企業規模の適性化であった。そしてそれは事業の共同化,集団化,協業化によって効率的に実現し得るものとされたのである。

しかし,今や時代は一変し,マスプロダクションは目指すべき目標ではなく当然の前提であり,目指すべきはユニークな商品,独自のサービスの開発による新たなマーケットの発掘開拓ということになったのである。

これ迄の大量生産方式の導入というハードを主体とするモデルの追及は,極めて明瞭で,誰にでも理解納得できる性格のものであったが,潜在しているニーズをキャッチし,これを顕在化し,市場化するという課題への取組みは,いわば,各々の知恵や工夫によってしか達成し得ないソフトな分野に属

図3-1　中小企業基本法における政策理念

新	旧
（基本理念） 第3条　中小企業については，多様な事業の分野において特色ある事業活動を行い，多様な就職の機会を提供し，個人がその能力を発揮しつつ事業を行う機会を提供することにより我が国の経済の基盤を形成しているものであり，特に，多数の中小企業者が創意工夫を生かして経営の向上を図るための事業活動を行うことを通じて，新たな産業を創出し，就業の機会を増大させ，市場における競争を促進し，地域における経済の活性化を促進する等我が国経済の活力の維持及び強化に果たすべき重要な使命を有するものであることにかんがみ，独立した中小企業者の自主的な努力が助長されることを旨とし，その経営の革新及び創業が促進され，その経営基盤が強化され，並びに経済的社会的環境の変化への適応が円滑化されることにより，その多様で活力ある成長発展が図られなければならない。	（政策の目標） 第1条　国の中小企業に関する政策の目標は，中小企業が国民経済において果たすべき重要な使命にかんがみて，国民経済の成長発展に即応し，中小企業の経済的社会的制約による不利を是正するとともに，中小企業者の自主的な努力を助長し，企業間における生産性等の諸格差が是正されるように中小企業の生産性及び取引条件が向上することを目途として，中小企業の従事者の経済的社会的地位の向上に資することにあるものとする。
（交流又は連携及び共同化の推進） 第16条　国は，中小企業者が相互にその経営資源を補完することに資するため，中小企業者の交流又は連携の推進，中小企業者の事業の共同化のための組織の整備，中小企業者が共同して行う事業の助成その他の必要な施策を講ずるものとする。	（事業の共同化のための組織の整備等） 第13条　国は*第9条から前条までの施策の重要な一環として，事業の共同化又は相互扶助のための組織の整備，工場，店舗等の集団化その他事業の共同化の助成等中小企業者が協同してその設備の近代化，経営管理の合理化，企業規模の適正化等を効率的に実施することができるようにするため必要な施策を講ずるものとする。 *（第9条）設備の近代化 　（第10条）技術の向上 　（第11条）経営管理の合理化 　（第12条）企業規模の適正化

するものであり，それは当然のことながらどこかにモデルがあって，それを導入すれば直ちに成果が得られるというものではない。

このような経済社会の大きな変貌を背景に産業政策も大きく変化せざるを

得なくなったのである。

　中小企業基本法の抜本改正はこのような状況の中で行われた（平成11年12月）。
　わが国産業のあるべき姿（マスプロシステム）を前提に、中小企業をそこに近づけることを専らとする、規模の拡大による格差是正を理念とするのではなく、個々の中小企業が有する創造性の発揮に期待する、ダイナミックな事業活動体としての中小企業の叢出を目指そうというのである。
　もちろん現実には中小企業と大企業との間には、依然として大きな格差があるのは事実であり、その差を埋めていかなければ中小企業の明日はない。しかし、その差を埋める方向は、大企業的中小企業になることによるのではなく、正に中小企業のもつ創造性、柔軟性、小回り性、多様性を発揮することによって実現すべきものとされたのである。

(3)　平成期における各種組合の推移

　昭和64年1月7日の昭和天皇の崩御により年号は昭和から平成へと改定され、すでに20年近くが経過したが、これを昭和の年号でみると60年代ということであり、平成7年（1995）が昭和70年、平成17年が昭和80年ということになる。このように、平成17年を振り返るということは、われわれ昭和世代にとっては、昭和60年代〜70年代を振り返るという感じを否めない。
　事実、経済全体の流れをみても昭和60年代末にはじけたバブルの後遺症を未だに引きづっており、わが国経済は、失われた10年、失われた15年と呼ばれる長期停滞状態を脱し切れない状況にある。
　このような状況の中で中小企業組合は、どのように推移してきたか。問題が多ければ、これを解決するための共同化へのニーズはむしろ高まり、中小企業組合の設立数も相対的に増加してもいい筈なのであるが、そうとはならず、この20年間をみるとやや減少、軽うじて横這いという趨勢であった。
　まず中小企業組合全体でみてみると（表3-1）、昭和61年（1986）に49,092組合であったものが、平成（1989）に入り一時48,000台に低落したが、平成5年（1993）には再び49,000台を回復し、以後、平成8年（1996）には49,709組合に迄増加し、平成11年（1999）迄は49,000台を維持した。しかし、平成12年（2000）以降は再び48,000台となり、中小企業組合数はそのまま減

少を続け平成16年 (2004) 3月末現在, 48,133組合となっている。
　この間, 新設組合数は年800組合台を維持してきたが (昭和50年代は年平均1,000組合超), 解散組合数も増加傾向を示し, 平成11年 (1999) 以後はむしろ解散組合数が新規設立組合数を上回る傾向にあり, 平成14年 (2002) には解散組合数がついに1,000組合を上回る事態となっている (表3-2)。
　また, この間, 行政庁による休眠組合の整理 (平成2年, 5年, 8年, 11年, 14年) も行なわれており, このことも組合総数を減少させる一因となっている。
　平成期における中小企業組合の増減を, 組合の種類でみると, この時期商店街振興組合が昭和50年代に引続き増設されており, 昭和61年 (1986) の2,148組合 (連合会84組合) が平成8年 (1996) には2,672組合 (連合会115組合) となっている。
　しかし, 昭和から平成にかけて50～60組合の設立をみた商店街振興組合の設立も平成5年 (1993) 頃を堺に漸減し, その後解散数の増加もあって, 平成16年 (2004) には2,623組合とピーク時を下回る数となっている。
　次に企業組合であるが, 全体でみると昭和61年 (1986) 2,583組合であったものが, 平成16年 (2004) には2,234組合となり, かなりの減少となているのであるが, これを子細にみると, 平成12年 (2000) に1,978組合と2,000組合台を割ったものが, 以後, 増加に転じて回復傾向を示してきたものであり, 注目されよう。
　この間の信用協同組合の減少数が著しい。昭和61年 (1986) に450組合を数えていた組合数が, 平成16年 (2004) には181組合となっている。これは不良債権の処理等による経営体質の健全化, 国際競争力の強化を目指す金融業界の再編の中で合併統合が急速に推進された結果といえよう。
　中小企業組合の中核をなす事業協同組合の新規設立は, この間, 横這い, やや減少となっているが, 業種別にみてみると, サービス業や建設業における設立数は高水準 (150～200組合) にあり, また, 異業種組合の設立数も平均をはるかに上回っている。これに対して, 卸・小売業における組合数は, はっきり減少傾向を示すこととなっている。
　こうした業種毎の設立数の変化により中小企業組合全体の中での業種別構

1 平成新時代における中小企業組合の展開

表3-1 中小企業各種組合数の推移

	事業協同組合	事業協同小組合	火災共済協同組合	信用協同組合	協同組合連合会	企業組合	協業組合	商工組合	商工組合連合会	商店街振興組合	商店街振興組合連合会	生活衛生同業組合	生活衛生同業組合連合会	生活衛生同業小組合	合計
昭和61年3月末	39,002	16	43	450	797	2,583	1,514	1,778	68	2,148	84	588	16	5	49,092
昭和62年 〃	39,341	16	44	448	803	2,753	1,502	1,817	72	2,190	84	589	16	5	49,500
昭和63年 〃	38,732	19	44	437	799	2,514	1,488	1,797	72	2,215	86	591	16	5	48,815
平成元年 〃	38,356	24	44	418	798	2,461	1,459	1,800	74	2,254	88	591	16	5	48,388
平成2年 〃	38,491	25	44	414	806	2,477	1,441	1,794	74	2,301	101	592	16	5	48,581
平成3年 〃	38,303	25	44	407	818	2,403	1,441	1,751	69	2,364	108	592	16	5	48,346
平成4年 〃	38,488	26	44	397	854	2,344	1,421	1,763	69	2,436	111	592	16	5	48,566
平成5年 〃	38,949	23	44	393	822	2,337	1,407	1,742	69	2,534	112	589	16	4	49,041
平成6年 〃	39,074	23	44	383	828	2,286	1,386	1,736	69	2,602	113	590	16	4	49,154
平成7年 〃	39,229	23	44	373	830	2,253	1,393	1,717	69	2,643	116	590	16	4	49,300
平成8年 〃	39,627	23	44	369	828	2,248	1,390	1,712	69	2,672	115	591	16	5	49,709
平成9年 〃	39,655	21	44	363	828	2,152	1,357	1,691	69	2,656	117	590	16	5	49,564
平成10年 〃	39,525	21	44	351	822	2,092	1,357	1,657	68	2,630	119	589	16	5	49,296
平成11年 〃	39,593	19	44	322	818	2,074	1,337	1,626	65	2,633	119	589	16	5	49,260
平成12年 〃	39,312	16	44	291	809	1,978	1,342	1,601	66	2,630	119	589	16	4	48,817
平成13年 〃	39,448	16	44	280	812	2,006	1,319	1,568	61	2,631	119	587	16	4	48,911
平成14年 〃	39,419	15	44	247	812	2,064	1,283	1,543	61	2,627	120	587	16	4	48,842
平成15年 〃	38,942	14	44	191	803	2,109	1,247	1,511	60	2,628	118	586	16	3	48,272
平成16年 〃	38,734	13	44	181	794	2,234	1,231	1,497	58	2,623	119	586	16	3	48,133

(資料出所) 全国中央会「中小企業組合の設立動向」(平成16年版)

成にも大きな変化をもたらしている。

中小企業組合の業種別構成を昭和55年（1980）と平成16年（2004）の対比でみると、製造業が35.2％から22.6％に、小売業が36.4％から28.6％に減少したのに対し、サービス業が6.3％から11.7％に、建設業が7.6％から11.0％に、異業種組合が4.6％から10.2％へと大きな伸びを示している。もっとも、異業種組合を業種的にみるとやはり製造業分野のものが多く、その意味では、製造業の組合が同業種組合ばかりでなく異業種組合をも組織化の視野に入れてきた結果ともいえ、これを製造業分野における組合形態の多様化ととらえ

表3-2　中小企業組合の設立解散状況

	昭和55年	60年	平成元年	5年	7年	8年	9年	10年	11年	12年	13年	14年	15年
設立	1,417	933	852	970	903	863	907	792	845	862	851	828	816
解散	462	686	587	550	681	871	858	797	884	854	893	1138	831

（資料出所）全国中央会「中小企業組合の設立動向」（平成16年度版）
（注）解散組合数は、自主解散による解散組合で、休眠組合整理措置による」ものは含んでいない。

ることもできよう。

　こうした状況の中で、新たに設立する組合の事業目的をみると、一貫して増加しているのが、共同受注・販売事業を重点事業とするというものである。

　平成に入ってからをみても、平成5年度までは共同購買事業が設立目的の第1位を占めていたが、平成6年度には、共同受注・販売事業がこれにとって替り、以後現在に到るまで第1位を占めている。これは長びく不況の中で中小企業にとっての最大の課題は、販路の拡大、市場の開拓、受注の確保等による売り上げの増大にあることを示すものといえよう。

　こうした傾向は、新設組合だけでなく、既存組合の中にもみられ、既存組合において、最近5年間の間に新たに開始した事業の中で最も多いのが、共同受注・販売事業（24.6％）で、次いで共同仕入れ事業（15.2％）、共同宣伝・販売促進事業（11.2％）となっている（商工中金調べ、平成13年3月末現在）。しかも、その理由として多いのが①組合を取り巻く環境変化への対応（52.2％）、②組合財政基盤の強化（37.3％）とされており、前者が景気低迷による環境の厳しさを克服するための速効性を念頭に置いたものであり、後者は、組合の収益確保に役立つ事業として共同受注・販売事業（34.2％）が、共同仕入れ事業（33.7％）を上回る期待を担っていることにもつながるものである（商工中金調べ、前掲）。

　中でも共同受注事業に対する組合の期待度は高く、同事業の実施率は21.9％で第7位にあるにもかかわらず、現在の重点事業としての順位はそれより高く（12.7％）第3位となっており、今後の重点事業としても第4位（14.7％）にランクされている（全国中小企業団体中央会調べ、平成12年6月現在）。

　このように共同受注・販売事業は中小企業組合の共同事業の中心的存在と

1 平成新時代における中小企業組合の展開

表3-3 新設組合における共同受注・販売事業の重点度の推移

年度	平成元年	2	3	4	5	6	7	8	9	10	11	12	13
最重点事業とした組合の割合（％）	28.3	24.3	22.5	25.6	24.8	30.2	35.3	33.8	39.6	41.7	58.1	65.4	60.0
順位	②	②	②	②	②	①	①	①	①	①	①	①	①

（資料出所）全国中央会「中小企業組合の設立動向」（平成2年度版～平成14年度版より作成）

表3-4 商店街組合の設立推移

年度	61	62	63	元	2	3	4	5	6	7	8	9	10	11	12	13	14	15
商店街振興組合	45	47(2)	36(2)	58(13)	55(7)	76(2)	101(4)	61	52(2)	43(1)	25(1)	21(1)	14	15(2)	4	8(1)	10(1)	4(1)
事業協同組合	27	36	40	25	24	53	81	83	45	47	44	27	18	38	11	8	8	1
合計	72	83	76	83	79	129	182	144	97	90	69	48	32	53	15	16	18	5

（注）商店街振興組合の下段は連合会で内数。
（資料出所）表3-3に同じ。

して大きな期待を担っており，本事業の効果的実施のためのシステムの確立とノウハウの開発蓄積が急務となっている。

　なお，平成期に入ってからの中小企業組合関係法律の改正の主なものとしては，次のようなものがあった。
平成6年（1994）組合の行政庁への成立届の廃止
　　9年（1997）事業協同組合等の事業として新事業分野進出事業を追加
　　11年（1999）中小企業基本法の改正による小規模の事業者の範囲の拡大
　　　　　　　事業協同組合，企業組合，協業組合からの会社への組織変更の容認
　　　　　　　商工組合の調整事業の廃止
　　12年（2000）組合の総会・理事会における議決権の行使等における電磁的方法（電子メール等）の採用
　　　　　　　環境衛生同業（小）組合の生活衛生同業（小）組合への名称変更

14年(2002)企業組合の従事比率・組合員比率規制の緩和,非個人事業者の参加の容認

2 組合組織の多角的活用

(1) 中小企業組合に求められる新たな役割

わが国経済社会を取り巻く環境条件の変化は,中小企業組合組織にも新たな役割を求めつつある。

かつて組合は,既存の中小企業者が現に抱えている問題解決のための組織としての役割が中心であり,その全てであったといっても過言ではない。

しかし,その後の環境変化により,組合は次々と新たな役割を求められるようになった。

共同化を更に進めて組合員の経営の統合を達成するために協業組合が,異なる業種の知識,技能,ノウハウを持ち寄って新しい分野での製品づくりを進めるために融合化組合が,そして,組合での共同事業から一歩進めて営業活動として広く活動を展開しようとする場合の便宜を考えて組合から会社(共同出資会社)への組織変更が法制上も認められることとなったのである。

また,最近の開廃業率の逆転に歯止めをかけ,創業,起業をより実現し易くするため企業組合の活用が国の政策として打ち出されることとなったのである。

こうした動きの根底にあるのは,いかにして時代のニーズに合った中小企業の連携組織を考えていくかという点にあるのであって,その点ではこれらに関連した制度改革も従来の中小企業組合の延長線上にあると見てよかろう。換言すれば,こうした動きは中小企業組合制度の時代対応のための組織革新によるパワーアップ操作なのである。

(2) 創業の牽引車としての企業組合

現在,わが国産業界にとっての大きな課題は開業率の低下である。旺盛な新規開業への意欲と実践こそが,自由競争経済社会における産業盛衰のバロメーターだからである。

わが国における開廃業率の逆転が指摘され、それへの政策対応が求められるようになってからすでに久しいが、仲々実績が伴なわないようにみえる。

そうした中で、近年注目を集めつつあるのが企業組合による創業の促進である。

企業組合の最近の新設状況をみてみると、平成10年度24組合、11年度42組合、12年度82組合、14年度117組合、15年度167組合と年を追って増加しつつあり、現在2,234組合（平成16年3月末）を数えるに至っている（図3-2）。

新規企業組合の業種をみると非製造業に属するものが多く、介護、情報サービス、デザイン、コンサルタント、ビルメン等、ニュービジネス関連のものが中心となっている。

組合員メンバーも、中高年者、主婦、定年退職者、離職者等と多様であるが、実施事業の内容を仔細にみると、自分達の有する知識、技能、経験を活かしての職場づくりという面が強く、加えて小回りの効く時代対応型新規事業の展開を目指すものが多い。

企業組合は制度創設時の趣旨はともかく、協業組合制度がスタートするまでは、唯一中小企業における経営統合のツールとして利用され（事業所集中型企業組合と事業所分散型企業組合とに分れたが）、あくまでも既存事業者の協同事業体としての色彩が濃厚であった。

しかし、最近の社会環境の急激な変化により、新規事業の開拓実践のためのツールとして、新たな期待が高まっているのは、注目すべきことである。

ただ、企業組合は、法律上個人（非法人）の参加しか認められておらず、会社等の法人事業者が企業組合の組合員にはなれないこと、組合員の大多数（2/3以上）が組合事業に専従していなければならないこと（従事比率規制）、従業員の半数以上が組合員でなければならないこと（組合員比率規制）、最低組合員数も事業協同組合等と同じように4人以上とされていることなどから、最近の多様な開業ニーズを考えると、これら諸点の見直しを行うべしとの声が強く、平成14年末に法改正が実現した。

この改正によって、企業組合の組合員資格が法人企業にも拡大された他、従事比率（1/2以上に）、組合員比率（1/3以上に）も各々緩和された。

このようにして企業組合は、株式会社や有限会社のように最低資本金を要

図3-2　企業組合の設立の推移

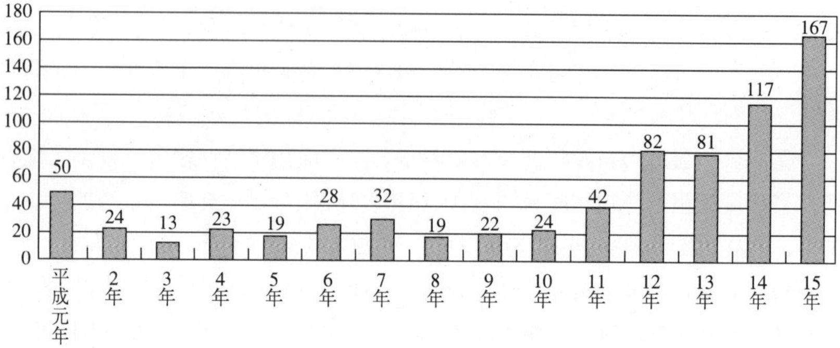

年	平成元年	2年	3年	4年	5年	6年	7年	8年	9年	10年	11年	12年	13年	14年	15年
件数	50	24	13	23	19	28	32	19	22	24	42	82	81	117	167

(資料出所)　全国中央会「中小企業組合の設立動向」(平成2年度版～平成16年度版より作成)

求されない簡易な創業ツールとして今後とも広く起業家各層に活用されることになろう。

　最近設立される企業組合の特徴を拾ってみると新たに介護保険制度がスタートしたことと合まって，福祉介護分野への組合による進出がかなり見られる。例えば，秋田県では，看護婦経験者等の女性4人が集まって，利用者の立場に立ってのきめ細かな介護サービスを提供すべく，企業組合ほっと（資本金100万円）[1]を設立，福島県でも，離職した介護経験者である介護福祉士，看護婦等7人により福島県中央福祉企業組合[2]が設立され，保険適用外のサービス等にも事業範囲を拡げ，積極的事業展開に取り組んでいる。

　また，埼玉県の技術専門学校で知り合った工事関連技能者が，仲間意識を持って仕事に取り組める事業組織として企業組合を選び，住宅サービス企業組合健工舘（出資金452万円）[3]を設立，大手企業が手掛けにくい補修工事分野での活動を担っている例などは，企業組合もあくまでも相互扶助精神を基盤とする協同組合組織であるという性格を念頭に置いたものといえる。

　更に，従来の分散型企業組合に類するものとして，各々が自分の家庭内で仕事をやりながら，相互に連携を取り合って事業の拡大を図ろうとするSOHO関係での企業組合づくりも見られる。

　富山県で設立された企業組合チューリップソーホー（出資金10万円）[4]の，情報サービス業者5人が集まって共同受注を目ざしている例，岡山県で設立

された岡山県ソーホー企業組合（出資金8万円）[5]の主婦4人がインターネットを利用して，パソコンスクールを運営していこうという例などがそれである。

　組合への参加者の顔ぶれからみて，企業組合は，これ迄は仲々自分の好きな仕事につけなかった人達が，気心の知れた同志で，自分達のやりたい事業をやっていこうとするのに適した，柔かな共同事業組織として評価されているように思う。今後こうした方面においても企業組合の更なる活用が期待される。

(3) 再編のための統合組織としての協業組合

　経済のグローバル化の進展により，企業の国際競争力強化は焦眉の急となっている。

　かっての国際競争力強化は，欧米先進諸国とのマスプロパワー格差の是正を目指すものであったが，最近の国際競争力強化は，ユニーク製品の開発力，独自技術の蓄積力，経営システムの新規性等多面的なものとなっている。更に，中国，韓国，台湾等の東南アジア諸国の急速なパワーアップは，従来とは異なった多面的な国際競争力の強化をわが国企業に迫っているといえる。

　こうした中で企業の合併統合は設備の集約化による生産力の拡大のみならず開発力の向上，販売力の強化，管理部門の統合合理化による経費の削減等時代に即した経営体制の確立を目指して行われつつあるといえよう。

　今や協業組合による協業化への取組みは，かっての生産力アップを主眼とした当時とは，また異なった視点から検討されなくてはならない新たな段階に差し掛っているのである。

　しかし，こうした情況変化にもかかわらず，協業化に取り組もうとする中小企業の意識，意欲は未だ必らずしも十分とはいえない。

　協業組合制度がスタートした昭和42年（1967年）直後には組合の設立数も多く，ピーク時には組合総数1,500組合（1985年）を超えるに至ったが，その後組合数は漸減し，平成16年3月末現在1,231組合となっている。

　平成元年（1989年）以降（2000年迄）の新設協業組合の実態をみてみると設立総数は，98組合で，そのうち製造業関係の組合が31組合（31.6％），非

製造業関係の組合が62組合 (63.3%), 異業種による組合が5組合 (5.1%) となっており, 比較的非製造業関係での協業化への取組みが積極的である。中でもサービス業分野での設立が多く, 32組合と全体の半数以上を占めており, 以下小売業が11組合, 建設業が10組合となっている。

ただ, 非製造業では, 自動車整備業や廃棄物処理業等組合の設立が特定の業種にシフトしているのに対し, 製造業では, 食品, 繊維, 木材, 家具, 皮革, 金属製品, 自動車部品, 陶磁器, 生コン, コンクリートブロック等かなり多様である。

こうした状況の中で注目されるのが, 平成12年に設立された埼玉の県北食肉センター協業組合（組合員5人, 出資金1億円）である。

同組合は, 最近の食肉の安全性に対する消費者の関心の高まりを背景に協業化を通じて食肉処理施設の再編合理化を行い, 生産性の向上, 衛生面の向上, 受注の拡大, コストの低減を図り, 国産食肉の国際競争力の強化を実現しようとするものである。初年度である平成14年度は, 組合の共同施設の整備に必要な土地の取得が中心であり, 実際に施設が移動するのは先のこととされているが, 厳しい環境の中での積極的対応が1日も早く成果を上げるよう期待したい。

また, 平成13年に設立された新潟の創和ジャステック建設協業組合（組合員4人, 出資金1,200万円）[6]は, 総合建設業と宅地建物取引業の共通部分の統合により, 4社の有する人材と機材を有機的に活用し, 利益率の向上を図るとともに, 事業規模の拡大により公共事業の入札参加資格の格付けランクアップを実現し, 単独では受注困難であった大型公共工事も視野に入れて活動していこうとするものである。

協業組合制度は, 高度成長経済の中で規模の適正化を目ざす中小企業の経営統合を念頭に創設されたものであるだけに, 組合員企業の既存事業の成長発展が眼目であった。しかし, 時代は変り, 現今の中小企業には新たな分野の開拓, 未知の分野への積極的転進こそが求められている。

協業組合制度が時代の要請に応えていくためには, 企業の再編の視点からする抜本的見直しが検討されるべきであろう。

(4) 新分野開拓の尖兵としての融合化組合

　融合化組合の誕生は，正に歴史の替り目を象徴する。融合化組合を法制上認知し，各種支援策を盛り込んだ融合化法（異分野中小企業者の知識の融合による新分野の開拓の促進に関する臨時措置法）は，昭和63年という昭和最後の年に制定された。

　それから20年，昭和は平成へと年号を変え，根拠法であった融合化法も平成7年には創造法（中小企業の創造的事業活動の促進に関する臨時措置法）へ，平成17年には中小企業新事業活動促進法へと衣替えを行い，現在に至っており，中小企業が各々の業種の枠を超え，相互に連携して新たな製品技術の研究開発等に取り組もうとする流れは十分定着したものといえよう。

　平成13年現在，融合化法や創造法の認定を受けて研究開発に取り組む組合は，169組合を数えるが，これに参加する業種も極めて多様で，また開発テーマも自動ウナギ選別機や風力発電装置など，実に多彩である。

　当初，融合化組合の名称で呼ばれていたこの種組合も融合化法の改廃とともに異業種連携組合として数えられるようになったが，平成12年度における設立は89組合で，新設組合全体（862組合）の約1割を占めている。

　融合化組合を認定制度発足時迄遡ってみてみると，制度スタート時の平成元年では69組合，以下131組合（平成2年），176組合（平成3年），221組合（平成4年），266組合（平成5年）と年を追う毎に増加しており，平成7年には300の大台を超える（308組合）に至った。

　平成7年からは創造法認定組合がこれに加わり，両制度合わせて338組合，翌8年には388組合，9年には425組合を数えた。その後，創造法に一本化された平成10年には133組合，平成13年には169組合となっている。

　法律の変更により融合化組合の呼称は，その後は制度上存在しないことになったが，研究開発型異業種連携組合を単なる異業種連携組合とは区別して説明するには，融合化組合の名称が依然として適切であるように思われる。

　融合化組合が取り組んでいる開発テーマは極めて多様であるが，それでも全体を見渡してみるといくつかの流れはあり，最近では，環境関連や介護関係等新しい社会ニーズに対応したものが多く，また，地場産業の抱えている課題解決を目ざすなど地域の産業特性を反映したものが多い。

表3-4　融合化組合の設立状況

設立年	昭和63	平成元	2	3	4	5	6	7	8	9	10	11	12	13	14
融合化組合	54	44	42	45	45	32	35	29	27	24	9	3	4	3	3
異業種連携組合	102	107	95	115	96	115	65	60	49	42	41	72	89	56	66

（資料出所）　全国中央会「中小企業組合の設立動向」（平成元年度版～平成15年度版より作成）
（注）　昭和63年～平成6年は融合化法による認定組合，平成7年～14年は創造法による認定組合

　しかし，これ迄の融合化組合での取組みは，あくまでも研究開発のレベル，試行的な実験段階に止まっているものが多く，その成果を事業化し，新商品として広く市場に売出す段階に至っているものは少ない。したがって，融合化の成果は，製品の開発，開発過程での技術・ノウハウの蓄積，異業種交流の実体験等参加組合員が交流，開発を通じて得た経験知的な間接的利益享受の域を出ていないというのが実情で，もとよりこうした面での効果も決して小さいものではないが，やはり開発成果を事業化し，開発者利益を実現してこその融合化であり，異業種連携というべきで，この点ではまだまだ不十分といっていいであろう。

　もっとも研究開発成果を既に事業化した実績をもつ組合もないではなく，例えば，豊岡異業種交流組合（山口県）（組合員13人，電機機械器具，金属製品，工事業，サービス業他）[7]では，収集したビン，缶，ペットボトルの3種の廃棄物を破砕減容する分別ごみ破砕容器を開発し，山口県産業科学技術奨励賞を受賞，第1段階では荷台を分離するフックロール車として売り出したが，その後利用者からのニーズを踏まえてダンプカー方式のものも開発し，その後1台3,000万円程度の価格で販売を行い，自治体等からの受注を受ける迄になっている。

　また，協同組合エフ・ジー・エス（佐賀県）（組合員4人，工作機械，金属加工機械用部品，精密機械工具，機械工具）[8]でも，地元の佐賀大学で研究開発した基礎技術をベースに，県のコーディネーターの仲介により，産学官の連携による開発成果をもとに製品づくりに取り組んだ結果，コンピュータシミュレーション方式による任意歯形歯車の設計・加工システムの開発を行い，新型歯車研削機の製品化に成功，その後も更なる高性能化を目ざして研究を

続けているという。

(5) 組合の組織変更による新展開

　中小企業組合も事業活動の実施体という面からみれば，それ自体生きている経営組織であり，事業の進展如何によっては，組合制度の枠に収まり切れない場合も出てくる。

　例えば，融合化組合が，共同研究開発の成果を事業化し，これを市場に商品として広く販売していこうとする場合や共同事業の利用者なり取引の相手を組合員以外にも広げようとする場合，或いは，事業拡大のために組合員以外からも出資を募ろうとする場合などである。そして，こうした状況は，事業協同組合のみならず，企業組合や協業組合についても予想され得る。

　経済環境がかってない速さで変貌を遂げつつある中で，企業が競争力強化を図るべく，合併，分社化，分割等を通じて組織の再編成に取り組んでいる現在，中小企業組合について，法制上の枠を超えて会社への組織変更が認められてもいいのではないかという声が一部に主張されるようになってきた。

　もとより組合は，そのメンバーである組合員企業の事業活動を支援発展させるための補完機能を果たすことこそがその本旨であるが，これを組合事業自体の伸長発展という面からみて，それに即した制度上の手当があってしかるべしという要望である。

　もしこうした対応策が取られないならば，組合から会社への組織の変更は，［組合の解散―新会社の設立―事業・資産の譲渡］という法手続を経なければならず，手続き自体煩瑣なばかりでなく，その間清算所得に対する課税という実際上の障害も出てくるからである。

　こうした事態を改善すべく，平成11年に法改正が行われ，事業協同組合，企業組合，協業組合の3組合について，法制度上株式会社，有限会社への組織変更が認められることとなった。

　法改正後，現在（平成14年4月1日現在）迄に中小企業組合から会社への組織変更を行った組合は既に84組合を教えているが，その中で最も多いのが協業組合で35組合（41.6%），次いで事業協同組合の33組合（39.3%），企業組合の16組合（19.0%）となっている。

会社の種類別では、株式会社への組織変更が64組合（76.2%）、有限会社への組織変更が64組合（23.8%）となっており、株式会社への組織変更が圧倒的に多い。これは、現在迄のところ規模の大きな組合による組織変更が多く株式会社の最低資本金（1,000万円）を十分クリアできるということにもよるものと思われる。

　業種別にみて多いのは米穀等食糧販売業の10組合（事業協同組合4組合，企業組合5組合，協業組合1組合）、自動車整備業の10組合（全て協業組合）、各種小売販売業（米穀等食糧販売業を除く）の10組合（事業協同組合6組合，企業組合2組合，協業組合2組合）等で、次いで織物、繊維、縫製等製造業の9組合（事業協同組合6組合，協業組合3組合）、木材・木製品製造業の7組合（事業協同組合3組合，企業組合3組合，協業組合1組合）の順となっている。

　組織変更する目的をみると（MA）、①意思決定の迅速化（49.0%）、②責任体制の明確化（42.9%）、③法律上の制約回避（36.2%）を上げる組合が多い。（商工中金調査、以下同じ）

　ただし、これを組合タイプ別でみると異業種連携組合では「研究開発成果の事業化」とするものが他に比べて最も高く、産地組合では「組合資産の有効活用」、下請組合では「グループの事業再構築の一環」等ウェイトづけは様々であり、組合として抱えている課題が組合のタイプによってかなり異なっていることがうかがわれる。

　なお、組合が会社に組織変更するメリットとしては（MA）、①自由な事業体制の構築が可能（65.5%）、②意思決定の迅速化が図れる（50.0%）、③責任体制の明確化が図れる（44.4%）点を指摘するものが際立って多く、中小企業組合において、これらの点を克服する工夫が強く求められていることを示している。

---

(1)　全国中央会「先進組合事例抄録」（平成13年度）10頁。
(2)　全国中央会「先進組合事例抄録」（平成14年度）13頁。
(3)　同上・16頁。
(4)　前掲（注(1)）書・23頁。
(5)　全国中央会「中小企業組合の設立動向」（平成13年度版）96頁。

(6) 全国中央会「中小企業組合の設立動向」（平成19年度版）107頁。
(7) 全国中央会「先進事例抄録」（平成11年度）44頁。
(8) 同上・44頁。

3　組合による情報化への共同対応

(1) 情報化対応における組合の役割

中小企業組合における今後の課題として何が重要か。こうした質問に対する組合からの回答で最も多いのは，①組合の目的・事業の見直し（38.2％），次に②組合内部の情報ネットワーク化（32.8％），そして第3位が，③組合外部との情報ネットワーク化となっている。そして，このことは事業面において今後取組むべき重点事項としても，コンピュータを利用したネットワークの構築（19.3％）として，第5位にランクされているのである（全国中央会調べ）。

いうまでもなく情報化への対応は，近年，あらゆる組合における最重要課題の1つとなっている。それは，業種を超え，規模を超え，組織形態を超えた中小企業組合全体の共通課題である。

組合は，まず，①情報技術の導入・活用によって既存事業の改良改善を図り，次に，②新規事業を立ち上げ，更に，③変化への対応を確実なものにしていく必要がある。

そのためには，組合が中心となって情報基盤整備のための幅広い合意形成，情報の取扱い方法や情報データ自体の形式等情報関連事項についての標準化，取引先，関連業界等の情報化社会に適合した商慣行の整備等を図っていくとともに，情報リテラシー等組合の指導教育事業を通じての人材育成を進めていくことが急務となっている。今や情報化社会は，パソコン中心の時代となってきており，かっての大型コンピュータ中心時代の専門家任せの時代は遠い過去になりつつあるからである。

また，中小企業組合における情報化推進の効用は，ひとり共同経済事業の分野におけるばかりでなく，例えば，業界情報データベースの整備等，組合の情報収集加工機能や情報発信機能の強化，組合員同志の情報交流の円滑化

等，組合の非経済事業分野並びに組合の組織運営面での効率化においても大きな力を発揮する。

更に，中小企業が情報化対応を実現していくためには，財政の上でも，人材の上でも依然として課題が多く，こうした点からも組合を通じての共同対応の出番はこれからが本番といってもいいのである。

情報化対応を考えた場合，まず何よりも必要なのは，組合並びに組合員企業における情報人材の養成である。現在，ＩＴ基本法の制定をはじめ国をあげて情報化の推進に取り組んでいるところでもあり，様々の人材研修の場が提供されつつある。このような状況を積極的にとらえ，各々の組合特性，組合員特性を踏まえつつ，より効果的な人材育成事業を実施していく必要がある。

次に，販路拡大，販売促進，生産効率の向上のためのネットワークの活用である。

消費者・ユーザーのニーズが多様化する中で，ニーズに適合した最適商品を創り出すことは，正に組合の役割ではないかというわけである。

組合ネットワークを活用し，様々の多様なものを結びつけることにより，組合員間取引を拡大し，設備の共同化を図り，複合品を開発し，また，ペーパレス化によるコスト削減や出荷情報の把握による顧客への迅速な対応も可能となるからである。

物流効率化も情報化なくしては実現し得ない分野であるとともに，共同物流システムによるオンライン化の構築等共同化なくして不可能といってよい分野が多い。

荷主からの多頻度小口配送など，個別企業対応の限界を超えて共同配送システムを構築し，合わせてコストダウン要請にも応えていくための共同ネットワーク化への取組みである。

商店街活性化のためにも情報化は更に取り組まれなくてはならない。大型店等の攻勢に対抗し，より密着した地域顧客サービスを推進していくためにも，多機能ICカードの発行等新たなマネジメント体制の確立に向けて多面的な情報武装を進めていく必要がある。

新しい情報技術を駆使した新市場の開拓や情報化社会に対応した業態の開

発が今後更に活発化していくことが予想される中で、組合を通じて行う共同情報化事業の高度化が更に求められる。

(2) 組合による情報化への多様な取組み
① 組合における情報マンの養成
　組織活動の基本はいかにして人的資源を獲得・活用するかにかかっている。特に組合における情報武装の強化を考えた場合、情報化戦士としての組合関係者の層を少しでも厚くしていくことが肝要である。
　そのためには、まず、組合事務局職員から始まって、組合員企業の経営者、管理者、従業員の末端までと、情報技術についてのパワーアップのための研修の輪を拡げていく必要がある。
　例えば、新潟県電気工事工業組合（組合員1,063人）[9]では、組合青年部が中心となって情報化の推進に取り組んでいる。
　同組合では、平成7年に作成した「活路開拓ビジョン」をベースに、パソコンを活用した情報化の推進により、電気工事業自体が新たな環境の中で業態変革を可能にしていけるよう、情報配線や放送受信システム技術の普及に積極的な取り組みを行ってきた。
　このため、インターネット・ホームページの作成技術に関する講習会、パソコン・インストラクターの養成講座の開催、組合青年部ホームページの作成・更新、情報配線・放送受信システム技術講習会等を実施し、すでに250人以上の受講実績を上げている。このように情報分野に関心の高い組合青年部の会員に情報化研修の企画・運営を委せるのも効果的であろう。
　佐賀県ソフトウェア協同組合（組合員15人）[10]の場合、組合員が情報処理事業者であるが、地域に根ざした情報処理のプロ集団となるべく、研修事業に力を入れている。
　情報処理産業、とくにソフト開発を主たる事業とする同業界においては、ドッグイヤーやキャッツイヤーといわれるような急速度の技術進歩に合わせていくためには、絶えざる人材育成が事業展開するための必須条件となっている。
　しかし、地方からの遠隔地への出張研修は時間的にも経費的にも負担が大

きく，組合員にとってかねてから課題となっていた。

そこで，平成3年1月に組合を設立，同年4月に労働省の中小企業人材育成プロジェクト事業第1号の認可を受け，平成5年4月からは，認定職業訓練事業をスタートさせたのである。

研修は，①新入社員研修，②初級ＳＥ研修，③中級ＳＥ研修，④上級ＳＥ研修の4コースに分けて実施しており，各組合員企業における即戦力の向上に大きな役割を果たしている。

② 組合におけるインターネットの活用

組合における新市場の開拓，新たな販路の拡大に向けてのインターネットの活用が色々と試みられるようになってきた。

中小企業団体中央会においても，全国中央会はじめ各中央会がホームページを開設すると同時に，傘下組合においても組合並びに組合員の事業や商品を紹介するホームページの開設を指導促進しており，このような指導を受けて平成14年3月現在迄に，全国で2,000を超す組合がホームページを開設するに至っている。

神奈川県古書籍商業協同組合（組合員135人）[11]の場合，平成10年から組合のホームページを開設し，各組合員のホームページにリンクできるようにするとともに，組合が実施する展示会等のイベント情報等を掲載している。

その結果，開設後1年間で5,000件近くのアクセスがあり，イベント情報に対する電子メールでの問い合わせが，年間，50～100通程度寄せられているという。全国組織である全国古書籍組合に加盟する50前後の組合の中で，ホームページを開設している組合は未だ5組合程度に止まっているが，ゆくゆくは全組合がホームページを持ち，無店舗販売体制にまでもっていくのが目標だという。

物流ネットワークオール岩手協同組合（組合員18人）[12]は，国内最大級の物流情報ネットワークである日本ローカルネットワークシステムに参加，組合の行う共同受注事業，共同配車事業を軸に，組合員企業の積載効率の向上，配送効率の向上，他地域での需要開拓の推進に大きな効果を上げている。

ネットワークシステムの活用により，①当該ブロックを着地とする他ブロックからの求車情報，求荷情報は，着地優先の原則のもとに当該ブロックに

流れるとともに，②ブロック内の求車，求荷情報は，リアルタイムで各組合に流れ，③求車，求荷の自助マッチングが行われる。

同組合は，デジタルネットの確立をベースに更に組合員相互の緊密なヒューマンネットワークの形成に努め，ネットワークシステムを活かした販売促進活動を展開していきたいとしている。

旅館・ホテル業におけるネットワークへの取り組みも盛んである。

協同組合石川県ビジネスホテル協会（組合員22人）[13]は，平成11年より組合ホームページを開設し，組合員にリンクすることによりインターネットによる空室情報の提供，宿泊予約を可能にした。その結果，インターネット予約による宿泊予約客数が年間1,000人を超える実績を上げるに至っている。

三朝温泉旅館協同組合（組合員28人）[14]では，インターネット予約システムを一歩進めて，流通コスト削減に有効なデビッドカードシステムの導入に取り組んだ。組合青年部を中心に全国組織である全旅連のデビッドカードモニター指定組合となり，組合全体として同システムの導入を実現，同システムの利用により，現金事務の軽減，流通コストの削減が図られるとともに，また，団体客から少人数グループ客や家族客へと顧客形態が変化する中で利用者サービスとしても安全で便利なイメージを売り込む手だてになるものと考えている。

この他，新しい情報発信ツールとして，ホームページの開設による共同宣伝・需要開拓事業が，水上温泉旅館協同組合（組合員31人）[15]，道後温泉旅館協同組合（組合員51人）[16]，佐賀県旅館生活衛生同業組合（組合員266人）[17]等多くの旅館組合で実施されつつある。

③ 組合によるデータベースの共同利用

組合が中心となって組合員に必要なデータの集約，整理，分類を行い，組合員の事業活動に即時的に役立てるというのも，これからの方向であろう。

協同組合大阪デザインオフィスユニオン（組合員81人）[18]では，40万件にも及ぶわが国の休眠特許等の未活用の知的財産情報の中から事業化の見込まれるものを選択し，これを商品イメージとした上でデータベース化している。

PDD（パテント・アンド・デザイン・ディベロップメント）事業と呼ばれるこの事業は，地域経済団体である大阪工業会からも評価され，現在，36大学

でつくる関西ＴＬＯと事業・技術評価会社であるベンチャーラボとの共同実施による「モノづくり伴走ネットワーク事業」にも参画，従来の受注型産業からＩＴを活用した提案型のデザイン業に転換するための大きなステップとなることが期待されている。

島根県電気工事工業組合（組合員数142人）[19]では，中国電力や労働基準監督署とタイアップして事故・災害についての画面情報を作成，組合員各社の工事現場における作業員の朝のミーティングや危険予知トレーニングに活用する等，災害防止管理に関する情報をデータベース化して組合員の安全意識の高揚と事故の防止に役立てている。

福岡県の日豊地区宅建業協同組合（組合員数69人）[20]では組合員がもっている物件情報を組合に登録し，組合員間で共有するイントラネットシステムを構築し，組合員の情報力を強化，ユーザーに対して常にタイムリーな情報を提供できる宅建業への脱皮を目ざしている。

④ IC カードシステムの導入による商店街の活性化

共同販売促進事業としてICカードシステムを導入活用している商店街が増えている。

スタンプ事業からスタートして，これをカード化し，更にこれを多機能化するという順序である。多機能カードの導入により従来のスタンプ，クレジット，商品券，駐車場サービス等の複数事業を集約することが出来，しかも最近ではシステムが標準化され実施し易いということも拡大の一因となっている。

昭和12年組合結成という長い歴史をもつ東京の武蔵小山商店街振興組合（組合員226人）では，アーケード，駐車場の設置等の環境整備事業と合わせて早くからクレジットカード事業を実施，平成5年からはポイントカード（パルムポイントカード）事業もスタート，会員数は10万人を超す状況となり，リピーターの確保に効果を上げるとともに，収集した顧客データを活用し，ダイレクトメール等の販促に役立てている。

千葉県の地域商店街組合である大原中央商店街協同組合（組合員102人）[21]ではアイメッセカードを使用した新たなポイントカード（ほらやっさカード）システムを構築し平成8年より実施，平成11年からはプリペイド機能を付け

加え，平成12年からは商店街デジタル表示システムもスタートさせた。デジタル表示システムとしては22文字のメッセージを表示，ポケベルを利用した一斉配信システムも稼働させた。カード発行枚数は，人口2万1,000人の大原町ですでに2万枚を超しており，カード事業は同商店街活性化のための力強い武器となっている。

姫路カード協同組合（組合員130人）は市内13商店街に160店舗をもつ中小小売業者が参加するカード組合である。参加店舗数は同地域全体の3割に満たないが，売上高では7割を占めるという実績を上げている。

組合が発行するのは3種類のポイントカード（千姫カード）で，現金専用カード，クレジット機能付のICカード，ICカードを持たなくても購買履歴を引き継ぐことができる紙カードとなっている。当初の目的は商店街の駐車場不足を解消するための駐車場利用サービスのためのカード活用にあったが，更に，効果的な販売促進や新しい顧客の掘り起こしのために，ポイントカードの利用実績を基に顧客分析システムを構築し，DM効果分析，チラシ効果分析，イベント効果分析等にも取り組んでいる。

⑤ 生き残りを賭けた卸売業の情報戦略

地域の物流の核となる地方卸売業における情報化への取組みも積極さを増している。

協同組合西日本物流センター（組合員9人）[22]は，施設の運用をすべてコンピュータ化し，組合員企業をオンラインで結び，組合センターの作業内容を各組合員がリアルタイムで把握できるシステムを完成。これにより作業効率は飛躍的に向上し，納品時間の短縮，作業人員の削減，在庫量の削減，欠品率の減少を実現し，物流コストの削減を可能にした。

協同組合横浜マーチャンダイジングセンター（組合員74人）[23]では，有志組合員（12人）が新しい流通形態を開発すべく，メンバー企業の取扱う産業財を中心に120アイテムの商品をインターネットで販売する通信販売を開始した。ここではホームページ作成等のウェッブ構築は，組合が出資する別会社に担当させ，問い合わせや注文は各組合員に直接入るようにしており，配送や代金決済も組合員と顧客との間で直接行う仕組みをとっている。事業開始後予想以上のアクセスがあり，長期的には異業種製品の新たな組み合わせ

による守備範囲の拡大が期待できるとしている。

　ギフト関係品卸売業者が参加する協同組合ニイイチ物流センター（札幌市）（組合員7人）(24)では，取扱商品中歳暮・中元用のもののウエイトが高く，時期によって繁閑の差が大きいことから，これらに対応した合理的作業管理体制を確立すべく，CPU（中央演算処理装置）を導入し，徹底した在庫管理と流通加工指示を行うとともに，配送品の仕分けや梱包システムのデジタル化・オンライン化を進め，作業時間の短縮化等による大幅なコストダウンの実現を目ざしている。

　大分卸商協同組合（組合員86人）は，21世紀の新しい流通業の誕生を目ざして，国の助成を受け平成14年度中小企業ビジネスモデル支援事業に取り組んでいる。

　これは，電子商取引の拡大や一括物流方式の導入など，急速に変化する情報化社会に対応するとともに，異業種の集まりという同組合の特色を生かして，新しいビジネス形態を自分達の手で構築しようという試みである。

　第1段階としては，繊維・薬品・食品・文具等さまざまな分野から組合員企業を10社程度選び，各社が100品目を出品するバーチャル問屋街を開設，組合員が贈答用などの目的でこれらを購入するシステムを設置，内部取引環境を整備しつつ，出店数を拡大し，組合員と取引している小売店向けの電子商取引ネットを実施させようというものである。

　このように各地の協同組合において地方卸売業の生き残りをかけたネットビジネスへの挑戦が始まっているのである。

---

(9)　全国中央会「先進組合事例抄録」（平成11年度）117頁。
(10)　全国中央会「先進組合事例抄録」（平成10年度）125頁。
(11)　前掲（注(9)）書・65頁。
(12)　全国中央会「先進組合事例抄録」（平成12年度）35頁。
(13)　同上・75頁。
(14)　同上・84頁。
(15)　前掲（注(9)）書・61頁。
(16)　同上・89頁。
(17)　前掲（注(12)）書・95頁。

(18)　全国中央会「先進組合事例抄録」(平成13年度) 67頁。
(19)　前掲（注(12)）書・86頁。
(20)　同上・92頁。
(21)　全国中央会「中小企業組合白書」(平成10年版) 38頁。
(22)　前掲（注(12)）書・94頁。
(23)　同上・69頁。
(24)　全国中央会「中小企業組合白書」(平成13年版) 46頁。

4　構造改善から経営革新へ

(1)　組合による業種別近代化への取組み

わが国経済が戦後復興期を経て，高度成長期へと移行していく中で，中小企業と大企業との間の各種諸格差が顕在化し，その早期是正が中小企業政策の一大目標となった。

こうした状況の中で打ち出されたのが，中小企業における業種別の産業構造高度化政策であった。

早くは，昭和31年（1956）制定の機械工業振興臨時措置法（機振法）及び繊維工業設備臨時措置法（繊工法），翌昭和32年（1957）制定の電子工業振興臨時措置法（電振法）によって，わが国成長産業の裾野を形成する機械部品産業や繊維雑貨産業等における設備の近代化と技術の向上による中小企業の経営基盤の強化が推進されることとなったのである。

その後，昭和38年（1963）には中小企業基本法が制定され，中小企業政策の中心的施策として，業種別近代化促進政策が強力に押し進められることとなり，その後の構造改善事業推進の根拠法となる中小企業近代化促進法（以下「近促法」という）が制定された。

近促法は，中小企業の比重の高い業種のうち，特にその業種の中小企業の生産性向上が産業構造全体の高度化，国際競争力の強化につながる業種を国が選定指定し，その業種に属する中小企業に対して金融上，税制上の特別措置を講じようとするものであった。

このような政策展開に伴い，業種別広域組合である商工組合を，中小企業の産業構造改善の推進の中核的組織とすべく，昭和37年（1962）には商工組

合制度の改正が行われ，商工組合は，それ迄の不況カルテル実施体としての組合組織から事業協同組合的性格を合わせもつ組織へと改変された。これによって，商工組合は，以後，中小企業における構造改善事業の推進母体として中心的な役割を果たすこととなったのである。

その後，昭和44年（1969）に近促法が改正され，業種別団体が自分達の手で当該業種についての近代化計画を策定し，国の承認を受けてその計画の実現に取り組む，中小企業構造改善計画制度がスタートした。

更に，昭和48年（1973）には，新たに知識集約化事業の導入，地域別構造改善計画の推進を盛り込んだいわゆる第三近促がスタートした。また，昭和50年（1975）には，新分野進出計画制度の創設等が，昭和59年（1984）には，経営戦略化構造改善改善計画の導入が，そして，平成4年（1992）には，従来の構造改善のように各業種一律の指針を示すような形式ではなく，①消費者ニーズの高度化・多様化による需要の変化に対応しようとする「高付加価値化，多角化型」（新商品・新技術開発，設備投資，需要開拓等），②製品の安全性，信頼性の向上のニーズの増大に対応しようとする「安全性・信頼性向上型」（新商品・新技術開発，TOC等品質管理体制，設備投資，クレーム処理等の取引関係の改善等），③生産段階における環境問題に対応しようとする「環境・資源対応型」（省エネ設備，公害防止施設，リサイクル技術等），④従業員のゆとりと豊かさを実現しようとする「人材確保・育成重点型」（省力化設備，3K対策設備等，生産・経営方式適正化，従業員福祉の向上等）の中から各業界の課題を選び出すメニュー方式を導入した「ポスト経営戦略化型」構造改善計画制度をスタートさせた。

このように近促法による中小企業の近代化への取り組みは大きく五つの段階を踏んで行われてきたといえよう。

この間構造改善計画としては664件に上る多数の計画が承認され，実施された（表3-5）。

特定業種として指定された業種をみると，綿スフ，絹人織，ねん糸，毛布，メリヤス，縫製，染色整理等の繊維関係業種，清酒，みそ，しょうゆ，米菓，凍り豆腐，茶，米油等の食品関係業種，金属洋食器，作業工具，銑鉄鋳物，ねじ，歯車，金属プレス等の機械金属関係業種，一般製材業，生コンクリー

4 構造改善から経営革新へ　273

第3-5　構造改善計画の承認状況

年度	昭和44	45	46	47	48	49	50	51	52	53	54	55	56	57	58
新規に承認した計画数	47	21	9	3	20	62	5	6	8	10	17	50	30	39	4

年度	昭和59	60	61	62	63	平成元年	2	3	4	5	6	7	8	9	10	累計
新規に承認した計画数	10	10	15	65	48	11	4	3	7	73	52	12	6	5	12	664

（平成10年6月1日現在）

ト製造業，製本・印刷業，自動車分解整備業，木造建築工事，床仕上工事，左官工事，機械土木工事，くい打ち工事，コンクリート圧送工事等の各種工事業，酒類販売，石油製品販売，農機具販売，米穀卸売等の各種販売業種，貨物自動車運送業等，92業種に上っている。

構造改善事業の柱である生産・経営の規模・方式の適正化を実現するために各々の業種において，事業の集約化，事業の共同化・協業化が推進された。

例えば，しょう油製造業では，2,634企業のうち839企業（31.8％）が協同組合を通じて集約化し，製材業では，1,067企業中694企業（65.0％）が，生コンクリート製造業では2,904企業中2,686企業（92.4％）が，段ボール・紙器製造業では2,655企業中346企業（12.9％）が，印刷業では8,861企業中，255企業（28.7％）が，それぞれ協同組合による集約化を目指した。

流通分野でも酒類卸売業では，1,029企業中1,029企業（100.0％）が，酒類小売業でも109,429企業中109,429企業（100.0％）が，農機具販売業では，3,031企業中，1,122企業（37.0％）が，それぞれ協同組合を通じて集約化に取り組んでいる。

(2) 組合による経営革新事業・経営基盤強化事業への取組み

① 中小企業経営革新支援法の制定

平成11年（1999）には，中小企業業種別構造改善事業の根拠法となっていた中小企業近代化促進法と中小企業の新分野進出支援のための中小企業新分野等円滑化法を廃止統合し，新たに中小企業の経営革新への取り組みを支援

する中小企業経営革新支援法（以下「経革法」という）が制定施行された。

「経営革新」とは何か。同法によれば「経営革新」とは，「中小企業者が，新商品の開発生産，新役務（サービス）の開発・提供，更に，商品の新たな生産・販売方式の導入，役務（サービス）の新たな提供方式の導入，その他の新たな事業活動を行うことにより，その経営の相当程度の向上を図ること」だとされている（同法第2条第3項）。

新たな時代にあって，より高次元の競争を勝ち抜くべく，中小企業が経営の革新を図り，新たな挑戦を行っていくことを支援しようというのが経革法の趣旨といえる。

従来の中小企業政策は，大企業との格差是正を目標に，スケールメリットの実現を図るべく，近代化設備の導入等によるコストダウンの追及を推進するために諸種の施策を展開してきたが，これからの中小企業政策は，新たな時代のニーズに合わせた新たな製品づくり，新たなサービスの提供による高付加価値化を目指す中小企業を支援すべきものとされたのである。激変する環境条件に対応していくためには中小企業は，常に経営のイノベーション（革新）を行い，多様化する新たなニーズに敏速に対応できるユニークな事業活動を展開することが必要であり，従来の業種による制約条件を前提とした施策のあり方を改変し，特定の業種ではなく全業種，全中小企業を対象とした支援体制を取ることとなったのである。

経営革新事業への取組みは，個々の中小企業者が単独で取り組む場合のほか，中小企業組合やグループ等の連携組織による取り組みも認めており，単独では困難なものや，連携して取り組む方が，より効果的なものについては，中小企業相互の共同の力を積極的に活用して取り組んでいくべきものとされている。

また，組合等が中心となって取り組むものとして経営革新事業のほかに経営基盤強化事業がある。これは，経済的環境の厳しい変化に対処すべく，中小企業組合等が，経営基盤強化計画を作成し，国の承認を受けて取り組むものである。

② 組合による経営革新事業への取り組み

経営革新事業への取り組みは，個々の中小企業者や中小企業組合が作成主

表3-6　中小企業経営革新計画の承認状況

地区＼件数	承認件数	承認件数のうち 組合等	任意グループ
国（地方局含）	23	11	12
北海道	324	2	3
東　北	903	20	7
関　東	6,493	30	20
中　部	2,311	7	24
近　畿	3,110	7	54
中　国	2,119	16	30
四　国	426	4	11
九　州	2,122	27	14
沖　縄	68	2	2
合　計	17,899	126	177

（平成17年3月31日現在）

体となって，経営革新計画を作成し，国の承認を受けて，各種支援策を受けながら経営革新を推進しようとするものであるが，これ迄に17,899件の計画が承認を受けている（表3-6）。

このうち，組合や任意グループ等の連携組織によるものが303件に上っている。

組合による経営革新事業への取り組みをみると，木材加工（ウッドマットやウッドチップの製造プラントの導入），電気めっき（マグネシウム合金への新表面処理方法の研究開発），水産加工（HACCP対応型の小工場での使用可能な，殺菌機能付コンベア投入方式の連続急速凍結装置の開発），繊維（特殊嵩高加工糸，複合特殊糸等高付加価値差別加工糸の開発），電気機械器具（軽量・高機能の電動義手の開発），陶磁器（省力化のための本焼きトンネル窯へのマイクロキルンの導入システムの開発），粘土瓦（代用粘土の開発），豆腐（家畜飼料としてのオカラの長期貯蔵技術の開発），生コン（風力発電設備の導入），貨物運送（建設発生土（残土）再資源化プラントの建設），小売酒販（統一商号によるチェーン化），古書籍販売（ネットオークションの創設），中古自動車販売（ネットオークション事業のIT化），青果販売（双方向システムネット販売方式の導入）等，業種

もテーマも極めて多様なものとなっており，組合による経営革新事業に対する共同での取り組みに強い意欲が感じられる。

以下，2つの組合による経営革新計画の内容を紹介する。

〈㈿東京中古車流通センターによる経営革新計画[25]〉
(1) オークション事業のIT化
  ① コンピュータ・オークションシステムの構築
  ② ビジュアル画面によるオークションシステムの構築
  ③ 入落札決済のオークションシステムとの連携・統合による事務の合理化，効率化
(2) オークション事業のネットワーク化
  ① 国内におけるネットワーク・オークションシステムの構築
  ② 海外におけるネットワーク・オークションシステムの構築
(3) 中古部品センターの構築
  ① 中古部品センターの設置
  ② 三層型自動制御中古部品ラックハウスの設置
(4) 環境型事業の創設
  ① 組合のISO認証取得
  ② 組合員のISO認証取得への支援

〈㈿地盤環境技術研究センターによる経営革新計画[26]〉
　従来型の建設市場の縮小が予想される中で地質調査業者が保有するコア技術を活かし，新市場として期待されている地盤環境改善事業に取り組もうとするプロジェクトで，組合は，技術開発，作業標準化の確立，事業を効率的に進めるための情報共有を進め，組合員の新市場への参入をサポートする。
(1) 汚染地盤の調査・修復に係る機器類の検証と作業ルーチーン（作業標準化）の確立
(2) 関連機器・関連装置の技術開発
(3) ネットワークシステムの構築と運営
(4) 教育・訓練等人材養成事業

③ 組合による経営基盤強化事業への取組み

経営基盤強化計画制度は，国が，競争条件，貿易構造，原材料の供給事情等，経済的環境の著しい変化による影響を受け，生産額や取引額が相当程度（過去3年間での実績比で10％以上）減少している業種を指定した場合，その業種の中小企業者がメンバーとなっている全国組合等の団体が，その中小企業者の将来の経営革新に寄与するための経営基盤の強化に関する計画を作成し，国の承認を受けて取り組むものであり，すでに，清酒製造業，電気めっき業，船舶・船舶用機関・船舶用品製造・修理業，酒類卸売業等の業種が指定されている。

以下，これら業種における経営基盤強化計画のポイントをみてみよう。

〈全国鍍金工業組合連合会による電気めっき業についての経営基盤強化計画[27]〉

(1) 技術開発等

① 新たな環境規制に対する処理技術の開発

平成12年内に排水規制の導入が予定される「ほう素，ふっ素，窒素」について，電気めっき廃液から除去する技術を3年以内に開発する。なお，開発に当たっては，安価，省スペース，扱い易さを目的とする。

② 無公害化原材料の開発

ほう素，ふっ素，窒素の三物質を含め，有害物質が含まれているめっき原材料について代謝物の開発を行う。なお開発に当っては，めっき施工後の品質評価試験を行うものとする。

③ 最新技術に係る講習会，研究会の開催

最新の排水処理や工程管理技術等に係る講習会，研究会を大学，公設試験研究機関等の協力を得て開催する。

(2) 環境保全対策

① 新たな環境諸規制に係る講習会，工場指導等の実施

新しい排水規制やPRTRの施行状況等に関する講習会を有識者の協力を得て開催する。また，必要に応じ事業所からの要請に基づき個別に工場指導等を行う。

② 公害防止事業の共同化事例（全国15カ所）に基づき共同化の長所・

短所を精査し，事業者からの要望に基づくコーディネート事業を行う。また，静脈産業の育成については，再資源化を念頭に置きつつ排出者としての関与のあり方等につき検討を行う。

③ スラッジ（残滓）の再生利用準備調査

電気めっき排水から発生するスラッジを再生利用するため，無害化処理，物性試験，再生品の試作，評価等を行う。

〈日本酒造組合中央会による清酒製造業についての経営基盤強化計画[28]〉

(1) バランスのとれた清酒の需要構造構築のための製品・市場戦略の展開

清酒の需要拡大を図るため，マーケティングの原点である「消費者満足」の観点から製品・市場戦略を展開するとともに，各戦略に応じたアクション・プラン（清酒のイメージ向上に関する統一キャンペーン等）を策定する。

(2) 経営者・従業員教育研修事業の実施

社会経済環境が大きく変革する中で効率的な経営を行うためには，ITの活用，理論的なマーケティング戦略の展開等が不可欠である。このため経営者・従業員それぞれに最適な研修事業を実施する。

また，今後の酒造技術者（杜氏）不足に対応するためには，社内技術者の育成が不可欠であることから技術者研修事業を実施する。

(3) 製造コスト削減のための新たな醸造技術の開発

高コスト構造から脱却し，適正利潤を確保しつつ，消費者に安価で高品質の清酒を提供するため，製造コストの削減を実現する新たな醸造技術を開発する。

(4) リサイクル用少容量びん等の開発

容器包装リサイクル法の全面施行（中小企業者への適用）等により，リサイクルの要請が高まるとともに，対応コストも増加することとなった。しかし，こうした要請やコスト増に対する個別企業の取り組みには限界がある。このため日本酒造組合中央会が中心となり，リサイクル用少容量びん及びその回収システム並びに軽量資材等を新たに開発する。

〈㈳日本中小型造船工業会等による船舶・船舶用機関・船舶用品の製造・修理業についての経営基盤強化計画〉

(1) 人材育成システムの構築

工事量の増減に対応して適切な技能者の確保を可能とするため，柔軟な労働市場を確立するための人材登録システムを構築する。また，雇用の流出，高齢化，少子化等による熟練技能者の急激な減少に対処するための人材教育・育成システムを構築し，技術力向上のための講習会を実施する。

(2) 事業の再構築

情報化に対応すべく，新商品，新役務，新技術の開発を通じて，将来の経営革新に寄与するための経営基盤の強化を図る。

① インターネットを利用した情報交換，受発注システムの導入
② ポータブル超高圧ジェットFRP船体切断機の開発
③ 新商品・新技術の開発の推進

(3) 環境負荷低減

産業廃棄物排出量の低減，廃棄物処理の効率化を図り，強化される環境規制への早急な対応を図る。そのため環境負荷低減設備等の導入による廃棄物排出費の低減と適正処理マニュアルを作成する。

(4) 新規需要の開拓

企画・開発・営業力の強化により顧客に対する企画提案型産業への脱皮を図り，海外市場への営業活動を拡大し，新規需要の開拓を図る。

① 海外広報セミナーの開催，インターネットを活用した宣伝広告
② モーダルシフト対応船の開発

---

(25) 全国中央会「中小企業組合白書」(平成14年版) 43頁。
(26) 同上・42頁。
(27) 全国中央会「中小企業組合白書」(平成13年版) 26頁。
(28) 前掲（注(25)）書・45頁。

5　外国人研修生共同受入事業の推進

(1) 環境変化と共同労務管理事業

長期にわたる不況，産業構造の変化，グローバル化による生産拠点の海外

移転等によって，わが国の雇用就業環境はかつてない厳しいものとなっており，失業率も5％台という高水準から脱し切れないでいる。

このような状況にもかかわらず，一方では雇用のミスマッチが指摘され，中小企業，とくに現場作業場を有する製造業や建設業の分野では依然として求人難がいわれ，人員確保が容易でないというのが実情である。

特に少子高齢化，高学歴化，経済のサービス化が進む中で若年層の意識が大きく変化しており，中小企業が従前のように雇用吸集の場の提供者としての役割を果していくためには，従来以上に，労務管理面での近代化の推進，就業環境の改善，魅力ある職場づくりに取り組んでいく必要がある。また，そのためには中小企業組合による共同労務管理事業の新たな見直しが必要となってる。

若年労働者の教育訓練，女性従業員の戦力化，パートタイマーの高度活用，高齢者対応の職場づくり等，多様化する雇用就業状況をしっかりと見据えつつ，しかも，本格化しつつある高度情報化社会を乗り切っていくためには，これ迄以上の知恵と工夫が求められているのである。

こうした中で，中小企業組合による外国人研修生共同受入事業は，すでに10年余の実績を重ね，今や共同労務管理事業の大きな柱となりつつある。

かつて中小企業組合における共同労務管理事業は，共同求人，共同職業訓練，共同宿舎，共同給食，共同保養施設，共同福利厚生等が大きな役割を果たしていたが，今や雇用緩和時代における雇用のミスマッチの解消に向けての斬新的な取り組みこそが組合の役割となっている。

グローバル化が進展する中で，世界経済のトップランナーとしてのわが国が，新たな雇用就業システムを創造定着させていけるか否か，中小企業組合における外国人研修生共同受入事業は，多くの課題を背負いつつもその役割を増しつつある。

(2) 外国人研修・技能実習制度の活用状況

国際化が急速に進む中で，先進諸国の一員であるわが国もその地位に相応しい国際協力が求められるようになり，「開発途上国の青少年に対する技術技能の移転を通じた国際社会への貢献」を目的に，外国人研修・実習制度が

表3-7 官民別外国人研修生受入れ状況（2000年）

		人数	構成比
総合計		54,049人	100.0%
国の受入れ	合計	13,030	24.1
	JICA	7,791	(14.4)
	AOTS	4,547	(8.4)
	JAVADA	534	(1.0)
	ILO	158	(0.3)
民間の受入れ	合計	41,019	75.9
	JITCO支援 合計	31,898	59.0
	JITCO支援 企業単独型	9,023	(16.7)
	JITCO支援 団体監理型	22,875	(42.3)
	入管直接申請	9,121	16.9

（資料出所）（財）国際研修協力機構「外国人研修・技能実習事業実施報告」(2001年版) 5頁掲載表より作成

(注) JICA（国際協力事業団），AOTS（財海外技術者研修協会），JAVADA（中央職業能力開発協会），ILO（財日本ILO協会）

スタートした。

　平成2年（1990）に従来の外国人研修制度が改善され，中小企業における研修生の受入れが拡大され，また，平成5年（1993）には，研修生へのより実践的な技能移転を図るための技能実習制度が創設され，中小企業にとってより利用し易いものとなった。

　外国人の研修制度は，開発途上国の青壮年労働者を日本に受入れ，1年以内の期間にわが国の産業・職業上の技術・技能・知識の修得を支援しようとするもので，受入れ枠は，受入れ企業の従業員20人につき研修生1人というのが原則であるが，事業協同組合等の団体を通じて受入れる場合には，受入れ枠が緩和されている。

　また，技能実習制度は，研修期間と合わせて最長3年の期間において，研修によって修得した技術・技能・知識を，雇用関係の下において，より実践的，かつ，実務的に習熟できるよう支援するもので，受入れができるのは，

表3-8　JITCO支援の団体監理型受入れの団体内訳別外国人研修生の状況（2000年）

	人数	構成比
合　　計	22,875人	100.0%
協 同 組 合 等	14,980	65.5
財団，社団法人	4,505	19.7
農協，農業技術協力を行う公益法人	1,098	4.8
商　工　会	793	3.5
商 工 会 議 所	620	2.7
公的機関（国，県等）	422	1.8
職 業 訓 練 法 人	93	0.4
そ　の　他	364	1.6

（資料出所）　表3-7に同じ。

研修を実施した企業等と同一の企業等に限られることになっている。

　なお，技能実習の対象となる職種・作業は，限られており，1つは，職業能力開発促進法に基づく技能検定対象職種であり，もう1つは，JITCO（国際研修協力機構）が認定した技能評価システムによる職種となっており，59職種（106作業）がその対象となっている[29]。

　研修生の受入れは，わが国の雇用状況が緩和しているにもかかわらず年々増加してきており，平成4（1992）年に8,000人程度だったものが平成12（2000）年には3万2,000人となり，平成12（2000）年迄の過去10年間の累計でみると45万人に達している[30]。

　研修生の出身国をみてみると（2000年），中国が圧倒的に多く，65.9%を占め，以下，インドネシア14.7%，フィリピン6.3%，ベトナム5.2%，タイ3.5%，その他4.3%となっている[31]。

　受入れ先企業の業種では，機械・金属製造業関係が33.6%，繊維・衣服製造業関係が29.0%で，この両分野での受入れが圧倒的に多く，以下，食料品製造業関係11.8%，建設業関係5.9%，農業関係4.7%，漁業関係1.6%，その他13.1%となっている。

(3)　組合による外国人研修生共同受入事業への取組み

① 団体監理型受入れの中心は中小企業組合

　外国人研修生の受入れ形態としては，企業が単独で受入れる場合と，団体経由で受け入れる場合とがあるが，団体経由のものが圧倒的に多く，JITCO支援による民間受入れの71.7％を占めている（表3-7）。

　中でも事業協同組合等の中小企業組合によるものが65.5％を占めており，以下，財団・社団法人が19.7％，農業協同組合等4.8％，商工会3.5％，商工会議所2.7％となっている（表3-8）。

　当初，企業単独型受入れが多かったものが，年を追うに従って団体監理型受入れが増大しつつあり（1996年42.8％→2000年71.7％），最近は中小企業組合経由のものが主流となりつつある。

　特に，団体監理型受入れでは，繊維・衣服製造業関係が多く，全体の3分の1を占めており，これに食料品製造業，建設業等が続いている。

　企業単独型受入れでは機械・金属製造業関係のものが多く，全体の過半数を占めている。

　外国人研修生共同受入事業を行う組合としては，既存の組合が新規事業として取組む場合もみられるが，最近では，外国人研修生受入れを目的として組合を設立しようとするものも多い。

　共同受入事業に取り組む目的としては，技術援助，国際交流，経済交流等の国際貢献をあげるものも多いが，やはり若年労働力の確保難から，外国人研修生の真面目さ，熱心さ，意欲の強さにひかれ，外国人研修生を受け入れることによって，組合員企業の活性化が期待できるとする組合も少なくない。また，グローバル化の中で将来の海外進出を考えると，外国人研修生の受入れが1つの布石になるとする指摘もある。単なる雇用問題への対応ということをこえて，国際化戦略の一環としての積極的位置づけがなされつつあるといえよう。

② 衣料縫製関係組合による外国人研修生共同受入事業

ⓐ 石川県輸出縫製品工業組合の場合

　本組合（昭和28年設立，組合員11人）[32]では，円高時代の対応策として中国での合併企業の設立に伴う現地労働力の質の向上と現地工場への技術移転の円滑化を図るために，平成4（1992）年より外国人研修生共同受入事業をス

タートさせ，すでに中国から278人の研修生を受入れている。

風俗習慣の異なる外国人研修生の受入れには様々な困難が伴うが，綿密な研修カリキュラムの作成，メンタルヘルスを含む研修生の健康管理面での配慮，女性研修生に対する女性相談員の設置等きめ細かな対応で大きなトラブルもなく事業は円滑に行われている。

ⓑ 広島県輸出縫製品工業協同組合の場合

本組合（昭和37年設立，組合員36人）(33)では，かねて南米からの日系人を採用してきており，その雇用体験をベースに外国人研修生共同受入れ事業に取り組み，平成12 (2000) 年までに1,027人の中国人研修生の受入れを行った。

共同受入れ事業の実施に当っては，受入れ事業委員会を中心に，受入れ企業全社が心を一つにして事業に取り組んでおり，受入れ企業の担当者は毎日研修日報を作成し，組合には毎月月報を提出，3ヵ月に1度組合から入国管理局に研修報告を行っている。

ⓒ 徳島県輸出縫製品工業協同組合の場合

本組合（昭和31年設立，組合員21人）(34)では，平成12年度までに803人の中国人研修生の受入れを行った。

共同受入れ事業は，平成2年の入国管理法の改正と同時にスタートさせたが，その狙いは，(1)技術支援により中国との親善，業界の発展と安定を図る，(2)中国人縫製技術者の養成は将来の海外生産に役立つ，(3)若年労働力不足の緩和になる等の点にあった。

研修生に対しては，受入れ組合員企業の5年以上の経験者によって高度な縫製技術の実技研修を実施，中国との友好・技術支援に大いに貢献，すでに組合員企業1社が中国での現地生産を実現，また，組合員の関連会社が委託生産を行うなど共同受入事業を通じて中国側との関係が強まっている。

③ 水産加工関係組合による外国人研修生共同受入事業

ⓐ 協同組合大船渡水産加工の場合

本組合（昭和47年設立，組合員17人）(35)では，平成5 (1993) 年より中国人女性研修生の共同受入事業を実施し8年間で517人の研修生の受入れを行った。これらの女性研修生の受入れにより，中高年男性労働者の多い組合員企業を若い女性の働く職場へとイメージチェンジすることができた。

当組合での研修期間は11ヵ月であるが，更に11ヵ月の実習への移行もできるようにしており，研修終了者は，帰国後，水産加工業関係の日中合弁企業などに従事し，中国の水産加工技術の向上に貢献している。

ⓑ　女川魚市場買受人協同組合の場合

本組合（昭和53年設立，組合員77人）[36]は，中国にも多くの取引先を有しているが，中国の取引先の多くは，技術，技能，品質，衛生管理面で低水準にあり，こうした取引先から生産技術，品質管理システムのレベルアップについて協力要請があった。

組合ではこうした要請をきっかけに，「魚のまち水産女川21世紀懇談会」を立ち上げ，業界全体の同意の下に平成11年（1999）より外国人研修生共同受入れ事業を開始した。

座学研修については第1次受入れ機関である組合が，実務研修については第2次受入れ機関である組合員企業（5社）が，それぞれ研修計画・カリキュラムを作成し，計画的に研修を実施している。実務研修については，技術・知識の豊富な管理・監督者や安全衛生管理有資格者が担当し，女性研修生の生活指導については，受入れ企業の経営者夫人や工場長クラスの女性管理者が相談・指導に当っている。

外国人研修生の受入れについては，業界はもちろん，町役場，警察署，学校等地域をあげての協力があり，研修生も盆踊り，さんま祭り，運動会等の地域のイベントに積極的に参加するなど，地域住民とのコミュニケーションを大切にしている。

ⓒ　銚子水産物共同購入協同組合の場合

本組合（平成10年設立，組合員44人）[37]は，そもそもは漁獲量の減少に対応すべく組合員企業の使用する加工原材料確保のための共同購買事業を実施するために設立されたのであるが，さらに，取引先である開発途上国の技術向上，技術支援に寄与する等国際貢献を目的に外国人研修生共同受入れ事業を実施することとなった。

職場が若い外国人研修生の研修の場になることによって，受入れ企業の従業員のモラルの向上にも役立ち，3K産業といわれる業界の従業員の意識改革にもつながり，就労体質の改善にも寄与している。

研修生に対する習慣・生活指導には留学等による現地生活体験者を配置し，更に行政との緊密な連携の下に失踪，違法行為，事故等の危機管理等の対応にも万全を期し，公私両面での研修生に対する親身な面倒見の結果，研修効果も上り，送出し機関の評価も高まっている。

④ 機械金属関係団地組合による外国人研修生共同受入事業

ⓐ 高崎金属工業団地協同組合の場合

本組合（昭和43年設立，組合員16人）[38]は，金型・プレス・機械・鍍金など金属関連業種の中小企業者によって設立された団地組合であるが，当団地組合の視察訪問をきっかけに，中国の大連市科学技術協会から金属加工技術および公害防止管理システム等についての研修生受入れ要請があり，この要請に応えるかたちで研修生の共同受入れ事業をスタートさせたものである。平成3年（1991）に開始した共同受入れ事業による研修生の受入れは，10年間で270人に上っている。

共同受入事業の実施に当たっては，県，市，警察等の地元行政機関に全面的なバックアップを依頼するとともに，受入れ施設の整備，受入れのための組合員の勉強会の開催，研修に必要な外部講師の招へい等きめ細かな準備を行い，受入れ態勢の整備を行った。このような組合の熱心な取組みによって，質の高い研修事業が実施継続され，その成果は中国側も高く評価しており，平成12（2000）年には大連市において10周年記念式典が開催されるなど日中間の友好促進にも大いに貢献している。

ⓑ 新南陽鉄工団地協同組合の場合

本組合（昭和45年設立，組合員15人）[39]は，新南陽市の姉妹都市となっている中国山東省からの研修生を受入れるということで平成3（1991）年より事業を行ってきたが，当初は試行錯誤の連続で，対応に苦労した。しかし，その後回を重ねるにしたがって外国人研修生共同受入れ事業もようやく軌道に乗りつつあり，すでに研修生の数は50人に達している。

外部の手を借りず，組合独自の取り組みによるいわば手作りの外国人研修事業であったが，幸い地元住民の理解も得られるようになり，今では地域一体となった国際交流の輪を広げる上でも貴重な役割を果たしている。

組合の外国人研修生共同受入事業への取組みによって，研修生の帰国後の

活躍と日中交流の促進が図られるとともに，外国人研修生を受入れた組合員企業の活性化にもつながっており，組合員企業の中から中国に進出する企業も出てきている。

　ⓒ　愛媛銑鉄鋳物工業団地協同組合の場合

　本組合（昭和47年設立，組合員9人）[40]では，信頼の醸成をテーマに，ハイレベルの技術者集団の創造を目ざして外国人研修生の共同受入事業に取り組んできた。

　中小鋳物業は，厳しい値下げ競争にさらされており，コストダウンは至上命題となっている。しかし，自己資本が少なく，海外進出には大きなリスクが伴なう。そこで考えられたのが外国人研修生の共同受入事業であった。研修事業を通じて高度な鋳造技術を身につけた研修生が，帰国後，中国内の鋳物産業を向上発展させ，製品輸入や合弁企業の設立を可能にするのではないかという長期的視点に立っての取組みである。

　組合では，限られた研修期間内にいかにしてハイレベルな実務能力を修得させるかに知恵をしぼるとともに，研修生の日常生活面でのメンタルヘルスケアの効果的実施が，研修生の意欲を高めるためのポイントであるとして，研修生の身近に接する生活指導員の指導能力の向上に力を入れている。

　組合における外国人研修生共同受入事業を促進していくためには，①地域との交流・連携の強化，②研修指導担当者の能力の向上，③メンタルヘルスケアなど指導体制の整備，④送り出し機関との連携強化と研修生選抜方法の確立，⑤帰国後の研修生との交流強化と事業化への支援等の課題克服が急務となっている。

---

(29)　(財)国際研修協力機構「外国人研修・技能実習事業実施報告」(2001年版) 139頁。
(30)　(財)国際研修協力機構「外国人研修・技能実習の成果と課題」(2001, 10) 7・8頁。
(31)　同上・10頁。
(32)　全国中央会「先進組合事例抄録」(平成12年度) 124頁。
(33)　同上・133頁。

(34) 同上・135頁。
(35) 同上・108頁。
(36) 同上・109頁。
(37) 同上・115頁。
(38) 同上・114頁。
(39) 同上・134頁。
(40) 同上・138頁。

6 適格組合による官公需受注の拡大

(1) 官公需適格組合制度の活用

　共同受注事業は組合事業の中でもスケールメリットの実現を図り易い事業といえよう。特に施設を保有しなくともしっかりした事業実施体制を確立すれば，組合が窓口となってかなりの成果をあげることが可能である。

　個々の組合員ではなかなか困難な大口取引先の開拓や個別分野では不可能なユニット化による新規発注先の獲得にも挑戦することができる。また，共同受注事業を通じて個々では対応が難しい取引条件の改善などにも取り組むことができる。

　共同受注事業は，共通の取引先を有する下請け組合や共通のマーケットを有する産地組合や地場産業組合における専門職種組合，更には集積のメリットを活かした工場団地組合等において中心的に行われてきたが，近年，国や地方自治体からの工事を受注したり，これらへの物品納入を行う等の官公需の共同受注を目指す組合の活動が強まっている。

　中小企業における官公需の受注確保については，国の中小企業施策の柱の１つと位置づけられ，新中小企業基本法においても旧法と同様の規定が置かれている（同法第21条）。

　具体的には昭和41年制定の官公需についての中小企業者の受注の確保に関する法律（以下，「官公需確保法」という）に基づき，毎年，国は，国等の中小企業向け官公需契約の目標額を定めるとともに，中小企業団体中央会を通じて官公需についての発注情報等を提供するなどして，中小企業に対する官公需の発注の増大に努めなければならないものとされている。

表3-9 官公需適格組合数の推移

年度	平元	2	3	4	5	6	7	8	9	10	11	12	13	14	15
物品	139	139	168	203	254	277	267	275	263	262	270	263	256	257	257
役務	154	146	146	154	174	192	200	223	232	246	253	276	295	297	343
工事	222	224	229	225	235	237	242	245	254	267	278	279	285	297	278
合計	515	509	543	582	663	706	709	743	749	775	801	818	836	851	878

(資料出所) 全国中央会調べ

　また，発注先中小企業の受注体制を整備するために中小企業組合による共同受注事業の活用を奨励しており，官公需適格組合制度を設け，その活用を明定している（同法第3条）。

　国の定める中小企業向け官公需の発注目標は年々高められてきており，本制度が発足した昭和41年に26.8％だった発注目標が，昭和51年には34.0％となり，昭和61年には39.8％となり，平成10年には41.3％となり，その後も増加している。しかし，目標値そのものは増加しているものの，国等の官公需発注総額の減少もあって実際の目標額は減少するという逆転現象を生ずるに到っていることも現実である。ともあれ目標額が未だ全体の50％に達していないという状況にある。

　次に，官公需適格組合制度であるが，これは，官公需の受注について特に意欲的であり，かつ，受注した契約を責任をもって十分に履行できる経営基盤のしっかりした中小企業組合を国が証明しようとするもので，すでに878組合（平成16年3月末現在）が適格組合としての証明を受けている。

　官公需は，発注品目の種類によって，物品・役務・工事の3つに分れるが，適格組合の証明もこれを念頭に行われており，証明基準も物品・役務関係は同一のものが適用されているが，工事関係は，更に，3項目が追加されている。各々の証明基準は次の通りである。

〔物品・役務関係の証明基準〕
　① 組合の共同事業が組合員の協調裡に行われていること。
　② 官公需の受注について熱心な指導者がいること。
　③ 常勤役職員が2人以上いること。
　④ 共同受注委員会が設置されていること。
　⑤ 組合の役員と共同受注の案件を担当した組合員とが連帯責任を負う

第3-10　官公需適格組合における受注状況

区分＼業種	物品	役務	工事	合計
受注有	167 (63.0%)	214 (79.9%)	212 (76.3)	593 (73.1%)
国　等	64	79	67	210
地方公共団体	152	204	188	544
受注無	98 (37.0%)	54 (20.1%)	66 (23.7%)	218 (26.9)
国　等	201	189	211	601
地方公共団体	113	64	90	267
合　計	265 (100%)	268 (100%)	278 (100%)	811 (100%)

（資料出所）　中小企業庁・平成12年度官公需適格組合受注実績調べ

こと。
⑥　検査員を置くなど組合の検査体制が確立されていること。
⑦　組合運営を円滑に遂行するに足りる経常的収入があること。

〔工事関係の証明基準〕

物品・役務関係の証明基準に次の基準が追加されている。
⑧　共同受注事業を1年以上行っており相当程度の実績があること。
⑨　工事1件の請負代金の額が1,500万円（電気・管工事等は500万円）以上のものを受注しようとする組合は，常勤役員が1人以上，常勤職員が2人以上おり，その役職員のうち2人は受注しようとする工事の技術者であること。
⑩　総合的な企画及び調整を行う企画・調整委員会が現場ごとに設置され，工事全体が契約通りに施工される体制が整備されていること。

このような適格証明基準をクリアして適格組合の証明を受け官公需の受注活動を展開している組合は，物品関係257組合（30.2%）（繊維，家具，印刷，石油，事務用品，生コン等），役務関係297組合（34.9%）（設計，測量，自動車整備，運輸，建物サービス等），工事関係297組合（34.9%）（土木，建築，電気，管，造園，畳等）であり，業種的にもかなり広範にわたっており，適格組合による官公需の共同受注実績は総額1,389億円（平成12年度）に達している。

(2) 適格組合による官公需確保への取組み
① 物品関係組合による官公需受注事業への取組み

物品関係の適格組合（257組合）の中で，最も組合数が多いのが生コン（106組合）で，以下，石油等（55組合），印刷（17組合），繊維（7組合），事務用品（6組合），家具（3組合），その他（63組合）となっている（平成14年7月現在）。

物品関係の適格組合における官公需受注実績は，他の業種に比べてやや低く当該組合中受注実績を有する組合は63.0％に止まっており，受注額も全体の18.8％（1組合平均9,810万円）で2割にも達していない状況にある（平成12年度）。

以下，物品関係の適格組合の活動例をみてみよう。

〔佐賀県石油協同組合の場合〕

本組合（昭和28年設立，組合員251人）(41)は，昭和52年に適格組合の証明を取得し，揮発油，灯油，軽油，A重油，混合油，潤滑油を対象品目に官公需の共同受注に取組んできた。

その結果，土木事務所，農林事務所等の県の機関，国等の出先機関，市町村等の自治体からの共同受注を実現，年間3億円以上の実績を上げている。

ガソリン等の店頭給油については，事前にチケットを発行して給油時に使用してもらい，組合員の給油所であればどこでも給油できる体制になっており，発注者側への利便性が確保されている。

A重油，灯油等の納入については，組合員の取扱い実績，公平配分，地域性を総合的に勘案して担当組合員についての原案を作成し，最終的には地域支部に図り決定することとしている。なお，本組合では共同受注事業は官公需のみに限っており，民需は対象外としている。

〔協業組合徳島印刷センターの場合〕

本組合（昭和47年設立，組合員4人）(42)は，近促法に基づく構造改善事業の一環として経営の合理化，技術の高度化（活版印刷からオフセット印刷へ）を実現すべく経営の統合（全部協業）を行うために設立された協業組合であり，昭和57年に適格組合の証明を取得した。

共同受注事業全体で4億円程度の規模であるが，そのうち官公需は4割前

後を占めている。

　受注先は県内の国の機関や県・市町村等の自治体，学校など幅広く，比較的安定した実績を残している。

　当地域の官公需は小ロットのものが多いので，発注先機関には常に出向いていないと受注を受けることが難しく，本組合では地域密着型の営業を念頭に，日々の営業活動を着実に行い発注先からのあらゆる要望に応えられるよう努めている。

　官公需受注の実績を重ねることにより，組合員はもとより従業員全員が組合の仕事に誇りをもって取り組めるようになり，自治体等の公共機関からの難しい注文に対応することで培われた高い信用度が，全体としての受注獲得のための大きな力となっている。

〔旭川家具工業協同組合の場合〕

　本組合（昭和32年設立，組合員40人）[43]は，当初共同購買事業と共同金融事業を中心に事業を行っていたが，昭和55年には共同開発センターを建設，共同木材乾燥事業を開始，平成11年には共同物流事業をスタートさせている。適格組合の証明は平成9年に取得，地元旭川市をはじめ地方自治体からの発注が中心で，公共施設の中でも市民等が多く利用する場所で使用するものの納品が多い。例えば，旭川空港ロビーの椅子，市立旭川病院外来棟のソファ，ベンチ，テーブル，テレビ台等である。

　組合員に対する官公需受注の配分については，見積書の提出やプレゼンテーションに協力してくれた組合員を優先するものの，一部の組合員に偏りが生じないよう共同受注委員会で総合的に検討した上で決定しており，規模の小さな組合員にも平等に仕事が回っていくように配慮し，これが組合員の組合への帰属意識の強化につながっている。

　受注実績は年によって若干の上下があるが，年間5,000万円程度（平成10年度7,626万円，11年度5,023万円，12年度4,558万円）で推移している。

　市民が多く利用する公共の場に地域特性を活かしたデザイン性のある木製家具を納品設置できたことで，地元の人々からも旭川家具が高品質であることが再認識され，発注機関からも高く評価されている。

　② 役務関係組合による官公需受注事業への取組み

役務関係の適格組合（297組合）の中で最も組合数が多いのは建物サービス（ビルメン）（82組合）で，以下，設計測量（66組合），運輸（58組合），自動車整備（17組合），その他（74組合）となっている（平成14年7月現在）。

役務関係の適格組合における官公需受注実績は，受注有組合の数では最も多く（79.9％）なっているが，受注額では全体の2割強（22.6％）（1組合平均1億1,656万円）に止まっている。

以下，役務関係の適格組合の活動例をみてみよう。

〔島根県ビルメンテナンス協同組合の場合〕

本組合（昭和53年設立，組合員18人）[44]は，過当競争の排除，経営の近代化，大型物件の共同受注を目的に設立されたが，昭和57年に適格組合の証明を取得した。

共同受注事業の対象としては，①清掃管理，②保安警備，③設備管理，④衛生設備管理，⑤サービス業務，⑥付帯業務等があり，平成3年には業務の完成保証事業を追加し，発注先との信頼関係の向上に努めている。

受注先は，県内の国の機関，県，松江市，益田市をはじめとする県内市町村の自治体であり，例えば，国土交通省中国地方整備局の庁舎等清掃業務（一般競争入札により落札，期間1年，金額3,882万円）等の実績がある。WTO協定により，官報掲載による一般競争入札が適用される場合が増大するとともに，大手企業や県外企業との熾烈な競争を余儀なくされており，厳しい環境下にあるが，組合役員を中心とする組合の積極的な営業活動の展開によって毎年4億円程度（平成11年度4億1,977万円，平成12年度4億1,953万円）の受注を実現している。

共同受注業務の担当組合員の選定は，業務の性質・内容，地域性を基準に，1つの案件に対して複数の組合員に受注要請を行うことを原則としているが，複数組合員が担当する場合には，必ず総括責任者を定めて責任をもって進行管理を行うこととしている。

〔会津若松トラックセンター協同組合の場合〕

本組合（平成3年設立，組合員10人）[45]は，会津地域に分散していた中小運輸業者と関連業者が集団化を図ることを目的に設立されたものであり，平成10年に本組合と会津若松卸商業団地協同組合によって計画実現をみた物流拠

点として現在に到っている。

　官公需受注事業への取組みのための適格組合の証明も流通センター（会津アピオ）への入居を契機に，組合員間の連帯意識を向上させ，共同受注事業を拡充するため，平成10年に取得した。官公需受注は共同受注事業全体（平成13年度24件，3,658万円）からみればウェイトはまだまだであるが（同4件743万円），組合員全員が一体となって取組む共同事業として伸長を図るべく体制の整備強化に努めている。

〔埼玉県測量設計業協同組合の場合〕
　本組合（平成7年設立，組合員59人）[46]は，激変する測量技術への対応と高度化する測量機器の整備を目指して共同受注事業を中軸に法人化を図ったものであるが，平成10年には適格組合の証明を取得し，すでに国土地理院，埼玉県，県下各市等からの受注に成功，この分野での伸長が大いに期待されている。

　共同受注事業の実施については，共同受注委員会，共同受注配分委員会，共同受注検査委員会の3機関が年間を通じて開催され，事業の適正化に万全を期している。

③　工事関係組合による官公需受注事業への取組み

　工事関係の適格組合（97組合）の中で最も組合数が多いのは土木建築（161組合）で全体の半数以上（54.5%）を占めているが，以下，管工事（54組合），造園（21組合），畳（16組合），電気（14組合），その他（10組合）となっている（平成14年7月現在）。

　工事関係の適格組合における官公需受注実績は，受注有組合が76.3%となっており大半の組合が実績を上げている。

　受注額でも全体の6割近く（58.6%）を占め，1組合平均2億9,199万円と3億円近い受注を確保している。

　以下，工事関係の適格組合の活動例をみてみよう。

〔福岡市土木建設協同組合の場合〕
　本組合（平成8年設立，組合員64人）[47]は，長引く不況による受注の減少や発注機関の電子入札化や建設CALS／EC等に対応するために福岡市西部地区の土木建設業者が結集して設立した組合であるが，平成10年に組合として

特定建設業の許可を取得するとともに，翌11年には適格組合の証明を取得した。

官公需共同受注事業の対象は，①土木工事及び②舗装工事とし，すでに福岡県の県営ため池整備事業堰体工事（2億5,536万円）をはじめ，九州地方整備局，福岡農林事務所，福岡市等からの受注実績を上げており平成12年度の官公需共同受注額は7億5,201万円となっている。

組合の受注体制としては，担当理事1人の他，常勤技術者5人（一級土木施工管理技術者），専従職員2人を配置している。組合としては，各種資材の共同購買事業や安全対策事業，共同積算事業を合わせて実施しているが，共同受注事業については民需は対象外とし官公需のみとしている。

〔川崎市管工事業協同組合の場合〕

本組合（昭和29年設立，組合員172人）[48]は，戦後，任意組織としてスタートした川崎市上水道工事公認業者組合を法人化するために設立されたものであるが，法人化後10年目の昭和38年には川崎市公認排水設備協同組合と合併して現在に至っている。

官公需受注は，平成12年度2億8,911万円，13年度には川崎市水道局からの水道メーター取替工事（3億5,779万円）を含む6億2,400万円の工事を受注しており，組合員の民需の落ち込みをカバーする役割を果たしている。

組合では官公需受注と合わせて修繕工事あっ旋事業も実施，年間1,200件の修繕工事が行われている。

〔淡路総合グリーン協同組合の場合〕

本組合（平成4年設立，組合員13人）は，明石大橋の完成による本四連絡道路の開通を機に開催されたジャパンフローラ（淡路花博）2000などによる官公需の増大が見込まれたことから，公共工事に実績のある造園工事業者が，その力を結集すべく設立したものである。

現在迄のところ淡路島内でのイベント関係の工事が中心で，国等からの直接受注の実績は少ないが，平成10年度の受注実績額は7,762万円となっている。また，適格組合の証明の取得によって信用力が向上し，島外の大手ゼネコンや第三セクター等の民需を受注する上でもかなり役立っている。

今後は，これ迄の経験実績をもとに島外，他府県での発注工事にも積極的

に参加し，伝統ある淡路の造園工事業者の力を示していく方針である。

- (41) 全国中央会「官公需共同受注事業成功事例集」（平成11年度版）1～8頁。
- (42) 全国中央会「官公需共同受注事業成功事例集」（平成14年度版）1～7頁。
- (43) 全国中央会「官公需共同受注事業成功事例集」（平成13年度版）1～7頁。
- (44) 同上・8～14頁。
- (45) 前掲（注(1)）書・8～14頁。
- (46) 全国中央会「中小企業組合白書」（平成13年版）41～42頁。
- (47) 前掲（注(43)）書・15～21頁。
- (48) 前掲（注(42)）書・15～21頁。
- (49) 前掲（注(41)）書・18～26頁。

7 　金融再編と信用組合

(1) 　金融危機と金融再編

　平成とともに始まった1990年代（平成2年～）は，正にわが国金融界の大変革期となった[50]。

　1990年の株価の暴落[51]と1991年に始まった地価の下落[52]によるバブル崩壊は不良債権の累増[53]を招き，金融国際化の中で必死の対応努力を行ってきたわが国金融機関にかつてないダメージを与えることとなった。

　こうした状況の中で，平成6年（1994）の東京協和信用組合，安全信用組合の破綻に始まり，平成7年（1995）のコスモ信用組合，木津信用組合の破綻，更に，住専問題の表面化（住専7社の不良債権総額6兆4,100億円），平成9年（1997）の北海道拓殖銀行[54]，徳陽シティ銀行の破綻，三洋証券，山一證券の破綻（負債総額3兆5,100億円），そして平成10年（1998）の日本長期信用銀行，日本債権信用銀行の破綻等，それまでは予想できなかったような金融機関の破綻が相次いで発生したのである。正に金融危機と呼ぶべき状況が，この90年代において現実のものとなったのである。

　こうした状況に対処すべくこの時期様々な金融制度改革がなされていった。主なものを掲げると次の通りである。

平成 2 年（1990）大蔵省，不動産融資総量規制実施
平成 4 年（1992）金融制度改革法公布
平成 5 年（1993）BIS 自己資本比率導入
平成 8 年（1996）金融機関等健全性確保法，金融機関更正手続特例法公布
　　　　　　　　住専処理法公布
　　　　　　　　橋本首相「日本版ビッグバン」[55]指示
平成 9 年（1997）金融持株会社関連 2 法成立
平成10年（1998）金融機能安定化緊急措置法成立
　　　　　　　　金融システム改革法公布
　　　　　　　　金融 8 法（金融機能再生緊急措置法，金融機能早期健全化緊急措置法等）成立
平成12年（2000）信用組合の検査，監督権限を都道府県から国へ移管
　　　　　　　　金融商品販売法公布
平成14年（2002）ペイオフ解禁（流動性預金を除く），金融機関等組織再編成促進特別措置法公布
平成16年（2004）金融機能強化特別措置法成立
平成17年（2005）ペイオフ全面解禁

　この間，金融行政を担当する国の機構も大幅に変った。まず，平成10年（1998）に金融監督庁が生れ，平成12年（2000）には金融庁となり，これ以降金融行政は，大蔵省から完全に独立した機関の手に委ねられることになった。更に，平成13年（2001） 1 月には，中央省庁の再編（ 1 府12省庁体制に）により大蔵省は財務省と改称され，金融庁は，総理府の外局から内閣府の外局になるとともに，平成10年（1998）に発足した金融再生委員会は廃止され，同委員会が行ってきた破綻処理事務機能は金融庁に引継がれることとなった。
　このような状況を背景に金融機関の再編が進んでいった。
　まず，大手銀行では，平成 2 年（1990）にさくら銀行（三井銀行，太陽神戸銀）が生れ，これに住友銀行が加わって三井住友銀行（平成13年）となり，平成 3 年（1991）にはあさひ銀行（埼玉銀行，協和銀行）が生れ，これに大和銀行が加わってりそなグループ（平成14年）を結成，平成 8 年（1996）には東京三菱銀行（三菱銀行，東京銀行）が誕生，更に，平成12年（2000）にはみず

図3-3 地域金融機関の推移

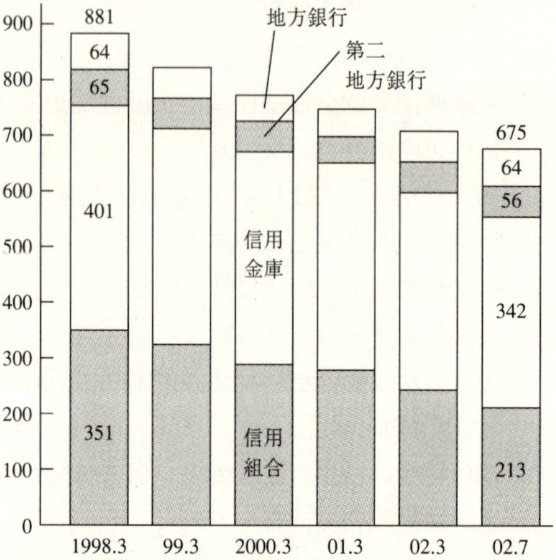

年月	地方銀行	第二地方銀行	信用金庫	信用組合	合計
1998.3	64	65	401	351	881
99.3					
2000.3					
01.3					
02.3					
02.7	64	56	342	213	675

(資料出所) 金融庁調べ (日本経済新聞社「ゼミナール現代金融入門 (改訂4版)」23頁掲載)

ほグループ (第一勧業銀行, 富士銀行, 日本興業銀行) が, 次いで平成14年 (2002) にはＵＦＪグループ (三和銀行, 東海銀行, 東洋信託銀行) が結成され, 平成17年には, 同グループと三菱東京グループとが経営統合し, 三菱ＵＦＪフィナンシャル・グループ (MUFG) が誕生した (平成8年には三菱東京UFJ銀行が誕生の予定)。こうした統合, 連携を通じて, わが国金融機関の国際的な規模での金融自由化に向けた体制整備はほぼかたまりつつある。

　他方, 中小企業に関係の深い地域金融機関 (地方銀行, 第2地方銀行, 信用金庫, 信用組合) においても, 戦後長きにわたって続けられてきた大蔵省主導の護送船団方式から脱却し, 自己責任と市場原理に則った事業活動を展開するための新たな経営組織を確立すべく様々の取り組みが行われてきたが, 地域金融機関を取り巻く情勢は極めて厳しく, 特に, 信用組合, 信用金庫においては, この間整理・淘汰が急速に進行することとなった (図3-3)。

(2) 信用組合の再編状況

7 金融再編と信用組合

　金融界の再編の流れの中で信用組合も大きな変革を迫られることとなった。
　協同組合組織としての特性を発揮しつつも，金融機関としての経営体質強化のために，各信用組合は，信用組合間合併を基軸としつつも，それに止まらず，かなり多様な対応を行ってきた。
　まず，信用組合間合併による対応状況であるが，組合間合併には，147組合が参加し，平成元～16年で57組となった。1組合平均2.6組合の参加であるが，中には，山梨県民信用組合のように最終的には県下7組合が大同合併したところもある（平成10年に山梨県，甲斐，狭東の3組合が，やまなみ信用組合に，武田，巨摩の2組合が美駒信用組合になり，更に，平成16年に，これに甲府中央，谷村の2組合が加わって再合併）。このように信用組合間合併の多くは，地域的なものであったが（例えば，秋田県信用組合（北秋，秋田県商工，鹿各）（平成2），大舘（平成15）の4組合が合併），茨城県信用組合（茨城県，大子（平成2），日立，勝田（平成16）の4組合が合併），神奈川県信用組合（金港，逗子，横浜の3組合が合併）（平成4年）），大分県信用組合（大分県，大分県庁，高田（平成14）の3組合が合併）等），また，外国系信用組合においても商銀系信用組合（関西興銀（6組合），あすなろ（3組合），あすか（5組合））や朝銀系信用組合（北東（4組合），関東（5組合），中部（5組合），近畿（5組合），西（5組合））のように全国的規模で合併を推進したところもある。更に，業域組合（東京食品にちばが合併（平成5）や職域組合（金沢鉄道[56]に富山鉄道，鉄道福井が合併（平成14））にも合併の波は及んだ。
　信用組合以外の金融機関との異種合併もかなり行われた。異種合併した場合の合併先金融機関としては，やはり地域性の強い地銀・第2地銀（9件）や信用金庫（6件）との合併が多くみられたが，都市銀行との合併も僅かではあるが（2件）行われている。
　事業譲渡もかなりの件数に上っているが（128件），譲渡先として多いのは，やはり信用組合で（71件），地銀・第2地銀（38件），信用金庫（35件），都市銀行（5件），労働金庫（1件），整理回収銀行・整理回収機構（6件）となっている。
　この間純然たる解散も10組合を数えているが，解散組合の事業を譲り受けての組合の新規設立もみられた（4組合）。[57]

表3-11 信用組合の合併・解散等の状況

平成年	合併 同種合併	合併 異種合併	事業譲渡	解散	減少組合
元	3	1			4
2	6	—			7
3	8	2			10
4	3	—			4
5	4	2			10
6	5	1		3	10
7	—	1		3	4
8	—	1	4	—	6
9	3	—	6		12
10	3	—	24		28
11	4	1	15	—	31
12	2	3	6		11
13	2	1	28	—	33
14	7	3	43	2	60
15	4	1	1	1	10
16	3	1	1	1	7
計	57	18	128	10	247

（資料出所）全国信用組合中央協会「全国信用組合概況」
（平成元年度～平成16年度）より作成

　このようにして信用組合は数としてはかなり減少したが，多くの組合が合併することにより経営体質はかなり強化されたものと思われる。
　しかし，信用組合の組合数の減少を全体としてみると，合併等による積極的なものばかりでなく，経営破綻による消極的なものがかなりの数に上っていたことが指摘されており[58]，信用組合関係者はこうした事実を厳しく受け止め，その反省の上に立って，協同組合組織の金融機関としての信用組合の運営の強化を今後図っていく必要がある。

（50）　西村吉正早稲田大学教授は，わが国の戦後金融制度改革について，1960年代後

半からの安定成長期後に絞って，4期に分け，1993年～現在（2002）迄の期間を，「護送船団方式に転機を与えた破綻処理に始まり，日本版ビッグバンを経て，「退出・参入」を含む制度の整備及びペイオフ解禁による平常状態への復帰に至るプロセス」ととらえ，金融制度整備の「完了期」（第4期）とみる。(西村吉正著「日本の金融制度改革」(東洋経済新報社・2004・19頁)

(51) 1989年12月に38,915円の最高値を記録した株価は，1990年10月には2万円を割り，時価総額は590兆円から一気に319兆に減少した。(その後，1992年8月には危険ラインといわれた15,000円台を割り込んだ後，株価は更に下り続け2002年10月には8,438円まで落ち込んだが，2005年に入ってからは，12,000～13,000円台で推移し，同年12月には，ほぼ5年振りに15,000円台を回復した。

(52) 株価の暴落から約1年遅れて1991年に地価の下落が始まった。東京の地価でみると，商業地の公示地価では1990-94年には半分以下に低下した。その後地価の下落は2001年までのほぼ10年間下がり続けたのである。

(53) 不良債権総額は1990年代当初42～53兆円（都銀，長信銀，信託，地銀，その他の合計）との推計がある（英・フィナンシャルタイムズ紙（1992.5.16）掲載）。（日本経済新聞社「ゼミナール現代金融入門改訂4版」(2003) 32頁)
　なお，日本の金融機関（全国銀行）は，1992年以来，約90兆円の不良債権を処理してきているのに，不良債権は，2003年3月末で43.2兆円も抱えている。これに信託・信金等の不良債権を加えると52.4兆に上る。(前掲書，39頁)

(54) 初の都市銀行の経営破綻，日銀特別融資実施，公表不良債権9,349億円

(55) 平成8年（1996）11月に橋本首相によって提唱された金融システム改革構想。フリー，フェア，グローバルのスローガンのもとに2001年を目途に資本市場を活用した新たな金融システムを創造するための抜本的な制度改革を行うとした。(川波洋一，上川孝夫編「現代金融論」(有斐閣・2004) 201～204頁参照)

(56) 平成17年2月14日，金沢鉄道信用組合は北陸労働金庫に事業譲渡

(57) 平成14年8月12日，京滋，えし，兵庫ひまわり信用組合が，朝銀近畿信用組合の事業を譲り受けて業務を開始。同年12月29日，ハナ信用組合が，朝銀千葉，東京，関東，新潟，長野信用組合の事業を譲り受けて業務を開始。

(58) 「残念ながら信用組合業界においては，合併等による減少（70組合）よりも，経営破綻による減少（132組合）の方が多い（平成5年～15年）という実態にある。しかも，信用組合の破綻の主要因は融資の特定業種への偏り・大口化やトップの独走，有価証券運用での過大なリスクテイクが9割以上を占めており，つまるところ経営者の問題に帰着するものがほとんどである」としている。((社)全国信用組合中央協会，「信用組合のあり方等に関する特別委員会報告」(平成15・6) 2頁，3頁)

IV 中小企業組織化論への接近

1 組織化論の類型

　中小企業の組織化に対するアプローチの方法を大別すると，およそ次の3つのタイプに区分できよう[1]。
　① 経済学的・経営学的アプローチ
　② 制度論的・法律学的アプローチ
　③ 運動論的アプローチ
　これらのアプローチの仕方は相互に関連し合っており，中小企業の組織化に関する研究もいわば学際的に行われているのが実態ではあるが，その基本にあるのはそれぞれの専門分野における独自の蓄積なり，成果であって，中小企業の組織化に関する先考の諸説を総覧する上では，以上の三つのタイプに整理して紹介するのが便宜と思われる。

2 中小企業の組織化に関する経済学的・経営学的アプローチ

　中小企業の組織化についての経済学的，経営学的アプローチとしては，①現代資本主義社会に対応していくための企業の必要性から説くもの，②中小企業政策との関係において説くもの，③組合の組織特性に着目して説くもの，の3つに大別することができる。

(1) 組織化不可避論
　資本制経済は，産業革命以来矛盾を含みながら発展してきたが，それは，

労働力，機械設備，資金，技術，情報といった経済的諸要因を，経済原則を貫く方向に適切に組織化することができたからであり，「組織化」とは，このように，まず「経済原則に基づいて経済発展が実現するように経済諸要因を組み合わせること」をいうものとされる。

そして，このような組織化は，経済社会の発展とともに企業の大規模化，独占化を促進し，大企業においては企業内において十分に経済効果を実現し得る組織化を達成できたのである。

しかし，中小企業においては，このような経済の発展に即した企業内での組織化は種々の制約要因があって実現し得ず，更に大企業における組織化が進めば進むほど相対的に困難さは増しており，中小企業が経済の発展過程に自分を適合させていくためには，中小企業における組織化は不可避であるとされるのである[2]。

(2) 組織化合理化論

中小企業の組織化を企業の合理化という側面からとらえ，中小企業の組織化は，中小企業における合理化を実現する上での前提であるとする。

中小企業は大企業に比較して「遅れ」が多く，個々の努力では合理化の達成は殆んど不可能に近い。したがって，中小企業が合理化を達成していくためには，中小企業における企業間の組織化は何にも増して取り組まれるべき最優先課題でなければならないとする[3]。

(3) 組織化規模利益論

資本制経済においては，大工業間の企業結合は必然的であり，それは資本制経済の進展の度合に従って任意的に形成されていくが，手工業者や中小規模工場主からなる中小工業においては，こうした企業結合は任意的に形成されはしない。また，中小工業を取り巻いている社会的経済的諸要因からして，中小工業はそう簡単には大工業に転化していくことはできず，その結果，中小工業は，大工業のようにその内部組織を充実することによって大規模経営の利益をあげることは不可能となる。

したがって，中小工業において規模の利益をあげようとすれば，同種・近

似の中小工業が相互に連携して協同的・実質的大工業をつくり出す以外に方途はない。また，これ以外の方法で大工業の実をあげる方法はない。

すなわち，中小工業においては，個々の企業に中核的な諸活動を保持しながらも，組織化を通じて中小工業相互間の協力を図ることにより，規模の利益を実現することが可能となる。

これこそ「インター経営体」[4]の組織化に外ならず，そして，この中小工業の組織化の実現のために最も有力な経済制度が協同組合なのだとする[5]。

(4) 組織化政策媒体論

わが国における中小企業の組織化には，中小企業の成長発展と経済的地位の向上という経済的目標の達成を推進するための政策的手段[6]としての役割が極めて強いとする見方がある[7]。

中小企業の組織化の目的は，大別すると2つあるが，第1の目的は「結束による力の強化」であり，もう1つは「政策推進の媒体」になるということである。

そして，第1の目的である「結束による力の強化」には，①外部に対する自己防衛目的（圧力団体的力の発揮）と，②内部に向っての自己展開目的（近代化の推進）が含まれる。

自己防衛目的は，資本力の弱い経済的弱者としての中小企業が，多数集まって力を結集することによって，大資本に対する対抗力をつけようとするものである。

これに対して，自己展開目的は，組織化によって個々のの中小企業自身の力を強化しようとするもので，これを子細にみると，更に，次の3つに区分することができるとする。

　① 組合員の経営の合理化
　② 規模利益の実現
　③ 業界の安定向上

次に，第2の目的である「政策推進の媒体」としての組織化であるが，これは中小企業の組織化が国等の施策推進の足場として大きな力を発揮するとするもので，国や地方公共団体が中小企業の振興育成のために行っている

種々の施策を効果的に浸透させ，所期の成果をあげるためには，これらの施策を受け入れる体制としての組織化が必要であり[8]，組織化には中小企業施策と中小企業者との間を結ぶ施策媒体としての役割が期待されているとする[9]。

(5) 組織化経営機能結合論

中小企業の組織とは複数の中小企業者が，特定の目的のために，計画的，秩序的，継続的にその力を組み合わせる自主的な体系であり，中小企業の組織化とは，こうした組織をつくり，これを適正に運用することであるとする[10]。

更に，中小企業の組織化とは，複数の中小企業が経営の内部および外部を問わず，計画的，秩序的にその力（経営諸機能・経営諸資源）を組み合わせることであり，それは複数の中小企業の組織的行動であるから，企業間の「関係的組織化」[11]であるが，経営の外部に限定されないで，それぞれの企業の経営の内部における協力（例えば，生産工程の一部の共同化）等も当然に含むものであるとされる。

また，中小企業の組織化は，主として同業者もしくは関連業者の集合体として結成されるが，組織化された同業者である中小企業者は相互に競争関係にある。したがって，中小企業の組織化は自由競争を前提としており，これらの点で労働者が労働組合を組織する場合とは大きくその性格を異にするものであるとする[12]。

以上にみた中小企業の組織化に関する経済学的・経営学的アプローチによる諸見解から導き出せることは，中小企業の組織化を論じようとする場合には，①一般的組織化と区別すべきこと，②企業内組織化と区別すべきこと，そして組織化の意義としては，①資本制社会の中で中小企業が大企業に対抗して発展していくためには組織化が必要であること。②資本制社会において必要な経済的諸事業を組織化するためには中小企業の場合企業間結合としての組織化が必要であることが共通の基本認識となっているということである。

(1) 磯部浩一放送大学教授は，中小企業の組織化と運動についての考察対象を，次の6項目に分類されている。
　① 中小企業組織化の実態
　② 中小企業の組織化形態
　③ 中小企業組織の機能
　④ 中小企業組織化の政策と立法
　⑤ 中小企業組織化の歴史
　⑥ 中小企業運動
　更に，以上の①～④に関する諸文献を，次の4つの研究のタイプに分類されている。
　① 中小企業組織化の実態研究
　② 中小企業組織化の法律的・制度的研究
　③ 中小企業組織化の経済学的・経営学的研究
　④ 中小企業組織化の政策論的研究
（中小企業事業団・中小企業研究所編『日本の中小企業研究第1巻』（有斐閣・昭60・10）333～336頁参照）
(2) 山中篤太郎「組織化と中小企業」（『中小企業の合理化・組織化』（中小企業双書6）（有斐閣・昭35・6））33頁以下参照。
(3) 藤田敬三「下請の合理化・組織化と生産性向上問題」（前掲書）182頁参照。
(4) インター経営体の組織化とは，企業結合にほかならない。
(5) 磯部喜一「組織化対策としての協同組合」（前掲書）77頁以下参照。
(6) 旧中小企業基本法（昭38法154）は，中小企業の組織化政策について次のような規定を置いていた。
　① 事業の共同化のための組織化の整備等（第13条）
　「国は，第9条から前条までの施策（設備の近代化，技術の向上，経営管理の合理化，企業規模の適正化）の重要な一環として，事業の共同化又は相互扶助のための組織の整備，工場，店舗等の集団化その他事業の共同化の助成等中小企業者が協同してその設備の近代化，経営管理の合理化，企業規模の適正化等を効率的に実施することができるようにするため必要な施策を講ずるものとする。」
　② 過度の競争の防止（第17条）
　「国は，中小企業の取引条件の向上及び経営の安定に資するため，中小企業者が自主的に事業活動を調整して過度の競争を防止することができるようにその組織を整備する等必要な施策を講ずるものとする。」
　③ 中小企業団体の整備（第27条）
　「国は，中小企業者が協力してその事業の成長発展と地位の向上を図ることがで

きるように，中小企業者の組織化の推進その他中小企業に関する団体の整備につき必要な施策を講ずるものとする。」
(7)　「中小企業対策のなかにおける組織化の目的は，中小企業が経済的目標を達成するための組織の結成である。このように我が国の中小企業組合制度は，政策媒体としての役割をもっている」（加藤誠一・渡辺俊三『中小企業総論』（有斐閣・昭61・10）190頁）。
(8)　中小企業政策の展開に際して中小企業組織，なかでも組合が活用される理由は次のとおりである。
　　第一は，特定の政策と組織化の目指す方向が基本的に同一ということである。
　　第二は，政策効果の有効性・効率性という点である。
　　第三は，確実な事業遂行への信頼性の高さである。
　　（全国中小企業団体中央会『中小企業組織化政策ビジョン〔普及版〕』（中小企業情報化促進協会・昭57・5）89～90頁参照）。
(9)　加藤誠一・渡辺俊三・前掲書・188～189頁参照。
(10)　稲川宮雄『中小企業の協同組織』（中央経済社・昭46・7）4頁参照。
(11)　一般的経済理論としての組織化とは「経済原則に基づいて経済発展が実現するように，経済諸要因を組合わせること」を意味し，「このように規定された組織化は，主体的組織化と関係的組織化に分けられる。
　　前者は一定の主体の意思の下に組立てられる組織化であって，大企業の管理組織，大規模化，独占化，労働組合，消費組合などが含まれる。
　　後者は，複数の意思の主体的行動が無意識の間に相互間において結果として成立する場合であり，社会的分業，地域産業，貿易・交通等の流通の拡大等が含まれる。」（山中篤太郎・前掲『日本の中小企業研究第1巻』337頁参照）。
(12)　磯部浩一『中小企業論』（放送大学教育振興会・昭60・11）139頁参照。

3　中小企業の組織化に関する制度論的・法律学的アプローチ

　中小企業の組織化についての制度論的・法律学的アプローチとしては，①協同組合組織誕生の地であるヨーロッパにおいて歴史的に形成されてきた協同組合原則[13]との関係において考察を行うもの，②現行協同組合法に基づく協同組合として広く各種の協同組合法との関連づけの中で中小企業組合組織の特質を論じるもの[14]，更に，③中小企業の各種団体をわが国経済法制の基本をなしている独占禁止法との関係から考察する経済法的な立場からのもの[15]と，大別するとこの3種に区分することができよう。

(1) 協同組合経済組織論

協同組合の本質要件として，①協同＝協力，②協力の目的，③協力目的の達成方法，④協同組合の構成者の4つを掲げ，それぞれの意義を次のように規定し，これを具備するものを協同組合であるとする[16]。

① 協同＝協力

協同こそ協同組合の本質を形成するものといわなければならない。ただし協同とは，字義的には「心力を合わせて共に事を行うこと」であり，また「心を合わせて助け合って共に仕事をすること」である。

更に，協同＝協力は，2人以上の人々が各々の力を一つに合わせて行う活動であり，かつ，協力とは意思的活動であるから，それは組合員の自由な意思に基づいた自発的活動ということでなければならない。

② 協力の目的

協同組合の本質をなす第2の要件は，協力の目的が何であるかということである。

組合員が何のために協力し合おうとするのか，組合員が共通して有する目的は何なのか，ということであるが，それは一言でいえば経済目的である。

協同組合の目的として精神的，道義的なものを掲げる人もいるが，それが経済的環境の改善によって間接的にもたらされるというのであればとも角，それが経済的な地位の改善とは無関係な道義的地位の改善というのであれば理解し難い。

協同組合運動をことさらに精神的・道義的な高度な理想を追及するものと規定する必要はない。

われわれの精神生活の基盤である経済生活の改善は，決して軽蔑すべきものではなく，地味ではあるが，欠くことのできない重要性をもっていることを自覚すべきである。

③ 協力目的の達成方法

ある集団においてその構成員が経済的共通目的を達成しようとする場合，その達成の方法としては2つのものが考えられる。

その1つは，集団外の者との交渉によってその目的を達成しようとするものであり，もう1つは，交渉によってではなく，集団の内部において，その

構成員自身の決定によるが，集団が経営する事業を媒介とすることによってその目的を達成しようとするものである。

前者の典型は労働組合であり，協同組合は後者の方法によってその目的を達成しようとする集団であるといえる。

協同組合においては，組合員はその所属する社会内に対立すべき相手方をもたない。協同組合は，組合員同志が相互に協力して共通の事業を営むところに，あるいは，このような事業を組合をして営ましめるところに成立するものなのである。

④ 協同組合の構成者

協同組合を構成する者はどのように限定されるのか。

それは，資本主義社会において何らかの意味で支配的列序から外れてはいるが，社会の円滑な発展を期するためにはこれを無視することはできず，国家政策上その協同活動に特別の便宜を供せざるを得ない地位にある人々ということができる。

しかし，不利な条件でその生存を続けているからといって，その事実が直ちに特別の便宜の供与を国家に要請できる理由にはならない。

不利な条件の下に立つ人々が，当該社会においてあまりにも多くを占めているために，その社会の円滑な発展がしばしば疑問となるような場合にはじめて国家が特別の便宜を供与することになる。そのことによって，不利な条件の是正のみならず，社会の発展そのものに寄与することになるからである。

ひるがえって，わが国の中小工業はあまりにも多数であり，これらに特別の便宜を与えることは，単に中小企業の抱えている不利な条件を是正するに止どまらず，国民の経済の発展の健全化にも極めて大きく寄与することとなる。

一方，協同組合の構成員となる人々は，資本主義社会の下における不利な状況を打開するために協力するのであるから，その動機において資本主義的イデオロギーから外に出るものではない。協同組合の活動は，資本主義を否定せず，その肯定の上に出発する。また，個人主義に対立するとはいうものの個人主義を否定するものではなく，その前提の上に立つものである。

3 中小企業の組織化に関する制度論的・法律学的アプローチ

表4-1 ロッチデール原則の変遷と協同組合原則の定型化

	I ロッチデール公正先駆者組合創設時規約の原則（1844年）	II ホリオーク記載の原則（1856年）「ディリー・ニューズ」1857年，「ロッチデールの先駆者たち」1892年による	III キャサリン・ウェッブ「協同組合論」（1926年）記載のロッチデール原則	IV 第15回ICA大会（パリ）で採択された原則（1937年）	V 第23回ICA大会（ウィーン）で採択された原則（1966年）
①	目方品質を正しくする	先駆者組合は主として自らの出資金により開店する	資本は組合員の出資によるものとし，一定率利子を支払うこと	加入・脱退の自由。公開の原則	公開の原則
②	掛売りは認めない	可能なかぎり純粋な食料品を供給する	組合にできるかぎり純良な食料品を供給すること	民主的管理。1人1票の原則	民主的管理の原則
③	代金は引渡しと同時に支払う	目方や分量をごまかさない	正確な量目を行うこと	利用高配当の原則	出資金利子制限の原則
④	剰余は購買高に比例して分配する	市価で販売し，商人と競争しない	商品は市価で販売し，信用取引は絶対に禁止すること	出資金利子制限の原則	剰余金の配分の原則
⑤	出資金に対し3.5％の利子を支払う。配当は四半期ごとに公表する	掛売りをせず，労働者の負債を防止する	利益は各組合員の購買高によって分配すること	政治的・宗教的中位の原則	教育促進の原則
⑥		剰余は購買高に応じて組合員に分配する	組合の管理においては1組合員1票の原則が適用され，両性の平等が確保されねばならないこと	現金取引の原則の原則	協同組合間協同の原則
⑦		組合員をして利益を組合の銀行に貯蓄せしめ，節倹を教える	組合の運営は定期的に選出される役員および委員の手により行うこと	教育促進の原則	
⑧		出資金に対する利子を5％に押える	利益の一定割合を教育のために割り当てること		
⑨		職場において得た利益は賃金に比例して分配する	事業報告書および貸借対照表を作成し，これを組合員に公表すること		
⑩		余剰金の2.5％を教育に充てる			
⑪		役員の任命や議決に対し1人1票の民主的議決権をもつ			
⑫		犯罪や競争のない産業社会を建設するため協同組合の商工業を発展させる			
⑬		卸売購買組合を創設し純良確実な食料品を供給する			
⑭		協同運動を自助の精神で行い勤勉な者に道徳と能力を保証する新しい社会の胚種の組織とする			

（資料出所） 新版協同組合事典（家の光協会・昭61・6～69頁掲載表より作成）

(2) 協同組合人間集団論

協同組合は，組合員によって構成されている。同時に協同組合の事業を行うためには資本が必要であるから，資本の集団でもあるが，それは従たる性質であって，基本は，人間の集団であることにあるとする[17]。

現実の協同組合をみれば，それが企業であることを否定できない。協同組合の事業の内容，経営方法，経理等どれをみても他の企業と異なるところはない。しかし，その理念，指導原理は営利企業と全く異なる面をもっている。協同組合は，このように2つの面をもっているが，その本質は人間集団という点にある。

協同組合の本質は，営利企業として最も発展している株式会社と比較することによって明らかにすることができる。

① 会社は資本の集団であるのに対し，協同組合は人間の集団である。

協同組合は，組合員が主体である。事業経営のために資本が必要であるから組合員も出資はするが，それは従的な地位を与えられているに過ぎない。

協同組合の出資額は，組合員の増減によって変動するが，会社の資本金額は株主が変っても変動をきたさない。

② 会社では事業経営を決定するのは主として資本であるが，協同組合では組合員である。

会社は利益になると思えばどのような事業でも行うことができるが，協同組合の場合は，どのように利益のあがる事業でも，それが組合員の事業と関係のない限り行うことはできない。

会社の事業の種類は，利潤との関係によって決定されるが，協同組合の事業の種類は，組合の性格によって決定される。

③ 会社は資本からの利潤を目的とするのに対して，協同組合は組合員への奉仕を目的とする。

会社は資本の自己拡大の組織であるが，協同組合は組合員への奉仕が目的であり，組合においては出資に対しては単に利子を支払うだけで利潤を与えない。営利企業で資本が得ている利潤を絶滅して，それだけ組合員への奉仕を厚くすることが協同組合の本質である。

もっとも組合においても事業の生産性を高めるために必要な資本を投下す

ることは営利企業と同様である。しかし，組合の場合その得た剰余金を資本に帰属させないので，組合員にそれぞれの利用高に応じて払い戻しをするのである。

こうした組合の本質的性格を担保するために，協同組合は，次の2つの方法を採用して資本の支配力を去勢している。

① 議決権の基準を出資額にではなく，組合員に置く。
② 出資への配当に制限を加える。

組合における資本の機能を評価しながらも，資本の自己増殖を抑え，資本の支配性と収利性を否定して，人間のために奉仕させようというのが協同組合における資本への姿勢である。

そして，企業として成長した協同組合が，ややもすれば類似性のある会社と同様の運用になりやすく，組合の役職員も会社の役職員と同様な意識に陥りやすいのであるが，それを規制するのが協同組合法の任務であるとする。

(3) 協同組合助成団体論

協同組合の固有の機能は，組合員の個人的な経済活動の助成にあるとする考えがある[18]。

そして，協同組合を法律的にみると，構成員の数を限定しない，自由にして，主として経済活動の助成を直接目的とする，地域的な相互主義の社団法人であるとする。

以下に助成団体である協同組合が，法律上どのような性格を付与されているかについて指摘されている諸点を掲げる。

① 協同組合は，自然人[19]または法人[20]によって組織される「助成団体」である。

協同組合の任務は，その構成員である組合員の経済活動に奉仕することであり，自己の利害などを念頭におかないで，己を虚しくして組合員のために尽くすことである。

このように組合の任務は，助成であって，現行協同組合法は，私心を去って組合員に献身的に尽力すべきことを命じているのである。

② 協同組合は，経済活動を助成するために存立するものであるから，純

粋な意味での「経済人」である。

　経済人たる助成団体としての存立の中心点はあくまでも助成にあるが，だからといって助成団体であるためには助成を唯一の目的として助成以外のことを絶対にやってはならないという意味ではない。

　③　協同組合は，経済活動による「助成を直接目的とする団体」である。

　協同組合の活動目的は，「直接」組合員の経済活動を助成することに中心点があるのであるから，例えば，企業が出資し，共同で各企業の従業員のために生活必需品などを供給する福利厚生事業を行ったとしても，それは協同組織の経営といえるかもしれないが，協同組合とはいえない。

　④　協同組合は，自然人または法人からなる「社団」である。

　協同組合は「人」を存立の基礎にしているものであるから，社団である。

　⑤　協同組合は，主として経済的な活動による助成を直接目的とする「地域的・職域的団体」である。

　協同組合は，相互主義を根本的な考え方としている関係上，組合員同志がお互いに他の組合員の経済的な事情なり，人柄なりを知悉していることが必要である。

　そのため中小企業等協同組合法は，組合員の資格を組合の「地域内」において「特定の事業」を行う小規模の事業者でなければならないとし，組合員の範囲を地域的・職域的面から限定している。

　⑥　協同組合は，「組合員数を制限しない団体」である。

　協同組合は組合への加入および脱退の自由を基本的な性格としており，わが国においても各協同組合法によって組合の門戸の自由開放性が義務づけられている。特に，消費生活協同組合法には，加入脱退の自由の他に「組合は，その組合員の数を制限することはできない」旨の規定がおかれている（同法第15条第1項）。

　⑦　協同組合は，「法人」である。

　協同組合は，各協同組合法によって法律上の人格を認められている[21]。

　協同組合を法人とする実益は，組合における実際の業務執行上の便宜と，組合を中心とする法律関係を形式的，総合的に単一化するという点にあるのであって，これによって対外的信用力の増大を図るという点にあるのではな

い。

⑧　協同組合は,「相互主義」を根本精神とする社団法人である。

協同組合は, お互いに助け合うための組織である。もちろん組合においても組合員は出資をするが, その根本には精神的な支援関係を不可欠の要素とする精神的な結合関係が存在するのであって, その意味では, 出資さえ完了すれば会社に対して何等の精神的負担を有しない株式会社の株主とは異なる。

しかしまた協同組合は, 相互扶助の精神を基調としつつも経済的な共同事業を行う経済団体であるから, 政治, 文化, 社交, 慈善のための団体とも異なる。

以上の諸点をふまえて考えると, 協同組合を公益法人や営利法人といった他の法人と同次元で論ずることは妥当でない。協同組合はこれらとは異なる独自の法理によって律せられるべきものである。

従来, 法理の究明に際しその制度の背景をなす経済的な面について必ずしも十分な注意が払われていたといえないが, 協同組合については, 特にこの点に留意しなければならないとする。

(4)　協同組合顧客的社員関係論

協同組合の法律上の特質を, 組合と組合員との法律関係の特殊性の中に求める説がある[22]。

協同組合は, 組合員である社員の個別経済の助成を目的とする人的団体であるが, この助成団体たる協同組合の組合員 (社員) の法的性格は, 株式会社によって代表される物的団体の社員とは大きく異なっている。

協同組合において組合員が社員たる資格を取得するゆえんのものは, 組合における共同事業の利用等を通じて, 各々の個別経済の助成を受けるためであって, 会社のように単なる出資者としての社員 (株主) に止どまるのとは異なる。

組合員の組合における事業利用の法律関係は, 組合員と組合との売買, 消費貸借, 寄託, 賃貸借又はそれらの混合契約となって現れるが, いずれの形態をとるにしろ, この場合, 組合員は組合との契約の相手方になっており, 組合員は社員でありながら同時に第三者的法律関係に立つ。この関係を顧客

関係と呼ぶ。

このような組合員の顧客関係と社員関係を，顧客的社員関係として，協同組合の組合員に特殊な社員関係と位置づけるのが顧客的社員関係論である。

すなわち，協同組合における入社契約（組合加入契約）は，その社員（組合員）が将来組合と取引する可能性をもっているが，社員権（組合員としての地位）獲得と同時に組合と顧客関係に立つものではない。協同組合における顧客関係は，必ずしも社員関係と運命を共にしないのである。

この点で協同組合と類似する社員関係をもつ相互保険会社[23]とは異なっている。

協同組合における顧客関係は，入社（加入）のときには社員関係に吸収されており，その後の社員の需要（事業利用）に応じて具体的に現われ，その需要の消滅によって再び社員関係に吸収されることになる。

したがって，協同組合に加入する時の社員関係は将来具体化するであろう可能性のある顧客関係，すなわち潜在的抽象的顧客関係を吸収しているものとみることができる。

このような協同組合における抽象的社員関係は，組合員の事業利用によって具体的社員関係となって現われ，これによって，社員たる組合員は，独立した第三者的法律関係に立つことになる。

その結果，抽象的顧客関係は，組合員が必要に応じて，売買，消費貸借，寄託，賃貸借等の具体的顧客関係となしうる期待権をその内容とし，かつ，それが社員権の行使にも投影される。ただ，具体的顧客関係は社員権からの流出物として一般の第三者的法律関係を修正した法律関係となる。

以上が協同組合における組合員についての顧客的社員関係の内容であるが，このような顧客的社員権理論こそが，協同組合法を支配する諸原則を法律的に解明するメルクマールになるとする。

(5) 協同組合中間法人論

協同組合の法的性質を，法人としての目的と，その行う事業の性格からみて，公益法人にも営利法人にも属さない中間法人とする考えがある[24]。

種々の協同組合法によって設立されているわが国の協同組合は，いずれに

おいても法律によって法人格を付与されて法人とされているが，法人を公法人と私法人に大別した場合には，協同組合は私法人に属するとする。

しかし，協同組合をその設立の目的からみると，協同組合は，その行う事業によって，構成員たる組合員の事業の助成を図ることを目的としており，公益の実現を直接の目的とするものではないから公益法人ではないし（非公益），また，金銭的利益を得てこれを構成員に分配することを目的とするものではないから営利法人でもない（非営利）とする。

このような関係を商法との関係でみてみると，各協同組合法は，協同組合が行うことのできる事業の範囲を限定しており，したがって，組合自体が利益を得ることを目的として，直接に組合員の事業の助成を図るための事業以外の事業を行うことを認めていないから，協同組合の行う事業は商法上の営業には当たらない。

また，協同組合が商法第501条（絶対的商行為）又は第502条（営業的商行為）に列挙されている行為に該当又は類似する行為を事業とする場合でも，協同組合は商法上の商人[25]とはみなされないとする。

このように協同組合は公益法人でもなく，営利法人でもなく，その中間的な性格を有する法人というべきで，戦前の判例ではあるが，大審院が産業組合について示した考え[26]は，企業組合，漁業生産組合についても妥当するものであるとする。

こうした観点から協同組合は，資本主義社会における一個の私的経済単位として，その事業を経済的合理主義に従って行うのであるから，協同組合を商人に準じて取扱うことも，立法論としては相当の根拠があるが，協同組合は，厳密な意味において商法上の営業を行うものとはいえず，産業組合法第5条のような商法上の商人に関する規定の準用規定を欠いている現行法の解釈論としては協同組合に，商人に関する商法の規定を類推適用すべきであるという一般原則を認めることはできないとする。

(6) 組織化不利補正論

中小企業の組合制度を経済法の中でどう位置づけるのかという視点からの取り組みもある。

経済法は客観的実在として存在するものではなく，研究者がある視角から雑多な経済法規を観察し，それらを素材として主体的に構成するものである。

したがって経済法規を整理分類し，現実に存在するぼう大な数の経済法規を総体としてとりまとめるためのある程度統一した概念が必要であり，現在のわが国経済法規をみた場合には，これを「市場機構の保全と補完の法」とするのが，多くの実践的要請に最も良く応えうるものとする[27]。

そして，市場機構保全の法としては独占禁止法が，市場機構補完の法としては産業政策諸法[28]が該当するものとされ，中小企業組合制度は，中小企業保護育成法制に属するものとして，基本的には後者の性格を有するとする。

このような観点から，多数の中小企業が存在して競争を繰り広げることは，市場機構の維持にとって望ましいことであり，中小企業保護政策は，それ自体としては市場機構の保持に役立つものであるとする。

しかし，中小企業問題の背景には，零細企業の生存権や生活権のように，市場機構の保持だけでは説明できない要因も関係しており，中小企業保護法制を検討する場合には，市場機構や競争原理以外の価値体系をも十分に考慮に入れる必要がある。

中協法，中団法，環衛法等の中小企業組織化政策法も産業政策法としての中小企業保護法制に属するものであるが，その目的は次のように要約できる。

すなわち，中小企業は一般的には企業規模が過小であるために，非能率であり，業種によっては過当競争があり，大企業との取引においても不利な条件を甘受しなければならないことがある。

そこで，これらに対する対策として中小企業組織化政策が登場することになり，このような中小企業の組織化によって，中小企業は規模の経済性を享受できるようになり，中小企業間の過当競争を回避し，更に対大企業との取引における交渉力を確保することができるのであるとする[29]。

中小企業組合制度を，このように中小企業の不利な条件を補正し，中小企業をして市場における有効な競争単位となるように支援するための組織制度と位置づけるのである。

(7) 組織化競争確保論

中小企業の組合制度を独占禁止法制との関係でみた場合の，共同事業を行う団体としての性格規定がある。わが国独占禁止法制の中における組合の位置づけである。

昭和22年に制定された独占禁止法は，当初より，その第24条において小規模事業者等によって結成された協同組合の行為は，独占禁止法の適用除外とする旨を規定していたが[30]，これは，同法が大企業による産業支配の排除を目的とする建前からすれば当然のこととされている[31]。

独占禁止法は，私的独占を禁止し，事業支配力の過度の集中を防止し，事業活動の不当な拘束を排除することによって，企業の公正で自由な競争を促進しようとするものであり，中小企業者が組合をつくって行う共同事業はこのような独占禁止法の趣旨に反するものではない。

単独では，独立した経済的な競争単位となることが出来ず，たえず従属的地位にあることを余儀なくされている小規模の事業者は，相互扶助を目的とした団結によって，はじめて大規模な事業者と対等に競争し，取引を行うことができるようになるのであって，このような団結を認めることが，却って自由競争を実質的に促進することになるとする[32]。

中小企業の組織化は，独占禁止法が目ざしている公正で自由な競争を実質的に支える役割を果たすものなのである。

以上にみてきたように，中小企業の組織化に関する制度論的・法律学的アプローチは，組合制度に関する歴史的・法律的枠組みを重視するために，中小企業組合のもつ多様な実体を，制度としてのあるべき姿（理念型）の中にひき寄せようとする傾向がどうしても否定できない。

特に，組合制度が，協同組合制度としての発展の過程を経てきており，しかも協同組合の歴史は，労働者や消費者や農業従事者の組合としての歴史を長く有してきたために，中小企業者の組織制度としての独自の分析研究の蓄積は必ずしも十分とはいえない面がある。

更に，従来の協同組合法的アプローチでは，どうしても商工組合や企業組合，協業組合といった他の中小企業組合制度はこぼれてしまう懸念もある。

この点経済政策法制が増えるにしたがって，新たな研究分野を形成しつつある，経済法的視点からのアプローチに期待されるものが大きい。

中小企業関係組合の全てを対象に，しかもわが国中小企業の実体を踏まえた，中小企業組合法制についての総合的な研究をより多角的に進めることが必要である[33]。

---

(13) 協同組合原則の原型は，イギリスのロッチデール公正先駆者組合で形成されたもので，いわゆるロッチデール原則と呼ばれるが，当初5原則であったものが（公正先駆者組合綱領・1844年）その後14原則にまとめられ（ホリオーク「デイリー・ニューズ」（1857年）に紹介），更に1937年にパリで開催されたICA（国際協同組合連盟）の第15回大会では協同組合7原則として採択され，1966年のICA第23回ウィーン大会では新たに協同組合6原則が採択されている（表4-1参照）。

なお，1995年にICAの100周年を記念してマンチェスターで開催された第31回ICA大会で採択された「協同組合のアイディンティティに関するICA声明」において，今日の協同組合の実践すべき指針として，次の7原則を協同組合原則とすることが確認された。

① 自発的で開かれた組合員制
② 組合員による民主的管理
③ 組合員の経済的参加
④ 自給と自立
⑤ 教育，研修および広報
⑥ 協同組合間の協同
⑦ 地域社会への関与

（日本協同組合学会訳編「21世紀の協同組合原則」（日本経済評論社（2000.12）」16～21頁参照。

(14) 上柳克郎京都大学教授は，その著『協同組合法』（有斐閣・法律学全集第54巻（昭42・9）2頁）において，現行協同組合制度の綜合的研究の対象としては，私的独占禁止法第24条が示す農業協同組合法，水産業協同組合法，消費生活協同組合法，中小企業等協同組合法による各協同組合の理想型の協同組合の他にも，実質的には協同組合の一種である信用金庫法による信用金庫・同連合会，森林法による森林組合・同連合会，塩業組合法による塩業組合・同連合会，同中央会，労働金庫法による労働金庫・同連合会，たばこ耕作組合法によるたばこ耕作組合等の団体も考察の対象とすべきであるとしている。

(15) 経済法は，現代資本主義的諸問題に対処するための法，すなわち，経済政策実施のための法として認識されている（松下満雄『経済法概説』（東京大学出版会・

昭61・10）21頁）。
(16) 磯部喜一『新版協同組合』（春秋社・現代商学全集第15巻・昭33・6）38〜53頁参照。
(17) 本位田祥男『協同組合総論』（日本評論社・昭44・10）57〜74頁参照。
(18) 村橋時郎『協同組合法の理論と実務』（千倉書房・昭34・11）100〜108頁参照。
(19) 「有機的な肉体をもって自然的の生活を営んでいる人間を民法学上特に自然人という。今日の私法上は，権利能力の主体たるものに，普通に生きている人間のほかに法人があるので，後者に対する意味で前者を特に自然人というのである。」（有斐閣・民事法学辞典上巻・昭39・7・753頁）。
(20) 法人とは「自然人以外で，法的人格（権利能力）を認められているもの」で「その法的人格の実質的な担い手は，団体及び財団である。」（前掲・民事法学辞典下巻・1830頁）。
(21) 中協法第4条では「組合（中小企業等協同組合）は，法人とする。」と規定している。
　　なお，農業協同組合法第5条，水産業協同組合法第5条，消費生活協同組合法第4条にも同様の規定がおかれている。
(22) 大塚喜一郎『判例協同組合法』（商事法務研究会・昭56・5）2〜21頁参照。
(23) 相互保険会社は保険業法に基づいて設立される社団法人で，構成員である社員の保険のみを目的とするもので，営利を目的とするものではないから，商法上の会社ではなく，いわゆる中間法人に属する。
(24) 上柳克郎『協同組合』（有斐閣・昭35・10）18〜22頁参照。
(25) 商法は，商人の意義を「本法において商人とは自己の名をもって商行為を為す業とする者をいう。」（第4条）とし，商行為については絶対的商行為（第501条）と，それを営業として行った場合にのみ商行為とみなす営業的商行為（第502条）とに分けて規定している。
(26) 大審院判決昭和2・6・22「産業組合は，その組合員の産業又は経済の発達を企図することを目的とするものなれども，直に公共の利益をその目的とするに非ざるをもって，これをもって公益的社団法人となすことを得ざると同時に，組合員に利益を分配することを本来の目的となすものに非ざるをもって，これを称して営利法人と称するもまた妥当に非ず。これを要すれば，産業組合は，民法にいわゆる公益法人及び営利法人の何れにも属せざるものにして産業組合法により認められた特殊の中間法人なりと解するの外なし。」
(27) 松下満雄『経済法概説』（東京大学出版会・昭61・10）3〜24頁参照。
(28) 市場機構補完の法としての「産業政策の法」の主要なものとして次のようなものがある。
　　① 基盤技術開発法制（鉱工業技術研究組合法等）

② 中小企業保護育成法制（中小企業基本法等）
　　　③ 不況対策法制（特定産業構造改善臨時措置法等）
　　　④ 需給調整法制（国民生活安定緊急措置法等）
　　　⑤ 対外経済法制（外国為替及び外国貿易管理法等）
　　　⑥ 公企業法制（旧日本国有鉄道法等）
(29)　松下・前掲書・253頁参照。
(30)　独占禁止法第24条は，中小企業組合に対する同法の適用除外について次のように規定している。
　　「この法律の規定は，左の各号に掲げる要件を備え，かつ，法律の規定に基いて設立された組合の行為には，これを適用しない。
　　　① 小規模の事業者の相互扶助を目的とすること
　　　② 任意に設立され，かつ，組合員が任意に加入し，又は脱退することができること
　　　③ 各組合員が平等の議決権を有すること
　　　④ 組合員に対して利益分配を行う場合には，その限度が法令又は定款に定められていること」
(31)　今村成和『独占禁止法』（有斐閣・昭43・4）164頁参照。
(32)　根岸哲他『独占禁止法入門』（有斐閣・昭58・5）187頁参照。
(33)　こうした研究の方向については，「経済法」という新しい法分野を形成する必要性について「現存する経済法規も，既存の法体系の中に吸収，分類できるものも多いであろう」が，「多数の経済法規を他の分野に分類し，それぞれの分野における研究に委ねたのでは，これらについて十分な研究をすることが困難であろう。これらを「経済法」なる一法分野の中に取入れて再構成したほうが，よりよく研究することができると思われる。」とする考え方が大いに参考になる（松下・前掲書・4頁参照）。

4　中小企業の組織化に関する運動論的アプローチ

　中小企業の組織化についての運動論的アプローチとしては，大きく分けて，①中小企業組合の主体性を説くもの，②中小企業組合の特性発揮を説くもの，③中小企業組合のリーダーシップを説くもの，に大別される。

(1)　組織化主体性論
　中小企業が資本主義経済の中で，単に存続するということではなく，その

発展の方向で自己展開していくためには、中小企業の組織化、すなわち個別企業の内外を包括する領域にまでその力を発揮できる広義の組織化展開が必要であり、そのためには協同組合の本質を真に理解し、自らの意志と力によって組織化に取り組む必要があるとする[34]。

従来の中小企業の組織化は、法律的に上からの官僚的な指導によって展開された面が多く、組織化本来の中小企業による中小企業のための自主的な組織化という点で欠けるものがあった[35]。

また、中小企業者は現状では個別企業意識が強く、組織化は単に個別企業エゴに利用すべきものとして意識されているに過ぎない。

しかし、協同組合は単なる個別エゴの集団であってはならない。協同組合は現実の経済の展開過程で不公平、かつ、不公正な取扱いを受け、大きな力によって破壊され、消滅せしめられる可能性を持つ弱者の生存権の自己主張の場でもある。

協同組合は、現実に生じる中小企業分野での矛盾、問題について、これを克服するための組織として考えられたものであり、それは中小企業の特権的地位を創出し、維持するためのものではなく、組織化意識をもった組合員が、対等平等な立場で参加し、自らの地位を確保するための組織なのである。

現在の中小企業の組織化の抱えている問題性を克服していくためには、次の視点が必要である。

① 組織化の自由を確保すること（主体的に、上からの政策的・行政的指導から脱却すること）。
② 国民経済の中における中小企業の地位、役割を認識すること。
③ 資本制経済の下での資本家であることを科学的に認識すること。
④ 中小企業労働者を含めて中小企業存立の権利を確認すること。
⑤ 組織化に当っては現行の組織体や形式にこだわらないこと。

このような組織化の発展方向を推進していくためには、大組織を形成して大事業を始めるということではなく、最も低い段階から自主的判断にもとづいて活動可能な堅実な小組織から出発することが必要であるとする。

(2) 脱協同組合論[36]

現実の中小企業組合の運営実態をみると，次のように多くの問題がある。

①組合が設立後の時間の経過によって当初の設立目的なり事業目標を見失いマンネリ化の傾向に陥っていること，②組合員の世代交替が進み，戦後復興期におけるようには，組合の原点であるべき相互扶助の精神が十分に浸透しにくくなっていること，③価値観の多様化，個人意識の高まりなどにより，組合員間のコンセンサスの形成が困難になっていること，④共同事業の高度化により組合の物的（資本）比重が格段に増大しているのに，「加入脱退の自由」により安定性確保のための十分な対応が極めて難しいこと，⑤異業種連携が進み全体への奉仕が貫徹されにくくなっていること，⑥こうしたことから組織を牽引していく中核リーダー的組合員層及び組合実務を支える強力な事務局専従者の層がかなり薄くなってきていることなどが指摘されており，中小企業組合の活性化を促進するためには，現行協同組合制度の見直しが必要であるとする[37]。

(3) 組織化団結再強化論

中小企業組織の代表的制度である事業協同組合の実態をみると確かに問題はある。

それは事業協同組合が行うスケールメリットを追求する共同経済事業の発展過程において必然的に発生するものであり，それは事業協同組合が人的結合体ないし運動組織体としての性格と経済組織体としての性格を合わせもつ複合体であることによってもたらされる矛盾にもとづくものである。

しかし，このような問題の解決は，協同組合原則に修正を加えることによってではなく，協同組合原則を原点に据えて団結を強化し，組織の拡大とその力量を強めることによって可能となる。

そして，事業協同組合が現に抱えている問題の前進的な解決を図るためには，次のような基本的視点が必要であるとする[38]。

① 一部有力組合員の意見に左右されることを避け，いかなる解決策が大多数の組合構成員のコンセンサスを得られるかについて，民主主義の原則を優先させて検討すること。

② 単に組合運営の効率化を図る観点からではなく，組合の事業と運動の

統一を重視し，独占・大企業の支配と圧迫に対抗する組織としての原則的な観点から，経済民主主義を追求する方向で検討すること。
③　協同組合制度の制約から脱皮することを考える前に，協同組合における共同化の範囲を拡げ，共同化の水準を高める方向で問題の解決を図るべきであること。
④　脱協同組合化→株式会社化によって，問題が解決するわけでなく，むしろ団結を弱めるマイナス効果があることを軽視してはならないこと。

以上の観点から「団結こそがあらゆる経営対策の根本であり土台である」[39]ことを忘れてはならず，事業協同組合の活性化を図る方策を検討する際には，こうした自明の事柄をあらためて再確認しておく必要があるとする。

(4)　脱施策受皿組合論

これ迄の中小企業組合は，国等の助成制度の利用を目的に組織化されたものが多い。

しかし，例えば，事業協同組合は，「組合員の相互扶助の精神に基づき，組合員のために必要な共同事業を行い，もって組合員の自主的な経済活動を促進し，かつ，その経済的地位の向上を図ることを目的」として設立されるものであって，諸種の施策や助成制度は，こうした目的を達成するための手段や方法として利用すべきものである。

国や自治体が組合に中小企業施策の受け皿としての役割機能を期待することが強いことから，組合本来の目的が忘れられている感が強い。

組合の執行部及び組合員は，組合設立の原点である「組合の目的」を一時たりと忘れてはならない。

組合が盛り上がりのある行動力による主体的な組織活動を展開していくためには，組合自体が人，物，金，情報の面でパワーのある組織体となることが必要である。

組合自体がリスクを負って社会のニーズを先取りできる体質を強化することが先決である。

折角設けられている制度は大いに利用すべきである。しかし，制度利用を目的とした組合ではなく，リスクに果敢に挑戦していくベンチャー型の体質

をもった組合が，その組合の目的達成のための手段・方法として制度を利用するということでなければならないとする[40]。

(5) 組合先導者論

　激変する現代経済社会の中における中小企業組合の役割を積極的に位置づけることが必要とする考えが出されている。

　事業協同組合等の中小企業組織は何よりもまず変化を先導するものであり，変化の担い手でなければならない。

　急激な技術革新の進展につれて，すでに業域相互の境界がなくなりつつあり，企業経営は多角化・複合化しつつある。また，商品のライフサイクルが短縮化し，多品種少量生産が一般化し，新分野の開拓，新たな需要の喚起を競い合わなければならないが，他面，停滞，衰退部門の積極的な撤退ないし転換が急務となっている。

　これらの急激な変化に対応するためには，個別中小企業の努力のみでは十分でなく，組織化による情報の収集と有望分野への積極的誘導が必要となる場合が多い。このような変化の先導者の役割こそこれからの組織化の重要課題である。従来のような規模利益指向の共同施設に止まらず，自由な発想によって共同事業を推進する必要がある。協同組合等の組織は正に知的経営資源そのものでなければならず，そうなってこそ組合は事実上中小企業の創造の源泉となるとする[41]。

(6) 組合人間性回復論

　今後の組合運営において必要なことは，相互扶助精神によって表明されている人間性尊重の理念の鼓吹と実践であり，そこにこそ新たな時代に向けての組合の意義があるとする。

　いまや巨大資本による経済の肥大化は，ただに独占禁止の立場からだけでなく，自然の破壊，資源の浪費，公害の発生，環境の汚染，格差の拡大，人心の挫折感にまで及ぼうとしており，人類と地球の安全の見地からも問題を生じつつある。ここに協同組合の壮大な理念と中小企業組織の新しい意義・役割が脚光を浴びて登場する必要性をみるのである。

協同組合は会社とは違い，利潤の獲得のみを目的とするものではない。組合は組合員の物質的経済的繁栄を目ざすほか，精神的な安定と充実を図ることを目的とする。
　組合を中心とする道義・友愛・協調・平和によって，ただに経済的利益の実現だけでなく，人間の尊厳を維持し，人間性を回復することが可能であり，このように組合は物質的・精神的両面にまたがる理念を共有ものである。
　21世紀を価値ある時代とするためには，豊かな心の時代とすることが必要であり，そのためには組合こそが，その一役を担うのに相応しいであろうとする[42]。
　また，組合を活性化するためには，「経済の道徳化運動としての組合」を十分に認識することが大切であり，協同組合は「相互扶助の精神」に基づく組合運営という精神的要素・人的要素を最も重視しているにもかかわらず，これが欠如していることが組合運営が上手くいかない根本的要因である。
　相互扶助の精神，連帯意識の高揚は，人間性の回復であり，経済の道徳化運動である。この土台の上に立ってはじめて協同組合の経済事業も円滑に運営でき，組織の力によって経済的に弱い立場にある中小企業の経済的・社会的地位の向上が可能になる，とする指摘がある[43]。

　以上の運動論の根底にあるものは，いかにして中小企業者を組合にひきつけるかという問題意識であり，この点はどの理論にも共通している。しかし，それでは具体的にどの方向でどのようにして取り組むのが最も有効なのかとなると論は分れ，説は多様化する。
　あるべき姿，目ざすべき理念，望ましい規範については大方の理解が得られよう。しかし，それらを共通認識とした上で今求められているのは何なのか。
　望ましい方向に一歩でも近づくための実践的手法の提示が，今最も必要のように思われる。

---

　(34)　水野武『中小企業組織化の意義と必要性』(同文館・現代中小企業基礎講座3 (昭52・3) 3～28頁参照)。

(35) 「協同組合法もまた数次の改正で自主性が制限され，行政庁の監督が強化されるようになったために，その本来の姿を変質するようになった。」「自主性を無視して，組合制度が政治権力による上からの行政指導によって，官僚統制が強められれば，組織の統制力は，いつの間にか中小企業の利益とはまったく正反対の大きな政治目的に動員するために利用される結果となる。」(加藤誠一『中小企業の組合制度と任意団体』(有斐閣・講座中小企業2・昭37・1) 293頁)。

(36) 「脱協同組合論は2つの方向性を持っている。その第1は，現行の協同組合制度は，中小企業の組織化として不都合な側面をもっているのでこれを改正したいというもの，その第2は，現在の協同組合制度とまったく異なった性格の組織化を考えようというものである。」(水野武・前掲書・12頁)。

(37) 中小企業組織化政策ビジョン (昭57・3) においては「中小企業等協同組合法については，昭和55年に20年ぶりの実質改正が行われたところであるが，なお組合関係者からの改正要望が出されている。しかし，それらはいずれも組合の基本原則にかかわるものであり，慎重な扱いが必要であろう」とし，「制度改正の論議に際しては現実の問題を具体的に検討し，組合が中小企業のための協同組織として機能していくためにはどうあるべきかという観点から検討が進められるべきである。」としている。

(38) 渡辺睦「中小企業の協同化と異業種交流」(日本評論社・中小企業経営論 (昭61・10) 271頁参照)。

(39) 蛭川虎三『中小企業と日本経済』(弘文堂・昭25・20頁)。

(40) 百瀬恵夫「組織化の新理念」(第37回中小企業団体全国大会誌 (昭60・10) 104～105頁参照)。

(41) 大塚宗元「組織化の新理念」(前掲・大会誌・106～107頁参照)。

(42) 稲川宮雄「21世紀をめざす中小企業組合」(前掲・大会誌・71～72頁参照)。

(43) 百瀬恵夫「中小企業組合の理念と活性化」(白桃書房・1989・11) 19頁以下。

V　中小企業組合法制の再編

はじめに

　現在，中小企業組合に関する法律は，中小企業団体の組織に関する法律（商工組合，商工組合連合会，協業組合）を基軸としつつも，中小企業等協同組合法（事業協同組合，事業協同小組合，火災共済協同組合，信用協同組合，協同組合連合会，企業組合），商店街振興組合法（商店街振興組合，商店街振興組合連合会），生活衛生関係営業の運営の適正化及び振興に関する法律（生活衛生同業組合，生活衛生同業小組合，生活衛生同業組合連合会），酒税の保全及び酒類業組合等に関する法律（酒造組合，酒造組合連合会，酒販組合，酒販組合連合会），内航海運組合法（内航海運組合，内航海運組合連合会）等多岐に分れている。

　しかし，いずれも中小企業を主要構成員とする組合についての組織制度を定めたものであり，これを同業組合的組織，協同組合的組織，生産組合的組織に関する組合制度として統合再編することが，各々の組合組織の性格をより明確にし，組合制度を利用する中小企業者にとってはもちろん，これを外からみる社会一般の人々にとっても，より理解し易いものとなり得るであろう。

　今日，現存する多くの中小企業組合にとっての最も大きな課題は，いかに時代のニーズに合わせた事業活動を展開し，メンバー組合員の期待に応えていくかということにある。

　新たな世紀を迎え，経済社会環境が大きく変っているにも拘らず，自分達の所属する組合組織が，このような変化に十分対応し得ていないのではない

かという不安といらだちが中小企業組合関係者に感じられるのである。

それは，太平洋戦争終結後，半世紀以上の時を経過する中で，その時々の時代のニーズを反映しながら中小企業組合組織が多角化，複雑化し，組合組織に結集する中小企業のパワーが分散化し，今一つ集中を欠くこととなった結果ともいえよう。

今こそ中小企業の相互連携の力を結集する組合組織のタガを締め直し，広くわが国の中小企業全体が共通した認識をもって共同化，組織化に取り組めるよう，これ迄の中小企業組合関係法制を再点検し，中小企業にとって分かり易い，使い易い，骨太の組合制度大系を確立すべき時と考える[1]。

1 組合法制分化の経緯

太平洋戦争終結によって新たにスタートしたわが国経済社会は，戦時統制経済から自由競争経済へと移行し，中小企業組合制度も民主的運営を中心に据えた商工協同組合法（昭和21（1946）年）によって律せられることになった。しかし，同法に基づく商工協同組合には中小企業に限らず大企業に属する事業者も加入することが認められていたことから，昭和22（1947）年の独占禁止法の制定を機に，同法の適用除外団体としての要件具備を求められることとなり，昭和24（1949）年に現行中小企業等協同組合法（以下「中協法」という）が制定されることとなった。したがって，この時点では中小企業の同業組合的組織はまだ制度としては認知されていなかったのである。

その後昭和27（1952）年の特定中小企業の安定に関する臨時措置法（翌28（1953）年には中小企業安定法と改称）による調整組合が誕生（設立対象を製造業の一部に限定），これを発展的に解消する形で昭和32（1957）年に中小企業団体の組織に関する法律（以下「中団法」という）が制定され，中小企業の同業組合的な組織としての商工組合（対象を全ての業種に拡大）が認められることとなったのである。

このようにして戦後の協同組合的組織制度と同業組合的組織制度が組合制度の両輪を担うものとして整備されたのであるが，法律としては甚だ不体裁なものとなったのである。

すなわち，商工組合制度新設に当って折角新法を中小企業組合の大系的包括的法律とした「中小企業団体の組織に関する法律」と銘打ち，①中小企業者その他の者が協同して経済事業を行うための組織（協同組合的組織）と②中小企業者がその営む事業の改善発達を図るために必要な組織（同業組合的組織）との2つの類型の組合制度を共に同法の定める中小企業団体組織としたにもかかわらず，中小企業等協同組合法に定める組合制度は，従前通り中協法に定めるところによるものとし（中団法第4条），法令としては統合しなかったからである。

　この結果，形式的には中団法による中小企業組合制度を包含する体裁をとりながら，実体としては，中団法と中協法という2つの法律を照合しなければ，中小企業組合制度の全体像がつかめないという複雑なことになったのである。

　加えて，中協法には，制定当初より企業組合制度という異質なものがあり，中団法にも協業組合制度という独特の制度が追加（昭和42（1967）年）され，中小企業組合制度全体を大系的にみるには現実の法律では極めて不便なものとなってしまったのである。

　また，先にも述べたように，この2つの法律以外にも中小企業組合関係法律がいくつもあり，戦後のわが国の中小企業組合制度は法律としてはやや細分化され過ぎており，戦後半世紀余を経過した現在，これら中小企業組合法制について統合大系化の必要性がないのかどうか，改めて議論してみることが必要と考える。

2　中小企業組合法制統合のための視点

(1)　目的規定の簡素化

　現在分化している法律を統合するためには，まず中小企業組合組織についての共通する意義を単純明解にしておく必要がある。もっとも，形式的にみれば，中協法を包含した体裁をとっている中団法の目的規定は，両者に共通するものとみることができる。

　中団法（第1条）は，同法の目的を「中小企業者が協同して経済事業を行

うために必要な組織」と「中小企業者が事業の改善発達を図るために必要な組織」を設置するためのものとし，協同組合的組織と同業組合的組織を共に同法に定めることを明記している。

ただし，これとは別に，協業組合については「組合員の生産，販売その他の事業についての協業を図ることにより，企業規模の適正化による生産性の向上等を効率的に推進し，その共同の利益を増進することを目的とする」組織であることを特別に規定している。

次に，中協法（第1条）では，協同組合について「中小規模の事業を行う者が相互扶助の精神に基き協同して事業を行うために必要な組織」を定めることを目的規定として掲げており，協同組合についての字句そのものを比較すれば中団法との間にやや差異がみられるが，内容は同じといってよいであろう。

商店街振興組合法（第1条）は，「商店街地域において事業を営む者等が協同して経済事業を行うとともに当該地域の環境の整備改善を図るための事業を行なうのに必要な組織」を定めるものとしている。

生活衛生関係営業の運営の適正化及び振興に関する法律（第1条）は「生活衛生関係の営業について，衛生施設の改善向上，経営の健全化，振興等を通じてその衛生水準の維持向上を図るため，営業者の組織の自主的活動を促進する」ことを目的に掲げ，更に，これとは別に，生活衛生同業組合については「自主的に衛生措置の基準を遵守し，衛生施設の改善向上を図るための組織」（第3条）と定めている。なお，生活衛生同業小組合については「共同施設を行うための組織」（第52条の4）としている。

これら各法律の目的規定は，いずれも「中小企業者等の振興発展を図るために必要な組織の設置について定めることを目的とする。」と包括的に規定すれば十分であって，その他の事項はそれぞれの組合の設立要件なり，組合員資格なり，事業内容として盛り込めば足りるものである。

中小企業者が自主的に相互に連携を図りつつ，協同して事業を実施するための組織としての組合は，可能な限り制約の少ないものとし，構成員メンバーの創意工夫によって様々のチャレンジが出来るものとする必要がある。

経済状況が目まぐるしく変転し，経営環境や事業活動条件が絶え間なく移

り変る変化の時代にあって中小企業者の組合組織がその変化に遅れることなく適切な事業活動を推進していくには，組合組織として必要な最小限の基本的枠組みをベースとした，出来る限り純粋な「協同事業体」＝「中小企業団体」組織法に近づける努力が求められているのである。

(2) 組合原則の見直し
① 相互扶助目的
　中小企業組合が組合員同士の信頼関係をベースに相互に協力し合い，刺激し合い，補完し合うことが必要なことはいうまでもないが，法律的要件として「相互扶助」を掲げることは，組合の性格をややもすれば積極性に欠けた現状維持的な保守的なものにする弊を生ずるおそれがある。時代の変化に即応したチャレンジ精神をもった多様な組合の輩出が期待される現在，組合員相互の精神的紐帯も様々なものが許容されてよいのではなかろうか。
② 加入脱退の自由
　競争の激しい時代にあって，共同で何事かを為そうとするには，共に信頼し合える仲間と連携するのでなければ，事は為し難い。特に最近のように既存の事業分野に安住することなく，新たな分野を目指して乾坤一擲の挙に出ようとする時には特にそうである。共同で技術を開発し，新製品の開発に取り組み，新市場を目ざそうとするには，志を同じくした四十七士の堅い絆と結束が不可欠となってくるのである。
　厳しい取引環境の中で，よりメリット感のある共同事業を追求していくためには，出入り自由の，財政基盤を危くするおそれのある「加入脱退の自由」は早急に見直されるべきである。
　ただし，これはあくまでも協同組合についてのことであって，県一円，或いは全国を地区とする網羅型の同業組合においては今後とも必要な原則であろう。
③ 1人1票主義
　組合員の議決権，選挙権についての1人1票主義，平等原則は協同組合においても，同業組合においても今後とも遵守されるべき基本原則であろう。組合が会社組織と異なり，物的団体ではなく人的団体とする法的表現はこの

1点にあるといってよいからである。

　組合の事業活動は個性ある個々の組合員1人1人を念頭に行わなければならないのであって，会社のように株主の出資の多寡に配慮するものであってはならないからである。

　組合は，組合員の出資口数の多少に拘らず1人1人の組合員の意向を尊重するところにその持ち味がある。大した出資金を出さずに勝手なことを言う組合員もあるであろうが，これらを説得し，組合員全体の歩調を整えていくところに組合運営の妙味もあるのである。

　組合はあくまでも「人」の集まりであり，「人的結合体」であるとするところに，中小企業者の相互連携組織としての組合の本質があるとすべきである。

　④　出資配当制限

　組合員の出資に対する配当制限は維持されるべきであろう。配当制限は，組合の基本である1人1票主義を実質的に担保する機能を有するものだからである。ただし，最近の企業組合制度についての改正にもみられるように，広く組合の支援者を組合事業の利用者以外にも求めていこうとする場合には，それとの関係において，より限定的にではあろうが，本原則を緩和することもあり得よう。

　⑤　直接奉仕の原則

　組合の共同事業は組合員の事業に直結するものに限るとする直接奉仕の原則は，改めて検討する必要がある。例えば，新製品開発事業や新分野進出について，更に，最近奨励されている異業種連携組合について，環境の変化，新たなニーズへの対応を図るべく，組合の事業も，組合の構成員も多様性を増す中で，直接奉仕の原則の遵守は揺るぎつつある。これを解釈によって乗り越えるにも自ずから限界がある。むしろ，正面から，本原則のもつ精神を継承しつつも時代に合った枠組みを打ち出すべき時ではなかろうか。

　これだけ変化の激しい時代にあっては組合の共同事業を核とした組合員事業の転換，新規分野への進出ということも十分考えられるのである。ただし，そうは言っても組合員の事業と何の関連もない事業では「共同」の意味がなくなってしまう。協同組合の共同事業にはやはり「組合員事業と関連性を有

すること」が最低限必要であろう。
　⑥　政治的中立の原則
　中小企業者が直面している課題を解決していくためには，組合による共同事業の効果的実施，拡充がもとより中心であるが，中小企業者全体に共通する課題の解決には，政治的力を必要とすることも多い。こうした場面で，問題となってくるのが政治的中立の原則である。昨今の状況をみると政治と経済の関係は緊密さを増す方向にあることは自明であり，何人といえども認めざるを得ない。
　中小企業者の要望を実現するためには組合に建議陳情活動に止まることなく，政治活動も認めていくことが必要ではなかろうか。
　もとより人的組織である中小企業組合にあって，政治的意志の決定は重要である。政治活動をするに当っては，組合員全員の意思を確認し，全組合員の合意の下に行うべきである，したがって，政治的中立を組合の基本とする組合も当然出てくるであろうし，実際にはその方が多いのかもしれない。しかし，中小企業組合に政治的中立を強いることが，現実社会において中小企業組合の社会的存在価値を著しく損なうものとなっていることに十分留意する必要がある。

　⑶　協同組合をめぐる検討事項
　近年中小企業組合における経済事業への参加度，利用度が低下し，組合を維持していくことが困難になっているとする声が多い。組合執行部，組合事務局が組合員のニーズを調べ，最適な共同事業を選び出し，利用システムに工夫をこらしても組合員がついて来ないというのが実情である。
　もとより組合は組合員のものであり，組合員が離れていくならば，それは組合の役割が終了したものと割り切って組合を解散させるというのも一つの方法ではあろう。現に毎年多くの組合が所期の目的を達成したということで解散をしているのである。しかし，そうした組合は全組合の数からすればあくまでも一部に止まっており，圧倒的に多くの組合においては，組合の共同事業の強化拡充に日夜腐心し，組合の組織活動の活性化に全力を傾注しているのである。

組合事業の利用者である組合員の置かれている状況は様々であり，加えて外部環境の激変は組合事業の業績にも大きな影響を与えずには置かない。原材料の共同購買事業，製品の共同生産・加工事業，共同受注・販売事業，共同保管事業，共同運送事業……と，どれ一つとっても中小企業を取り巻く流通構造の変化，取引先企業の発注方針の転換，関連分野での業態変革等によって大きな変容を迫られないものはない。

　共同事業の中核をなす金融事業についてもそうである。一方において金利面での超緩和状態の長期化，ペーパレス化等決裁方法の新システムの導入による手形割引の減少による組織金融への依存度が下っているといわれつつも，他方で金融機関の再編，不良債権処理による中小企業への貸渋り，貸剥しが深刻化し，組織金融への期待が高まってもいるのも事実である。

　しかし，このような状況変化に制度改善で即応していくことは困難である。中小企業団体中央会も含め中小企業組合関係者が知恵を集め，工夫をこらして効果的な共同事業についての新たなノウハウの開発蓄積活用に努めていくより他にないであろう。

　しかし，こうした厳しい状況下における組合の事業継続をバックアップするという視点から現行協同組合法制についての改善点はいくつか考えられる。

　① 組合所有資産の有効活用

　組合事業は組合員の利用を前提とするが，それはあくまでも組合員事業を念頭においた事業についてであって，例えば，老朽化した組合会館の建替えに当って，組合所有地に高層ビルを建て，組合会館として使用する以外の部分は，第三者に使用させ，その対価として生ずる収入を組合の活動費用に充当するようなことは，これを全面的に許容しても，組合の本旨に何ら抵触しない，といった場合の取扱いについての緩力化が必要である。

　② 準組合員制度の導入

　組合の構成員メンバーである組合員は，組合事業の利用，組合運営への参画の権利を有するとともに，出資や各種負担についての義務を負う。しかし，組合が設立され，事業が長年にわたって続けられている中で，「組合事業の利用だけを」という場合があり得る。例えば，共同店舗組合において，組合員が廃業し，その組合員が出店していた場所が空いたが新規出店者には組合

員となって持分を引継ぐだけの資力がないとか，取扱商品の関係で適当でないといった場合である。こうした場合，員外利用の対象にするという方法もあり得るが，あいにく当該面積が広く，員外利用制限の限度を越えるといった場合の対応である。もちろん現行法においても特例が設けられているが，これからはより柔軟な対応が必要となってこよう。制度上準組合員制度を設け，組合員の事業利用に支障がない限り現在実施している組合の利用率を出来るだけ向上させるための環境づくりをすべきである。

③　直営事業の導入

新たな状況に対応して，新しい業態を開発しようとする場合，組合が実験店舗を直営して様々のデータを集収分析し，その結果に基づいて，組合員企業の経営革新を指導していくようなことは，これからの組合には不可欠となってこよう。こうした事業は組合員が直接利用するという性格のものでないだけに，これ迄はどうしても消極的にならざるを得ない面があった。これでは若手経営者をひきつけ，組合がリーダーシップを発揮することは難しい。これからは組合が主体になって，組合員を先導していくための実験的事業を広範に認めていく必要がある。

④　組合員パートナーの組合員扱い

中小企業組合の構成員である組合員とは個人事業者の場合は個人事業主，法人組合員の場合は法人それ自体ということになる。しかし，組合の総会等において，組合員の実質的共同経営者である婦人や子息が事業主に代って出席してくる場合が結構あり得るのであるが，これについての法的対応措置が必ずしも十分でなく，問題となる場合が多い。

もちろん，組合の総会は重要な最高意思決定機関であり，理事会は，理事個人に委託したポストではあるが，中小企業においては，特に個人企業を対象とした場合には，これらについての弾力的取扱いが望ましく，また，そのことによって生ずる弊害も極めて少ないと考えられる。中小企業組合を人的結合体として相互の信頼関係を基本とするならば，これら組合員パートナーを組合員にに代替しうる者として取扱う柔軟性があってよいであろう。

⑤　機能別組合に対する監査の強化

近年，機能別組合の増加が著しい。高速道路利用料金別納組合，ソフト関

係共同受注組合，SOHO 組合，外国人研修生共同受入組合，ポスティング組合等，これらの組合をみると，中核となる共同事業を実施するために組合をまず設立し，組合設立後にその共同事業を利用する組合員を広く集めて共同事業の拡大を図ろうとするスタイルが多い。

時代のニーズを先取りし，中小企業者の潜在的ニーズに結びつけようとするこのようなベンチャー的組合創業は今後益々増えてくることが予想される。

こうした組合にあっては，中小企業組合が本来メンバーとなる中小企業の自発的意思によって組合員に必要とされる個々の共同事業を幅広く実施しようとして設立される場合とは異なり，まず，単一の共同利用可能事業があって，その利用者をいわば会員募集といった形で増やしていくわけである。

したがって，これらの組合の組合員の間には相互連携関係は元々存在せず，事業実施体である組合本部に事業利用者である個々の会員組合員が縦の形で結びついていくだけの関係となり勝ちである。その結果，大半の組合員は組合運営には無関心であり，実際の組合の運営は，組合の設立に携わった少数の原始組合員と組合本部を主宰する組合執行部を支える事務局の裁量に委ねられるものとなっていく懸念がある。

このような組合員のチェック機能が十分に働かないような組合を，本来のあるべき組合（組合員による民主的運営）にしていくには外部からのチェック，例えば，中小企業団体中央会等による監査指導をより強化すべきであって，もしも，この種の組合をこのまま放置するならば，社会的問題を引き起すおそれなしとしないであろう。

(4) 同業組合（商工組合）をめぐる検討事項
① 名称の変更

わが国社会の成熟化に伴ない，第三次産業のウエイトが益々高くなっている中で対象を製造業，商業に限定したような「商工組合」の名称は改称すべきであろう。

戦前の例を持ち出す迄もなく，現在においても生活衛生同業組合の例があるのであるから，あらゆる業種を包含し得る「同業組合」に名称を変更するのが適切と考える。

② 出資制の拡大

　商工組合は，そもそものスタートが調整のための制限事業の実施のみをこととする調整組合にあったことから非出資制を原則としている。調整事業は一時的な不況克服のために一定期間を定めて行われる時限的なものだったからである。

　しかし，商工組合にも経済事業の実施が認められ，経済事業との関連で出資制の導入が図られたのであった。

　その後商工組合について，平成12（2000）年の中団法の大改正によりかつての中心事業であった制限事業（安定事業，合理化事業）が廃止されることとなったが，依然として非出資制の商工組合が認められている。

　非出資商工組合の新たな中心事業は指導教育事業となるのであるが，これにはやはり財政的基盤の確立が必要となろう。

　確かにこれ迄の指導教育事業はいざという時の制限事業との関連で行われる面が強かったのであるから，組合員に出資迄要求することは，制限事業の網羅的，効果的実効性の確保という面からいって若干躊躇されるものがあったであろう。

　しかし，制限事業の廃止によって商工組合は名実ともに恒久的な同業組合＝同業種組織となったのであり，指導教育事業も一時的なものでなく長期的展望に立った当該業種の改善発達との関連において行われるのであるから，やはり財政的基盤をしっかりして置く必要がある。したがって従前通り非出資制は原則とするものの指導教育事業のみを行う商工組合についても，組合の意思によっては出資制の採用を積極的に認めていくべきであろう。

③ 設立要件の緩和

　商工組合の設立要件には，原則として1県に1組合の設立しか認めないという地区要件と2分の1超の資格事業者が組合員となるという組合員数要件の2つがある。

　同業組合というからには，同一地域に複数あったのでは当該業種全体の振興発展を図るという主旨を十分に果たすことができない恐れが出てくるのでこれを外すわけにはいかないであろう。

　しかし，資格事業者の半数を超す事業者を必ず組合員とするのでなければ

組合を設立することができないとするのは再検討してみる必要があるのではないだろうか。

　改正前の旧商工組合のように制限事業の実施を念頭に，場合によっては強制加入命令の発動もあり得るとするカルテル組織であるならばともかく，そのような強権発動的支配力の行使が予想され得ない新商工組合にあっては，組合員数要件を設立要件にまでしておく必要はないのではなかろうか。

　特に非製造業分野の第三次産業での商工組合の設立が多くなることが予測される今後にあっては，全資格業者の数の正確な把握を前提とする組合員数チェックは組合を設立しようとする者にとって過剰な規制になる恐れなしとしないからである。

　商工組合の法定設立要件の緩和について多角的検討を行うべきであろう。

④　組合協約締結事業の位置づけ

　平成11年の法改正によっても商工組合における組合協約締結事業は従前通り存置されることとなった（団体法第17条第6項）。

　しかし，従来商工組合における組合協約締結事業は，①安定事業又は合理化事業に関する組合協約（調整組合協約）と②共同経済事業に関する組合協約（協同組合協約）とされてきており，今回調整事業が廃止となったのだから協同組合協約だけになったのかといえば，条文は従前のまま何らの改正がなされていないので，必ずしもそう限定的に解する必要もなく，より積極的な解釈も可能であろう。

　ただ，指導教育事業に関連して組合協約があり得るのか，改めて検討しなければならず，むしろこの際協約締結事業に前置されている「商工組合の行う事業に関して」を削除して，より広く資格事業に関する組合協約の締結を商工組合の主要事業として独自の位置づけを行う方向で検討すべきではなかろうか。

　今回の法改正が商工組合を「カルテルを実施する組織」から「環境リサイクル・安全問題，経営革新等に取り組むための組織」として新たな位置づけを行うために行われたということからすれば，その方向に沿う形での組合協約の新たな意義づけと新たな内容の検討が早急に行われることが求められているといえよう。

⑤ 情報ネットワーク事業の創設

本格的情報化社会の到来を迎え，情報ネットワーク化をどのように進めるかは，中小企業の各業種にとって早期の対応を迫られている緊急課題となっている。これを単に情報の収集・提供事業の範疇に止めるのではなく，より積極的に商工組合の資格事業に関する中核的事業として正面から取り組むことを認めていくべきではなかろうか。

各業種における情報ネットワーク化の推進は正に業種別経営革新の大きな核となっていくべきものだからである。

以上述べたことはもとより試論であり，また，問題提起に止まるものであるが，中小企業連携組織についても新たな時代に相応しい新しい皮袋が必要となってきているといえる。ややもすれば時代の変化の中で細分化されてきた戦後中小企業組合法制について総合的視点に立った大系的見直しに今着手すべき時と考える。

---

(1) 平成16年11月開催の第56回中小企業団体全国大会において，中小企業組合制度等の改善を求める要望として次のような決議が行われている。
　(中小企業組合制度等の改善)
　　ＬＬＣ（有限責任事業会社（合同会社）），ＬＬＰ（有限責任事業組合）の法制化の動きや諸環境の変化を見据え，組合の社会的信用を確保するため，中小企業組合制度に関して，ガバナンスや情報開示のあり方等を検討するとともに，次の事項の見直し・改善に取り組むこと。

> 設立要件の緩和，定款自治範囲の拡大，利益分配の柔軟化，員外利用制限の緩和，准組合員制度の創設，認可行政庁の一元化，火災共済協同組合の担保範囲の拡大と火災共済契約の募集に係る制限の緩和等

　(理由)
　　中小企業組合を取り巻く経済社会環境は，会社制度の見直し，規制緩和の進展，中小企業が抱える課題の多様化など，大きな変化が見られる。
　　一方で，年間約800前後の新たな組合の設立が見られることや中小企業組合を中核とした産学官連携活動の活発化など，中小企業の中小企業組合に対する期待はますます大きくなっている。
　　したがって，中小企業組合に求められる社会的責任と信頼を維持しつつ，取

り巻く諸環境の変化を十分見据え，中小企業が使いやすく，かつ，中小企業が抱える課題を解決する上で，より効果の上がる諸活動が可能となるよう，制度の見直し・改善に向けた取組みが必要である。

<著者紹介>

山本　貢（やまもと・すすむ）

　　昭和13年　　生まれ，岩手県出身
　　　　　　　　中央大学法学部卒業
　　昭和34年　　全国中小企業団体中央会に入職，労働部長，企画調査
　　　　　　　　部長，総務部長，事務局長を経て，平成6年常務理事
　　　　　　　　に就任
　　平成14年　　全国中小企業団体中央会を退職し，中小企業組合研究
　　　　　　　　所を設立，所長に就任
　　　　　　　　現在，全国中小企業団体中央会参与，（財）中小企業
　　　　　　　　情報化促進協会評議員，日本中小企業学会会員

（全国中央会在職中の主な役職）
　中小企業近代化審議会委員，同大蔵部会長，中小企業安定審議会委員，中央労働基準審議会委員，労働政策審議会委員，個別的労使紛争処理対策部会委員，婦人少年問題審議会委員，中央最低賃金審議会委員，雇用促進事業団運営委員，年金福祉事業団参与，（財）経済産業調査会評議員，（財）中小企業労働福祉協会評議員，公正取引委員会独占禁止懇話会会員　などを歴任

<著書>
　『中小企業組合の再生』（中央経済社）

中小企業組合の歴史的展開

2005年（平成17年）12月15日　初版第1刷発行

著　者　　山　本　　　貢
発行者　　今　井　　　貴
　　　　　渡　辺　左　近
発行所　　信山社出版株式会社
　　　　（〒113-0033）東京都文京区本郷6-2-9-102
　　　　　　　　　　　TEL 03（3818）1019
　　　　　　　　　　　FAX 03（3818）0344

Printed in Japan　　印刷・製本／東洋印刷・大三製本

©山本 貢，2005.
ISBN4-7972-2438-X　C3034